国外毛泽东研究译丛（第二辑）
主编　石仲泉　萧延中

毛泽东的诗词、人生和思想

[日] 竹内实　著
张会才 程麻 卢洁　译
程麻　编校

中国人民大学出版社
· 北京 ·

总　序

毛泽东是举世公认的20世纪最为重要的政治家、革命家和思想家之一，同时也是一位天才诗人。由于他对现代中国之思想、制度和社会产生的深刻影响，也由于他对建构20世纪国际政治格局做出的重要贡献，几十年来，对毛泽东本人及其思想体系的研究已经成为一个具有长久意义的学术领域。毛泽东不仅是属于中国的，也是属于世界的。尽管国外的毛泽东研究在理论目标、分析方式、社会功能和学术立场等方面与国内存在差异，但在全球化的宏观视角下，其研究成果，应当被看作整体毛泽东研究的一个重要组成部分。它们与国内毛泽东研究一起，对这一学术领域做出了积极的贡献。

基于这样的一种视阈和理解，我们在众多国外毛泽东研究的学术著作中，精选翻译了部分佳作，编成"国外毛泽东研究译丛"，以纪念这位旷世伟人，并进一步推进毛泽东及其思想研究的深入扩展。我们选译的基本原则是，站在21世纪全球化的历史视野上，严格遵奉学术理据和研究逻辑，精选经过历史检验，具有较强理论价值和持久性影响，持论较为公允客观，论说严谨缜密的名著。对于那些具有严肃治学精神和审慎推理论证的作品，即使与我们的学术观点不尽一致，甚至在一定程度上存在着观念冲突，也在选择范围之内。"他山之石，可以攻玉"，我们希望把这一睿智古训真正转变为学术行动。

"国外毛泽东研究译丛"是中国人民大学国际关系学院政治学系"中国政治研究"课题的一个子项目，是这个教学科研共同体集体努力的成果之一。我们期望这次翻译的几部著作不是译介编研工作的结束，而是一项系统科研工程的开始。我们愿意把这项工作继续下去。

在"国外毛泽东研究译丛"出版之际，我们首先感谢以下诸教授：

本杰明·I·史华慈（Benjamin I. Schwartz）；

斯图尔特·R·施拉姆（Stuart R. Schram）；

魏斐德（Frederic Wakeman，Jr.）；

莫里斯·迈斯纳（Maurice Meisner）；

约翰·布莱恩·斯塔尔（John Bryan Starr）；

布兰特利·沃马克（Brantly Womack）；

罗斯·特里尔（Ross Terrill）；

杨炳章（Benjamin Yang）。

这些教授不仅慷慨允诺让我们翻译其各具特色的学术名著，而且其中不少人专此为“国外毛泽东研究译丛”撰写了“中文版序言”，这无疑是对我们的信任和支持。

国内毛泽东研究的著名学者逄先知、龚育之、冷溶、朱佳木、李忠杰、金冲及、李君如、李捷和陈晋等教授，不仅慨然允诺担任本译丛的学术顾问，而且多次对翻译工作给予指导，这对我们是极大的鼓舞。李君如教授还就统一国外著者的译名作了专门指导，使翻译工作避免了不少差错。中共中央文献研究室第一编研部的专家们，在学术方向上的直接指导以及在史料的校译、勘误方面所提出的大量关键性意见，使本译丛的质量有了进一步提高。来自国家社会科学研究机构和著名高校的编委们，从不同学科的多元视角，为选编工作提出了许多中肯的意见。中共中央文献研究室原“国外研究毛泽东思想资料选辑”编辑组工作人员前此的开拓性研究和贡献，不仅给予编选以诸多经验和启发，而且直接为具体的译介工作提供了宝贵的便利条件。在此，我们向上述所有关心、支持本译丛的学者和单位以及图片的提供者，一并表示由衷的谢意。

对书中出现的引文，编译者采取如下的文献处理原则：凡国内有对应的公开发表的毛泽东著作者，均已按中文版本原文进行了核校；凡确属毛泽东文稿，但未公开发表者，按相关文献进行了核校，如凡引用日本学者竹内实主编《毛泽东集》和《毛泽东集》补卷者，按该书进行核校；凡属不能确定是否为毛泽东著作的引文，则尊重原作者的引文，未加处理，如凡引用《毛泽东思想万岁》和国外报刊报道的文献，一律按外文原文译出。

译介工作本是一件永远达不到尽善尽美境界的苦差，语际书写过程中的误读、遗漏和错置等都在所难免。我们恳切期望和真诚欢迎来自国内外专家学者以及广大读者的指教和批评。

石仲泉　萧延中

竹内实的毛泽东研究简介

本卷文集是日本战后著名中国学家竹内实研究毛泽东主要成果的选译与汇总。

竹内实 1923 年 6 月 12 日生于中国山东省张店。父母原从日本爱知县去那里以经营旅馆谋生。父亲去世后，由母亲独自支撑家业。他曾在当地日本人办的小学里读书，并从三年级起向中国人学习中文，为以后的学术道路奠定了扎实的汉语基础。1934 年，他随母亲移居到中国东北的长春，在那里读完小学和相当于初、高中的商业学校。1942 年回日本后，进入二松学舍专门学校。1946 年考入京都大学文学系中国文学专业，毕业后转入东京大学研究生院。此后，他先在东京的中国研究所做研究，继而去东京都立大学任教。其间，他三次访问中国，并会见过毛泽东。自 1973 年后，竹内实历任京都大学人文科学研究所教授、所长，后曾在立命馆大学、松阪大学、北京日本学研究中心、厦门大学、西北大学等任教授。

战后的日本舆论和学术界始终密切关注新中国的前进步伐与社会动态。尽管介绍、研究中国内地曾被视为“危险”，一些与中国有联系或者研究中国的人在日本却相当受人瞩目。与战前已开始研究中国与毛泽东的老一代学者相比，竹内实属于他们之后的第二代。他最早从二战结束后自中国返回日本的母亲那里听到毛泽东的名字，并开始学习毛泽东领导的中国共产党的革命历史，观察新中国的发展。竹内实从尝试向日本民众译介中国文学与社会动态起步，到 1965 年出版本书收入的《毛泽东的诗词与人生》一书，奠定了个人毛泽东研究的基础。此书由竹内实执笔，日本著名作家武田泰淳审校，是当时毛泽东诗词在国外最早、最全的翻译与讲解版本，曾在日本引起较大的反响，为作者赢得了声望。竹内实能够完成这本堪称毛泽东研究领域的权威性著作，得益于作者对中国文化传统的深厚修养与体验，也因为他曾认真了解与钻研过中国共产党和毛泽东本人的曲折而复杂的革命经历。这本论著改变了以往日本人对毛泽东及其领导的中国共产党的肤浅看法，使他们认识到毛泽东不仅是中国革命的领袖，还是一位富于浪漫气质的诗人和文化功底深厚的学者，增强了源远流长的中国文化传统对日本人的吸引力，推动了日本人对中国历史和社会的了解。

竹内实也是在日本出版毛泽东传记版本数量最多的学者，共写有《毛泽东传》、

《毛泽东的生涯——调动八亿人民的魅力源泉》和《毛泽东》等，分别出版于1966、1972和1989年，它们反映了在不同时期与社会背景中对毛泽东及其领导的中国共产党观察与分析的视角。本书收入的《毛泽东》，读者不难从中发现，作者对毛泽东历史与思想的理解较前更为丰满、深入和全面。与其他已面世的毛泽东传记相比，竹内实的作品并不那么着力于事实的详细、准确，特别是搜寻所谓“遗闻轶事”甚至“内幕”之类，其最大特点是力求设身处地感受中国的世故人情与传主的独特气质，文风平易、通俗，有很强的亲和力。实际上，这是一种试图将毛泽东从“神”恢复为“人”的研究宗旨和写作风格，同竹内实一生中国研究的整体特色相统一。竹内实始终希望自己的研究成果能够避免抽象化、教条化，为各种读者雅俗共赏。

伴随着新中国半个多世纪的历史进程，竹内实还根据当时中国与世界的社会动态和重大事件，及时写出了大量长短评论文章。这些文字大都尝试通过具体的事例分析与透视毛泽东的立场、思想和方法特色，日积月累，构成了竹内实毛泽东思想研究庞大而丰富的成果。其中既有对毛泽东著作与思想的积极、正面的论述和评价，也有对毛泽东在“文化大革命”期间所走弯路的质疑、批评，事实证明，竹内实的这些见解大都是经得起历史检验的。本书选编的这类文章可以反映竹内实这一难得的学术品格。

竹内实一生的毛泽东研究，是日本人文科学研究界京都学派学术立场和方法的延续和发展，这一学派的主要特点是尊重事实，依据文献来说话。这当然同竹内实曾在京都大学接受大学教育与后来长期在京都做研究有密切关系；另一方面，这也是因为竹内实反感以僵化或凝固的眼光看待毛泽东的经历和毛泽东思想。着眼于中国和毛泽东的不断变化和进展，竹内实总是设法搜寻尽可能丰富的资料，加以对比、鉴别，去伪存真，在众说纷纭中坚持个人认为如实的看法。为此，他集众多学者之力合作编著《毛泽东集》等多种毛泽东研究资料。这套文集尽可能完全地搜集与汇总了毛泽东在新中国成立以前公开发表且在已出版的四卷《毛泽东选集》中没有收入的著作，先后由两家日本出版社出版，总数达20卷。它们至今仍是各国毛泽东研究界十分重视与必不可少的参考文献，为学术界所称道，也是竹内实一生毛泽东研究的重要业绩。

当然，受篇幅所限，本书选编的竹内实研究毛泽东的论著难免挂一漏万。期待有兴趣的读者能以此文集为导引，进而阅读竹内实更多的研究文字。

本书中《毛泽东的诗词与人生》和《毛泽东》的译者是张会才，《我与毛泽东》、《我看毛泽东的最大特色》两文为卢洁翻译，其他文章的译者均为程麻。全书最后由程麻负责整体编校，并由竹内实本人加写了少量“补注”。由于写作年代及可获得文献资料等所限，书中存在一些讹误，虽尽可能查证订正，但仍不免遗漏，特此说明，还请读者不吝指正。

编校者

自 序

今年8月的一天，我家电话突然响了起来，那是北京的卢洁女士打来的。她是中共中央文献研究室的工作人员，我们认识多年了。她开门见山地说："今年9月6日到9日，要在湖南湘潭举办一个国际研讨会，内容是关于现代化与毛泽东思想，您能不能参加?"

我马上答应说愿意参加。因为在去年夏天，我曾参加过在井冈山召开的一个毛泽东诗词研讨会，很受启发。那次研讨会的主持人是毛泽东诗词研究会会长、前中共中央文献研究室主任逄先知先生。去年的记忆犹新，这次又有同样机会，我当然不想错过。而北京的中国社会科学院文学研究所的程麻先生跟去年一样，也愿意陪我共同参加会议。他由主办单位与卢洁女士好意安排，约定在上海浦东机场接我，然后一起去湖南。

这次国际研讨会是由湘潭大学毛泽东思想研究中心主办，湘潭大学校长罗和安和党委书记、研究中心主任彭国甫两位先生主持。大会的气氛融洽、和谐，两位主持人和蔼可亲。可惜没有多余的时间，没能够同他们细聊，回想起来真是遗憾。

一到大会会场，就看到了分发给大家的研讨会论文集（清样本）。这很难得，对我这样的外国学者非常方便。我事先没有提供论文，但主办机构让我在头一天的活动中发言。当时是中共中央党校的许全兴先生主持会议，记得我家桌子上有他的大作《毛泽东与孔夫子》，里面夹着一张条子，上面写着书中某某页曾引用我的话，日期是2004年6月26日。他还有一本著作也在我的书架上，即《毛泽东晚年的社会主义探索与试验》，同样有作者的签名。

研讨会结束后，我们去了韶山。第二天，又到了长沙。这些安排与向导，都是靠毛泽东思想研究中心李佑新副主任。

正是在这次会议上，还有一个意外的协商意见，即中国人民大学出版社正在编选、出版"国外毛泽东研究译丛（第二辑)"，要在日本学者中选译两卷，一卷是我的选集，另一卷也由我参与选编。我的这卷幸亏有了程麻先生已经选译并由中国文联出版社出版的《竹内实文集》中文版，他可以从中编校出来。

以上就是这本书的来历。它包含了中国毛泽东思想研究界同仁们的好意与友情。对此，我表示由衷的感谢。

对本书中收录的两本拙著《毛泽东的诗词与人生》、《毛泽东》的译者张会才先生，以及其他文章的译者程麻和卢洁女士认真、流畅的译笔，我借此机会敬致谢意，也感激程麻先生编校这本文集。

收录在本书中的是我当时的看法与想法，它们都是我 20 年前甚至 40 年前所写。这些看法大体上并没有什么改变，我觉得还是基本正确的。至于有个别的想法后来有了些变化，那也很正常。可如果把那些已改变了的想法都做修改，就差不多等于写一本新书了，因此并没有改动。我只是在必须说明的地方加了少量“补注”，请程麻先生在编校时代劳加写进去。

竹内实　于京都

2008 年 10 月 26 日

附文：

还有一件事应该提及：当我和程麻从长沙回到上海准备回国时，已有人在饭店里等候我们，那是在日本活动的画家沈光文女士和她的朋友。她设宴为我们洗尘。正是在那次宴会上，我认识了上海毛泽东旧居的总策划陈标（建吾）先生。陈先生知道我们是去湘潭参加毛泽东思想研讨会的，饭后便带我们到了茂名北路 120 号毛泽东旧居，那已经是晚上 9 点多钟了。

在那里，陈先生分给我们每人一本由上海市委党史研究室和毛泽东旧居合编、上海书店出版社 2003 年 12 月出版的小册子《毛泽东在上海》。我正与陈先生闲谈着，程麻君看着小册子突然叫起来：“这不是您么？”

我看程君指着书中第 93 页上的照片，那确实是我。那是 1960 年 6 月，毛主席在上海接见日本文学代表团几天后在《人民日报》刊登的照片。当时团长是野间宏，里面的人大都已去世，还活着的只剩下大江健三郎和我了。

虽然我有点不好意思，但当陈标先生要求我签名时，我还是遵命了。

第二天，程麻君、沈光文女士和她的朋友余连东先生一起驾车去机场送我回国。临别时，我又想起了毛主席的那句话：“我们的朋友遍天下。”

目　录

上篇　毛泽东的诗词与人生

中篇　毛泽东

下篇　毛泽东研究文选

本书目录所用图片由吕厚民先生提供

上篇

毛泽东的诗词与人生

［日］竹内实　著

第一章

序　论

1. 诗人毛泽东的出现

很多人读了《毛泽东选集》中的文章，都觉得毛泽东的诗兴非凡。那些文章虽说都是政论文，但并不像人们想象的那么枯燥无味，他运用生动的比喻和形容，有力地展现了文章的逻辑性。我们不仅从措词和举例，还能从作者那独具风格的文体中散发出来的味道，发现毛泽东在文学上的才华和在中国典籍方面的深厚造诣。毛泽东在陕北同美国的新闻记者埃德加·斯诺（1905 年生，1928 年以后在中国生活了 12 年）讲述过自己的经历。他说，26 岁去北京，当看到北海公园里的冬天景色时，不禁想起唐朝诗人岑参（约 715—770）的诗句“千树万树梨花开”。青年毛泽东对诗的兴趣和他的审美观由此可见一斑。[1]在上海共产党成立大会结束以后，毛泽东回到长沙，有人亲眼见到在他的桌子上摆放着李清照（1084—约 1151）的词集。[2]据 1963 年冬来日本访问的儿童文学作家严文井（湖北人，1915 年生）讲，在 1942 年召开文艺工作座谈会的时候，毛泽东曾把年轻的作家朋友叫到他的房间里座谈，在他的桌子上堆放有《太平广记》。李清照是宋代女词人，为避兵乱，背井离乡，后丈夫又病死，每日在他乡痛苦地煎熬着。其所作词多写男女间的爱情、流浪生活的感伤和思乡之情，说起来带有一种唯美主义的倾向。《太平广记》[3]则是汉朝至五代的传奇小说和民间故事的一部全集，一座古代奇异故事的宝库。延安洞窟式的住所，叫做窑洞，那是在干燥的黄土层上挖出的洞穴，外面安上木制门窗，据说是个冬暖夏凉的好住处。不过，想象一下在那种没有装饰的房间里借助煤油灯光对千奇百怪的故事读得入迷的作者，总觉得很有意思。

毛泽东写诗词，很早就为人们所了解。对于在从幼年时代就接受古典典籍的熏陶并被要求背诵的情况下成长起来的中国知识分子来说（新中国成立后的一代人另当别论），把随时的感怀用传统的格律诗表达出来，是一种十分常见的高雅的业余消遣。不要说鲁迅（浙江绍兴人，中国现代文学的开创者，1881—1936）、郭沫若（四川人，中国科学院院长，1892 年生）这些著名的文学家，就是朱德（四川人，中共中央副主席，1886 年生）和陈毅（四川人，副总理，外交部长，1901 年生）这样的军人也写诗，毛泽东写作诗词并非不合情理。

《沁园春・雪》这首词很有名。在这首词公开发表之前，只知道他有赞扬长征的《七律》。后来在相当长的时间里，只有这两首在流传。《沁园春・雪》出名，是 1945 年 10 月毛泽东为协商战后中国的重建问题从延安飞到重庆同蒋介石会见时候的事。在中国的知识分子和民众开始关注以前待在与世隔绝的延安几乎传说化了的毛泽东之时，重庆的中立派报纸《新民晚报》[4]刊登了这首词。据说这张《新民晚报》卖得很好。这首词是毛泽东书赠友人柳亚子的，报纸给转载了。如果想公开发表的话，恐怕在重庆合法出版的中共机关报《新华日报》刊登这首词最为合适吧。

1946 年，访问延安的罗伯特・佩恩（诗人，传记作家，1911 年生于英国，后来移居美国）把尽可能多地收集毛泽东的诗词作品作为主要目的，但他除了《沁园春・雪》之外，只得到《清平乐・六盘山》和《七律・长征》。佩恩听说有收录 70 篇毛泽东诗词的

毛泽东《七律・长征》手迹。

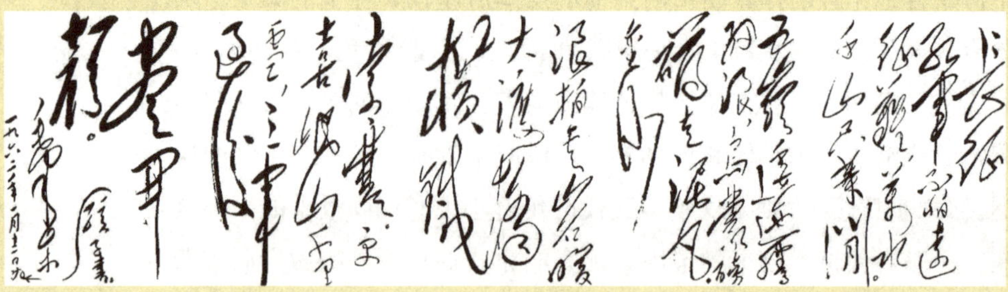

《风沙集》，他到处寻找，最后连书的封面是什么样都不知道。有人讲，毛泽东在开会时经常随手写些诗，会后便扔在床上，人们竞相去捡。不过，这些纸片是很难弄到手的。见到毛泽东时，毛只是说："那都是些马马虎虎的东西。"[5]佩恩离开延安时尽了最后的努力，他向到机场送行的毛泽东死乞白赖地索要诗词，却被毛用诙谐的话给轻松岔开了。

佩恩未能达到目的，而比他早约九年访问延安的美国女记者艾格尼丝·史沫特莱（出生在美国俄克拉何马州的一个贫农家里，她写了一些关于中国革命的优秀报告文学，1892—1950）以一种略微圆滑的方式看到了作为"诗人"的毛泽东的真实面貌。

> 有一次，他问我是否爱过什么男人，为什么爱，以及我对爱作何理解。有时，他引述中国古代诗人的诗句或者他自己的诗词。有一首是怀念他第一个妻子的，她因为是他的妻子而已经被国民党杀害。[6]

新中国成立以后，出版了诗人萧三（湖南人，1896年生）写的毛泽东传，书中收入的《沁园春·长沙》广为流传。不过，它与后来正式发表的在文字上略有不同，那也许是在传抄过程中出现的错误。[7]

说正式也好，说公开也罢，发表毛泽东的韵文作品是在1957年。那年1月创刊的专业杂志《诗刊》（主编臧克家，山东人，1905年生）编辑部收集了以前在民间传抄的八首诗词，交给作者征求同意刊载。而毛泽东又附上了十首，并给编辑部写了一封信。它们以《旧体诗词十八首》为题刊载在《诗刊》上。据查，当时《人民文学》和《文艺报》都没有专门刊登评论文章，但地方的文学杂志和以教师为对象的语言教学杂志发表过数种注释文章。后来，又出版了帮助阅读和理解的辅导书。由臧克家讲解、周振甫（历史学家、中国文学研究家）注释的《毛主席诗词十八首讲解》一书由中国青年出版社出版也是在这一年。可这只是注释书的出版，并非诗集的面世。这些作品的写作年代是1925年至1956年间，特别是20世纪30年代的作品居多。接着，翌年1月发表了《蝶恋花·答李淑一》，

10 月又发表了《七律・送瘟神》。此后，北京的文物出版社出版了传统线装大字本《毛主席诗词二十一首》。[8]

1962 年，应文学杂志《人民文学》的请求，毛泽东又公开发表了六首诗词。除《蝶恋花》等三首是近作外，其余都是 1929 年至 1931 年的旧作，也就是说，都是反映以江西井冈山为中心的斗争情况的作品。

1964 年 1 月，北京等各大城市出售包括未发表的十首在内的《毛主席诗词》单行本。1 月 4 日，《人民日报》等报纸，《红旗》、《诗刊》等杂志在 1 月号刊登毛泽东的十首诗词。据说，《毛主席诗词》在中国国内受到了热烈欢迎，第一版的印数为 50 万册，很快就销售一空，又加印 30 万册。在海外，也由于诗集增加了对中苏论战的兴趣而引人注目。新发表的十首是 1949 年至 1963 年间的作品，事实上，它们不仅是写中苏论战，也有对国内政治上的重要动向抒发感慨的。《毛主席诗词》以七种装帧出版，其中，精装本的字体是从在中国受到推崇的宋朝版本《玫瑰先生文集》中选用的，很美观。将该书的字体照相后制成铅字，没有相应的文字时则利用偏旁组合成字来代替。装帧也采用中国古书那种十分讲究的线装本形式，完全采用古典诗集的样式。从这种出版的做法看来，似乎毛泽东诗词的发表要告一段落了。

然而，诗集里缺少 1937 年至 1948 年这十余年间的作品，就是说，缺少在延安的窑洞里同日本作战以及后来离开窑洞与蒋介石作战时期写的诗词，不知为什么一首也没有。据说，佩恩听说的毛泽东诗集《风沙集》共收录 70 篇。大概没有发表的作品还深藏在书箱底下吧。从以前公开发表的方式来看，与其说作者不急于发表，倒不如说作者不肯拿出来更为合适。七种版本同时出版，一齐销售，或许有人会认为是夸耀权力和个人崇拜的征兆。不过，要是意图只是这样的话，那么以前发表的做法则显得过于谨慎了。

从诗集底页的出版年月来看，毛泽东诗集出版的时间是 1963 年 12 月。如果想到这个月的 26 日是作者 70 周岁生日的话，那么出版诗集不是也有祝贺生日的意思吗？对可以说是中国革命象征的毛泽东来说，人们不是搞群众集会来祝贺其生日，而是通过出版诗集而且利用传统形式的创作和古朴典雅的装帧来祝寿，他可能希望以此同群众交流。在这里，可以看到中国文化里流淌着强烈的“传统”力量。

也许作者把出版诗集当成纯粹个人的事情，但由于当时的地位和立场，加上周围的希望，才能以这种规模出版。不过，这种情况也让人联想到中国文化里“传统”的根深蒂固。我似乎觉得，不仅“传统”作用于文化上的力量强大，而且参与创造文化的人想主动融合到“传统”中去的冲动也是十分强烈的。

为1919年的五四运动做准备，并同社会运动相互支援而发展起来的五四文化革命，曾高喊过打倒“孔家店”，抨击封建思想，但这并不意味着全盘否定传统文化。即便有人认为其意味着全盘否定的倾向，那也是以前的解释。话虽如此，战胜了封建思想的革命，竟以这种形式来恢复文化“传统”，也不会不给人以一丝意外的感觉。然而，如果站在思想或意识形态的内容与传统形式相互区别的立场上来理解，毛泽东诗集的装帧和用字的问题并非不可思议。在对京剧等文化遗产的政策中体现的思想，从此事中也可以看得出来。而且，毕竟其作品的形式不是现代的自由诗。尽管如此，把与“传统”针锋相对的革命以“传统”的形式来吟咏，并编成传统形式的书，这不是宣告从五四运动开始的一个时代在这里结束了吗？

所谓诗的世界，恐怕是读者根据各自的观察和体验深入钻研，独自在其中感受其意味的。而读诗，首先要在创作的同一氛围中理解作者的语言，所以词语的翻译和对时代背景的说明需要在这一氛围中进行。毛泽东的一生与中国革命的发展相互重叠，他吐露的诗情既是个人内心世界对革命的憧憬，同时也是中国革命在精神层面的反映。探求作者个人的诗情是读诗的乐趣，对毛泽东的诗集也不例外，但另一方面，其确又与历史和社会有着广泛的密切联系。把诗（不限于诗，还包括文学和艺术）看成现实的图解是没有价值的，不过，脱离现实生活去读与现实有联系的诗也将引起误解。人们必须从不同于纯个人诗集的角度去把握毛泽东的诗词，这是由这些诗本身和作者的社会性质决定的。

这37首不是毛泽东诗词的全部，有的诗词大概还在隐秘未知的地方。然而，从公开发表的部分看，已经让人感到，如同作者自己解释的那样，都是些“马马虎虎的东西”，也就是说，属于业余的消遣。在这本诗集中展开并构筑起来的是一个尚未完成的“诗”的天地，试图无止境地继续革命的顽强意志和革命观存在于其中的最深处，这与四卷《毛泽东选集》中散文的世界是共同的。然而，充满活力的自然描写和具有强烈个性的伤感，使他构筑的一篇篇诗词的天地又高于现实，这同直接与政治实践联系在一起的《毛泽东选集》里的散文有所不同，它们毕竟是艺术作品。

关于毛泽东的个性，史沫特莱记述了如下印象：

> 我们没有开口，互相打量着。他那副冷淡而难以测度的面孔呈长型，额头宽而高，嘴是富于女性美的嘴。他也许还具有别的什么品质，但无疑是个审美家。他身上的风流倜傥的气质和窑洞中那冷淡的环境令我不知所措。
>
> 我最初在他身上强烈地感觉到的那种冷淡气质，后来证明，是一种精神上的卓尔不群。……少数和他很熟的人喜欢他，但是他的精神内向，使他落落寡合。
>
> 毛泽东的幽默常因含有讥诮而显得冷峻，仿佛来源于精神孤高的深邃洞穴。我的印象是，他的灵魂里有一扇从不向任何人敞开的门。[9]

抗日时期的毛泽东。

当时，毛泽东虚岁46。已故冈崎俊夫对作为诗人的毛泽东的直观认识证实了史沫特莱的这一印象。

> 那里有一种寂寞的余音，孤独的影子。这不限于词，而是中国传统诗人的魂。只有见到孤独的深渊，才能产生对人民的真正的爱，不是吗？[10]

为了挖掘自己的伤感，以便达到中国传统上的孤独深渊，除了同现实的革命联系之外，恐怕还需要直观、读书和思索的积累。毛泽东的诗的世界把中国革命作为直接的土壤，以形成独特的人格为核心或中心，从丰富的古典宝库中吸收营养，既包含在中国的文学传统里，同时又以独特的创造补充了新的作品领域。

2. “诗”与“词”

这本诗集中的大部分作品不是“诗”，而是“词”。“诗”与“词”在日文里的读音是一样的，但是在现代汉语中的意思则不同：前者读 shī，后者读 cí；在创作上也有明显的区别，作诗的人叫“诗人”，填词的人叫“词人”，这在文学史上是有明确区分的。因而，严格地讲，毛泽东应该叫“词人”。不过今天已不拘泥于此，似乎从文义的概念通称“诗人”，而且毛泽东也作“诗”。

“诗”与“词”怎样区分？一般来讲，确实存在着先入之见，即认为诗是正式的东西，而词是不完整的东西。也许由于这个缘故，在日本，把词译成“短歌”或“小曲”。事实上，正如人们所说，“作为整个词作品的情调，十分类似于日本江户时代的短歌集《松叶》和《松落叶》等”[11]，其在内容上文雅的东西（就总体而言）很多。毛泽东填词，作为文化修养，并不让人感到意外，但作为一种创作爱好似乎让人觉得意外。

如果按照时代的顺序讲，“诗”的各种形式首先是在唐代（公元 7—10 世纪）固定下来的。稍晚一些，“词”在唐代中期出现，在宋代（公元 10 世纪 50 年代中—13 世纪）盛行起来。如果包括诗和词，从广义的诗的体裁考虑的话，自然会想到中国最古老的诗集《诗经》。那是自周初到春秋（公元前 11 世纪—公元前 7 世纪）时代，将今天陕西中部、河南和山西南部、山东一带流行的民歌汇集起来形成的，而且把收集到的作品的文体统称为“诗”。稍后，是战国时代（公元前 5 世纪末—公元前 3 世纪）楚国的民歌，又出现了屈原（公元前 340—公元前 278）利用这一民歌形式创作的《楚辞》，他的作品文体叫“赋”。毛泽东的词的高雅格调有与《楚辞》一脉相通的东西，如果想到《楚辞》的地域是湖北、湖南的话，那么热爱长沙、热爱湖南的毛泽东为屈原所吸引，爱读《楚辞》是并非不可思议的。屈原在洞庭湖和湖南北部流浪之后，在长沙北面的汨罗即湘江的支流汨水投江，恐怕是有地理上亲近感的缘故。据说毛泽东念书时的笔记足足装满一个柳条箱，但是在1927年蒋介石发动政变时[12]，故乡的亲戚担心有后患，在其故居的后山上给烧掉了。有一个人实在看不过去，于是从灰中拾出一些保存起来，现在还收藏有两册，其中一册写有《楚辞》中的《离骚》和《九歌》，共22页，是工整地用毛笔全文抄写的。[13]

“诗”和“赋”都是在汉代（公元前2世纪—公元3世纪）兴盛起来的。五言（五字一句）的“诗”的形式固定下来就是在这个时候，七言（七字一句）也是在汉代以后发展起来的。这种诗在唐代迎来了极盛时期，在一般所谓的唐诗中，各种诗体极为发达，其中律诗和绝句作为新的格律诗固定了下来。这两种诗体的长度都是固定的（律诗为八句，绝句为四句），韵律也固定（诗中不变韵），平仄（根据发音将字分成平与仄）同样固定（遵从两种固定的排列法）。进而，律诗又有第三、四两句和第五、六两句必须对仗的规则。所谓对仗，像“暗尘随马去，明月逐人来”（苏味道《正月十五夜》）那样，两个句子中的“暗尘”与“明月”、“随”与“逐”、“马”与“人”、“去”与“来”，都明显地是由相互对应的词组成。律诗和绝句是后来形成的，所以叫近体诗，这以前的诗叫古体诗。

“词”是在近体诗确立之后逐渐出现的，我们可以从句子长度相同的定型诗（律诗、绝句）发展到句子长度不同的新定型诗来考证这一发展的轨迹和源流。关于词的起源，众说纷纭。从诗体来看，有人认为“词”是从“诗”演变过来的，也有人认为同音乐史上新乐器的流行和民歌的流行有关系。还有把“词”叫做“诗余”的，这是把它看做可以增减字数的诗，这一看法也就是将其看做是由诗派生的。不过，词要伴随音乐来歌咏，在不合拍的时候，需要加过门儿，增减字数，因此也同音乐有关系。当时，配合从外国传来的曲子，要使用乐器琵琶。琵琶有28个单调，音律富于变化，不能与句子长度相同的“诗”合拍。因此，据说长短句的歌词便成为一种需要而应运而生。[14]这样，所谓的“词”便具有了“歌词”的意思。还有一种说法，认为叫做“曲子”的民间歌曲是词的起源，“曲子词”简称“词”。[15]

与“唐诗”相对有“宋词”的说法。词是在宋代盛行起来的，当时有音乐伴奏。这种音乐现在已经失传了，但在当时相当多。与这些音乐相配合进行填“词”，即使是同一种音乐也有填不同形式“词”的情况。有人曾统计过，有 820 余种曲调，2 300 余种形式的词。另外，每种形式的词，即长短句，每句的字数、平仄排列、押韵和对仗的方法等，都有严格的规定。在一句中只有一个字的地方，不可以排列两个字、三个字。于是便出现了表示这种固定规则的“词谱”，借助它，可如同镶嵌东西一样把文字填到里面去，故别名叫“填词”。

调或曲调的名称叫做“词牌”。词牌当初取自带有“词”曲调的开头的语句。但是，后来词逐渐脱离音乐独立了出来。为了进行“词”的创作，偶尔也选择曲调，而那只是一种符号。例如，这本诗集的开篇《沁园春》，过去是咏唱沁园的春天，即带有咏东汉明帝的沁水公主的庭园春天的歌词，故将此曲调称作“沁园春”，并固定了这种曲调的规则。不过，与这种故事来历无关，其他人可以只利用这一固定的文体咏唱别的事情。为了方便，便把《沁园春》这一词牌作为人们使用的文字符号保留了下来。这样，了解规则的读者（不了解时参照“词谱”等）很清楚字与句的段落、押韵等，所以能够较好地理解作者的意图。因而，词牌并不是题名，在“词”中一般不加题名，如果加题名是作为注释放在词牌之下。词牌与“词”的内容一致而原封不动地成为题名时，把它叫做“本意”（这本诗集中《满江红》或许可以说是本意）。词牌虽然有各自的来历，但是与对词的内容的理解无关，在本书中这些说明全都省略了。

“词”的长短各色各样，短的只有 14 个字，长的有 240 个字。根据其长度的不同，又分小令、中调和长调。一首“词”有前半部分和后半部分之分，叫做前阕和后阕，或前片和后片。而前半部分和后半部分的变化部分叫“过片”，有人说其中可以变换词的内容，但还是前后意思有联系为好。毛泽东大体采用有联系的方式。对偶、押韵、平仄都由词牌统一规定，这大体都是近体诗的延伸。而必须写做一个字的地方，被称作“豆”，或叫“一字豆”。如果用毛泽东的《沁园春·长沙》这首词为例的话，前阕中的“看”、“问”就相当于“豆”。“怅寥廓”中的“怅”也是“豆”。然而，这里将三个字连读起来比较好，并不绝对要求把“怅”（一个字）与“寥廓”（两个字）分开来读。同样，后阕同一位置用“曾”（一个字）、“记”（一个字）和“否”（一个字）三字构成一句，另外的“恰”和“到”字则属于“豆”。

尽管词的形式如此烦琐，但人们还是选择它进行文学创作，大概是因为“词”属于与“诗”不同的领域，诗中无法吟咏的，它可以吟咏吧。另外，它是需要音乐伴奏的，即是在有歌妓娱乐的地方咏唱，可以表现在“诗”的固定范围里无法表现的男女爱情的心理和女性姿态等东西，因为当时如果假托女性的口气，即使吐露真心话也不会被人责备。今天，中国把文学史上的某些“词”当做不健康的作品予以排斥，然而所谓不健康之处，恰恰是其魅力所在。苏轼（四川眉山人，号东坡居士，1037—1101）的出现把“词”男性化了，“词”的形式似乎更吸引人。由于它的字数比近体诗多，因此可以加进更多的事实和感想。又由于一首词分为前阕和后阕（也有不是这种情况的），因此可以对照比较今昔，使内容有变化。毛泽东创作很多的词，恐怕也是为了便于充分地表达自己的思想吧。

苏轼以前的“词”，作者即便是男人，内容也都像是女性写的。说“词”是代言体，恐怕就是从认为它是由异性代办这一性质来的吧。评价诗词的标准，像以杜甫和李白等为代表的诗以阳刚之气为好，词则相反，必须使用委婉、忧郁、幽深和倩丽之类常用的套话。对丈夫和恋人的爱情、嫉妒与怨恨，由于季节变化的伤感和悲哀，在外地的孤独感等，这类东西在词的题材中占有很大的比重。

词风发生大的变化，应归功于苏轼。“词至东坡，倾荡磊落，如诗如文，如天地奇观”（刘辰翁《辛稼轩词序》），这一评论很好地说明了他在“词”发展史上的地位。苏不受以往狭窄题材和用词的束缚，在诗和散文的天地注入了“词”，在思想性上开拓了更高的境界。于是，词从一定要有音乐伴奏才好的束缚下解脱了出来，作为可以倾注文学创作热情的体裁被确立了起来。扼要地把苏以前的词的倾向当做婉约（斯文）派，而把他看做是与此对立的豪放派的开山祖师，是很有道理的。在“词”的体裁上，他不仅打开了奔放的幻想、细致的观察以及表现和开展诗性议论等新的领地，而且在押韵上，制定出要与友人的诗使用同样的韵（把它叫做和韵或次韵）的规则，还特意尝试过如何从这些束缚手脚的规则中解脱出来。在“词”中，他不仅谋求题材与反映面的扩大，而且试验过大量使用和韵与典故，从而把别人与自己的诗的技巧很好地纳入了“词”中。在他的作品里，特别有名的是《水调歌头》和《念奴娇》。

作为苏轼以前的词人，有专门赞美女性的容貌、服饰、姿态的晚唐温庭筠（山西人，812？—870?）。由于他被与受其影响的词人韦庄（陕西人，836？—910）一起编入词集《花间集》（后蜀赵崇祚编于940年），而被称作花间词派的鼻祖。在五代（公元10世纪），被称为南唐词人的群体抬头，其中地位最高的是李煜（937—978）。他是五代乱世的小国之一南唐的末代皇帝，所以也称李后主。丧失皇位后，其词已不再充满深刻的悲哀，采用像以前那样借用不幸女子的口气吐露自己心境的手法，而是直接宣泄自己的心情，给后来的豪放派手法以影响。进入北宋以后，柳永（福建人，987？—1053）出现了，接着是苏轼，在苏轼之后出现的是毛泽东也喜欢的李清照（山东济南人，1084—1151）这位女词人。她为避战祸，与丈夫来到江南，丈夫病死在南京后，她孤身一人在杭州一带苦度晚年。李清照身上没有封建社会女子常见的那种自卑感情，她以丰富的知识为基础填了浅显易懂、带有独特风格的词。她在婉约派中占有一席之地，不过，在最近的文学史研究中，有一种倾向认为她兼有豪放派的特色。南宋（公元12—13世纪）受金压迫，所以爱国感情很强烈，出现了很多反映这种情绪的词人，其中辛弃疾（与李清照同是山东济南人，1140—1207）很有名，与其齐名的著名爱国诗人则是陆游（与鲁迅同是浙江绍兴人，号放翁，1125—1210）。

毛泽东的词在气势宏伟与感情豪放方面，继承了豪放派的体系。但是，从各重要处的用词所表现的女性式感觉来看，其词在本质上与婉约派也有共同之处。即便是豪放派的代表人物苏轼，也有婉约派式的作品，所以毛的情况并非不可思议。可以说，毛泽东从这两派最显著的长处中吸取了营养，把自己的作品锤炼到更高层次的诗境。而且，他的个性本身具备那种复杂性，所以由个性喷涌出来的词自然具备那样的格调。他在用词上大胆采用现代汉语，而且加进现代的事件和人名，也表现出了一种超越两派的综合与扩展的新鲜感。

★第二章

长沙时代的毛泽东

1. 长沙

这本诗集开卷第一首《沁园春·长沙》，是毛泽东虚岁 33 时之作。在公开发表的诗词中，这一首是最早的，而且称得上杰作。已进入壮年时期的作者，想通过回忆过去总结自己的前半生，因此它起到为今后毛泽东诗的世界拉开序幕的作用。这首词还是吟咏长沙的，就更让人感到放在诗集的卷首与作者更为吻合。这是因为作者整个二十多岁的时期，可以说是人格形成的时期，几乎都是在长沙度过的。他青年时代的社会活动和作为中国共产党成员的活动，也都是在这块土地上。此后，作者也曾吟咏过长沙或湖南，但是第一首词在描述青年时代的自画像这一点上很令人感兴趣。

关于长沙时代的毛泽东，在一本书中已有记述[16]，尽管材料并不太全。这里只简单涉及一下这首词的背景。

毛泽东与长沙的关系始于 1911 年。那一年，他和中国的农民一样，肩上担着扁担，挑着随身携带的行李，从家乡韶山冲来到县城湘潭。然后，他挤在小型内河轮船的三等客舱里，顺湘江而下，去省城长沙。从家到长沙只有六十多公里，相当于我们日本从平冢一带到东京的距离。长沙是他很早就憧憬的城市，那里有古老的文化传统，又是经济中心，正如他后来回忆的那样，长沙是一座“美丽”的城市。

就在毛泽东去长沙的四年前，一位在中国旅行到过长沙的日本人曾为这座城市的繁荣和生机勃勃而感叹。他做了如下记述：

谚语中把湖南称作“六水三山一分田”，耕地虽然不多，却是被称作“湖广熟，天下足”的肥沃土地，其物产的丰富可想而知。长沙为省城所在地，人口约50万，街道只有四五米宽，极为狭窄。在坡子街、南正街、太平街和青石桥等这样的繁华街道上，或有轿子疾驰而过，或有人力车在飞跑，背东西的，挑担子的，来往如梭，真有摩肩击毂之状。尽管粤汉铁路(广州至汉口间铁路，1918年武昌至长沙间，1914年广州至韶关间通车，全线通车是1936年）没有通车，但是临近洞庭，附近又有湘江，水上交通方便。实际上，长沙是湖南的一大货物集散地。[17]

不仅如此，当时的长沙改革之风盛行，出现了对清朝腐朽体制的不满和主张实行改革或革命的知识分子，而且这些人的活动十分活跃，经常发表激烈的言论。因此，可以说当时率领中国的是湖南，是长沙。湖南的陈宝箴（湖南巡抚）、黄遵宪（驻日公使馆文书，后为湖南按察使，1848—1905）这些人与谭嗣同（批判儒教，因在反对慈禧太后的政变中失败而被处死，1865—1898）等湖南出身的知识分子合作成立的学校——时务学堂，招聘著名的启蒙思想家梁启超（广东人，1873—1929）为总教习（校长），实行近代教育，同时宣传爱国和救国。改革的模式是日本的明治维新，所以时务学堂里也聘用了日本教授。1906年来长沙访问的一位日本新闻记者，在长沙的名胜古迹上发现有胡乱涂画的日文字母。“这当然不是日本人所为，足见风气走向。”[18]湖南省内掀起的学习日本热，其程度甚至到了人们为湖南起了个“小日本”的绰号。

梁启超等人是清朝体制内的改良派，湖南进而出现了试图推翻清朝统治的革命派。正当各地按照他们的思想开始实际行动的时候，已来到长沙的毛泽东从中受到强烈的刺激。黄兴（与孙中山等组织革命同盟，1874—1916）、宋教仁（尽力强化国民党，被袁世凯暗杀，1882—1913）、谭人凤（发动反袁世凯第二次革命，1860—1920）等都是湖南出身，被称为湖南派。十分关心并直接参加了中国革命的日本人北一辉（因“二二六”事件被处死，1883—

1937)，比起后来被称为中国革命之父的孙中山更对湖南派抱有同情和好感。实际上，湖南处在当时新思想的最前线。前面提到的那位日本旅行者便感受到了这种气氛。他做了如下记述：

> 不只是贸易，湖南历来多健儿，具有慷慨气节之士亦不少。而且有“湖南之绅士大于地方官”的说法。在北京的朝廷里，湖南人也受到重视，有隐秘的对手的印象。如果将来中国的局面有展开的时候，湖南人无疑应占有重要的地位。……有识之士……不限于扬子江，应去长沙寻找。[19]

正因为“湖南多健儿”，所以反对日本帝国主义的形势在中国高涨起来以后，过去被人叫做“小日本”的湖南，这次却站到了最前列。1921 年访问长沙的芥川龙之介记述了当时的气氛：

> 我参观了长沙的天心第一女子师范学校和附属高等小学校。年轻教师板着以前少见的冷面孔领着我。为了排日，女学生都不使用日本制造的铅笔什么的，所以书桌上摆着笔砚，她们正在做几何和代数。[20]

那时，毛泽东正担任母校第一师范学校附属小学校的校长。如果作者访问这个地方，或许会由“校长毛泽东先生带领参观”吧。但实在有些遗憾，不过这是另外的问题。长沙上述充满热情的气氛很快征服了毛泽东。1893 年 12 月 26 日出生的他，当时还不到 18 周岁。他胸中正燃烧着向往自立、试图寻找独立生活道路的梦幻之火。出去周游与反复探索也是理所当然的。

他首先进入湘乡中学，在那里读了孙文的革命纲领。他的同志在广东策划起义，他在读了 72 人牺牲的报道后十分感动，把对时局的意见贴到了学校墙上（对于毛泽东来说，这是第一篇政治文章）。他用剪子剪掉了辫子。不久，武昌起义即辛亥革命爆发了。他离开了中学，作为一名士兵参加了进驻长沙的革命。他用月薪买来了报纸和小册子，如饥似渴地读着。他知道了社会主义的存在，认为那

1913 年在湖南省立第一师范学校求学时的毛泽东。

才是“救人救世”的最佳道路。清朝被推翻后，北方的军阀袁世凯（河南人，1859—1916）成了中华民国第一任大总统后，他离开了军队。看到报纸上的广告后，他随便订购了从肥皂制造学校到法律学校的指南书，在这两个学校没待多久，便立志自学。

他在图书馆里埋头读书，接触到西方的新知识。有半年左右时间，父母不再寄生活费了。偶然在报纸上看到省立第一师范招生的广告，他为两个朋友代写了作文，三个人都考试合格，便开始了五年的师范学校生活。据说，他受过三次退学处分（因按照自己的计划学习而引起教师反感），但每逢此时，总有教师为他辩护，最后经过周折才正式毕业了。

师范学校是住宿制，而且不收伙食费和学费，所以学生的最低生活是有保障的，也许他安心在这所学校的理由之一便在于此，至少最初这所学校的魅力所在是这样。不过，认为食宿方便就能使他留在第一师范学校，也恐怕过于肤浅了。他确实与“教育救国”这一口号产生过共鸣，而且在这里遇到了良师益友。

2. 师，友，《心之力》

当时，在第一师范的教师中，有杨昌济（长沙人）和徐特立（1877 年生于长沙附近），他们在学生中威信很高。杨昌济继承了中国宋代哲学的理学传统，倾倒于王船山（名夫之，湖南衡阳人，抵抗清军失败后埋头著书，1619—1692）和谭嗣同，经常谈论康德、斯宾塞和卢梭等人，他持有注重实践的伦理观，在学校负责讲授哲学和伦理学，而教科书是从《论语》中摘录的。他在解释《论语》正文的同时，采取叙述自己的世界观和人生观的形式。教材的第一篇以“立志”为题，用自己的见解对孔子的话“三军可夺帅也，匹夫不可夺志也”进行解释：

> 意志之强者，对于己身，则能抑制情欲之横恣；对于社会，则能抵抗权势之压迫。道德者克己之连续，人生者不断之竞争。有不可夺之志，则无不成矣。……
>
> 近世教育学者之说曰：人属于一社会，则当为其社会谋利益。若己身之利益与社会之利益有冲突之时，则当以己身之利益为社会之牺牲。虽然，牺牲己之利益可也，牺牲己之主义不可也。不肯抛弃自己之主义，即匹夫不可夺志之说也。[21]

按照传记作者萧三的说法，杨昌济的哲学基础是唯心论，给当时的毛泽东以强烈的影响。一般认为这种说法是对的，不过为了避免误解，需要加以说明。杨昌济的认识论不能简单地归结为唯物论或唯心论，他不过是承认主体对外界的优势，并明确提出了一种伦理和价值观，从而确立主体的优势地位，并使之能够发挥作用。没有必要勉强地把它纳入唯心论的范畴，而在当时，以传统哲学形成的人格同为信仰社会改革并实践马克思主义的理论是不矛盾的。站在这一先驱位置上的有杨昌济，但未必只是罕见的先例。

例如，董必武（湖北人，曾任共和国副主席，1886 年生）在湖北如同长沙的杨昌济一样，曾谈论过给予其人格以影响的人物。

> （15 岁时）……来到武昌后，我住进了一个叫“日知会”的著名俱乐部的集体宿舍。这个会原来是刘静庵创办的……他是虔诚的基督教徒，会员中的一些人也是基督教徒。这个会虽然不大，但是影响却不小，特别是通过刘静庵的人格发挥了很大的影响。在这个会里有读书会，因此扩大了知识面。[22]

毛泽东和蔡和森、张昆弟（益阳县人，1894 年生）一起议论人生的理想和理想的重要性，热心于游泳、静坐和徒步旅行。如果说这是焕发青春的热情，那就不值得说什么了。但是，其中不可否认有杨昌济的强烈影响。要说杨昌济是唯心论哲学家的话，那么毛泽东确实是杨昌济式的青年唯心论者。

当时，毛泽东写完《心之力》这篇文章之后，深得杨昌济的称赞。文章大概是论述“心”力的吧。虽然没有被保存下来，但恐怕与杨昌济的讲课宗旨一样，或许《体育之研究》（《新青年》三卷二号，1917 年 4 月）便是该文的发挥，据说是杨昌济把他的文章介绍给《新青年》的。

《体育之研究》是一篇具有堂皇结构的文章。在文章中，他极力主张，现在学校里体操普及得已经不错，但大都流于形式，并没有什么效果。他认为，首先必须强烈调动自觉与意志，就是说，“心之力”是很重要的。其中说：

> 欲图体育之有效，非动其主观，促其对于体育之自觉不可。……
>
> 学校之设备，教师之教训，乃外的客观的也，吾人盖尚有内的主观的。夫内断于心，百体从令……苟自之不振，虽使外的客观的尽善尽美，亦犹之乎不能受益也。故讲体育必自自动始。（着重号为引用者加）

这首先让人感到，从肥皂到法律这样大振幅的毛泽东的救国理想（或空想），与杨昌济的人格论相汇合，被汇总到了其个人人格的形成与主体精神当中。而且，那种场合的自己即主体，如《心之力》和《体育之研究》这些题目所表示的那样，同时包含有精神和肉体两个矛盾侧面，其中，精神必须支配肉体。后来，毛泽东把这种精神的作用叫做“自觉的能动性”。不过，根据毛泽东自己的解释，在写作《体育之研究》时，他还不是一个马克思主义者。《毛泽东选集》中的文章讲的“自觉的能动性”与《体育之研究》中的“主观”和“动”有什么联系，与《心之力》这篇佚失的文章有什么联系，进而与杨昌济的教育和作为杨昌济的哲学基础的中国传统哲学有什么联系，仍然是必须探讨的问题。不过，说“中国化了的马克思主义”是把中国的唯“心”论作为源泉之一予以肯定，无疑是正确的，问题是其怎样从源泉中摄取和发展起来的。作为参考，下面引用《毛泽东选集》中的一段话：

> 我们反对主观地看问题，说的是一个人的思想，不根据和不符合于客观事实，是空想，是假道理，如果照了做去，就要失败，故须反对它。但是一切事情是要人做的，持久战和最后胜利没有人做就不会出现。做就必须先有人根据客观事实，引出思想、道理、意见，提出计划、方针、政策、战略、战术，方能做得好。思想等等是主观的东西，做或行动是主观见之于客观的东西，都是人类特殊的能动性。这种能动性，我们名之曰“自觉的能动性”，是人之所以区别于物的特点。（后面叙述根据符合于客观事实的正确思想而行动，必须发扬这种自觉的能动性才能在抗日战争中取得最后胜利。）[23]

总之，毛泽东及其朋友们在杨昌济那里学到的不是关于哲学方面的知识，而是哲学本身支配生活的原理和价值观。而且，大概像感到必须遵循此哲学那样认识到奔放的生命力，在词中，作者为“万类”的“自由”的生命力的发展而赞叹。在这种赞叹中，似乎投射有作者那旺盛的热情和有待于定向的价值观。

与杨昌济的师生关系还发展到了私生活中。后来去北京时，毛泽东在已转任北京大学教授的杨昌济的帮助下，得到了大学图书馆的图书管理员职务。而且，他与其女儿杨开慧恋爱了，并于1921年在长沙结婚。遗憾的是，杨昌济在1920年1月去世了。据说，在北京和长沙都举行了追悼会。杨开慧后来在毛泽东据守井冈山时，留在湖南被国民党逮捕。她被强迫发表离婚声明，但她坚决拒绝，最后被枪杀了。

另一位教师徐特立，是在请愿召开国会的运动中砍断手指写血书的热血汉。由于他生活朴素，又热心教育，赢得了学生的尊敬。毛泽东等赞成蔡元培（与鲁迅同乡，北京大学校长，1868—1940）和吴玉章（四川人，曾任中共中央委员，1878年生）发起的赴法勤工俭学运动。在湖南开展这一运动时，徐特立以年过40岁应招，并在革命运动处于低潮的1927年加入中国共产党，还参加了长征，而且一直步行坚持到最后。1957年在庆贺其80岁生日时，他发表了毛泽东在延安时写给他的信。信中说：“你是我二十年前的先生，你现在仍然是我的先生，你将来必定还是我的先生。”毛泽东的朋友数量，随着他组织的新民学会和湖南学生联合会的活动扩大而增多。最初以杨昌济为中心的伙伴似乎有蔡和森和张昆弟数人。其中，蔡和森是最要好的朋友。在 1921 年 7 月中国共产党创立时期，他与在巴黎的蔡和森互相通信，坚定信念。

蔡和森与毛泽东的母亲是同乡（湘乡县人），比毛泽东大一岁。他贫农出身，当过牧童、商店的小伙计、见习手艺人等。据说进入第一师范后，由于为人热情和学习认真，毛和蔡总是受到同学们的尊敬。他在岳麓山脚下的家像是租的房子，毛泽东等朋友经常在那里聚会，新民学会的成立仪式就是在那里举行的。在赴法勤工俭学运动中，他的母亲和妹妹蔡畅（曾任妇女联合会主席，中共中央委员，李富春夫人，1900 年生）也一同前往。由于他在法国研究马克思主义并参与实际活动，于 1921 年被强制遣送回国。他在中共第二次全国代表大会上被选为中央委员，以后一直担任党内要职，1931 年被国民党杀害。

毛泽东的朋友中，还可以举出陈昌（浏阳县人，1894—1930）、郭亮（长沙人，1928 年去世）、向警予（溆浦县人，女，曾任中央委员，1928 年去世）、罗学瓒（湘潭县人，与毛泽东是同班同学，1930 年去世）、夏曦（益阳县人，1936 年去世）和何叔衡（宁乡县人，只有他是年长者，长征开始时已六十余岁，在福建牺牲[24]）这些名字。他们都是些有个性的青年，作为中共党员发挥着积极的作用，而且都献出了生命。如果详细谈及每一个人，将会展现出富于“书生意气”的群体形象。这里可以从后来与贺龙（湖南人，参加了南昌起义，曾任国务院副总理，1896 年生）一起在洪湖一带创建根据地并在那里战死的张昆弟的日记中，看出当时他们的生活情况。

1917 年 8 月 23 日。

下午渡河至麓山下饮马堂民屋，蔡和森租居此也。闲谈后，同游麓山，下山日落，遂宿蔡君家。夜与蔡君谈及日间之生活，余略谈暑假在乔市渐源寺之生活，蔡君欣然曰：余每日早四时半起，夜八时半睡。自四时半起即至天马山顶，静坐运动，至九时始下山；十时早食，早食后看书约二小时；下午或游走各处，或挖土种菜，间或看书，不以为正课焉；四时余午食，食后或静坐，或运动，或散步。每日冷水浴二次，早起后一次，临睡前一次。又于雷风雨烈之时，冒风雨而行，已练习数次，毫无风寒之感。上所言之事，已行之一月余矣；今年下半期，拟常行之。余闻之甚是之，蔡君盖锻炼意志锻炼身体者也。静坐，练心法也；运动，练体法也。冒风雨，冷水浴，练体法即练心法。大丈夫独患无身耳，体强心强，何事不可为？余知蔡君知所本也。

夜又与蔡君闲谈，不久即临床睡。床即就长凳两条，门板一块，架走廊边。蔡君云，自移居此地，未曾进房睡宿。

9月16日。

今日星期，约与蔡和森、毛润之、彭则厚（新民学会会员）作一二小时之旅行。早饭后，彭君过河邀蔡君至溁湾市会伴。余与毛君先至溁湾市，稍久，彭君一人来，蔡君以值今日移居，不果行。此议发自蔡君，余诺之，并商之彭、毛二君也。事之难合，诚莫能料。三人遂沿铁道行，天气炎热，幸风大，温稍解。走十余里，休息于铁路旁茶店，饮茶解渴，稍坐又行。过十余里经大托铺，前行六里息饭店，并在此午饭，饭每大碗五十文，菜每碗二十文，三人共吃饭五大碗，小菜五碗。饭后稍息，拟就该店后大塘浴，以水浅不及股，止。遂至店拿行具前行，未及三里寻一清且深之港坝，三人同浴，余以不善水甚不自由。浴后，行十四里至目的地，时日将西下矣。遂由山之背缘石砌而上，湘水清临其下，高峰秀挹其上，昭山其名也。山上有寺，名昭山寺。寺内有和尚三四人，余辈以来时晚，欲在该寺借宿，和尚初有不肯意，余辈遂有作露宿于丛树中之意，和尚后允借宿，露宿暂止。晚饭后，三人同由山之正面下，就湘江浴；浴后，盘沙对语，凉风暖解，水波助语，不知乐从何来也。久之由原路上，时行时语，不见山之倒立矣，和尚待于前门，星光照下，树色苍浓，隐隐生气勃发焉。

不久进寺，和尚带余辈至一客房，指旷床为宿处，并借余辈小被一块，房外有一楼一间；余辈至小楼纳凉，南风乱吹，三人语笑称善者久之。谈话颇久，甚相得也。

9月23日。

昨日下午与毛君润之游泳，游泳后至麓山蔡和森君居，时将黄昏，遂宿于此。

今日早起，同蔡毛二君由蔡君居侧上岳麓，沿山脊而行，至书院后下山，凉风大发，空气凉爽；空气浴，大风浴，胸襟洞彻，旷然有远俗之慨。归时十一点钟矣。[25]

3. 早期的社会活动

毛泽东最初的社会活动是组织新民学会，其于1918年4月14日（星期日）正式成立。毛泽东制定的规章，严格规定了生活方面的戒律。会员资格是："有志上进，愿为救国救民出力者。"参加成立仪式的有13人，而到翌年五四运动时已发展到七十余人，他们活跃在长沙和湖南省的学生运动和青年运动当中。开始时，毛泽东"感到心情舒畅，需要结交一些亲密的同伴"[26]，于是便用"二十八画生"这一自己姓名的笔画数作笔名，把"邀请有志于爱国工作的青年和我联系"，"结交能刻苦耐劳、意志坚定，随时准备为国捐躯的青年"的广告散发到各学校去。据说，女子师范的校长怀疑广告的目的，特意访问了联络地点，查明了本人。[27]对此广告做出回应的只有三个人[28]，而毛泽东自己记得是三个半人，所谓"半个人"是指后来作为中共"李立三路线"出名的李立三（湖南人，曾任中央委员，华北局书记，1899年生）。他说，李立三听了我说的话之后，没有提出任何具体建议就走了。[29]

新民学会成立三个月以后，发起了赴法勤工俭学运动（当时，里昂大学支持了这一运动），宗旨是去法国边劳动边上学，学习欧洲新的制度和思想。毛泽东和新民学会会员积极协助，徐特立及蔡和森全家等三十余人参加了这一运动。毛泽东第一次去北京就是为了照料暂时集结在北京的这些人，促成实现他们的愿望。1919年初，赴法勤工俭学者终于从上海出发时，人们得知毛泽东决心不去留学都十分吃惊。徐特立再三劝说他，但他以更想了解本国的事情为由拒绝了。

这次赴法留学运动，不仅使湖南的知识分子向海外打开了眼界，而且从留学生中培养出了革命的骨干力量。毛泽东本人却没有去是耐人寻味的。他自己说："……我并不想去欧洲。我觉得我对自己的国家还了解得不够，我把时间花在中国会更有益处。"[30]从这里可以看到他的使命感。[31]不过，对长沙的强烈眷恋和期待似乎也是事实。

据说，1921年1月，毛泽东和长沙新民学会会员进行了四天讨论。当时在长沙的全体会员的意见是去法国留学，还要大力向东南亚发展。对此，他是这样讲的：

> 我不想离开长沙，在相当长的时间里，我想在这块土地上为学习打基础。[32]

毛泽东去北京是1918年8月，不过，翌年1月又去了上海，4月回到长沙。9月是中国学年的开始，所以他几乎是焦急地等待从师范学校毕业，然后去了北京。对于北国的冬季景色，他有生以来第一次见到，十分欣赏它的美丽。虽然贫困，但生活上还是有基本保证的，而且与杨昌济的女儿开慧坠入爱河。不过，他并非留恋北京。如果有离开北京的机会，他还是想以长沙为生活和活动的根据地，这一想法在他从学校毕业后踏出逐渐走入社会的第一步时就相当强烈与坚固。在北京时，杨昌济想在报社为他斡旋一个职位，他也似乎很感兴趣。但是，他那把自立和人生道路放在长沙进行开拓的决心，想必使他对是否回长沙的问题做出了肯定的回答。

1919年4月，自北京经上海返回长沙以后，在他1921年7月作为湖南省代表与何叔衡一起出席中国共产党成立大会前的两年多时间里，他在长沙的活动十分出色。那不是焦躁地在暗中摸索，而是给人一种充满信心的爆发出才华和热情的年轻人的印象。第一首词里“书生意气，挥斥方遒”，便是他在这两年里活动的真实写照。

1919年5月4日，在北京爆发的学生爱国游行影响到全国以后，湖南当然毫不例外地出现了排斥日货的动向。毛泽东于6月组织湖南学生联合会，并以其为中心组织了可以称为国民统一战线的湖南各界联合会。作为其下级，有一个叫“救国十人团”的基层组织，到7月中旬已发展到400人以上。10月，又进而根据人员增加的数量，成立了湖南救国十人团联合会。它的副总干事就是本诗集中第26首《蝶恋花·答李淑一》中追忆的“柳”——柳直荀。

7月，他创办了学生联合会机关杂志《湘江评论》，每期都写有文章。其中，第二、三、四期上连载的《民众的大联合》这篇文章，被北京的《每周评论》评为“眼光很远大，议论也很痛快，确是现今的重要文字”。四川成都的周刊《星期日》和北京的《新日报》也都全文转载，一些杂志还发表了评论文章。毛泽东注入《湘江评论》中的热情是惊人的。在上海送走留法学生返回之后，他在朋友的帮助下，住进修业小学，每周在高等小学部讲六个小时历史课，以此维持生活。同时，他把剩余的时间都用在了社会活动上。当时，他的朋友曾回忆说，《湘江评论》上的文章几乎都是他执笔的。由于封锁后没有外稿，他边忍受炎热与蚊虫叮咬的折磨，边彻夜写稿子。写好稿子还要做编辑、设计版面和校订工作，有时甚至去街上叫卖。月薪刚够支付伙食费，据说他的行李只有旧蚊帐、旧被子、旧竹凉席，几本书兼作枕头。灰色的长上衣和白色裤子是棉制的，而且都破旧了。朋友们看不下去，想借钱给他，但被他拒绝了。

由于军阀张敬尧（1918年3月至1920年6月任湖南督军兼省长）的镇压，《湘江评论》在出完第五期后停刊了。虽然只有一个月的寿命，但影响却很大。其间，毛泽东还曾就社会问题在报纸上写过评论。这一年11月，在长沙发生花轿内嫁女自杀事件，他第二天就在长沙的《大公报》上发表了评论这一事件的文章，指出：“一个人的自杀，完全是由环境所决定。……赵女士的环境是：（一）中国社会，（二）长沙南阳街赵宅一家人，（三）他所不愿意的夫家长沙柑子园吴宅一家人。这三件是三面铁网，可设想作三角的装置，赵女士在这三角形铁网当中，无论如何求生，没有生法。生的对面是死，于是乎赵女士死了。”其后，《大公报》上又刊登数篇关于这一事件的评论。据说，由此事件引发，报纸上相继刊登了二十余篇谴责封建制度的文章。毛泽东自己在14岁时，由双亲做主与一个20岁的女子结婚，尽管没有同居一次，但他一定深深感受到了那种不合理制度的弊病。已经觉醒的青年都痛感一样的烦恼和愤怒。受北京传来的五四运动的潮流和亲眼目睹周围发生的事情的刺激，在长沙的几所女子学校里出现了加入新民学会的女学生。而且从1921年开始，男学校也向女子打开了大门。毛泽东的恋人杨开慧在这一年与几个同学转入岳云中学。她因为剪短发而被迫从福湘中学退了学。第一师范和岳云中学是长沙男女同校最早的学校。

接着，在12月，展开了针对军阀张敬尧镇压排斥日货游行的“驱张”运动。毛泽东在学联会议上提议举行湖南全省大罢课。学联进而向各地派出代表团。毛泽东第二次去北京，就是为了向内阁请愿，在新华门前耐心地等待了几个小时要求接见，那是1920年春天的事。新华门面向长安街，在天安门西侧，现在已用朱红大漆涂抹得锃亮，门的两侧有卫兵站岗，门里面可能是一些中央机关和毛泽东的住处。从过去他曾徒劳等待接见的那个大门出来，不远处是人民大会堂。据说，毛泽东曾只带几个卫兵步行走过去。

毛泽东自己说，在第二次去北京时，他热心地寻找和阅读了马克思主义文献，坚定了对马克思主义的信念。对于其人生来说，来北京具有重大意义。记下他这些话的是埃德加·斯诺，日译本将其译成“从此以后，从没有犹豫”，但中文本则译成“从此以后，从没有动摇”。谁也不愿意误译，考虑到中国人对马克思主义的态度，似乎从中可以看出两种译法的细微差别。

毛泽东为了进一步推动这一运动，又从北京赶到上海，与在上海的湖南人联系。但是，据说他生活得很苦，他的生活费来源是为洗衣房收罗和递送要洗的东西，而多数收入却作为收罗和递送时的电车费给支付掉了。不过，这场运动竟成功了，6月，张敬尧被赶出了湖南。当时，一位正在中国旅行的日本人出于好奇，要求会见湖南督军张敬尧，他记下了接近一个连的军人到旅馆迎接他，然后护送到督军府的令人吃惊的场面。这个日本人被让到一个特别的轿子上，前后各有陆军中尉骑马保镖，“我确实得意洋洋，那是在中国旅行中最得意的时刻”。然而，见到张敬尧之后，由于没有话题可说，很是难堪。“张敬尧有四大天王，其中之一是他的弟弟敬汤……在会见时也作陪了……我受到了关照，但在这次会见的一周后，当我按照预先安排离开长沙去岳阳楼游玩时，湖南发生了兵变。他的这个弟弟首先被杀，而且首级被示众。”[33]

4. 在中共创立时期

1921 年 7 月 23 日，中国共产党在上海召开第一次全国代表大会，正式成立了中国共产党。毛泽东和何叔衡一起作为湖南省代表出席大会。很有意思的是，后来从长征结束时开始露骨地与毛泽东对立的张国焘（江西萍乡人，1897 年生）和刘仁静（后来变成“托派”，新中国成立后发表声明作了自我批评，生年不明）一起，作为北京代表出席大会。前一年 3 月，共产国际（第三国际）的代表来华，在北京会见了李大钊（河北人，北京大学教授，1889—1927），在上海会见了陈独秀（安徽人，中共第一任书记，后来被开除出党，1879—1942），结果是在上海、北京、广州、武汉、长沙、济南成立了中国共产党早期组织，为共产党的创立做了准备。接着，在这些中国共产党早期组织之下，又成立了社会主义青年团。把“马克思”的名字介绍到中国的是 1902 年的梁启超，自那以后约二十年，在中国开展了有组织的共产主义运动。李大钊和陈独秀是其中的核心人物，特别是李大钊，他把曾受无知和歪曲宣传的俄国十月革命的正确意义传播到了中国，他在这件事上是有功绩的。毛泽东自己也说过，他受到了这两人的强烈影响。他在第二次去北京时，似乎比上次有更多的机会同李大钊交谈。1920 年 9 月，在长沙成立了俄罗斯研究会，研究俄国革命的经验，并推进留苏的运动。翌年春，刘少奇（湖南人，曾任国家主席、中共中央副主席，1898 年生）、任弼时（湖南人，领导解放区的土地改革，1904—1950）、肖劲光

(湖南人，曾任中央委员、国防部副部长，1903 年生)、罗亦农这些人去苏联留学，就是由这一运动促成的。毛泽东自己同赴法留学运动时一样，也没有去留学。他第一次踏上苏联的土地是 1949 年 12 月。不过，他当时已经在考虑应该实行俄国式“彻底的全面革命”，为此必须建立列宁式的布尔什维克党。他还在湖南的《大公报》(1920 年 9 月 5 日）上发表文章，在给巴黎的蔡和森等新民学会会员的信中也强调了这些观点。蔡和森转述了欧洲的社会运动现状，用激烈的语言批判考茨基和伯恩施坦等修正主义，对此，毛泽东赞成说“见地极当”。恐怕正是为此，这一理论问题也出现在了中国。与蔡和森等人的来往书信，曾由毛泽东编辑成三册《新民学会会员通信集》出版。[34]在 20 世纪 60 年代中共同苏联共产党就原则问题进行论战时，曾提到考茨基、伯恩施坦在中国已有先例，或许便是指此。

第一次代表大会之后，毛泽东回到湖南，为了建立党的组织而活动。湖南地区委员会成立后，他担任书记。当时的地区委员会负责范围也包括江西安源路矿，他不仅指导长沙的手工业工人、人力车夫、工厂工人的劳资斗争，而且指导路矿工人的组织和斗争。那时候，李立三（1921 年冬以后）和刘少奇（1922 年秋至 1925 年春）进入安源，站在工人的前头参加斗争。

后来，在延安担任过财政部长的李六如（湖南人，1887 年生），在其长篇历史小说《六十年的变迁》第二卷（作家出版社，1961 年）中描写的，正是这个时候毛泽东和党开展相当活跃的工作的情况。李六如（小说中的人物叫季交恕）是与武昌起义有关的志士，由于对国民党失望而在长沙十分苦闷。他在担任教员期间结识了何叔衡，并加入了社会主义青年团，最后参加了共产党。他在那里第一次见到的毛泽东留着光头，有人称他为“陆军头”，身材不胖，个子相当高，长着一双炯炯有神的眼睛，是一个开朗的青年，穿着中式棉上衣，脚穿黑色棉布鞋。李六如为他经常手拿报纸和书籍走路那种用功的样子感到吃惊和敬佩。

1922 年的中共第二次全国代表大会，毛泽东没有出席，他参加了翌年 6 月在广州召开的第三次全国代表大会（与陈独秀对

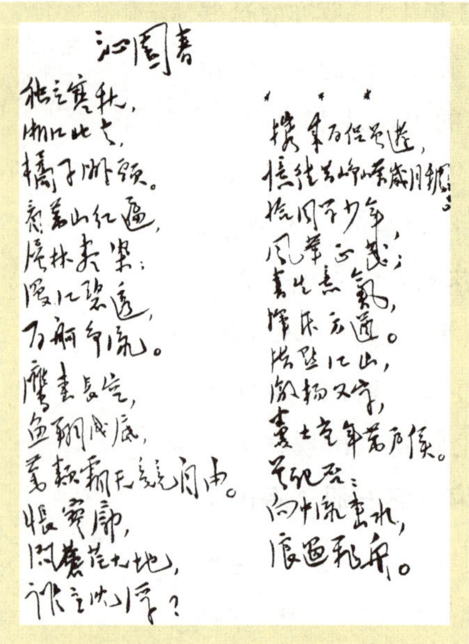

毛泽东《沁园春·长沙》手迹。

立），被选为中央委员，并任上海的党中央组织部部长职务。1924 年 1 月他出席了在广州召开的国民党第一次全国代表大会（与国民党合作是党的方针），被指名为中国国民党中央执行委员会候补委员。那一年冬季，他因病休假回湖南疗养。生病疗养，这也是他跟斯诺说的，而在其他资料中还有一种说法，即在党中央里人际关系不好，被迫以生病为名离开。据张国焘后来说，他是由于对国民党采取过于“右倾”的态度受到批评，被免去中央委员职务后派到湖南的。[35]生病恐怕是事实，但是与陈独秀对立也是事实。这种事情可另当别论，比起当中央委员什么的，在湖南做农村工作对于他来说或许更为畅快。

1925 年春，他出现在故乡韶山之后，马上号召农民组织起“雪耻会”，意思是清除因日本帝国主义的侵略而遭受到的国耻。然而，也不仅限于此，通过“雪耻会”的活动，他在故乡周围的村子里建立起共产党支部，培养了党的干部。据说，地主为此曾请求反动派出动军队逮捕他，于是他逃往了广州。他离开上海是在 1924 年冬，出现在韶山前的几个月是在长沙度过的。第一首词《沁园春·长沙》大概就是当时之作，或许是以当时的见闻和感想为基础的作品。

5. 沁园春（第 1 首）

长沙　1925 年

岳麓山上火样的红叶，奔流不息的湘江水，这样的大自然对于青春年代在这里锻炼身心的作者来说是多么的亲切。今天，久违了的冷峻却充满活力的秋季天地，又在召唤着作者，使他将救国的理想变成富有诗意的东西。“与天奋斗，其乐无穷；与地奋斗，其乐无穷；与人奋斗，其乐无穷。”他在青年时代写在日记上的书生议论天下事的志向，似乎想要压倒当权者，其意气与大自然的气势正相吻合。

沁园春·长沙

一九二五年

独立寒秋，湘江北去，橘子洲头。看万山红遍，层林尽染；漫江碧透，百舸争流。鹰击长空，鱼翔浅底，万类霜天竞自由。怅寥廓，问苍茫大地，谁主沉浮？

携来百侣曾游，忆往昔峥嵘岁月稠。恰同学少年，风华正茂；书生意气，挥斥方遒。指点江山，激扬文字，粪土当年万户侯。曾记否，到中流击水，浪遏飞舟？

注

［**沁园春**］114个字，双调，前阕13句，后阕12句。后阕第一句开头加了两个字，与原来的四个字合成一句。相当于前阕第二、三句的地方，后阕成了八字一句。前阕和后阕是同一形式。另外，这八字一句可断为三个字、五个字，但断成一个字、七个字的也很多。前阕的押韵字有四个：“头”、“流”、“由”、“浮”；后阕有五个：“游”、“稠”、“遒”、“侯”、“舟”。必须都是平声，一韵到底。七字句的第五字必须是平声字，而作者使用了仄声字。“竞”、“万”就是这样，这一点在《雪》中也被忽视了。前阕的“看”、“问”，后阕的“恰”、“到”是一字豆，根据使用一字构成语的规则，这是必须遵守的。

［**长沙**］湖南省行政机关所在地，位于湘江东岸，风景秀丽。毛泽东从1911年虚岁19时开始，一直待在长沙，从这里的省立第一师范学校毕业。

［**独**］与后半部回忆中出现的“百侣”对应，意思是说，现在没有同朋友在一起。在杜甫（712—770）的诗中，也有独身一人与朋友对应的句子。“乱离朋友尽……独在天一隅。”（《遣怀》）

［**寒秋**］虽然是秋天，却近乎冬天一样寒冷。据说长沙在10月已变得寒冷。

［**湘江**］也叫湘水，是湖南最大的一条河，北入洞庭湖，以河水清澈而

闻名。

[去] 出去后不再回来。

[橘子洲] 也叫橘洲、水陆洲，是湘江中的一个岛，相当大，中心有海关等。东侧隔江与长沙城相望，西侧隔江面对岳麓山。

[万山] 山峦重叠，指岳麓山，因处在五大名山之一衡山的北麓，故得此名。

[红] 枫叶被霜打后变成红叶。在岳麓山上，枫树颇多。一日本人在访问此地的纪行中写道："参观书院（岳麓书院），又见李北海碑后再入山路，在幽谷中有爱晚亭一座。这是依据杜牧（803—852）的诗'停车坐爱枫林晚，霜叶红于二月花'（《山行》）而得名的。满山枫树在晚秋阵雨后如同燃烧着的火焰，与亭亭耸立的翠松相映生辉，宛如锦绣一般。"[36]

[层林] 从山麓至山顶，林木层叠。进入秋季，岳麓山上的红叶有深红、浅红、金黄等各种颜色。久居长沙的人说，这层字确实用得恰到好处。

[漫江] 满江。

[碧透] 蓝色深而透明。湘江与长江的混浊相比，以清流著称。来自日本的旅行者认为其风景酷似日本。"船已渐入湘江。灵均（屈原）抱石汨罗畔，孤雁哀鸣飞入云。下午二时，过湘阴，水色始如碧，两岸烟树茅屋宛如祖国（日本）光景。"[37] "入湘江，愈加清澈。"[38]

[百舸] "百"形容数量多，同"百侣"的"百"字。"舸"为大船。

[争流] 船在江上比赛速度。

[鹰击] 鹰飞翔的姿势充满力量，故说"击"。

[翔] 鱼在水中游的气势，宛如鸟在空中飞翔。

[浅底] 水清澈可见江底。湘江水清是有名的，古代地理书上也有"湘川清照五六丈，下见底石，如樗蒲矢，五色鲜明，白沙如霜雪……"（《湘中记》，载《水经注・湘水》）。

["鹰击"以下二句] 用仰视、俯瞰来描写眼前的大自然。鸟和鱼对照描写的例子在中国最古老的诗集《诗经》中就有。"鸢飞戾天，鱼跃于渊。岂弟君子，遐不作人。"（《大雅・旱麓》）意思是说，像飞鸢、鱼跃一样培养人才茁壮成长。晋朝的陶渊明也有诗云："望云惭高鸟，临水愧游鱼。真想初在襟，谁谓形迹拘。"（《始作镇军参军经曲阿作》）意思是说，看到自由的鸟和鱼后自己很惭愧，但自己也有真实的理想，自己的行动不想总受别人的约束。陶渊明作这首诗的年龄，一说是 35 岁，一说是 41 岁。但是前者似更合理些。[39]这样，便很接近毛泽东作这首词时的 33 岁。当时陶渊明的官职是讨伐农民起义的军队的幕僚，而毛泽东是在家乡湖南大力开展农民运动，两者的立场完全相反

（陶渊明也许对自己的职务感到矛盾）。这首词虽然描写的是与《诗经》和陶渊明的诗同样的景色，却开辟了更新的境界。延伸到下面的句子，大概是因为毛泽东心中对新革命运动的志向作了自己的决定。

［万类］一切东西。森罗万象、万物、宇宙。“虽万类之众多，独在人而最灵。”（梁武帝《孝思赋》）

［霜天］下霜的天空，秋空。古代认为霜是从天上降下的。陆游的诗中有“陇头十月天雨霜”（《陇头水》）。

［自由］充分发挥自己的自主性，不受其他约束。

［怅］伤心、遗憾、忧愁。意思是眺望等待回来的人，但因没有见到而悲伤。这里讲的似乎是期望的东西未得到满足而十分悲哀，在悲哀后又涌现出强烈的期望。

［寥廓］广远空阔。在古代楚国的诗歌集《楚辞》中有“下峥嵘而无地兮，上寥廓而无天”（《远游》），是指为寻仙境，在天国旅行的屈原（也有说不是屈原的），要寻找虚无的理想境界，于是升天来到天的间隙，向下望着无底谷地时的情景。“下深邃无地，上广阔无天。”[40]正像“无地，出地之下也。无天，出天之上也”[41]的解释表明的那样，是形容天空之上的宇宙之广大。毛泽东在别的诗词中也爱用这个词。“寥廓江天万里霜”、“我欲因之梦寥廓”。这首词中的“寥廓”与下面的“苍茫大地”是相对应的，似乎也与开头的“独立寒秋”对应。就是说，面对这样广大的宇宙，意识到只有自己“一个人”。作者爱用“寥廓”这个词，可以说与《楚辞》不是没有关系的，特别考虑到《楚辞·九辩》的下述一节，这首词的意思就更加清楚了：“廓落兮羁旅而无友生，惆怅兮而私自怜。”（屈原弟子宋玉之作，据说是代表老师心情而写的）《诗经》代表北方中国，而《楚辞》代表南方中国。毛泽东的故乡湖南是楚国的中心，长沙是屈原自杀前流浪的地方。作者对表述忧国至诚的同乡前辈表示倾心。

［苍茫］辽阔遥远不清楚貌。如北周庾信的诗“日晚荒城上，苍茫余落晖”（《拟咏怀二十七首》）、唐代李白的诗“明月出天山，苍茫云海间”（《关山月》）那样，令人感觉是失去光亮的暗淡，一种蓝黑色的色彩感。伫立在橘子洲头沉思多时，西面岳麓山一带夕阳西下，广阔的大地已变得暗淡了。从这里可以看出作者不寻常的伤感。

［主］主宰。

［沉浮］消长兴衰。在中国的悠久历史中，无数王朝兴亡。由于1911年的辛亥革命，清朝被推翻，同时作为共和国，中华民国成立了，可是军阀仍然混战不断。

［“谁主”一句］历史的舞台是中国，眼前的苍茫大地上，是谁在决定着历

史的发展？在提出问题的同时，自己开始追忆致力于中国改革的友人，后半部分就是叙述这样的内容。

[“怅寥廓”以下三句] 与其说宇宙之寥廓引出作者的哀叹，倒不如把它解释成面对广阔的宇宙，作者在为人民的命运和中国的命运哀叹更好一些。

[百侣] 许多朋友。指湖南省立第一师范学校的学友和新民学会、星期同乐会的朋友。

[峥嵘] 山峰险峻、耸立的姿态。这里指的是苦难的岁月积累的样子。杜甫的诗中有“旅食岁峥嵘”（《敬赠郑谏议十韵》）。

[稠] 多，经常重叠。

[恰] 正值，恰好，偶然的机会。

[同学] 同门弟子、学友。在现代汉语中指在同一学校、同一班学习的友人。杜甫的诗中有“同学少年多不贱”（《秋兴八首》），即过去的学友少年很多人都发迹了的意思。

[风华] 风采（外部的姿态）和才华（内部的力量）。

[茂] 旺盛，美丽富饶。

[书生] 读书人，做学问的人。在古代中国，读书和学问都是为在科举中合格的应试学习。因此，处在合格前应考学习中的“书生”，一般为世人所轻视。把缺乏经验、不了解社会的年轻人叫“白面书生”也出于这种语境。在唐代诗人高适的诗中有“鲁连（战国时代人）真义士，陆逊（三国时代吴人，将军）岂书生”这样的诗句。毛泽东在这里自称自己和朋友们是还不懂事的“书生”，实际上包含有作为从事创造性事业的青年的自豪感。这是把否定的、轻视的词汇反其意而用之，毛泽东经常运用这种表现方法。他在1960年会见日本文学代表团时说：“年轻人、不大知名的人、地位低的人和没有钱的人做了许多事情。”[42]就是说，干出创造性事业的是“书生”。

[挥斥] 为所欲为，奔放。《庄子》里有“夫至人者，上窥青天，下潜黄泉，挥斥八极，神气不变”。（《田子方》）注释中有“挥斥，犹纵放也”的说法。

[遒] 遒劲，强劲有力。

[指点] 指示，评论。

[江山] 国土，这里指国事。

[激扬] 激浊扬清。浊喻恶，清喻善，攻击恶而赞赏善。

[文字] 文章。大概是指刊登在《湘江评论》、《新湖南》、《湖南通俗报》、《大公报》等上的文章。1915年12月，袁世凯企图称帝时，湖南军阀予以支持，禁止反对运动。毛泽东曾制作反对的小册子，振奋了人心。

[粪土] 腐烂的土。孔子在《论语》中斥责睡午觉的弟子宰予说："朽木不可雕也，粪土之墙不可圬也。"（《公冶长》）

[万户侯] 拥有一万户人家的领地的诸侯。这里指军阀。当时，汤芗铭、傅良佐、张敬尧等人在湖南称王称霸。排斥张敬尧的运动由于毛泽东的巧妙方针而获得了成功。

[中流] 江河的中央。

[飞舟] 像飞一样行驶的船。

["到中流"一句][43] 有两种说法，一是周振甫和臧克家的说法，指游到江河中央的毛泽东逆流而上，溅起水花，因为这个缘故，甚至顺流而下的船也暂时被拦住了；另一种是邵燕祥的说法，来源于晋代武将祖逖（河北人，266—321）的故事。在五胡十六国时代，西北的异族侵入中国北部，定都洛阳的晋（265—316）不得不把首都迁至南方的建康（今南京），这就是东晋（317—420）。在南迁的官僚地主中，只有祖逖积极主张北伐，企图收复失地的热情很高。正在向南迁都的琅琊王司马睿（后来的元帝）只拨给祖逖一千人的粮食和三千匹布让其北伐。然而，祖逖毫不气馁，他率领数量不多的部下出发，渡过长江，在江苏淮阴招募兵力，铸造兵器。于 317 年、320 年两次大破敌军，收复了黄河中下游以南的土地。可是东晋朝廷反而嫉妒他的成功，对他加强了控制。后来又发生了政变，祖逖在愤慨之余病死了。祖逖渡江中流击楫誓曰："祖逖不能清中原，而复济者有如大江。"（《晋书·祖逖传》）因此，说"中流击水"，如同"背水一战"，是指下大决心收复祖国。南宋的爱国武将文天祥（江西人，1236—1283）著名的《正气歌》中有"或为渡江楫，慷慨吞胡羯"。这种用法在南宋文人张孝祥（安徽人，1132—1170）的词《水调歌头》中出现过——"我欲乘风去，击楫誓中流"。传说祖逖与同志者一起休息时，半夜里听到鸡叫报晓，他说"这不是坏消息"，然后慷慨起舞。[44] 我是按照后者的说法翻译的。不过，正如邵燕祥的说法，毛泽东使用典故的地方，乍一看不太容易看得出来。他的词本身写得比较通俗，即便没有这方面的知识也没问题。当然，如果了解用词中的典故，倒是会更有滋味，这也是事实。这里的祖逖因鸡鸣而振奋的传说，似乎在毛泽东后来的作品"一唱雄鸡天下白"中也有反映。

诗词大意

今天，我没有跟朋友在一起，孤身一人在寒冷的秋天站在湘江中间的橘子洲上。眼前的湘江不停地向北流去。

当举目眺望岳麓山的绵亘山峰时，那重山中的层层枫林如同燃烧着的火一般，红叶染红了一切。江面呈现深绿色，好多只大船在竞相航走。

再向高处那晴朗的天空望去，鹰在空中像发射出去的子弹一样高速飞翔着。俯瞰江水，清澈透底，鱼儿在水中游弋，宛如在空中飞翔一般。啊，一切生物都在这霜后的凛然秋天里无拘无束地展示着自己的力量，自由地发展各自的生命。

然而，中国社会的情况如何呢？人民的生活如何呢？仰望开阔广漠的天空，自己好像到了古代诗人说的天上天，一种悲哀和叹息同这广大的宇宙碰撞。不知不觉中，落日的余晖已把大地变成暮色，景色也渐渐暗淡了。我面向大地发问，过去历代王朝兴亡，现在人民还处在帝国主义、军阀、封建势力和买办财阀的压迫之下，主宰历史的究竟是谁？

许多朋友曾相聚一起来橘子洲游玩，当眷恋过去回首往事时，那是不寻常的岁月。当时，同学们正是少年，青春年华，风采和才能正盛，胸中燃起改革社会的热情，努力学习和锻炼身体，做事不受任何束缚，发表评论中国形势、抨击军阀和鼓舞人民的文章，眼中看不起军阀，视他们为尘垢。

当年的朋友们，你们还记得吗？我们在这条江上划船的时候，离开岸边到江中心，仿效古代的爱国者以桨击水，誓为祖国的未来出力。急流汹涌的波涛，竟然遏止了飞速直下的船只。

★第三章

从长沙到武汉

1. 从长沙到武汉

从《沁园春·长沙》到第 2 首《菩萨蛮·黄鹤楼》的两年间，中国社会动荡不定，十分复杂。不仅整个社会大动荡，而且在军阀、国民党和共产党的内部，也各自出现了矛盾和纠葛。作为社会上的大事件，首先应该举出“五卅事件”和“北伐”。在写《菩萨蛮·黄鹤楼》这首词的前后，蒋介石发动了“四一二政变”。就总体而言，按照中国革命史的说法，中国革命蓬勃兴起与革命的惨重失败都在这两年间。如同《沁园春·长沙》总结了以前的生活一样，在《菩萨蛮·黄鹤楼》中，可以感觉到作者以这两年为背景，流露出对革命的深切感受。

正如 1925 年“五卅事件”所象征的那样，这一时期高涨的工人运动是惊人的。所谓“五卅事件”，是指日本资本家在上海经营的纺织厂发生纠纷时，他们向工人开了枪，由此引起工人的抗议运动和反帝运动。在英国统治的香港，十几万工人撤回了广州，使香港一时变成死港的“省港大罢工”，也是受“五卅事件”的影响。1925 年，有组织的工人为 54 万人，翌年达到 124 万人。由此可见，中国工人的觉悟提高得多么迅速。

以这次“五卅事件”后的工人运动的高涨为基础，1925 年 7 月在广州成立了国民政府（以前称大元帅府），国民革命军又以黄埔军校的学生军为核心诞生了。它们得到了“省港大罢工”的工人和被组织到广东省农民协会中的农民的支持。广东省农民协会会员也从 1925 年不到 20 万人，急剧增加到翌年的 62 万人。农民们组织起自卫军协助封锁香港，并为罢工中的工人提供资金。

另一方面，在北方，中华民国只是徒具形式，成立了执政府。直系（曹锟、吴佩孚）、奉系（张作霖）、皖系（段祺瑞）各军阀或联合或对立打内战。不过，由于受“五卅事件”后革命运动发展的影响，属于直系的冯玉祥（安徽人，受孙文的影响，基督教徒，1882—1948）把自己的军队改称为国民军，并与奉系军阀合作大破直系军阀。段祺瑞（安徽人，1865—1936）在奉系军阀的支持下，在北京自称中华民国临时总执政，并成立了执政府。段祺瑞对外实行屈从政策，对内镇压反帝运动，曾向北京的反帝游行队伍开枪，他的军队枪杀过四五十人。鲁迅把这一天叫做“民国以来最黑暗的一天”（《无花蔷薇之二》，收入《华盖集续编》）。那是 1926 年 3 月 18 日的事情。这一天，一起上街游行并负责指挥的李大钊也负了伤。由于国民军的出现，在中国北方发展起来的革命运动从此走向低潮。

与北方的停滞形势相反，南方的革命正迎来高涨时期。1926 年 7 月，国民革命军从广州出发开始“北伐”，试图讨伐北方的反动军阀，在中国建立起名副其实的民主共和国。北伐军总司令是蒋介石（浙江人，曾任台湾的“国民政府总统”，1887 年生），但是他不仅把军队而且把国民政府支配的各省民政和财政都置于自己的统治之下，实现了军事独裁。孙文为同段祺瑞协商，去了北京，于 1925 年在那里病逝后，国民党右派企图赶走与之合作的共产党，另立国民党中央。因此，国民党左派于 1926 年 1 月在广州召开第二次全国代表大会，继承孙文留下的政治遗产——国共合作。蒋介石此时还属于左派，他利用共产党的力量巩固了自己的权力。可另一方面，他又巧妙地施展阴谋，实行排除中共势力的做法，大肆逮捕共产党员（当时，周恩来也遭到逮捕）。毛泽东主张给予反击，但是陈独秀却一再妥协退让。“北伐”本身虽然有种种内部纠葛，但是前进是顺利的，罢工的工人发挥了运输队的作用。北伐军进入湖南省以后，毛泽东组织农民协会的农民自卫军和安源路矿的工人参加了战斗。此外，铁路工人破坏了铁路，汉阳兵工厂的工人举行了罢工，北伐得到广大群众的支持。而在北伐军的内部，共产党员由于形成了核心力量，应该是取得胜利的主要原因。据说，特别是共产党员叶挺（1924 年入党，抗日战争期间被蒋介石投入监狱，战后释放，在返回延安时，因飞机故障而死）率领的几乎都是共产党员的士兵组成的第四军独立团作为先遣部队，英勇善战，严守纪律，深得民心。国民党中央违背蒋介石的意愿，不是把南昌而是决心把叶挺部队警备的武汉作为新首都，这说明，人们已经看得很清楚，“北伐”的真正功绩属于谁。

武汉也叫武汉三镇，它是武昌、汉口、汉阳三座城市的总称，在长江和汉水的汇合处，隔江紧密相连，现在已合并成武汉市。作为长江中游的大城市，那里除有美、英资本的烟草工厂和日本资本的纺织工厂以外，海关和邮政都在帝国主义的支配之下，所以在“五卅事件”时，这里的工人举行了大规模的游行示威。英国海军陆战队用机枪向游行队伍扫射，还切断了租界的电源，乘着黑暗将尸体扔入江中。在决定武汉是新首都并召开庆祝北伐胜利的大会时，就在“五卅事件”的同一地点，英国水兵又向群众开枪，打死打伤六十余人。对此，武汉政府立即接管了英租界。这反映了苏兆征（广东人，总工会执行委员长，1885—1929）、刘少奇领导的以武汉为中心的全国工人运动蓬勃发展的情况。

蒋介石与受到这一革命运动威胁的帝国主义勾结起来，在南昌和九江镇压共产党，其后又通过三次镇压把上海夺到手中，以此对迎接北伐军的当地工人进行了大规模屠杀。这就是“四一二政变”。之后，不仅在上海，而且在东南各省都发生了流血事件，广州也出现了屠杀。武汉的国民党中央和国民政府把蒋介石开除出国民党，并号召全国讨伐蒋介石。然而，蒋介石在帝国主义的支持下，封锁了武汉，使武汉的国民党内部发生了动摇。在武汉政府的军队中，还出现了叛乱。而在长沙，许多共产党员、工人和农民也被杀害。7 月 15 日，武汉的汪精卫（名兆铭，原籍安徽，追随孙文从事革命，1940 年与日本合作成立了伪国民政府，病死于名古屋，1883—1944）一派决定赶走共产党，在进行了不亚于上海“四一二”的大镇压和大屠杀之后，与南京的蒋介石合流了。第一

国共合作时期的毛泽东。中共“三大”后，毛泽东以个人身份加入国民党，开始参与筹备国共合作事宜。

次国共合作到此结束，中国共产党和革命进入一个新阶段。

“五卅事件”时，毛泽东在湖南农村搞农民运动，他大概有如鱼得水的感觉。不久，因为有被捕的危险，他去了广州，担任国民党机关报《政治周报》的编辑。在1926年1月1日召开的国民党第二次全国代表大会上，他被选为中央候补委员，被任命为国民党中央宣传部代部长，并成为全国农民运动讲习所所长，亲自拿起了教鞭。然而，在同年5月，蒋介石搞“党务整理案”，从中央各部长中排除共产党员。毛泽东转而担任中国共产党中央农民运动委员会书记，自12月开始用约两个月的时间考察了湖南各地的农民运动。北伐战争以后，高涨的革命空气充满了农村。据1926年4月统计，湖南省农民协会会员达518万人。而在考察途中，毛泽东在家里只待了三天。

出现在故乡韶山的毛泽东受到男女老少近千名群众的夹道欢迎，他们彼此坦率地交谈着。他在欢迎会上的讲话通俗易懂。当时还是一个小孩子的农民，记得毛泽东的谈话内容是：“世道变了呀！过去只有手推车，走路靠步行。但是现在已经有汽车了，早上从湘乡县去湘潭买肉，回来吃早饭都来得及。”他身着中式上衣，行李只有提篮和箱子，带着雨伞。他同农民边走边聊，遇到路上有杂草刺时，就用伞拨开让农民先走。[45]长沙的欢迎会也是盛大的。毛泽东在这个时候的考察报告是著名的《湖南农民运动考察报告》，它明快地揭示了被谣言和误解笼罩的农村斗争的真相和意义。从湖南省委员会的机关杂志《战士》连载这个《报告》，可以想象出《报告》是多么让人盼望的文章。反动派到处传播农民杀人放火的谣言，然而，实际上他们屠杀了大批农民和农民协会的干部。北伐战争初期，赞扬过农民参加北伐军的反动派，在农民斗争从1926年10月前后开始以不法地主和当地的封建富豪为对象之后，便集结力量进行攻击，各地均发生了殴打和杀害事件。毛泽东赞扬农民的革命行动“好得很”。他甚至说：“论功行赏，如果把完成民主革命的功绩作十分，则市民及军事的功绩只占三分，农民在乡村革命的功绩要占七分。”（这些话在《毛泽东选集》中被删去了。）党的机关杂志《向导》和汉口的《民国日报》中途停刊，大概也是因为毛泽东的明快评价与陈独秀的机会主义产生了冲突。1927 年 4 月在武汉召开的共产党第五次全国代表大会上，中央委员会候补委员名单上没有了毛泽东的名字，似乎说明了这段时间的情况。当然，毛泽东提交大会的“迅速加强土地斗争”的意见也被无视。不过，在前一年的 12 月，在他受欢迎的长沙举行的湖南省农民代表大会上通过的决议之一，就是成立全国农民协会，这在共产党代表大会召开的翌月在武汉被认可，毛泽东被选为主席。虽然受到党的主流力量的排斥和打击，但可以说，自下发展起来的实际运动与他紧密地结合在一起。在一定意义上也可以认为，《湖南农民运动考察报告》是为严厉批评采取错误路线的党中央主流派而写的。1927 年 5 月，在长沙发生了反革命恐怖活动，毛泽东和其他共产党员转入地下。其后，在长沙秘密会见毛泽东的谢觉哉记得，毛泽东曾说“必须搞武装斗争和土地革命”。他痛骂怀疑土地革命的同志是“黑眼晕”（“黑眼晕”是湖南方言，指一种头昏目眩要摔倒的疾病）。他写《菩萨蛮·黄鹤楼》这首词大约就是在这一时期。如果说长沙是他的青春之地，那么有黄鹤楼的武汉则是他的革命之地了。在革命与反革命对立达到极点的形势下，如何对待令人不快的党内斗争的问题已经摆在了他的面前。

2. 黄鹤楼

黄鹤楼在湖北省武昌县城的西面，位于面临长江的黄鹄矶上。关于黄鹤楼有几种传说：有的说，过去一个叫子安的仙人，曾骑黄鹤经过此地（《南齐书·州郡志》）；有的则说一个叫荀环的男子在修仙，一天在黄鹤楼上休息，从西南上空降下一物，原来是一位骑鹤人，与之畅谈一会儿后又骑鹤离去了（《述异记》）；还有的说，一个叫费祎的人修行成仙，骑黄鹤飞去，但他曾在此地休息（《寰宇记》)。说法有多种，不过，这些都与时代不太符合，《报恩录》一书中的传说也许可以看做关于黄鹤楼神话的原型。按照《报恩录》的说法，在这座山上，古代有一姓辛的男子卖酒。有一位老人白白喝酒后手舞足蹈。半年以后，老人说要用橘子皮在墙壁上画一只鹤来顶酒钱。当客人拍手唱歌的时候，鹤便舞动了起来。此事传开以后，辛氏成为巨万之富。十年后的一天，老人又来了，他吹起铁笛，白云从天而降，鹤从墙壁上下来，老人骑着鹤飞走了。于是，辛氏在此建了一座楼，取名辛氏楼。大概这就是故事的原型。从笛子出现的年代看，估计最早不会在公元前50年以前。从《南齐书》上有黄鹤楼记载的时间看，最迟则是公元5世纪以前的神话。黄鹤是这个神话的一种由头。在南北朝以前的文学作品中，有玄鹤、灰鹤、白鹤，但是没有见到黄色的鹤。把用橘子皮汁来绘画和古代长江流域橘子集市很多的情况联系起来考虑，令人感到这一神话有当地的意味。

游黄鹤楼的风习是在唐朝盛行起来的。到了宋朝，建筑物似乎已没有了。据说，陆游入蜀时曾寻找过黄鹤楼，但他连建筑物的遗址也没有看到。在宋朝的画上描绘的黄鹤楼是两层楼，分几栋，都有精美的雕刻。据说，清朝的建筑是一栋三层高楼，但后被烧毁了。新中国成立后遗留下来的只有元朝的胜像宝塔以及清末建的奥略楼、抱膝亭、纯阳楼、陶公亭、涌月亭，也就是词中讲的“剩有游人处”吧。这些建筑都在武汉长江大桥武昌一侧的入口处，因妨碍建桥，暂时迁走了。有人说将改变地点重建，而且要参考宋、明、清的建筑物重新设计建造。[46]

游黄鹤楼并赞美此地的诗人很多，其中著名的唐朝诗人崔颢以《黄鹤楼》为题的七言律诗已被收入在日本出版的《唐诗选》中，日本人都十分熟悉。[47]

昔人已乘黄鹤去，
此地空余黄鹤楼。
黄鹤一去不复返，
白云千载空悠悠。

晴川历历汉阳树，
芳草萋萋鹦鹉洲。
日暮乡关何处是？
烟波江上使人愁。[48]

第一句的原文也有说“昔人已乘白云去”的，于是，便成了第一句“白云”（过去），第二句“黄鹤”（现在），第三句“黄鹤”（过去），第四句“白云”（现在）的对应技巧。

传说李白为崔颢的诗所感叹，不想再以黄鹤楼为题作诗了（写黄鹤楼的诗相当多）。后来，李白以《鹦鹉洲》为题作过一首七言律诗。

鹦鹉来过吴江水，
江上洲传鹦鹉名。
鹦鹉西飞陇山去，
芳草之树何青青！
烟开兰叶香风暖，
岸夹桃花锦浪生。
迁客此时徒极目，
长洲孤月向谁明？

此诗不仅与崔颢的《黄鹤楼》十分相似，而且在第二联不对偶违反律诗规则这一点上，也很像《黄鹤楼》第二联。李白关于黄鹤楼的诗，还有收在《唐诗选》中的《黄鹤楼送孟浩然之广陵》：“故人西辞黄鹤楼，烟花三月下扬州。孤帆远影碧空尽，唯见长江天际流。”

黄鹤楼作为名胜，不仅因其雄姿而被赞美，而且由于古时候文人墨客在其中留下的杰作而值得骄傲。毛泽东以“黄鹤楼”为题是理所当然的，应该说他的内心曾十分感动。比毛泽东早五六年，日本人芥川龙之介也曾来到这里，但荒废的风景令他大失所望。可以说，他已经敏感地意识到，这种沉滞需要改变了。这对理解毛泽东的词也许算不上本质的东西，但是作为参考，我想引用一些日本人的见闻。

来此地访问古迹的人……只看到照相馆和算卦摊，不得不感叹楼也驾上白云飞去了。只在一个角落里留下丈余高的古石塔，以及后面高坡上奥略楼的宏伟飞檐式建筑，倒会使人稍微消除一些失望的情绪。放眼望江上，大别山（汉阳的龟山）山麓上的晴川阁尚存。长江正向东流去，身置孤帆远影碧空尽之中，真有成仙（羽化登仙，成仙升天）之感。[49]

我所见到的是红砖已发黑的西式建筑。古老的砖石建筑恐怕是文明开化的遗迹吧。挂在正面的匾额让人想起古代的东西。为缅怀昔日黄鹤楼的遗迹，比起西式建筑来，参观里面的奥略楼更好一些。迎风翘起的屋顶和多角楼是雅致的中式建筑。比起红砖建筑的黄鹤楼，更能看到黄鹤楼的风姿。然而，我却不可思议地被那发黑的不很漂亮的西式建筑黄鹤楼所吸引。而且在观赏它的过程中，不禁想起在武昌经历过的“近代”一幕。这里发生过辛亥革命（1911 年 10 月 10 日），清政府被推翻，中华民国成立。在这里，军人义举成功，城头飘起新的旗帜。……由于在政治上、军事上经常处于中心的位置，所以它容易让人想起这些事件。举目眺望汉口和汉阳，伫立在江边的黄鹤楼耸立的地方，自然会感受到那些风云中奋起的男子之志。……我这样的异国男儿也如此。在孕育着危机的清末的氛围中，不难想象那些排满兴汉热血沸腾的青年志士，以怎样的心情徘徊于这座楼的周围。[50]

3. 菩萨蛮（第 2 首）

黄鹤楼　1927 年春

前阕以写生的方式叙述名胜古迹的雄伟景致，后阕吟咏因想起传说中的黄鹤而高昂的心情。也许是面临反革命危机时局的缘故吧，古人赞叹的风景也变得阴沉了。无法沉醉于仙人的梦幻和游客的娱乐之中的作者，大概心中在暗暗发誓。当时长江的狂涛巨浪是作者心绪的象征。

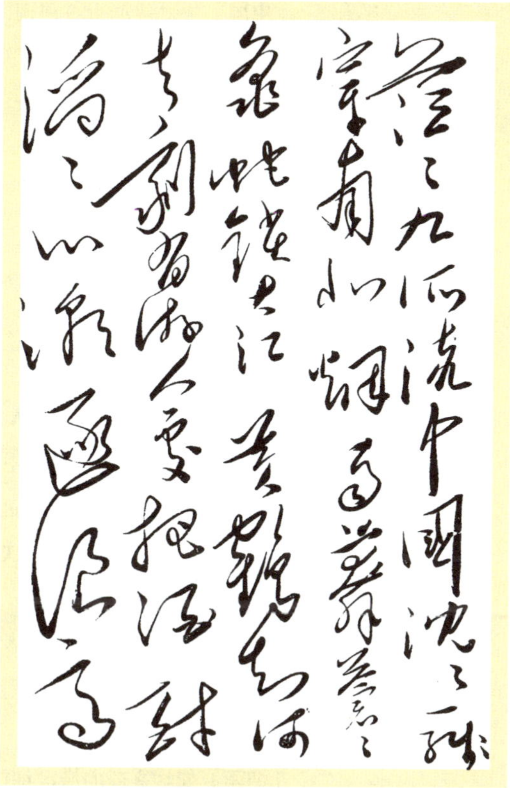

毛泽东《菩萨蛮·黄鹤楼》手迹。

菩萨蛮·黄鹤楼

一九二七年春

茫茫九派流中国，沉沉一线穿南北。烟雨莽苍苍，龟蛇锁大江。

黄鹤知何去？剩有游人处。把酒酹滔滔，心潮逐浪高！

注

［菩萨蛮］ 44个字，双调，前阕、后阕同型。两句一韵，共四韵：“国”、“北”；“苍”、“江”；“去”、“处”；“滔”、“高”。如果用罗马字母代替韵的读音，便是aabb ccdd。而且a是押仄字韵，b为平，c为仄，d为平，即仄—平—仄—平。这样交互地在音律美上下工夫，是值得注意的。前阕和后阕的最后一句，是按仄平平仄平的语调规律排列的，但是李白却打破了它，写成平平平仄平的样式。有人遵循李白，毛泽东也遵循李白。但是前阕的“锁”是上声，不是平，所以又破了格律。根据“词律”，仄字也可以。也有人认为，这不太正规。[51]

［黄鹤楼］ 在湖北省武昌县城西部的黄鹄矶上。

［茫茫］ 天地无边无际，宽阔遥远。这里形容长江水流雄伟，指的是从这一带到下游的景色。李白有赞美长江的诗：“登高壮观天地间，大江茫茫去不还。”（《庐山谣寄卢侍御虚舟》）

［九派］ 九，指数量多。派，是河的支流。长江在湖北省和江西省一带有几条支流。[52]

［流］ 流贯。

[中国] 华夏建都于黄河南北时，开始使用的处在“四方之中”这个意思的自称。这里是一般意义上的中国。

[沉沉] 宫殿等深宅大院貌。一般认为，这里指的是铁轨沉甸甸地伸向远方的样子。现代汉语把重称为“沉”，这里借用这一生动说法，也有解释成铁路搭载沉重列车的。

[一线] 指长江北岸的京汉（北京至汉口）、南岸的粤汉（广州至武昌）铁路。现在由于架起了长江大桥已经直通了，但是当时是利用渡船联络的。

[“茫茫九派”以下二句] 从黄鹄矶上眺望的景色，自古以来常为人吟咏。南朝宋代诗人鲍照（414？—466）曾写道：“东顾三洲之隔，西眺九派之分。”（《登大雷岸与妹书》）盛唐诗人王维（701—761）有诗：“楚塞三湘接，荆门九派通。江流天地外，山色有无中。”（《汉江临眺》）王维的诗赞美了有众多支流连接的湘江和长江流向广阔遥远的地方，如同走向天地之外一般的雄伟气势。在毛泽东的词中，贯通南北的铁路被进一步赞美，又把人们的联想引导到国民革命军（南方）和军阀（北方）的对立上，不仅有风景，还令人感到革命与反革命之间的紧迫政治形势。作者赞美从黄鹤楼上眺望到的雄伟风景，只是提出连接着许多支流的长江和横跨南北的铁路即纵横方面最重要的标志，不偏重细节描写是这里的一个特色。

[烟雨] 如烟雾般的濛濛细雨。

[莽] 宽广、辽阔、广阔貌。

[苍苍] 深蓝色。中唐诗人刘禹锡（772—842）的词中有“巫峡苍苍烟雨时”（《竹枝九首》）句。

[“烟雨”一句] 常去长江旅行的人会感觉这种形容确实十分贴切。以往形容这里的景色常用“烟雨迷离”。作者如果在此处用“迷离”或“暗淡”的话，会有轻快和细腻之感。不过，这样一来，应具有的更为庞大的妙处就似乎没有表现出来。[53]

[龟蛇] 指对岸汉阳连接大别山脉的龟山和武昌的蛇山。

[锁] 封锁。龟山和蛇山在地质上是相连接的，长江的宽度在这里变得狭窄了，因此，两座山把长江夹在中间相对而立，看上去如同封锁一般。虽只用这一字，却充分地表达了风景与革命的紧迫空气。与《水调歌头·游泳》中的“龟蛇静”的用法相比较是耐人寻味的。

[“烟雨”以下二句] 这是将辽阔的远景与龟蛇两山对峙的近景对比吟咏的。

[酹] 按照中国古代习俗中，在饮酒礼节中、请神降临之时、祭地神之时，有将酒浇在地上的仪式。这里不是饮酒礼节和祭神。面对中国的象征与历史见

证的长江，作者大概想用这一“酹”的行为表现革命的理想和热情。

［**滔滔**］水涌流貌，指长江。

诗词大意

长江无尽头，它引来许多支流自西向东在中国流淌着。沉重的铁轨黑又亮，贯通南北。濛濛细雨把开阔的风景笼罩成深蓝色。其中，龟山和蛇山将长江夹在中间，紧密地封锁和守卫着革命的据点武汉三镇。

古代传说中的黄鹤飞到哪里去了？我也不知其去向。留下来的只有散步和眺望的场所。我效仿古代的仪式取出酒杯，把酒浇到波涛汹涌的江中。于是，如追逐长江渐起的狂涛巨浪一般，情绪也激动起来。

★第四章

创建农村根据地

1. 井冈山

从第 3 首《西江月・井冈山》到第 12 首《清平乐・会昌》共十首词，是作者在创建并扩大以井冈山和瑞金为中心的农村革命根据地时期的作品。《沁园春・长沙》和《菩萨蛮・黄鹤楼》各是不同时期的唯一作品，而这十首则是在一个时期之内，可以说数量相当丰富。能够按照自己的信念和方法在农村开展活动的愉快心情，从作品的数量中也不难反映出来。本来，这十首中的最后两首是他的活动受到党中央限制时的作品，这对词的题材内容也有微妙的影响。这一农村革命根据地时期，特别是在井冈山创建根据地时期，作为后来在根据地延安制定各项政策的原型阶段非常重要。尤其在这里，毛泽东牢固地奠定了红军的基础与原型，其重要性是决定性的。红军与中国革命具有同样的意义，红军的命运就是中国革命的命运，便是从这一时期开始的。可以说，在井冈山，中国革命重新开始了。不过，如果考虑扮演主角的毛泽东，那显然又是过去的延续。

他以井冈山为据点在各地开展游击战的形象，与长沙时代以朋友蔡和森的家为中心进行徒步旅行的形象，看不出有什么不同。大体可以认为，毛泽东不是那种否定过去或逃避现实的人。他的成长方式是以固定的点为中心，逐渐扩大活动的同心圆，并不断反复。这样，不仅“圈子”的直径逐渐扩大，线条变得醒目，而且立场坚定不移。湖南省内共产党员的工作，与他在湖南省学联中的活动相比没有什么变化。在学联的活动，不外是作为新民学会的组织者和领导者时活动的延伸。新民学会源于数名尊敬杨昌济先生的学生组成的小组。不管在哪一时期，他好像都不是急于结束或摆脱前一时期的活动。那么，所谓不动的“点”究竟是指杨昌济，还是应该指他所说的从 1919 年 12 月至翌年 4 月在北京生活期间确立了的马克思主义者的立场呢？即使是后者，也与他以前在学生时代努力锻炼身心的人格有着联系。

总之，进入这一时期后，毛泽东已经直接承担起革命运动的重担，与反革命势力展开了武装斗争。在与外界发生抵触而迸出激烈的火花之前，他的“圈子”在逐渐变大，同时他也成长了起来。这个“圈子”变得像金属一样坚硬，但敌人也很强大。与初期在长沙探索自立之路和形成人格的时期不同，超越“立志”问题的客观世界严酷地包围着他。而且，在其内部也发生了“我”与包含着“我”的“大我”——革命阵营与共产党之间——的摩擦。这种“大我”与个人的“我”一样，也是一种应该叫做“我”的势力，但那是必须经过复杂的党内斗争才能解决和统一的“大我”（我方）。井冈山（也含瑞金）时期的毛泽东，处在这种内外两面矛盾的新阶段。在创建根据地一开始，他顺利地处理了这些问题。但后来不是外部敌人，主要是由于内部“大我”（我方，不是个人的“我”）的原因，他不得不放弃辛辛苦苦开辟的根据地。问题的重新解决，要留待后来的“长征”时期。

关于井冈山，遗憾的是似乎至今没有出版标有其地形全貌的地图。那是从横跨湘、赣两省交界处的罗霄山脉中段万洋山（望洋山）分开来的一组山脉。在当时市场出售的地图上，最详细的只有万洋山的名字。所以，井冈山本来是一个微不足道的小地方。毛泽东当时的文章（《井冈山的斗争》）中有一节简明扼要的文字解释。然而，对于只听地名无法具体地想象其地形的我们来说，只能佩服毛泽东在写实用文章时也具有惊人的美学与艺术才华。根据毛泽东的这段叙述，井冈山地区包括山麓在内南北 90 华里（1 华里约 0.5 公里），东西 80 华里，周围 550 华里。大致有日本伊豆半岛那样大小。不过，伊豆半岛上的主峰天城山高 1 406 米，而万洋山高 1 850 米。井冈山周围的八面山、朱砂冲、桐木岭等，高度从600米到

1 848 米不等，可见地形相当险峻。在其外围，又有永新的万原山、莲花的武功山和九龙山、茶陵的十八田、酃县的大庵等包围着井冈山。用中国的常用谚语“一夫当关，万夫莫开”来比喻这里，是恰如其分的。毛泽东选择这座山作为根据地，也许就是注意到了对外可以成为坚固的城堡这一点。井冈山的地形本身确实适合固守山寨。由于古代的地震、地表的陷落和河流的侵蚀而形成的小盆地和峡谷，被高山和悬崖包围着，到处都有，其状似井。于是，地名取“大井”、“小井”等用“井”字的地方共有五处，茅坪等也属于这一类。还有像走廊一样细长的峡谷，两侧是绝壁，溪流长达两公里以上，山麓入口处的道路被灌木和丛生的杂草遮挡着。另外，入口很狭窄，进入里面后却有宽大的袋状峡谷。茅坪等地就是这样的地形。[54]据当年的士兵回忆说，分散在这种地形上的村子，利用仅有的几条羊肠小路与外界联系，从山外到山中的村子要走一天时间。[55]另外，别的士兵还记述过对井冈山的印象：

> 高山数十里全是密林，遮天蔽日，必经之道才有小径穿插于树林壑壁间。山势险要异常，便于作战防守。山内虽然缺少人烟，缺棉缺盐，贫瘠荒凉，但四周二十多县却尽是产棉丰饶人烟稠密的平原。况且山内又盛产南瓜，瓜重常在百斤左右，如果部队被围粮绝，填肚皮的南瓜尽可不必恐慌。1928 年红军几次被围，大家就是天天吃瓜，顿顿吃瓜，以瓜度日。[56]

当时，山里住有不足 2 000 人，就是现在也只有 2 200 余人。[57]从这个数字大概可以看出山区的状况。毛泽东在这里建有医院、被服厂、兵工厂、各团的家属宿舍等。其中心在茨坪，平地约 300 亩。这里设立有湘赣边区特别委员会等党的各种机关和工农苏维埃政府。从这里到上面提到的大井、小井等地各约 5 公里，到被称为“五大哨口”的五大关门——北面的黄洋界、南面的朱砂冲、桐木岭和西面的双马石与八面山，分别约有 15 公里（现在，从南昌经桐木岭到茨坪已通公共汽车）。[58]毛泽东从 1927 年至 1929 年曾住在大井[59]，后来搬到茅坪。

2. 从武汉到井冈山

从 1927 年 7 月 15 日武汉革命失败后到创建井冈山根据地这段时间，曾发生过一系列事件。一个是 8 月 1 日朱德、贺龙（湖南人，曾任党中央委员、元帅、副总理，1896 年生）和叶挺等人领导的南昌起义，另一个则是 8 月 7 日共产党在武汉召开的紧急会议。

南昌起义的总兵力约三万人，仅用三个小时便占领了南昌，开始时相当顺利。后在南昌成立了革命委员会，其成员有周恩来、李立三、吴玉章、宋庆龄（已故孙文夫人，曾任共和国副主席，1893 年生）、郭沫若等。起义军为了再度“北伐”，开向了广州，但途中在广东省北部与国民党军队展开激战，遭受很大损失。其中一部分与沿海的海丰和陆丰的农民军汇合，另一部分在朱德的指挥下迂回到井冈山集中。周恩来和郭沫若等人在解散后原准备重整旗鼓，但周恩来得了疟疾，发烧 40 度，难以继续工作。不过，他对革命的失败保持着冷静的态度，反省了战斗经过。关于周恩来、有点神经质的叶挺和亲人中出了内奸导致失败但依然庄严宣誓忠于革命的贺龙等人，以及解散当夜的情况，郭沫若在一篇短文中都有记录。[60]

南昌起义虽然失败了，但这一天成为中国人民解放军的建军纪念日，军旗和军徽上的红星都有“八一”这个值得纪念的字样。

另一方面，共产党中央在汉口召开了紧急会议，毛泽东、瞿秋白（江苏人，与鲁迅有深交，在文学上也很出色，1899—1935）、邓中夏（湖南人，中共创建时期的北方领导人，1894—1933）等人出席了会议。据张国焘后来讲，失败责任人陈独秀没有出席会议。会上虽然集中批评了陈独秀，但张国焘和毛泽东反对把所有的责任都推给陈，否定了上述意见，陈在党中央的职务被解除了。[61]这次紧急会议是在共产国际的帮助与新共产国际代表的指导下召开的，被认为为“左”倾开辟了道路。[62]因此，毛泽东也许对共产国际或共产国际的代表表示过怀疑。总之，他在这次会议上没有当选中央委员或候补委员。在湖南省的起义中，他只是以中央特派员的资格（而且是受湖南省委的委托）[63]，至少给人的印象已不是党内的主流。不过，对会议做出的在湖南、湖北、江西、广东四省举行秋收起义的决定，似乎他并没有反对。

后来，毛泽东出现在驻扎在江西省铜鼓的国民革命军的部队里，并组织安源路矿工人和平江、浏阳、醴陵一带的农民自卫军编成四个部队。在去铜鼓的途中，他在湖南省浏阳被地主的雇佣军逮捕了，给了钱才逃脱。尽管如此，敌人仍旧穷追不舍，他躺在一条水沟里才幸免于被抓。后来在一个农民的带领下，好不容易来到江西地界。他询问那个农民的姓名，但他始终不肯说出。之后，他继续赶路，由于衣着特别，到哪里都不肯让他留宿。他很恼火，走进街尾最后一家店时，索性不问了，走进去便坐下，大声喊道："老板！打水来洗脚！"老板无可奈何，只得由他住下。[64]从浏阳到铜鼓一定要爬山，沿着山路向南走是安源煤矿，再南面是与武功山、万洋山相连的山脉。也许在山区建立根据地的念头就是在这条山路上偶然闪过的吧。9月8日部队开始攻打长沙，应该是湖南、江西农村一同起义的信号。然而，这次行动由于一部分部队叛变和遭到敌人进攻而失败了。据说，毛泽东决定放弃占领大城市的方针在井冈山地区创建革命根据地便是在这时候。但在去井冈山的途中，部队又遭到敌人伏击，受到损失，不断出现逃跑者。鉴于这种情况，最后只有暂时退到山寨一种办法。

在这次退却中，他首先考虑的似乎是从根本上重建军队的问题。一个有学历而且是共产党员的师长逃走以后，部队里的一部分人早晚说的都是："你准备到哪里去？""你走不走？"有时，受命去站岗的一个排全部逃跑了。他深入到士兵中间，询问他们的出身、经历和对目前形势的看法。一个士兵误认为他是老百姓，要拉他挑担子，他笑嘻嘻地说："我给你们挑了好几天了，今天你们连长叫我休息休息。"当红军里有人要求入党时，他就到场，自己领读入党誓词，主持严肃的入党仪式。[65]

从这种入党仪式的地点是在深夜无人去的祠堂里可以明白，当时，除了作为党代表的人在部队里公开政治面貌以外，党员都是秘密的。党的工作在士兵中间还没有扎下根，还没有指挥军事的发言权。尽管在北伐军和黄埔军校中党员不少，但当国民党走向反动之后，党的工作陷入了低潮。从这一痛苦的经验中，毛泽东决心改革党在军队中的地位和工作方法。作为第一步，可能就是举行这种入党仪式。举行这种带有宗教气氛的仪式，无疑是把党神秘化了。这一方面带来损害政党机能的弊端，但另一方面，对于处在国民党恐怖之下，没有通讯设备而又不得不分散在各地活动的他们来说，最后往往不得不依靠个人的政治信念。誓词中说："牺牲个人，努力革命，阶级斗争，服从组织，严守秘密，永不叛党。"这反映了在必须同国民党进行生死搏斗的战争状态下进行中国革命的实际情况。

在三湾改编时，他给想离开部队的人发五元钱路费，给留下来的意志消沉的士兵讲述"贺龙两把菜刀起家（组织红军）"的激励人心的故事也众所周知。毛泽东没有白费心血，这个时候各个连队都建起了支部，从团到班建成了党组织的纵向联络网。共产党的"前敌委员会"也成立了，毛泽东任书记。部队置于党的领导之下，这种党军关系从那以后便成了连续不断的传统。

毛泽东为了废除军队中的恶习，实现民主，成立了"士兵委员会"。它行使部队最高的权力，可以监督和处罚军官。在这次起义之前，军官的伙食是四菜一汤，享受着比士兵高几倍的待遇，后来也改变了，伙食、衣服都是平等的。有时从地主那里没收来一个鸡蛋，也要由士兵委员会平等分配。这种平均主义在农民身上是根深蒂固的，为了改掉那些脱离军阀和国民党军队而参加革命的军官和士兵的恶习，为了"以毒攻毒"，便不得不利用平均主义。这是当年参加这支部队的罗荣桓（湖南人，1902 年生）的回忆。后来在古田会议上纠正了这种平均主义的过火做法。总之，由此可以想象，红军中出现了新的风气。

红军著名的"三项纪律，六项注意"，也是在这时候产生的。在要上井冈山的当天，毛泽东在山脚下宣布"三项纪律"（后来叫"三大纪律"）：第一，行动听指挥；第二，打土豪要归公；第三，不拿老百姓一个红薯。听到这些，几天前从田地里捡到露出地面的红薯的士兵的脸都涨红了。1928 年初，在井冈山山麓的遂川过春节时，毛泽东又公布了"六项注意"：一、说话要和气；二、买卖要公平；三、借东西要还；四、损坏东西要赔；五、捆铺草；六、上门板。1929年春，在开往江西南部和福建西部时，因为不了解村里的习惯，红军的行动曾引起农民的不满。他从农民的口中听到后，立即把“六项注意”改成“八项”。新添的两项是洗澡避女人和大便找厕所，以后又改为“院子打扫干净”、“挖卫生茅（厕所）”。后来，由于俘虏的增加又决定了不准搜腰包、不虐待俘虏、进出要做宣传工作一条。进而，又增加了经常宣传红军政策一项，共十项注意。后来又将洗澡避女人、大便找厕所两项删掉，变为八项注意。从此，纪律的条目固定下来，只是在新情况下，不断地在内容上进行修改，例如将“打土豪要归公”改为“缴获要归公”，把“不拿老百姓一个红薯”改为“不拿一个鸡蛋”，到陕北后又改为“不拿群众一针一线”[66]。为了成为人民的军队，红军变成了教育的场所。

毛泽东上井冈山时的这些措施不是临时的权宜之计。其中，不仅让人感到有对“北伐”以来国民革命军实际情况的了解，而且怀有一种理想。人们会感觉到毛泽东在新民学会时代已经表现出来的试图教育与感化周围人们的那种才干与热情。井冈山上原有两个啸聚山林、占地为王的绿林好汉式人物最后都被感化成了说“我要入党”的人，从中似乎也反映出毛泽东的才能。

3. 黄洋界上的战斗

刚上井冈山时，部队不过千人。回想起后来攻打长沙时八千人的浩大声势，难免会让人觉得当时的势单力薄。

> 那时，天气已经逐渐寒冷，战士们还穿着破烂的军衣，给养十分困难，并且还未获得暂时休整的机会。可是由于党在部队中进行了工作，战士们情绪仍然高涨，在极度疲劳的行军之后，还去四处张贴布告，向老百姓宣传我们是什么军队。
>
> 遂川西有个市镇，名叫大汾。为了解决部队的冬衣和给养，我们便进驻这一市镇。尚未决定下一步行动时，就遭到“挨户团”的突然袭击。部队因毫无准备，仓促应战，只好分散撤退。当时四连有两个排，随着毛泽东同志一气跑到黄坳，

便停下来，收集失散人员，并担负掩护一营集结的任务。这时，三营已向湘南桂东方向撤走了。

四连一共剩下三十多个人，稀稀落落地散在地上。要煮饭吃。炊事担子也跑丢了，肚子饿了，只好向老百姓家里找一点剩饭和泡菜辣椒。没有碗筷，毛泽东同志和大家一起，伸手就从饭箩里抓着吃。

等大家吃饱了，毛泽东同志站起来，朝中间空地迈了几步，双足并拢，身体笔挺，精神抖擞地对大家说："现在来站队！我站第一名，请曾连长喊口令！"他的坚强、镇定的精神，立刻强有力地感染了战士们。他们一个个都抬起头来，鼓起战斗的勇气，充满信心，提着枪就站起队来，向着他那高大的身躯看齐。接着一营就赶上了，队伍向井冈山进发。三营撤退到湘南桂东一带活动，在后来我们从茶陵退出时，也终于与他们会合了。[67]

听说毛泽东上了井冈山，农民武装队伍也从附近的农村上山了。1928 年 4 月，朱德和陈毅等人率领南昌起义的部队两千人和湖南的农民军八千余人到井冈山与毛泽东会师。中国工农红军第四军在这里诞生了，朱德任军长，毛泽东为党代表，兵力约一万人，编成三个师。"共产党前敌委员会"作为党、军队、政权的最高机关成立了，毛泽东任书记。

井冈山时期的毛泽东。

蒋介石在这年的 4 月至 7 月，命令江西和湖南的军阀对红军发动了三次进攻，但都被击退了。另一方面，在红军里，一部分从农村来的士兵出现了思乡情绪。这在封建时代农民武装暴动中是常有的事。还有一个原因，如果想惩治地主，就要惩治家乡的地主，他们担心家里人会遭到杀害。湖南省委员会的代表杜修经曾让第四军的第 28、29 团向毛泽东留守的永新进发。思乡情绪严重的是宜章农民担任干部的第 29 团，而第 28 团里的湖南人少，即便有也是水口铝矿的工人，此外还有南昌起义后与朱德同生死共患难的士兵们。朱德率领这些团向湖南进攻，可能是因为省委的命令。但是，他们也许不想把王牌部队轻易地拿去送死，果然部队在郴州大败。在这危急关头，他们接受了率领一个营数十名士兵赶来的毛泽东的劝告，在井冈山南方的崇义和上犹迂回返回了井冈山。不过，在崇义，一个营长率部叛变了，归途多难。

毛泽东伺机救援朱德，湖南省的敌人第八军经酃县向井冈山入口处之一的黄洋界逼进。8 月 28 日，得到报告的留守部队（一个营）夜行军到达黄洋界，加固已经准备好的阵地，没有炮弹就收集岩石来代替。8 月 30 日，敌人终于开始进攻了，由于山路狭窄，只能走一个人。红军等敌人走到近距离时便开始射击，并投下石块。经过一昼夜战斗，阻止了敌人四次冲锋，击溃一个团。第二天白天，从茨坪增援了一门（也有说两门的）迫击炮，两发命中，于是敌人仓皇逃走。《西江月・井冈山》便是颂扬这次黄洋界上的胜利的。

最近，有人发表了访问黄洋界的文章，从中可以想象出那里的地形。作者是 1963 年、1964 年来日的剧作家杜宣（江西人，1914 年生）。

> 山高岭削，仅有的一条羊肠小道就在陡壁间盘旋。哨口设在两峰之间，地形隐蔽，当时石垒的哨棚遗迹，现在还保留得很完好。
>
> 井冈山的特点是从山麓到山腰，都是森林，峰顶却多是巨石和茅草。黄洋界也是蔓草丛生。只有哨口的东南方高峰上，长了一棵枝叶如盖的大柯树。据说当年毛泽东同志和朱德同志与战士们一道去宁冈挑运军粮，来回经过黄洋界时，都在这棵树下歇脚乘凉。
>
> 站在黄洋界哨口，纵目远眺，罗霄山脉中段的主要山峰，此起彼伏，雄壮无比。好像整个宇宙都被这些绵亘不断的千峰万岭占据着，天空中的白云伸手就可以摸到一样。气候变幻很快，刚到的时候是晴空万里，万山重叠，一忽儿就变成云雾弥漫，白茫茫如汪洋大海。据云，黄洋界又有汪洋界之称，这的确是名副其实的。毛泽东同志那首写黄洋界斗争胜利的著名的《西江月》，现在已刻在黄洋界哨口。[68]

4. 西江月（第 3 首）

井冈山 1928 年秋

实际上，这场战斗不是作者亲眼所见。前阕描述井冈山的留守部队沉着地等待敌人的情景。使用的是淳朴的赞颂手法，痛快淋漓地表达了作者的乐观情绪，苦心经营的根据地和红军已经成长起来了。

西江月·井冈山

一九二八年秋

山下旌旗在望，山头鼓角相闻。敌军围困万千重，我自岿然不动。

早已森严壁垒，更加众志成城。黄洋界上炮声隆，报道敌军宵遁。

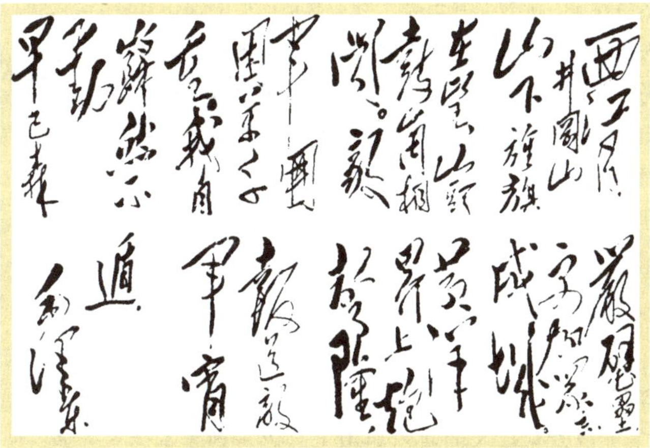

1928 年 8 月 30 日，留守井冈山的部队以不足一个营的兵力，在井冈山黄洋界击退国民党军四个团的猛烈进攻。毛泽东听到喜讯，挥毫写下《西江月·井冈山》，热情讴歌黄洋界保卫战的胜利。

注

［西江月］50 个字，双调，各四句。两个平韵，一个仄韵。“闻”、“重”为

平，“动”为仄；“城”、“隆”为平，“遁”为仄。“闻”和“遁”的韵母是n，似乎与别的ng音不押韵。其实，在词盛行的宋代还没有n和ng两音的区别，所以作为词，还是押韵的。况且，现代中国南方方言中这两个音也无区别。前阕和后阕都在第一句、第二句要求对偶。前阕，“山下”对“山头”，“旌旗”对“鼓角”，“在”对“相”，“望”对“闻”。后阕也同样对偶。

[旌旗][69]指国民党军队。在古代，所谓“旌”是指有羽毛装饰之物，而“旗”则指无装饰之物。

[在望]“在”，现代汉语，正在进行，附于动词上表示动作的继续。“望”指自己眺望，这里则指对方被看到的状态。

[鼓角]古代鸣鼓催促军队。角是军队使用的笛子，这里指红军的军号声。

[围困]围是从四周围城。困是最后的结果，城内的人们处境窘迫。

[岿然]高峻挺立貌。在《文选》中，观赏庄重的灵光殿有“灵光岿然独存”（王延寿《鲁灵光殿赋》）的句子。

[早已]很早以前，已经。

[森严]庄重而严肃。

[壁垒]防御工事。

[更加]现代汉语，越发，加上。

[众志成城]源于春秋时代的史书《国语》中的“众心成城”，意思是说万众一心可变成坚固的城堡。这是毛泽东的基本思想之一。毛泽东于1934年在江西瑞金召开的第二次全国工农代表大会上发表演讲时说：“国民党现在实行他们的堡垒政策，大筑其乌龟壳，以为这是他们的铜墙铁壁。同志们，这果然是铜墙铁壁吗？一点也不是！你们看，几千年来，那些封建皇帝的城池宫殿还不坚固吗？群众一起来，一个个都倒了。俄国皇帝是世界上最凶恶的一个统治者；当无产阶级和农民的革命起来的时候，那个皇帝还有没有呢？没有了。铜墙铁壁呢？倒掉了。同志们，真正的铜墙铁壁是什么？是群众，是千百万真心实意地拥护革命的群众。”[70]

[隆]雷声轰响貌。

[遁]逃跑。

诗词大意

山下可以看见敌人的旗帜，山上可以听到我军的军号声。见到旗帜可以明白，敌人层层包围着井冈山，但是我军稳如井冈山高耸不动。

我们在敌人到来之前加固了阵地，比任何要塞更为坚固的是万众一心。我们从湖南一回来，就听到黄洋界关卡的炮声隆隆。传令兵带来捷报说，敌人已趁着黑夜败退了。

第五章

以瑞金为中心

1. 打圈战

毛泽东上井冈山不久，曾讲过这样一段话，大意是说：过去这个井冈山上有个土匪头子叫朱聋子，“军阀和反动政府围剿了他几十年，总是捉不到他。朱聋子说，他所以站得住脚，只有一条经验，就是：不要会打仗，只要会打圈。现在我们要改他一句，叫：又要会打仗，又要会打圈”[71]。根据这种战术，红军不仅在井冈山周围的农村建立了工农政权，而且 1929 年 1 月又在江西南部开辟了根据地，2 月至 10 月三次进攻福建西部，与该地方的党组织合作在当地建立了根据地。

第 4 首《清平乐·蒋桂战争》和第 5 首《采桑子·重阳》，就是以这次进攻福建为背景的作品。

前一年 7 月，在平江起义的彭德怀（与毛泽东一样，生于湘潭县，抗美援朝时任志愿军司令员，1898 年生）和黄公略［在《蝶恋花》（第 8 首）中可见其名，1898—1931］等占领了毛泽东上井冈山前活跃的浏阳、修水、铜鼓一带，建立了解放区。12 月，彭德怀率部队到达井冈山与毛泽东和朱德会师，这加强了进攻福建的力量。彭德怀作为留守部队坚守井冈山，但受到敌人 21 个团的攻击，在英勇奋战之后突破包围，途中继续战斗，又在瑞金与毛泽东的部队会合了。留在井冈山的红军家属和农民遭到屠杀，生还者受尽压迫和苦难，在一个有 80 人的村子里只活下来 8 个人。然而，在 1934 年红军长征之后，以井冈山为中心的地区，红军和游击队 5 000 人仍在继续开展顽强的斗争，捍卫井冈山的红旗。[72]

毛泽东进攻福建是1929年1月、5月和10月，这是巧妙地利用了当时统治阶层各军阀之间混战的间隙。军阀混战之一是“蒋桂战争”，“蒋”指蒋介石，“桂”指广西省，即以该省为地盘的李宗仁、白崇禧与蒋介石之间在1929年3月至4月进行的战争。1927年9月，武汉与南京的国民党合并，在南京成立了国民政府。对中国革命形势的发展感到威胁的各国，争先恐后承认了这个政府。因此，南京的国民政府基本上取得了代表中国的资格。不过，由于帝国主义各国在中国的利害关系彼此冲突，它们扶植代表各自国家利益的军阀，试图用武力确保自己的利益。军阀又是封建势力和封建地主利益的代言人。这些更使统一后的国民党实质上处于四分五裂的状态。然而，为了争夺国民党这一正统的名义，合并后的次月，南京派的蒋介石、李宗仁与武汉派的汪精卫、唐生智之间又发生了战争。12月，广东军阀与广西军阀之间也发生了战争。翌年4月至5月，广西军阀、蒋介石、阎锡山（山西人，1883年生）、冯玉祥等联军与张作霖（奉天人，东北军阀，被日本军炸死，1875—1928）再次打起了仗。而在日本人帮助张作霖出兵山东以后，美国促使蒋介石与张作霖联合，在日本窥视的东北挂起了国民党的青天白日旗，表明张作霖接受了蒋介石的统治。于是，以前与蒋介石站在一起的广西军阀、阎锡山和冯玉祥等又举起了反蒋的叛旗。当时，毛泽东分析了这种变化的形势，作了如下阐述：“国民党新军阀蒋桂冯阎四派，在北京天津没有打下以前，有一个对张作霖的临时的团结。北京天津打下以后，这个团结立即解散，变为四派内部激烈斗争的局面，蒋桂两派且在酝酿战争中。中国内部各派军阀的矛盾和斗争，反映着帝国主义各国的矛盾和斗争。故只要各国帝国主义分裂中国的状况存在，各派军阀就无论如何不能妥协，所有妥协都是暂时的。今天的暂时的妥协，即酝酿着明天的更大的战争。”[73]

正如毛泽东预言的那样，蒋介石与桂系即广西军阀李宗仁、白崇禧的联军之间的战争又起，后广西军阀战败，李、白回到桂林。这以后，在8月，蒋与阎、冯又发生战争，在1930年4月又发生了第二次大规模战争。此外，小军阀之间的混战也相继不断。据推测，在这些军阀混战中，战死者约 50 万人，百姓受害更为惨重。这些战争最后使具有中央政府这一正统名目并得到帝国主义和上海的浙江财阀支持的蒋介石取得了胜利。

在第一次进攻福建开始以前，毛泽东把干部召集在一起，传达了中国共产党第六次代表大会（1928 年 6 月在莫斯科召开）的方针，他还亲自写了《红军第四军进军宣言》和《布告》。《布告》是由四字一句组成的顺口溜，毛泽东自己践行了红军除作战之外还要做宣传工作的规定。进军部队的军长是朱德，党代表是毛泽东。进军的路线是首先在井冈山的茨坪和东南山麓的小衡集结，然后沿大余、龙南、南定、吉潭、会昌、大柏地、宁都、东固、广昌、壬田、长汀，沿途经过数十次战斗，行程约数千华里。在长汀有一条河流过，即词中“红旗跃过”的“汀江”。毛泽东在井冈山制定的“三大纪律，八项注意”，在这里得到遵守并取得效果，赢得了群众的支持。这从敌军俘虏的口中得到了证实。[74]

部队在长汀驻扎约二十天，打败了当地群众深恶痛绝的军阀军队之后入城，人心沸腾起来。

> 当人们亲眼看到，这些衣装褴褛得卸下武器就像“叫花子”似的红军，仍旧自觉遵守着买卖公平、借物归还、损坏东西必赔的严明纪律时，惊讶神奇的观念消除了，和我们更加亲近起来。尤其是穷苦群众，对红军亲热得简直就是一家人，都说：“红军才真正是咱穷人的队伍呀！”就连那些上层分子，这时也不得不赞叹着：“像这样秋毫无犯的军队，可真是少有。”……
>
> 第二天，我军把郭匪的全部物资和几家豪绅的财产，除留下小部分做部队供给外，其余全部分给了穷苦人民。宣传组的同志最忙，到处贴标语，组织小型讲演会，宣传我党我军的主张。全党代表和朱军长也亲自在南校场数千人的群众大会上，做了两次讲演。[75]

一个月之后，红军又回到赣南，因为井冈山已经落入敌人手中，红军可能进驻了瑞金。

第二次是1929年5月，从江西瑞金和武阳附近进入福建。由于是在盛夏，士兵们非常疲劳。但由于在第一次进攻时群众对红军已有好感，所以“年轻人都争先恐后加入红军，老太婆烧香祈祷胜利”。在新泉休息一周后，到达龙岩西北约15公里的小池。龙岩、上杭、永定、长汀、武平各县曾去过广州农民讲习所接受训练的人，1926年以来一直在开展活动。当时处在国共合作时期，所以他们不仅宣传马克思主义，也宣传孙文的政策。1927年蒋介石发动“四一二政变”后，他们付出了巨大的牺牲。但是，邓子恢（福建龙岩人，曾任国务院副总理、全国政协副主席，1896年生）从江西回来后，重新开展农村工作，到8月形势好转，共产党员可以在各县加入国民党组织了。后来，国民党驻军换防了，由于新来的土匪出身的陈国辉对当地不熟悉，曾在政治上表示进步的态度，企图笼络人心，因此农民运动日益高涨。陈国辉于1928年与长汀、永定的军阀联合，并与大地主相勾结开始镇压农民，反而在各地引发了农民的起义和抵抗，各地建立了根据地和游击队。到1929年3月，红军打败长汀的军阀的消息传出以后，在龙岩很快贴出欢迎红军进军的标语，使陈国辉陷入不安。当时，在上杭的邓子恢立即去长汀，但红军已经返回了江西。为此，他写长信给毛泽东，要求再次出击。于是才有此次攻打龙岩的战斗。

到达小池的毛泽东与朱德，从邓子恢那里得到报告后便拟定作战计划。陈国辉在离龙岩5公里的龙门部署一个连的兵力，但被得到“以迅雷不及掩耳之势打击敌人前哨”这一命令的红军士兵的气势压倒了，连上汽车的时间都没有，只顾逃跑。红军猛追猛打，很快便占领了龙岩市，立刻开展宣传工作。毛泽东在市内的中学发表了演讲。陈国辉当时正与广东军阀交战，没有足够的兵力对付红军。在他重整军力时，红军已经出发了，他们回到龙岩看到的只是一座空城。到7月，红军再次攻打龙岩，展开了激烈的巷战，苦战后取得了胜利。据说，没有刺刀和手榴弹的红军用枪托和石头进行战斗。这次胜利的结果是建立了闽西苏维埃政府，邓子恢任主席，各地还成立了妇女会和少年先锋队等，并实行了土地改革。

> 打下龙岩后，邓子恢立即按照毛泽东同志的指示，根据闽西各地，主要是溪南里的经验，起草了一个土地革命斗争纲领，其中包括取消租债，分配土地，分青苗，男女平等，自由结婚，保护商店，肃反，赤卫队，少先队，革命委员会，苏维埃等问题。[76]

从封建地主的手中没收土地平等地分给农民的土地改革，正像汉语中讲的“土地革命”一样，同时也是一场带来男女平等、自由恋爱结婚、新的人际关系、新的社会风气的大革命。这些事情不是以命令和法律强制实施的，而是启发和组织农民和市民，靠群众自发的力量实现的。因此，情况正如《清平乐》里颂扬的那样——“真忙”。

第三次进军福建是在10月。虽说已是10月，可暑热尚未消除，忽而烈日当空照，忽而细雨淋身。毛泽东得了疟疾，病情严重，无法随军行动。红军部队在朱德军长的指挥下，从江西寻乌出发，经福建武平，到达上杭东北约25公里的白沙。

> 上杭是卢新铭长年盘踞的老巢，号称有一个旅（二千余人）固守。该城地形险要，城高墙厚，汀江由北环东而南，素有“铁城”之称，易守不易攻。自古以来群众流传着这样的话，说上杭南靠汀江，北有泥塘，东有战场无出路（有条河），西有出路无战场（小丘陵区）。[77]

红军以各城门为目标发起进攻，在一城门前用高三丈的梯子向上爬，由于人多太重梯子折断了，红军苦战到最后。战斗从傍晚打到翌日黎明，除卢等数人逃走外全被歼灭，抓到千余名俘虏。

> 群众欢欣鼓舞，纷纷前来慰问。小伙子们踊跃参加红军。区、乡红色政权相继建立，打豪绅，分田地，热火朝天。这时，红军已经扩大到六七千人。[78]

占领上杭以后，“毛泽东还患着严重的疟疾，用担架抬着来到城里，他在病床上指挥所有的政治工作，其中包括恢复各群众组织和成立上杭苏维埃”[79]。

2. 清平乐（第4首）

蒋桂战争　1929年秋

词分前阕和后阕两部分。前阕用凄惨风雨的比喻表现军阀混战造成的灾难。后阕以轻快的节奏感排出地名，叙述红军活动的情况。这是一首明暗对照鲜明，在技巧上相当精湛的作品。无论拿出哪一句，内容都有动态，而且用词表示出明确的形象。

清平乐·蒋桂战争

一九二九年秋

风云突变，军阀重开战。洒向人间都是怨，一枕黄粱再现。

红旗跃过汀江，直下龙岩上杭。收拾金瓯一片，分田分地真忙。

注

［**清平乐**］46个字。押韵是aaaabbb，即“变”、“战”、“怨”、“现”，“江”、“杭”、“忙”。

［**风云**］《易经》“传”文中有“云从龙，风从虎”的说法，讲的是同类的东西互相感应，后来指提供发展的机会。

［**突变**］突如其来的变化。指时局的急剧变动。实际上，作者已经预料到了这些。

［**洒**］瓢泼大雨。因前面有“风云”，接着说民众的怨恨如雨从天降一般。“风云”是作为对时局的比喻使用的，而从实体的“风”和“云”进一步联想到“雨”，才有怨恨如雨一样倾盆而下的写法。这不禁让人想起被人称作鬼才的初唐诗人李贺（790—816）的诗句“南山何其悲？鬼雨洒空草”（《感讽五首》）的凄惨情景。李贺的诗大概是写实的，而毛泽东的词是心中想法的形象化。李贺的爱好者，在近代中国可以举出谭嗣同和鲁迅二人。前者是清末思想

家，与康有为（1858—1927）、梁启超等人的改革运动失败了。他说要为改革运动流血，主动接受死刑。后者开辟了中国近代文学。[80]我们可以再把毛泽东加进去。关于这一点，现代中国诗人、评论家何其芳也指出过："据说，毛泽东同志喜爱三李即李白、李贺、李商隐的诗，在他的诗词中可以看到吸收了这三位诗人的若干特长和优点。"[81]

［人间］不是日语中讲的"人间"，即指人类，而是"人世间"的意思。李白等人以厌恶的心情，在"俗人世界"的意义上使用这个词。"桃花流水杳然去，别有天地非人间。"（《山中问答》）说的是桃花花瓣漂在水流中，河水带着花瓣离开俗人世界去到另一天地。然而，在毛泽东这首词中，用这个词是说民众的生活，憧憬另一天地，而不是说放弃它，表示的是对生活现实的深切关心。"人间"又相对"天上"而言，在五代南唐最后的君主李煜（937—978）著名的词中有"流水落花春去也，天上人间"（《浪淘沙》）的句子，叹息春天不再来，吟咏天上世界与这个世界隔绝的忧伤。[82]毛泽东这首词说的是风云变幻带给社会的怨恨。"天上"与"人间"相互对照的关系源于古代诗人的用例，但与李煜对自然的感伤不同，毛泽东是基于现实社会来构思的。

［都是］现代汉语中经常使用这一说法。本来，词该是不避口语和俗语的，但使用"都是"还是很大胆。"军阀"和"红旗"等也是社会科学和阶级斗争的用语，这种用法大胆而新鲜。如果看成文言，必须读成 dūshì，但即便读成现代汉语的 dōushì，也并不显得格调低俗。

［怨］军阀混战不仅给民众带来损害，而且平时抓劳工，征重税，施暴行，破坏了民众的生活秩序。在补充士兵和劳工时，强行拉走青壮年，使被夺走劳动力的家庭陷入极度痛苦之中。当兵的本人在毫无意义的战争中丧命，或负伤失去劳动能力而被抛弃。他们会成为乞丐、路倒，下场悲惨。民众对不幸和灾难的根源——军阀抱有怨恨。

［一枕黄粱］指对人生荣华的幻梦。古代有一个名叫卢生的男子，想进城发迹（飞黄腾达），途中来到邯郸的一个茶馆，一位名叫吕翁的道士告诉他，"你可如愿发迹"，然后借他一个陶枕。枕头一端有一大空洞，他做梦钻了进去，来到一个美丽姑娘的家。他娶姑娘为妻，并当了官，立了功，发迹了。有五子，十余个孙子。后来，他得病死了，皇帝为之惋惜。他一觉醒来，发现原来是一场梦。店主在他睡觉前做的小米饭还未煮熟。卢生在短时间里在梦中享尽了一生五十年的荣华富贵。（见唐沈既济《枕中记》）这是一种比喻，是说军阀特别是蒋介石和李宗仁等虽炫耀一时，但那只不过是暂时的现象而已。

［再现］又重演卢生的邯郸梦。

［汀江］也叫汀水、鄞江，发源于福建省宁化县，流向南方，经长汀、上

杭，入广东省成韩江，在汕头入海。中国的江河大体自西向东流，但这条河是自北向南流，故而很有名。

[**龙岩**] 福建西部的一个城镇，人口约 10 万。红军占领这里是在第二次进军时。

[**上杭**] 福建西部的一个城镇。红军占领这里是在第三次进军时。

[**收拾**] 将散乱的东西捡起集中。虽是文言的说法，但在现代汉语中用得也很普遍，已成为浅显易懂的用语。

[**金瓯**] 黄金的瓶、罐，指坚不可摧而又完整无缺的国家。“（武帝）独言，我国家犹若金瓯，无一伤缺。”（《南史·朱异传》）这里指中国。实际上，南京的中央政府只是徒有其名，并无其实。各地军阀割据，也有帝国主义占领和租借的地方，中国伤痕累累，满目疮痍。尽管现状如此，作者却特意用“金瓯”一词，让人感到作者的一片爱国热情。

[**一片**] 一小块。这里指通过三次进军开辟的赣南和闽西地区，将其看成是本来完整无缺的金瓯似的国家的一部分。

[**分田分地**] 通过土地改革，把没收自地主的土地分给农民。

[**真忙**] 现代汉语的口语表达方式，表示一种欢快、忙碌的情景。

诗词大意

天下的风云突然变幻，南京国民政府成立后不久，军阀又开始了民国以来从未间断的战争。这种风云把雨降到人世间，而所谓的雨是指抱怨，而不是恩惠。军阀争夺天下的梦想，如同故事中书生在邯郸做的美梦一样，很快破灭了。

红军越过汀江占领长汀，进而解放了龙岩和上杭。贵重金瓯般的祖国土地，被从污染它的罪恶的地主和军阀手中夺了回来，整理后还给了劳动农民。人们忙碌着分配土地，那是令人愉快的情景。

3. 采桑子（第 5 首）

重阳　1929 年 10 月

古代诗人曾吟咏“老人”和“重阳节”。作者虽然会联想到这些，却放弃了，把人们引导到作为革命者的新的伤感世界里。秋天

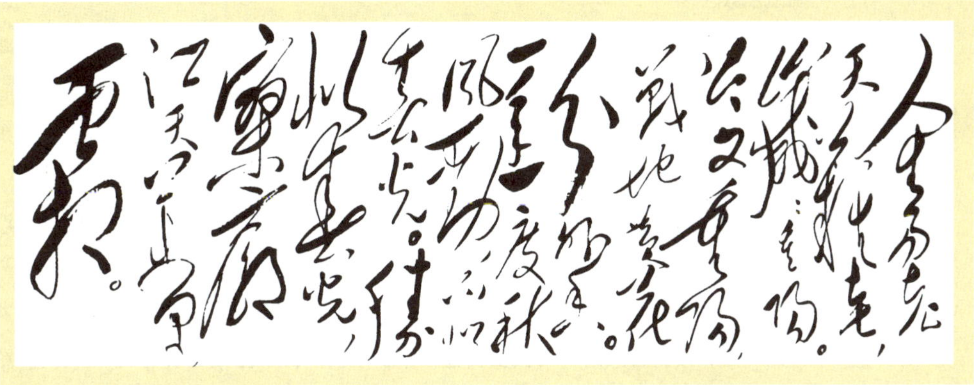

毛泽东《采桑子·重阳》手迹。

和菊花，这些都引起作者的思索。尽管把自己的寂寞放在对大自然的凝视中，但心境是明朗的。

采桑子·重阳

一九二九年十月

人生易老天难老，岁岁重阳。今又重阳，战地黄花分外香。
一年一度秋风劲，不似春光。胜似春光，寥廓江天万里霜。

注

[采桑子] 44个字，双调，前阕、后阕各四句。平字押韵，“阳”、“阳”、“香”、“光”、“光”、“霜”，一韵到底。“重阳”和“春光”的重复，显得有韵律，但这不是规则的要求，而是作者的技巧。

[“人生易老”一句] 毛泽东当时虚岁37，再过一个月将满36周岁。白居易的诗中有“人生四十未全衰，我为愁多白发垂”（《白鹭》）的句子，诗人当时也不到40岁。作者大概把李贺的“天若有情天亦老”（《金铜仙人辞汉歌》）的情绪记在了心上。李贺这句诗将在后面叙述。“天”为什么难老？因为它是无情的。天的无情是因为人们尽管依恋时光，但季节依然不断变化，而且与人的回忆无关，过去了的季节又要转回来。

[岁岁] 每岁，每年。初唐诗人刘庭芝（651—680?）有著名的诗句：“年年岁岁花相似，岁岁年年人不同。”（《代悲白头翁》）还令人想起给刘以影响的初唐诗人卢照邻的诗：“寂寂寥寥扬子居，年年岁岁一床书。”（《长安古意》）

[重阳] 农历九月九日的节日。9是阳数，“重阳”是说月和日的阳数重复。“登高”是全家到郊外爬山。作为菊花节，还要喝菊花酒。这些活动都有驱邪

的意思。

［**今又重阳**］一年一度的重阳节又来了。重复第一句的重阳，这是诗的蝉联体或蛛丝法的技巧。后阕写春光也是如此。

［**战地**］据说，第三次进军的出发点是寻乌，作者因病留下来的也该是那里。不过，对作者来说，恐怕任何一块土地都是战场。

［**黄花**］菊花。重阳节时少不了菊花，所以，李白的诗中有“九日龙山饮，黄花笑逐臣”（《九日龙山饮》）。李白的诗可能指漂在杯中的菊花瓣儿，而毛泽东一定是说盛开的菊花，秋天的花香浓郁。卢照邻的诗里有“独有南山桂花发，飞来飞去袭人裾”（《长安古意》）的句子，歌咏桂花的香味在衣服周围缭绕的情景。

［**分外**］现代汉语，格外，非常。

［**劲**］力量充沛。

［**似**］如，像。

［**春光**］春天的景色。

［**胜似**］胜过，优越。这种情况下的“似”表示比较，相当于文言的“於”，如“苛政猛于虎”（《礼记·檀弓》）。早期的白话文章常用“似”，像“三个孩子一个强似一个”[83]。

［**江天**］江河上的天空。

［**万里霜**］一望无际的下霜秋景。

诗词大意

天不具备像人那样的生命，因此不会衰老，但人的生命是容易老的。每年一次的重阳节，今年又来了。我也感到了时间的流逝。今年的重阳，从根据地出击，在战地迎击了敌人，战场的菊花特别香。

一年一度的秋风劲吹着，与春天的景色完全不同。在我看来，比起春天，眼前的景色更为迷人。看，流动的大江上晴空万里，广阔无边。在大地上不是能清楚地看到万里之外霜天的秋姿吗？

4. 革命的低潮与高潮

1929年12月，红军第四军在福建省古田召开了第九次党代表大会，通过了毛泽东起草的决议。这个决议以《关于纠正党内的错误思想》为题，收入《毛泽东选集》第一卷中。决议规定：红军是无产阶级的军队；要在军队内建立党的组织；彻底实行民主，但不搞绝对平均主义等。这些重要原则即使在今天也还具有生命力。

在这次会议期间，蒋介石提出了“三省会剿”的口号。他动员江西、福建和广东三省的军队，向福建省新建的苏区逼进。特别是福建省的国民党军队占领了龙岩，到达了离古田只有15公里的地方，而且武平、永定、长汀也被敌人的部队占领。1930年元旦，红军终于从古田出发，正如《如梦令》中吟咏的那样，北进经连城、清流、归化、宁化，向西越过武夷山进入江西省，开展游击战，巧妙地潜入了敌人后方。敌人在各地受到游击队的袭击，从广东来的部队停止前进，从江西来的部队退却了，福建的部队则因为福州发生了政变而迅速撤回。“三省会剿”以毫无成果而告终。与此相反，红军在各地建立了苏维埃政府，实施土地改革，约80万人得到了土地。这样，在同年初春，闽西特委进入龙岩城办公，并于巴黎公社纪念日3月18日召开了闽西第一次工农兵代表大会，制定了土地法、劳动法、婚姻条例、文化教育和财政经济政策。[84]

《如梦令》中吟咏的进军，在某种意义上讲是退却，但“退却”这两个字可以联想到的悲观情绪，在这首词中丝毫也见不到，毛泽东反而积极评价这种退却战术。后来，在《中国革命战争的战略问题》中有“战略退却”一节，举出了中国民众爱读的《水浒传》中林冲打败洪教头的故事。后退一步的林冲把神气十足、连唤几个“来”、“来”、“来”的洪教头踢倒在地。这篇文章还讲述了著名的“十六字诀”这一红军的战术。所谓“十六字诀”，就是“敌进我退，敌驻我扰，敌疲我打，敌退我追”。

毛泽东在作“十六字诀”的1930年1月，写信给在上海的中共中央（在“六大”以后，总书记由向忠发取代瞿秋白，却在李立三的支配下），信中批评去年2月中央的来信，指出革命前途是光明的。

一九二七年革命失败以后，革命的主观力量确实大为削弱了。剩下的一点小小的力量，若仅依据某些现象来看，自然要使同志们（作这样看法的同志们）发生悲观的念头。但若从实质上看，便大大不然。这里用得着中国的一句老话："星星之火，可以燎原。"这就是说，现在虽只有一点小小的力量，但是它的发展会是很快的。……

…………

所谓革命高潮快要到来的"快要"二字作何解释，这点是许多同志的共同的问题。马克思主义者不是算命先生，未来的发展和变化，只应该也只能说出个大的方向，不应该也不可能机械地规定时日。但我所说的中国革命高潮快要到来，决不是如有些人所谓"有到来之可能"那样完全没有行动意义的、可望而不可即的一种空的东西。它是站在海岸遥望海中已经看得见桅杆尖头了的一只航船，它是立于高山之巅远看东方已见光芒四射喷薄欲出的一轮朝日，它是躁动于母腹中的快要成熟了的一个婴儿。[85]

这种乐观的预见，与他在两年前写给党中央的报告中陈述的情况进行比较阅读时，一定会感慨颇深。

我们一年来转战各地，深感全国革命潮流的低落。……红军每到一地，群众冷冷清清，经过宣传之后，才慢慢地起来。和敌军打仗，不论哪一军都要硬打，没有什么敌军内部的倒戈或暴动。……我们深深感觉寂寞，我们时刻盼望这种寂寞生活的终了。[86]

1930 年上半年，在江西、湖南、湖北、广西、广东、福建、安徽和河南等省建立了大小 15 个革命根据地，一个根据地有的跨一个县，有的跨几个县。红军编成 13 个军，兵力达六七万人，在 1931 年发展成十多万人。

越过武夷山向西行进的毛泽东，出现在江西省的富田。1930 年 2 月 7 日，在当地召开了赣西、赣南特委联席会议，不难想象，他是在会议结束后前往广昌的途中，写下了《减字木兰花·广昌路上》这首词的，但详情不明。

在那次联席会议上，毛泽东做了两个字的结论：一要“分”，二要“快”。前一年3月，他来到兴国县，建立了革命政权。不过，在土地革命当中，只是烧毁了田契租约，却没有分配土地，为此，他做出了以上两个字的结论。随着土地革命的进展，群众的武装组织扩大了，他们配合红军进行了五次攻赣（州）、九次攻吉（安）的战斗。[87]词中吟咏的“十万工农下吉安”就是指这里。

5. 如梦令（第6首）

元旦 1930年1月

元旦刚过，作者便与敌军周旋。具历史性意义的古田会议结束了，为中国革命的成功奠定了宝贵的基石。词中采用问答形式，也反映出作者过人的才华。

如梦令·元旦

一九三〇年一月

宁化、清流、归化，路隘林深苔滑。今日向何方，直指武夷山下。山下山下，风展红旗如画。

注

［**如梦令**］33个字，七句（不把叠句断开，则为六句）。第五句和第六句为叠句。押韵一般为仄字，“化”、“滑”、“下”、“下”、“下”、“画”。“滑”字在汉语中念huá，是阳平，因为要押韵，也可以用在这里吧。第一句用地名排列，很有意思。这里应是平仄仄平平仄，但“清流”是平平，这又离开平仄规则了，只能如此。

［**宁化、清流、归化**］县名。在山区，地形险峻。

［**“路隘”一句**］为避开敌人，要在山间行走。那是无人走过的林中路，又有苔藓，很滑。这准确地表现了红军的行动与周围的环境。这六个字每两个可

以分开，分别由三个短句组成：主语（路）＋谓语（隘），主语（林）＋谓语（深），主语（苔）＋谓语（滑）。读来简洁紧凑，描写急行军十分贴切。

［**今日**］因为限定今日，让人感到形势已不同于过去，发生了新变化。以下两句可一气读完，中间不必分开，这也表明行军的情况变化了。

［**向何方**］这是诗词的一种表现技巧，采取自问自答的形式。

［**直**］径直一条路。

［**山下**］这一句重复前句“武夷山”后的二字，格调十分优美，很有韵律。

［**风**］在山中路上吹来的风。

诗词大意

1930 年的元旦便开始打仗，部队在宁化、清流、归化各县山区急行军。山路险狭，密林幽深，因无日照，人迹罕见，林中多苔藓，故道路溜滑。

那么，甩掉敌人的追击之后，现在该向何处去？命令部队直奔武夷山麓。山麓，山麓，看！昨天乘敌不备在森林的暗路上行军，红旗也放下了。而现在风从武夷山那边吹来，红旗招展，迎风飘扬。在冬季的山的背景下，真如画一般美丽。

6. 减字木兰花（第 7 首）

广昌路上　1930 年 2 月

白雪和红旗的色彩对照，似乎展现出一幅美丽的中国画。这很适合大敌当前的紧迫感。前阕是淳朴的写生，至后阕最后一句则是吟咏肉眼看不到的整个战局，眼前的叙景一转，跳到整个战线，表现出雄伟壮观的气势。

减字木兰花·广昌路上

一九三〇年二月

漫天皆白，雪里行军情更迫。头上高山，风卷红旗过大关。
此行何去？赣江风雪迷漫处。命令昨颁，十万工农下吉安。

注

［减字木兰花］44个字，双调，前、后阕各四句。两仄韵，两平韵。押韵的规则是aabb ccdd，分别为“白”、“迫”，“山”、“关”，“去”、“处”，“颁”、“安”。

［漫天］满天。

［情］在红军的军队用语中，把敌人接近说成“有情况”。大概是敌情之“情”。[88]

［卷］风大吹得旗帜招展。

［赣江］江西省的大河，源于该省崇义县的章水和福建省长汀县的贡水，在赣县北汇成赣江，曲折北流，经万安、吉安注入鄱阳湖。在赣县和万安间有18处险要处，是不通船的。

［迷漫］不知方向，没有边际。

［昨］昨天。

［颁］分给。

［十万］指数量多。

［工农］现代汉语中，工是工人的略语，农是农民的略语，此外加上士兵，说“工农兵”，是人民大众的意思。

诗词大意

天空白茫茫一片。行军时雪下个不停，与敌交战迫在眉睫。抬头望高山耸立，随风飘扬的红旗已过重要关口。

此次进军的目的地在哪里？目的地是风雪迷漫的平原赣江流域。作战命令已在昨天发布给各个方面，现在十万工人、农民组成的军队和民兵正向军阀的驻地吉安涌去。

7. 在“李立三路线”的领导下

1930年上半年，农村根据地在各地诞生，革命恢复了新的生命力。于是，上海的共产党中央于6月11日通过了《新的革命高潮与一省或几省的首先胜利》的决议，想通过大胆举行大城市武装起义来取得革命的全国性胜利。执中央委员会之牛耳，强行执行这一方针的是宣传部部长李立三，所以被称做“李立三路线”。这条路线过分把希望寄托在城市工人的斗争上，无视农民在中国革命中的力量。李立三认为，农村包围城市，仅以红军夺取城市是错误的。他全面否定毛泽东的农村根据地建设路线。李立三取笑毛泽东在农村的活动说：“用这种战术，等革命胜利了，我们的头发也都白了。”[89]

李立三的新方针传达到正准备召开重要会议而集结在长汀的毛泽东和朱德那里，毛泽东和朱德对李立三签发的指示深表怀疑。然而，考虑到多年在偏僻的地方，对国内外的信息掌握得不够，他们只好同意中央对形势的分析。根据朱德后来的回忆，从上海来的使者带来的指示有两个：第一个指示是全面改编红军的计划，将分散在各地的红军置于单一指挥之下，朱德任总司令，毛泽东担任政治委员，即最高的党代表；第二个指示是占领远离农村的大工业城市。毛泽东和朱德怀疑这个计划。在只有靠两条腿与其他红军取得联系的条件下，全国红军的单一指挥只不过是空想罢了。而且，即使是按第二个指示占领两三座工业城市，如果把红军的劣势装备同帝国主义各国的强大干涉相比较，那么胜利果实也是无法维持的。毛泽东高度评价闽西根据地的建设工作，但为监督落实李立三指示而从福建省委派来的那个人命令邓子恢等闽西红军向广州出击。时值夏收季节，被地主雇佣的军队和土匪们伺机抢夺粮食。因此，邓子恢等建议首先扫荡这些土匪，然后再攻打大城市。但是那个人愤怒地说：“我们胜利了，即使丢掉闽西苏区也没有关系。”他以高压的态度强迫执行命令。[90]

毛泽东根据指示，将红军编成四个军团。按照计划，以朱德为军长、毛泽东为党代表的第一军团应集结在江西西部的某镇，突破敌人势力范围后开赴南昌，占领南昌后取九江，然后攻打汉口、汉阳、武昌，即武汉三镇。贺龙指挥的第二军团自西，徐向前（山西人，黄埔军校毕业生，1901 年生）和张国焘的第四军团自北包围武汉。彭德怀的第三军团占领长沙后加入战斗，工人从武汉内部掀起罢工活动。后来，听朱德回忆当时情况的史沫特莱不假思索地叫起来：“这个战略是庞大而富戏剧性的！”朱德两眼眯成一道缝，满脸是疑惑的表情：“这种战略完全是冒险主义。”[91]彭德怀的第三军团于 7 月 29 日占领了长沙。翌日，已经撤离长沙的美国、英国、意大利和日本的炮舰又折回来，从湘江上向长沙市区进行了四天炮击。8月3日，红军与支持红军的市民撤离长沙，代之进入长沙的军阀何键在一周内对市民进行了大屠杀。毛泽东的妻子杨开慧也是被何键杀害的。另外，毛泽东和朱德于8月1日开始攻打南昌，但是瘦弱、汗流浃背的战士在敌人的炮弹轰击下，像秋天中的落叶一样，成批地倒落在地上。经过24小时的战斗之后，毛泽东和朱德决定撤退，与从长沙撤退下来的彭德怀会合。红军进行改编后，成立了中国工农红军第一方面军，朱德任总司令，毛泽东任总政治委员；还成立了“共产党前敌委员会”，毛泽东任书记。尽管有毛泽东、朱德和彭德怀的反对，党中央的决定还是被执行了。然而，第二次攻打长沙用时半个月未获成功，最后毛泽东的劝导奏效，停止攻打长沙，转而攻打吉安。红军于1930年10月4日深夜占领了吉安。如果根据上述史实，在创作《蝶恋花》这首词时，毛泽东不在长沙，而是去了南昌。因此，词题“从汀州向长沙”是不恰当的，这也许是后来以整个作战的经过为题吧。

以攻打长沙失败为直接契机，共产党内对李立三的批评越来越多。在9月的中央全会上，基本停止了“李立三路线”。他被召集到莫斯科做了自我批评。（在1945年召开的中国共产党第七次全国代表大会上，他又一次当选为中央委员，后来长期待在莫斯科。）毛泽东虽然反对攻打长沙和整个“李立三路线”，但本词中一点也见不到悲观的情绪，大概是因为与红军战士们同心同德吧。据说，也有人指责下命令从长沙撤退的毛泽东和朱德，而部队反倒毫无问题地接受了命令。[92]后来，在长征途中的遵义会议上，从下层支持确立毛泽东领导地位的也是红军的指战员。他上井冈山以后，努力推进军队民主化，促进士兵提高觉悟，其结果在这里也反映了出来。

8. 蝶恋花（第8首）

从汀州向长沙　1930年7月

把江西、湖南、湖北三省大规模的作战行动放在一首词中吟咏，令人感到作者的眼界宏伟。前阕写传统的“长缨”、“鲲鹏”，后阕写国际性的《英特纳雄耐尔》。这一对照是修辞上的新方式，实际上红军本身就带有这种地方性和国际性。

蝶恋花·从汀州向长沙

一九三〇年七月

六月天兵征腐恶，万丈长缨要把鲲鹏缚。赣水那边红一角，偏师借重黄公略。

百万工农齐踊跃，席卷江西直捣湘和鄂。国际悲歌歌一曲，狂飙为我从天落。

注

[蝶恋花] 60个字，双调，每调各五句（第二句和第三句合并成一句，故称为五句）。四仄韵：“恶”、“缚”、“角”、“略”；“跃”、“鄂”、“曲”、“落”。

[天兵] 合天意之（正义之）师。

[腐恶] 腐败凶恶。

[长缨] 冠上的带子。有一个故事说：汉武帝时，遣终军出使南越，欲令其王入朝，作为诸侯国向汉臣服。终军自请曰：“愿受长缨，必羁南越王而致之阙下。”这里与此故事有联系。

[要] 想做，现代汉语中的常用语言。

[把] 现代汉语一般是动词+名词（目的语）的语序，但在使用“把”时，便成了“把”+名词（目的语）+动词，明确地表达处理事务的意图。

[鲲鹏] 想象中的巨大的鱼和鸟。《庄子·逍遥游》：“北冥有鱼，其名为鲲。鲲之大，不知其几千里也。化而为鸟，其名为鹏。”这里是指进攻的目标长沙、南昌和武汉等大城市。

[赣水] 赣江。

[那边] 与“这边”相对，为现代汉语。如果从以南昌为目标的毛泽东的第一军团这一方来看，那么以长沙为目标的黄公略的第三军团便处在赣水那边了。

[红一角] 红色的角落，指苏区和游击区。

[偏师] 全军中的一部分，非主力，是担任侧翼的部队。在古代，从士兵的数量论，“偏师”意味着50人的军队。有“偏师作援”的说法（潘岳《关中

诗》)。

[**借重**] 依靠他人的力量。

[**黄公略**] 黄埔军校出身，1928 年 7 月 22 日，帮助彭德怀的部队站在红军一边起义。彭德怀原是国民革命军唐生智部队独立师第一团团长。由于革命军总司令蒋介石刚刚发动了反共政变，彭德怀也遭到监视。彭德怀巧妙地利用团长的身份与军阀周旋，以在士兵中进行教育、培养下级士官为名，在部队中成立学校，学校校长就是黄公略。1929 年，彭德怀上了井冈山，黄继续在平江、浏阳、铜鼓、修水一带坚持开展游击活动。1930 年 6 月，红军第三军团成立后，彭德怀任总指挥，黄任副总指挥。第三军团由红八军 8 000 人和红五军 9 000人组成，攻打过长沙。[93] 1931 年黄在江西吉安东南的东固镇战死。为了纪念他，现在那一带改名为公略县。

[**齐**] 聚齐，一致。

[**踊跃**] 高兴而干劲十足。

[**席卷**] 相继攻下，如同卷席子一般，占有压倒性优势。

[**捣**] 捶衣裳，臼，磨。指给敌人以类似的打击。

[**湘**] 湖南省别名。

[**鄂**] 湖北省别名。

[**和**] 现代汉语，当“并列”解，即“与”的意思。

[**国际悲歌**]《英特纳雄耐尔》，即《国际歌》。1871 年，参加新成立的巴黎公社的工人欧仁·鲍狄埃在《血的一周》书中写的诗，1888 年 6 月由作曲家皮埃尔谱曲，从此传唱起来。1912 年，俄译文刊登在《真理报》上。1923 年，瞿秋白从俄文译为中文，刊登在《新青年》杂志上。同年，在苏联的诗人萧三与陈乔年（1928 年因革命失败而遭反动派杀害）一起参照俄译文，从法文将歌词译为中文并使用其曲谱，莫斯科东方大学的中国班学生开始学习此歌。随着这些人回国在各地开展活动，这首歌广为流传。1962 年 11 月 30 日，中国召开了纪念这首歌原词曲作者的集会。

[**悲歌**] 沉痛、悲壮的歌曲。

[**狂飙**] 大旋风。

诗词大意

在 6 月草木繁茂的季节，正义之师开始讨伐腐败透顶的反动派。正如古人自信地断言，像有一种手持长绳捆绑敌人的气魄。对手如《庄子》中所说，出乎意料的巨大。——这次出征将一举改变历史。

除这支部队之外，在流淌着碧水的赣水一带，红军的力量正在扩大，那里有担任侧翼的红军，全军可以依靠的黄公略同志正在进军中。

对这次伟大的进军，百万工农齐心奋起，或协助，或当兵，都来参加战斗。我军在江西像卷席子一样占有压倒性优势，现在又向湖南和湖北进发。进发的红军队伍唱起悲壮的《国际歌》。随着歌声，我军的士气高昂，如同龙卷风从天而降，革命潮流势如破竹。

9. “围剿”与反“围剿”

走下井冈山的毛泽东和朱德等人领导的红军日益壮大，还扩大了根据地。不仅在江西省，各地均发生了与此呼应的起义。看到这种情况，已将军阀战争告一段落的蒋介石，开始进攻红军的据点江西根据地即中央苏区，逐渐高涨起来的革命高潮面临着反革命的全面进攻。

蒋介石的进攻采取“围剿”根据地的形式，而反击它的红军则采取反“围剿”的形式。毛泽东后来指出，采取“围剿”与反“围剿”的形式，将在长时期内反复进行，这是国共内战的特点。[94]实际上，蒋介石的“围剿”共进行了五次，从1930年至1934年，前后历时五年。

毛泽东在这一时期写作的词，从《渔家傲·反第一次大“围剿”》到《清平乐·会昌》四首，都以当时的战斗为题材。如果细分的话，《渔家傲》与后来的《菩萨蛮》、《清平乐》格调略有不同。可以说，它们不是毛泽东直接从军之作，但大体是延续从《西江月·井冈山》到后来充满战斗气息的作品。它们都是与红军一起在江西省和福建省的红土地上行军过程中产生的。

蒋介石发动第一次“围剿”，是在1930年10月，集结10万兵力，自11月上旬开始进攻。红军的兵力为4万人，按照毛泽东对形势的判断，“并不严重”。也许因为看穿了蒋介石未动用直系的装备精良的军队，而是使用所谓的杂牌军进攻红军，他企图坐收渔翁之利。针对蒋介石的“并进长追”战术，毛泽东采取的是“诱敌深人，在根据地内歼灭敌人”的方针。

一开始，红军第一方面军在罗坊街，但像对樟树镇和临川之敌挑战似的，又突然出现在蜜蜂圩、崇仁和潭坊的敌人前面。在被诱之敌开始进攻后，红军则采取了“向心式退却”的战术南下，集结在黄陂、小布、砍柴冈一带待命。不久，敌人进入龙冈、源头、洛口、头陂一线，已经休息几天的红军决定向疲劳之敌发起进攻。据当时在军中的刘亚楼回忆，出击之前，毛泽东在小布附近的河原召开了隆重的誓师大会，举出六项必胜条件，大大鼓舞了士气。

六项中的第一条是根据地的军民一致，人民积极援助红军。他在其他地方讲过同一内容的话，其中展现了建立根据地的根本理念。第二条以下是讲战术：主动地选择有利的阵地，设下陷阱，把敌人关在里面打；可以集中优势兵力，歼灭敌人一部分，一口一口吃掉；要发现敌人的薄弱部分，拣弱的打；可以把敌人拖得筋疲力尽，然后再打；可以造成敌人的过失，乘敌之隙，加以打击。在这次大会上，除一般农民外，还有农民自卫军参加。据说，最后毛泽东带头高呼“打倒蒋介石”的口号，那声音“像万丈狂涛，震得山鸣谷应”。词中有“天兵怒气冲霄汉”一句，也许是他把这一情景记在了心中，脱口而出的吧。

部队出发是在 12 月 27 日半夜，首先去打谭道源师，人们挖战壕，埋伏在里面，冬天寒冷，冻得直打哆嗦。由于敌人没有出来，毛泽东便把目标改为龙冈，包围龙冈后筑起阵地，派出一部分红军和民兵作为诱饵，要求“只能败，不要胜”，把张辉瓒的军队引出龙冈。据当年 16 岁参加这支部队的士兵回忆说：我们刚与敌人接触，连长就命令“撤退”！连准备好的雪白大米饭和萝卜炖肉也没吃上就出发了，很是生气。但越过一个山头后，炊事员同样准备好了白米饭和萝卜炖肉。[95]要是能用白米饭和肉菜来诱敌，那可称得上是逍遥自在的战争了。30 日早晨开始下雾和雨，山路很滑，但战士们边行军边唱着《国际歌》，据说歌声把枪声都淹没了。

下午 4 时发出总攻的信号，几百个冲锋号一起吹响，红军战士的喊杀声震撼着龙冈城。号称“扫荡”军、精锐的张辉瓒师的锐气被挫败，陷入了混乱状态，天黑前便结束了战斗。在灌木丛中躲藏的敌军师长把上衣换成了普通士兵服，尚未来得及换裤子，最后还是被认了出来。据说，被发现时，他脸色苍白，全身直哆嗦。这条裤子后来被送到第一次全国工农兵苏维埃代表大会期间的战利品展览会上展出了[96]，而抓获张辉瓒的欢呼声则被写到了这首词中。在这次战斗里，俘虏了敌军的两个主力旅和师部共 9 000 人，师长也一起当了俘虏。后来，毛泽东曾自豪地说："一人一马也没让逃掉。"当时，AB 团这个反革命组织在富田、东固、东韶街蛊惑群众。在群众的协助下，红军把能采取秘密行动的龙冈作为第一个打击目标，并取得了成功。在龙冈南面的兴国有红军的独立师，对这次作战也很有利。最后，向东韶街的敌人进行第二次打击，歼灭了半个师。经过五天的两次战斗，国民党军队撤退了。

这次战斗中缴获的战利品武装了过去扛梭标的战士，他们换上了步枪。红军还得到了无线电发报机，从此以后可以用无线电进行联络了。对待俘虏，是参加红军，还是回家，或者再回到国民党军队中去，都可以自由选择，但很多人加入了红军队伍。红军给回家的人发三块银元，还开了通行证。保卫根据地的农民对国民党军队入侵后干尽坏事很气愤，不愿让这些俘虏通过，甚至有人还把通行证给撕掉了。为此，红军战士护送俘虏到边界，并向农民做解释工作。[97]关于如何对待俘虏，毛泽东在井冈山时期已制定了注意事项，并被严格遵守着。这一方针后来在抗日战争中也实行了，有不少日本士兵在被八路军、新四军俘虏后，都亲身体验过这一方针。

蒋介石在第一次"围剿"失败后一个月的 1931 年 2 月，又发动了进攻。正如《渔家傲》里所说的"二十万军重入赣"，他集结了 20 万大军，并任命嫡系何应钦（贵州人，日本陆军士兵学校毕业，曾任中国台湾"国府战略顾问委员长"，1890 年生）为总司令。同第一次一样，直系部队并没有出动，而动员了蔡廷锴（广东人，后在上海抵抗日军入侵，曾任国防委员会副主席，1892 年生）和孙连仲等的部队去。

这次，迎击它的红军兵力略有减少，为 3 万人。但是，由于反动组织 AB 团已被肃清，所以在作战上比第一次更为有利。鉴于张辉瓒等长驱直入后失败的教训，何应钦改用"稳扎稳打，步步为营”的方针。他以宁都为目标开始行动是4月上旬，兵分四路侵入，5月15日推进到江背洞、桥头江、沙溪镇、头阪一线。与上次一样，红军等待敌人摆脱阵地，采取运动战实行各个击破。他们把主力从边界线上撤下来，集结在广昌、瑞金、古龙冈一带，利用敌人未到的一段时间，边整顿部队加紧训练，边做农民的政治工作，争取在群众的支持和帮助下展开军事行动。不久，敌人接近了，便决定把富田作为攻击的目标。不过，敌人构筑了坚固的阵地，所以在东固停止前进，等敌人从阵地出来，足足等了有25天。有人提出，敌人可能发现了，应该速战速决，但毛泽东没有改变原方针。

东固一带四面环山，西北方的九层岭和观音崖尤为险峻。越过后，北面便是富田。红军在东固周围构筑了工事，附近的地方党组织和民兵全体动员封锁道路，日夜警戒以防情报泄露。时值插秧季节，农民很忙。但在第一次反“围剿”时目睹了红军胜利场面的农民热情协助红军。集结在这小地域内的3万大军曾为粮食不足而烦恼，看到这些，农民们把自己的粮食拿了出来。红军帮助人手不足的农家，打山草，捞泥鳅，以补充粮食的不足，同时发起节约运动，例如一张纸分四次使用（用铅笔写，用毛笔写，在正面写，在背面写）。所谓“唤起工农千百万，同心干”，未必仅局限于这些事情，却描绘了真实的情况。不久，敌人一部分转移，在右翼5公里处有郭华宗军，左翼20公里处有蔡廷锴军进入，形成夹攻的态势。有人批评说，没有发现这两支军队而接近王金钰军是“钻进了牛角尖”，但毛泽东没有改变方针。急不可待的敌人终于在第25天从阵地出击，红军设下的圈套成功了，总共歼灭两个师（共计11个团）。接着，立即向与福建交界的白沙、中村、广昌、建宁方向边战斗边闪电般的进军。正像《渔家傲》里说的那样，“七百里驱十五日”，5月16日至30日走过350公里，经过五次战斗，歼灭一个整师、五个师的各一部分，缴获步枪两万余枝。“痛快淋漓”是毛泽东当时的感想。

这之后的三次反“围剿”，在毛泽东的词中虽无描述，但作为参考也应该叙述一下。

在这两次失败以后，蒋介石亲自指挥，于1931年7月动员30

万大军开始第三次“围剿”。在总司令蒋介石下面，分左、右两路，分别由何应钦、陈铭枢任司令，蒋与何在南昌。主力是直系的陈诚（浙江人，曾任中国台湾“国府副总统”，1898年生）等五个师，约10万人，实行“长驱直入”，企图把红军追歼到赣江东岸。

因为离上次反“围剿”只有一个月的时间，红军尚未得到充分的休息和补充。红军在福建建宁动员了群众，可即使加上这些，主力部队也只有约3万人，是敌人的十分之一。为了避开敌人的锋芒，毛泽东率领驻在建宁、宁化间的部队向南方大迂回，把兵力集中到江西南部的兴国。敌人吃尽了苦头，寻找红军的踪影，最后发现红军已经向西转移，于是又调动主力追赶。可红军又突然东进，攻击了敌军守备薄弱的永丰县良村、宁都县黄陂，相继歼灭了两个师和一个旅（三战三捷）。发现红军已绕到背后的敌军又赶紧东进，集中兵力严密包围了黄陂。这时，红军派出小部队在敌人前方进行得意洋洋的假进攻，利用上了钩的敌人追击诱饵的间隙（这一个间隙

1931年11月，苏区中央局委员合影。右起：王稼祥、毛泽东、项英、邓发、朱德、任弼时，顾作霖。

只有 10 公里，红军在包围圈中的山中的裂缝秘密通过）返回了兴国县。等敌人发现，已是半个月之后的事了，红军已经得到充分的休息。敌人被一会儿东一会儿西地拉来拉去，又受到革命根据地群众和红军的袭击，因而士气低落，粮食不足，9 月开始退却。红军乘胜猛追，在老营盘和方石岭的两次战斗中获大胜，分别歼灭一个师和一个旅。在这第三次反“围剿”中，红军击溃了敌人 7 个师，歼灭 17 个团，俘虏两万余人，缴获枪支 1.4 万枝、迫击炮 50 门、子弹 250 万发。敌军发牢骚说：“剿匪是无期徒刑。”[98]

第四次“围剿”是从 1932 年 6 月开始的，蒋介石集中了 90 个师 50 万人。敌人避开直接进攻中央根据地，将其主力用于挤压武汉附近的红军（第四方面军）和洪湖一带的红军（第三军）。这一地区的红军由于准备不足，对国民党军队进行了正面作战，陷入苦战，最后分别放弃根据地，转移到四川和贵州附近。接着，国民党军队集中主力向红军第一方面军和中央根据地进攻。武汉附近和洪湖的红军放弃根据地是共产党中央新的“左”倾政策造成的，这种政策在中央革命根据地内也实行了。党和军队的人事变动了，经济政策和劳动政策都有出现偏误的苗头。不过，毛泽东的影响很深，第一方面军与国民党军队作战时的战术是毛泽东制定的，不是党中央的决定。1933 年 2 月至 3 月，红军共歼敌三个师，缴获枪支两万枝，粉碎了第四次“围剿”。第一方面军后来在江西省和浙江省开辟了新的根据地，把中央根据地和福建境内的根据地连成了一片。在四川建立革命根据地是从武汉附近转移出来的红军相继击败四川小军阀的结果。到 1933 年，全国红军有 30 万左右，党员也增至约 30 万人。

10. 渔家傲（第 9 首）

反第一次大“围剿”　1931 年春

这首词押韵的字都落在 àn 音上，用现代语音朗读，由高处急转直下到口齿清脆的第四声重音。也许是这个缘故吧，令人感到这首词总体上可以说是近乎粗犷的泼辣句子的汇集。大概是在隐忍持重之后，作者如实宣泄作战时取得重大胜利的喜悦吧。前阕采取口语形式极为有效。作者自注的关于神话的诸说也很有意思。

渔家傲·反第一次大“围剿”

一九三一年春

万木霜天红烂漫，天兵怒气冲霄汉。雾满龙冈千嶂暗，齐声唤，前头捉了张辉瓒。

二十万军重入赣，风烟滚滚来天半。唤起工农千百万，同心干，不周山下红旗乱。

词作者原注

关于共工头触不周山的故事：

《淮南子·天文训》：“昔者共工与颛顼争为帝，怒而触不周之山，天柱折，地维绝。天倾西北，故日月星辰移焉；地不满东南，故水潦尘埃归焉。”

《国语·周语》：“昔者共工弃此道也，虞于湛乐，淫失其身，欲壅防百川，堕高堙庳，以害天下。皇天弗福，庶民弗助，祸乱并兴，共工用灭。”（韦昭注：“贾侍中［按指后汉贾逵］云：共工，诸侯，炎帝之后，姜姓也。颛顼氏衰，共工氏侵陵诸侯，与高辛氏争而王也。”）

《史记》司马贞补《三皇本纪》：“当其（按指女娲）末年也，诸侯有共工氏，任智刑以强，霸而不王，以水乘木，乃与祝融战，不胜而怒，乃头触不周山崩，天柱折，地维缺。”

毛按：诸说不同。我取《淮南子·天文训》，共工是胜利的英雄。你看，“怒而触不周之山，天柱折，地维绝。天倾西北，故日月星辰移焉；地不满东南，故水潦尘埃归焉。”他死了没有呢？没有说。看来是没有死，共工是确实胜利了。

词作者原注注释

［**共工、颛顼、炎帝、高辛、女娲、祝融**］他们都是传说中古代部族的首领。

［**天柱、地维**］维，大绳。古人设想天圆地方，天有九根柱子支撑，地有四根大绳拴系。

［**虞（同娱）于湛乐，淫失（同佚、逸）其身**］贪图享乐，纵欲放荡。

［**堕（同隳）高堙庳**］平毁山丘，填塞沼泽。

［**以水乘木**］乘，接替。古代有用金、木、水、火、土五行相生相克来解释朝代更替的说法。《三皇本纪》称女娲“亦木德王”，共工想用水德来代替木德。

注

［**渔家傲**］62个字，双调，各五句。五仄韵：“漫”、“汉”、“暗”、“唤”、“瓒”，“赣”、“半”、“万”、“干”、“乱”。

［**烂漫**］花盛开貌。这里指一大片红叶，十分壮观。

［**怒气**］愤怒的样子。古代，越王勾践在路旁看到一个把肚子弄得鼓鼓的青蛙，于是他下车施礼。士兵们问其缘由，他回答说，因为我在焦急地等待诸君战斗情绪的出现，看到即使像青蛙这样的东西对敌人都能表达怒气，我不得不对它施礼。听到这里，全军士气大振。（见《吴越春秋·勾践伐吴外传》）这里也许是源于这个故事吧。

［**冲**］冒，冲。

［**霄汉**］霄为天空中的霞，汉是银河，指高空。

［**龙冈**］江西省地名，红军在此大胜敌军。

［**嶂**］像屏风那样高大而险峻的山峰。

［**前头**］前方，前面。唐代的诗中有例句，但已成现代汉语，被普遍使用了。这里确实像听到战士的喊叫声：“前面活捉敌人师长啦！”

［**捉了**］“了”是现代汉语中附在动词后表示动作完成的结尾词。捉，虽是文语，但已成现代汉语，意为猛抓，大把抓。这里的“前头”以下是把战士们的喊叫声如实写在词中。

［**张辉瓒**］当时的“围剿”军总司令。江西省主席鲁涤平的直系部队主力师师长是谭道源和张辉瓒，张还是前线总指挥。张与谭的兵力分别为1.4万人左右。张毕业于日本陆军士官学校，湖南长沙人。

［**二十万军**］反“围剿”的第二次会战是5月开始的，但当时敌人的军事行动已开始，兵力为20万人。

［**重**］重复，再一次。

［**赣**］江西省的别名。

［**风烟**］风与部队行军时带起的尘土。

［**滚滚**］边旋转边移动的样子。作为水涌起的样子的例句有杜甫的“不尽长江滚滚来”（《登高》），形容云运动的样子有竹添井井的“奔云滚滚随阖随开”（《栈云峡雨日记》）。

［**天半**］天的中间。

［**唤起**］叫醒，唤醒。陆游的诗有“唤起十年闽岭梦”（《思政堂东轩偶

题》）的句子，作为诗句是有先例的。不过，这里可能指革命家、国民党的创始人孙文常讲的“唤起民众”之意。民众的大部分是工人、农民，所以这首词里也有“工农”的说法。

［同心］ 齐心。《易经》中有“二人同心，其利断金”（《系辞》）。

［干］ 现代汉语，指做。虽属略有俗气的语言，但给人以粗壮、充满力量之感。

［不周山］ 据说是传说中在昆仑山西北面的山，山的形状有缺欠，不完整，由此得名。这里大概是指革命根据地里的群山，或者是指当时红军构筑有阵地的东固周围的山。关于不周山的传说，在词作者原注中已有，表明了毛泽东对这些传说的理解。中国民众对这些传说是比较熟悉的。现代文学中也有以此为题材的作品。郭沫若的《女神之再生》（1920 年 11 月执笔）、鲁迅的《补天》（1922 年 11 月执笔）都是如此。在解释这首词时，郭沫若写道，毛泽东说“共工没有死”，“这是以前谁也没说过的”，“我体会这指的是宇宙观的认识过程。从马克思主义的立场出发，试图改造自然，改造客观世界的共工精神，确实没有死，还活着”[99]。

［共工］ 古代神话传说中的神，生自景风（东南风）（《淮南子·堕形训》），蛇身人面。[100]

［淮南子］ 书名，21 卷，西汉淮南王刘安编纂，广泛收集先秦诸子言论，分成 21 篇。后又以传说和事实为事例做了补充。各篇名中有像《天文训》这样的“训”，含有教诲的意图，也可视为百科全书，又是一部格言名句集。

［天柱、地维］ 古代人想出的宇宙构造，为说明天掉不下来和地平坦的道理，可能首先想到支撑天的柱子与连接地的绳子。而实际上，由于太阳西落和中国的河流大都流向东南，才产生了共工和不周山的故事，而且把共工与洪水传说联系在一起。神话的其他部分曾说共工是治水的官吏。“堕高处填低处”这一说法也是治水的一种技术，讲的是填土法。

［国语］ 书名，21 卷。据说由春秋时期左丘明撰，是记载春秋时代八国的历史书，周的部分叫《周语》。

［史记］ 130 卷，西汉司马迁撰，记载从上古黄帝到汉武帝时代的历史书，分本纪、世家、列传、表、书等，在文学上也是优秀的作品。补充黄帝以前的部分有司马贞的《三皇本纪》。

诗词大意

满山的枫树，霜后变成一片片红叶，多么壮观。红军的士气旺盛，干劲冲天。龙冈正下着大雾，烟云笼罩，山变得灰暗起来。在那里待命的红军齐声喊叫："前面把敌军师长张辉瓒活捉了！"

原以为那场战斗结束了，可是20万敌军又来侵犯江西根据地。敌人行军时爆土扬尘，被风吹得滚滚而来。这边正号召千百万工人农民齐心去战斗。看！在像神话中的不周山那样高高的大山的山脚下，勇敢的共工子孙中国红军的红旗不是正在迎风招展吗？

11. 渔家傲（第10首）

反第二次大"围剿" 1931年夏

这首词如同涌出的泉水一般，让人想起作者那富于流动感的手迹。表现手法通俗易懂。顺利地打胜一场漂亮仗的情景的确耐人寻味。末尾反映了作者的幽默感。

渔家傲·反第二次大"围剿"

一九三一年夏

白云山头云欲立，白云山下呼声急，枯木朽株齐努力。枪林逼，飞将军自重霄入。

七百里驱十五日，赣水苍茫闽山碧，横扫千军如卷席。有人泣，为营步步嗟何及！

注

［渔家傲］（解释同前）"立"、"急"、"力"、"逼"、"入"，"日"、"碧"、"席"、"泣"、"及"字押韵。宋朝时，在词作者出生地的方言中，这些字的发音没有区别，它们都押韵。

［白云山］ 位于江西省会昌东40公里与福建省交界处。"峰高常有白云笼罩。"（《嘉庆一统志》）

［云欲立］ 云想站立起来。这是指自然情景，又意味着红军的斗志旺盛。"欲"，与其说是希望和欲求，不如说意味着未来将是那样。

［呼声］ 逼近山下之敌的叫喊声。

［枯木朽株］ 落叶的树和腐败的树枝，是讥笑敌人的语言。开始时也有人

解释成被动员的我方群众[101]，但很快就订正了。因为下面有“努力”二字，所以才误解成了我方。

[枪林] 枪是现代汉语。枪像树林一样排列在一起。

[飞将军] 匈奴把汉朝名将李广称为“汉飞将军”而避其锋芒，从此指优秀的将军。这里意味着白云山下有红军，描写了他们把山上的敌人赶下去的情景。

[重霄] 天的高处。霄为高空，重是重复，高高的天空，一共有九重。也说九重天，九天，九霄。

[七百里] 中国的一里为500米。

[赣水] 江西省自南向北流动的大河。

[苍苍] 一片青绿。

[闽山]“闽”为福建省别名。白云山离福建很近，可以见到福建的山脉。

[横扫] 从侧面砍倒（或撂倒）敌人。

[卷席] 气势如同卷席一样猛烈，具有压倒性优势。

[有人泣] 指敌军特别是蒋介石在哭泣。

[为营步步] 把敌人的战术口号原封不动地放在词里，指一步步地构筑工事。

[嗟] 叹息声。

诗词大意

云彩在白云山顶上高高耸立，似想表现山顶上红军的士气。从山麓不断传来敌人的号令和口号等叫嚷声。枯木朽株一样的敌军，妄图战胜我军而拼命，尽管他们调动了大军，枪支如林，蜂拥而至，但这时，红军像古代的飞将军一般，从上面攻了下来。

七百华里仅走了15天，途中五战五捷。宛如扫帚横扫敌军一样的战斗情景，就像人们说的卷席之势。不是有人在哭泣吗？尽管下达了“步步为营”向前推进的命令，但仍旧没有打赢，哀哉！

12. 被“左”倾分子排挤

后来，毛泽东在保安[102]曾对埃德加·斯诺说：“从1932年10月起，直到长征西北开始，我本人几乎用全部时间处理苏维埃政府工作，军事指挥工作交给了朱德和其他的人。”[103]

1931年11月20日，在第一次苏维埃代表大会最后一天，成立了中华苏维埃共和国，毛泽东当选为中央执行委员会主席（副主席是项英和张国焘），所以，他服从苏维埃政府的工作并非不可思议。不过，可与被看成是中国共产党正史的胡乔木《中国共产党的三十年》一书相对照，书中就此事是这样记述的：

> "左"倾分子所组织的临时中央，在一九三三年也不得不迁入中央红军根据地。临时中央到达红军根据地后，虽然已与在红军和革命根据地工作的中央委员毛泽东同志等会合，组成了正式的中央机关，但是排挤了毛泽东同志的领导，特别是排挤了毛泽东同志对于红军的领导。

《菩萨蛮》（第11首）并非写当时的战斗，而是回顾以前的战斗。这与过去以同红军一起战斗为题材的一系列词作略有不同。这恐怕还有被"排挤在红军领导之外"的原因。

所谓"左"倾教条主义集团，指陈绍禹（王明，安徽人，曾任中央委员，1904年生）、秦邦宪（博古，江苏人，曾任延安《解放日报》社长，1907—1946）、张闻天（洛甫，江苏人）、王稼祥（安徽人，曾任中央委员、外交部副部长）、何子述（不明）、沈泽民（文学家茅盾之弟）等。他们是留苏学生出身，因此也被称为"留苏学生派"。这些人从1926年开始在莫斯科中山大学学习。1930年春，该大学校长、与斯大林关系密切的米夫被任命为共产国际驻中国代表，他们随之一起回国。燃烧着青年热情的他们与当时支配中国共产党的李立三形成了对立，经过艰难的党内斗争，他们掌握了1931年1月以后党内的权力，成立了临时中央委员会。而且，据说米夫和共产国际还为他们撑腰。由于"年轻没有实际工作经验"[104]，他们超越民众中间强烈的"保卫中国"的要求，提出了"保卫苏联"、"保卫中国革命"的口号，再加上打击中间派，使党陷入孤立无援的境地。在国民党统治区内的共产党组织，因为执行了他们的方针而完全被破坏。失去基础的党中央不得不离开上海，转移到江西省中央根据地。他们领导的第五次反"围剿"给红军带来了巨大的损失和失败。

蒋介石的第五次“围剿”是1933年9月开始的。动员的兵力达百万，其半数包围了红军第一方面军。国民党的兵力空前之多，不过，红军也壮大了起来，而且由于在福建的第十九路军成立了人民革命政府，蒋介石不得不从“围剿”部队中分出相当多的兵力对付那里。因此，要是能够支援福建的革命政府，对于红军来说一定可以创造更有利的形势。然而，“左”倾分子强调福建人民革命政权的“反动性”，不予支援，便使其在短时间内崩溃了。此后，蒋介石就集中兵力向第一方面军进攻。

以南昌为据点的蒋介石的作战方针吸取了以往失败的教训，不再穷追深入，而是在占领一个个地方以后进行固守，筑起碉堡，以备反击。他们还修筑军事公路，进行经济封锁，企图将红军变成瓮中之鳖。

碉堡是用土、木材、石头等修筑成的岗楼，内部有三四层，留有枪眼，是一个小型要塞。其优点是，红军的山炮或迫击炮根本破坏不了它。据1934年统计，从湖北南部到广东边界，共修筑了约7 000个碉堡，由军队建造的很少，多数是让当地农民出钱出力修筑的。

蒋介石以这种作战为基础步步逼近，首先占领了黎川。共产党中央的“左”倾分子提出“御敌于国门之外”的口号，进行反击，可因为碉堡的原因而失败了。后来，红军又攻打东南面的资溪桥，也遭到失败。在敌人主力和碉堡之间辗转之后，红军又转换成防御性作战，把兵力分散到各地进行抵抗。然而，这时红军已经完全处于被动状态，经过一年的苦战，只好从中央根据地撤出。中华苏维埃共和国的首都瑞金是1934年11月10日失陷的，三天前在那里刚刚举行了俄国十月革命的纪念大会。

在敌人强大、我方弱小的时候，应该采取战线流动的运动战方针，而不应该采取战线固定的阵地战，这是毛泽东提出的原理。不过，正如毛泽东后来所说：“反对流动的同志们要装作一个大国家的统治者来办事，结果是得到了一个异乎寻常的大流动——二万五千华里的长征。”

在《毛主席诗词》出版以前，有人推测《清平乐·会昌》是1929年即第三次攻打福建时所作。从内容上看，这样的理解并不勉强。而按正式版本的说法，那是1934年夏写的。然而，那时候毛泽东是在那里么？会昌是江西南部的县城，那里是粤赣党的领导机关和军队指挥机关所在地，离前线只有30多公里。当时，国民党军队第五次"围剿"已经开始，南方战线的红军第二十师便驻在会昌县城。如果黎川方面是主要战场的话，那里是以掩护后方的形式与数倍于红军的两广敌军作战。虽然尚未发现解释毛泽东曾到与主战场相反方向的会昌的有关资料，但当时在会昌的一位政治指导员写了回忆录，从中可以了解当时的情况。[105]

按照回忆录的说法，当时红军第二十二师正在召开营以上干部会议，就几天前筠门岭战斗的失败教训进行总结。他们在筠门岭以近半年的时间阻止了敌人的进攻，但最后遭到三个师在飞机大炮掩护下的攻击，战壕和掩体均遭破坏，子弹缺乏，最后撤退到了筠门岭以北的新开河，重新构筑战壕。过去曾转战江西、福建各地连战连捷的干部战士，对第四次反"围剿"后期提出的新军事方针不满，该方针与通过流动式游击战积极对敌发起进攻的毛泽东的做法不同，是一种固守战壕的消极防御方针。形势一天天恶化，兵力眼看在减少。而在农村又采取了消灭富农的政策，中间阶层开始动摇。随着国民党大军的接近，谣言在苏维埃区内流传，还有人公开打起"白旗"，手持梭镖和枪支发动叛乱骚动。在党内，也出现了"残酷斗争"、"无情打击"之类的现象，并且采取了直接从苏联输入（大概是斯大林主义的官僚主义）的领导方法，所以"使人惴惴不安"。

第二十二师的干部们（执笔回忆录的政治指导员等）认真地总结了失败的原因，进行了坦率的反省。但是，根本的问题还是没有搞清楚，正像会场（新开河的祠庙）外的天气一样，人们的心情阴沉沉的，如乌云低迷不见晴天。尽管模糊不清，但他们已经感觉到打败仗的真正原因在于第四次反"围剿"后苏区内政治形势的变化。

当时，司令部作战科的值班参谋来到回忆录作者那里，转告他总政治委员毛泽东从会昌打来电话，想与前线指挥员通话。毛泽东在电话中对第二十二师的英勇战斗情况给予热情慰问，并指示今后要用小部队配合地方武装和赤卫队打游击，牵制敌人，同时主力要进行整顿。而且毛泽东还出了题目：是什么道理挡不住敌人？是什么道理打不好仗？回忆录的作者说，他直到遵义会议以后才意识到毛泽东想说的是什么。接着，毛泽东又讲了运动战和游击战的秘诀：要在敌人侧翼，集中优势兵力，造成有利条件，首先歼灭小股敌人。敌人若一路来，我们不打他的头，也不打他的身子，要打他的尾巴；如果敌人是几路来，就打他侧面的一路。回忆录的执笔者说，他紧紧抓住电话，从心里喊出："对呀！对呀！"第二十二师根据毛泽东的指示重新调整了战术，并在各部队中传达了毛泽东的意见，所以士气高涨，在四五天时间里，通过小规模的战斗打败了敌人的先头部队。农村工作也改进了。

从上述回忆中可以看出，毛泽东或许想在南方战线找到挽回败局的办法。如果认为北方战线失败明显的话，那么在1928年以后，证明在多次战斗过的地方，如成功建立革命根据地和游击队的江西、福建省交界处寻找出路，并非不可思议。这种推测或许有点过分，毛泽东可能想在按自己的军事方针改变南方战线局面战胜国民党之后，以此胜仗为依据，来纠正党中央的极左倾向。即使毛泽东没有这样的想法，对比按照中央委员会的方针造成的北方战线失败与按照毛泽东的方针带来的南方战线胜利的事实，人们自然而然也会清楚，在总体把握中国革命方法的基础上两种方针的优劣。

然而，"特别是排挤了毛泽东同志对于红军的领导"的动向，也并非没有在得到暂时平稳的南方战线反映出来。在毛泽东之后赶来的中央工作检查团，检查了第二十二师的干部。有些人被免职，有些人被开除党籍，有些人进了国家保卫局的"招待所"。毫无疑问，这种检查和处分是站在与毛泽东相反的立场上。

说是"招待所"，而回忆录中并没有清楚地加以解释，只知道那是在"国家保卫局"管辖之下，大概那是作为特别机关收容政治犯的地方吧。据说，受到处分的干部尽管内心不满，但他们以遵守党的铁的纪律的观点，以及通过自己受处分可以让其他党员吸取教训这一对党的忠诚态度严格要求自己。回忆录的笔者也被送到过"招待所"。比他晚两周，第二十二师第六十五团的团长和政委也被收容了。他从他们两人那里听说，毛泽东还在南方战线与红军战士亲切交谈，分析形势，指出了今后的方针，十分高兴。这位笔者当时只有 20 多岁，他想不到在毛泽东的这些活动与自己被处分之间，存在着用肉眼看不到的激烈政治摩擦。然而，有一天，同样进“招待所”的另一个同志问他：“老弟！你知道不？现在有人在反对毛主席的正确领导……”他很吃惊，又听这个人解释：“我也才知道党内存在着必须解决的重大问题。”在这种可以说是牢房的环境里，回忆起从第一次反“围剿”到第五次反“围剿”的战斗和红军在井冈山创建根据地以来的经过，他认为还是毛泽东的方针正确。1934 年 10 月，红军离开苏区开始长征，作者好像以被收容者的身份参加了这次长征。1935 年 1 月，召开了遵义会议。

回忆录中说：“我们在国家保卫局的同志读到了中央《关于反对敌人五次“围剿”的总结决议》，即遵义会议决议。这一声春雷，在我们耳边震响着。亲身体会到错误路线给革命造成了多大损害的人，当时那种欣喜若狂的心情是很难形容的，我们激动得掉下了眼泪。拿着一份油印的遵义会议决议，如饥似渴地、逐字逐句地阅读。”就在第二天，他们都被分配了工作（即被从“招待所”释放出来了）。……

为了理解第 12 首词，此处将涉及其他一些事情。身在南方战线，因而将视野扩展至那里的毛泽东的背后，存在着从上述回忆录作者命运中可以看到的情形。也许这首《清平乐》中“风景这边独好”一句的“独”字，反映了毛泽东所处的这种困难处境，以及为克服困难打开革命局面的计划。

13. 菩萨蛮（第 11 首）

大柏地 1933 年夏

形容雨后的景色很容易落入俗套，而作者在这里提及的激战时的弹痕，并非是平凡的田园风景。这首词利用了这些景象，从而成为名副其实的现代革命诗。而且，这里听不到声音，却色彩丰富，有一种不可思议的宁静，即使是在去年的弹痕上……

菩萨蛮·大柏地

一九三三年夏

赤橙黄绿青蓝紫，谁持彩练当空舞？雨后复斜阳，关山阵阵苍。

当年鏖战急，弹洞前村壁。装点此关山，今朝更好看。

注

[**菩萨蛮**]（解释同前）“紫”、“舞”，“阳”、“苍”，“急”、“壁”，“山”、“看”字押韵。“急”与“壁”字较常用。“紫”与“舞”作为押韵的特例，在北宋柳永等人的词中有一些。这可能是宋代词人的方言，在现代广东方言和吴方言中也有其例。第一句巧妙地排出彩虹的七色，而且平仄相符。但是，前阕和后阕的末句的平仄都是平平仄仄仄，在诗中可以这样，而在词中必须是仄（或平）平平仄平，特别是第三个字应该是平。据说这是绝对的要求[106]，果真如此的话，用“阵”、“更”是不合适的。可按照词律的要求，仄韵也可以。因此，作者大约就是如此，现代汉语中“仄”声的发音（第四声），在古代也是平声。

[**大柏地**] 位于江西省瑞金北。如本诗集中《如梦令》吟咏的，1930 年 1 月，毛泽东率红军第四军从福建西部进入江西。农历除夕夜，在瑞金北约 10 公里处宿营。于是，江西省的国民党军队刘士毅部追击过来，红军便在大柏地南面的有利地形等候。翌日，即农历正月初一上午，战斗打响了。红军从正面迎击敌人，同时派一支部队迂回，从敌侧背包围。激战的结果是俘虏敌团长等 800 余人。大柏地的战斗是这次行动中最大的胜利。

[**“赤”以下一句**] 吟咏彩虹的七色。

[**彩练**] 彩色的缎带。

[**当空**] 正前方的天空中央，此词现代汉语中经常使用。

[**复**] 为配合音律添加的助词，并没有“再次”的含义。

[**斜阳**] 夕阳。

[**关山**] 设有关卡的山，边境线上的山。大柏地接近福建省。李贺的诗中有“男儿何不带吴钩，收取关山五十州”（《南园十三首·其五》）。

[**阵**] 一阵。阵阵苍，吟咏雨后的夕阳挂在云端，其照射使山上的绿现出明暗的景观。

[**当年**] 那一年。

[鏖战] 须拼杀的激战，苦战。

[洞] 穿透。

[装点] 像山水画中的人物一样，略加勾画以烘托全体，即装饰点缀。

[今朝] 今日，如今。

[更好看] 现代汉语，更是越发、进一步之意。好看是美，美丽。

诗词大意

赤橙黄绿青蓝紫，彩虹的七色是美丽的。究竟是谁手持色彩鲜艳的缎带在空中起舞呢？雨停了，夕阳发出明亮的霞光，边境的山上现出生机勃勃的翠绿。雨后，白云在飘动，映照在翠绿上的阳光也在移动，山上呈现更加壮美的景观。

当年，在这里有过激战。回首观望，前面村子的墙壁上还留有弹痕。（这一胜利的遗迹表明，只要运用正确的战术，根据地和革命都能得到发展。）边界上群山的景色，由于有这弹痕更显庄严，今天看起来更觉美丽。

14. 清平乐（第12首）

会昌 1934年夏

这首词模仿古代诗人的句子，以乐观和肯定的心情高声讴歌现实。前阕第二句确实描述了出发前的飒爽英姿。后阕写涌向大海似的南方山脉的群山和浓绿的林涛，它们被描绘得如同浮现在眼前。作者对革命党内部混乱的局面并不灰心的博大胸襟，似乎已化作山中林木那郁郁葱葱的激情，从词中喷发出来。

清平乐·会昌

一九三四年夏

东方欲晓，莫道君行早。踏遍青山人未老，风景这边独好。

会昌城外高峰，颠连直接东溟。战士指看南粤，更加郁郁葱葱。

注

[清平乐]（解释同前）“晓”、“早”、“老”、“好”，“峰”、“溟”、“葱”字押韵。“溟”与“峰”本不押韵，因为作者是使用方言发音，也许可以通用。

[会昌] 江西南部的县城。当时那里有南方战线的前线指挥部。

[一九三四年夏] 同年春，毛泽东来到会昌。

[欲] 想，快要。

[莫道] 莫，是“不要”这类禁止的命令。道，是说的意思。

[君] 指红军战士们，也包含作者在内。

[行] 行军。

[早] 与表现速度之快不同，这里表示时间早的意思，即问：“谁在一大早就出发行军了?”

[“莫道”以下一句]“君行早”是别人对自己说的话，而作者抢先说：“不要那么讲。”禁止说，叫“莫道”。

[踏遍]“遍”指各个角落。“踏”是走的意思。指 1929 年 1 月，数次从赣南到闽西开展游击战，创建革命根据地。

[青山] 草木青翠繁茂的山。

[人未老] 毛泽东当年虚岁 42。孔子说：“吾十有五而志于学，三十而立，四十而不惑，五十而知天命，六十而耳顺，七十而从心所欲，不逾矩。”（《论语·为政》）按古人的解释，“老，谓年五十以上也。”（皇侃《论语义疏》）周振甫认为，这里的意思是红军战士不怀疑，不悲观，坚信革命胜利，因而士气旺盛。《左传》里有“师直为壮，曲为老”（《左传》僖公二十八年）。衰老也叫暮气，联想到 1958 年《人民日报》上提倡的“丢掉暮气，拿出勇气”，觉得周的说法是对的。可以解释成革命遇到困难，自己的年龄已到中年，但依然同红军战士们一起对胜利充满信心。要理解这一诗句还应考虑下面一句。

[“踏遍青山”一句][107]陆游（当时在四川）的《渔家傲·寄仲高》：“东望山阴何处是?往来一万三千里。写得家书空满纸。流清泪，书回已是明年事。

寄语红桥桥下水，扁舟何日寻兄弟?行遍天涯真老矣，秋无寐，鬓丝几缕茶烟里。”有人认为，此句源于陆词的“行遍天涯真老矣”句[108]，的确妥当。恐怕还不止这一句，整首词的前半部分也许都源于陆游的《渔家傲》。总体而言，陆游的词充满对故乡的思念，或许毛泽东意识到这一点后，是在不再无益地依恋故乡的意义上吟咏“风景这边独好”。

[风景] 会昌一带为红土地，松林多。进入夏季，水田绿，松树、樟树绿，山上和地面则是红色，搭配得很美。

［**东溟**］东海。

［**郁郁葱葱**］林木茂盛，一片生机。这是红军看到的南方群山的风景，同时也指战士们的斗志旺盛和革命信念坚定。《后汉书》中有“气佳哉，郁郁葱葱”（《光武帝纪》）的话。

诗词大意

东方天空快要亮了。天还没亮，红军战士们已整顿好队伍即将出发，不要对我们说：“你们出发真早啊！”我们在江西、福建、广东省边境间草木茂盛的群山中行军，创建了革命根据地。虽然条件艰苦，但心情愉快，因此不觉衰老。蒋介石动员百万大军并命令40万人侵入江西省中央苏区以来，北方战线的形势不利，但在南方战线还可以挽回败局，因为民众依然支持红军，这边的风景越看越美。

会昌县城外，山上的高峰像波浪一样连接着。山脉中途没有中断，一直通向东海。战士们边议论几年前的连战连捷，边指看南方各省。革命尚未彻底失败，如果恢复正确的方针，我们一定能够胜利。这样想后再放眼望去，南方的群山更加浓绿，充满了生机。不，这生机不限于山上树木，全体红军战士的士气也很旺盛。

★第六章

长　征

1. 二万五千华里之行

对于中央苏区的红军来说，第五次反“围剿”的经过，与其说是不利，莫如说是战败意识浓厚。中国出版的革命史也写道：“红军苦战一年仍没有打破敌人的围攻，并使红军的元气大受损失。”[109]第五次反“围剿”的详细经过虽不大清楚，但从红军战士的回忆录中可以想象出来。在广昌的战斗中，红军遭到国民党军队重武器的袭击，损失惨重，这一仗似乎决定了后来的战局。不用说，这是回避游击战、固执阵地战的党中央的战术本身出了问题。但据说，党中央在广昌作战之后变得保守了，整天在消耗兵力和丧失土地。而且“最后，又实行了逃跑主义。一九三四年十月，猝然决定离开中央苏区，事前固然未在广大干部和群众中作深入的思想动员，又未作从阵地战转为运动战、从依靠根据地转为脱离根据地、长途行军作战所必需的准备工作，即仓促转移”[110]。

决定脱离中央苏区的人们把什么希望寄托在将来呢？刘伯承（四川人，曾任中共中央委员，元帅，1892 年生）的笔记没有明确地讲，但有一份资料说，1934 年秋，莫斯科曾来过电报，劝告中国共产党从瑞金出发，如果必要的话，在离蒙古近的什么地方寻找个安全地带。[111]

如果考虑当时掌握党中央实权并推行极左政策的人们形成了被称做“留苏学生派”的集团，以及这些人在掌握党内权力的过程中曾借助莫斯科的支持这样两种因素，不难想象上述资料中所说的电报，在做出脱离（明确地讲是放弃）中央苏区这一重大决定时是一个有利的契机。即便有反对的意见，考虑到包围圈在缩小的现实情况，来自莫斯科的这份电报的权威恐怕也起到了堵住反对者嘴巴的作用。

不过，在这份电报之前，即在1932年6月以后，第四和第三方面军已分别放弃根据地向西转移，这在革命史一类的书中被说成是“极左分子指导的结果”。在所谓“留苏学生派”的眼里，恐怕看不到根据地的创建、巩固和发展具有什么意义，他们本来就批评毛泽东的这种根据地路线。然而，在脱离中央苏区的时候，以什么方针替代这种根据地路线，恐怕并没有明确的答案。决定通知到一般战士是出发前一周，《赤色中华》上张闻天的文章描述的匆忙情景可以证实这一点。至于最终目的地是延安这一点，在人们的心中并不明确。

1946年，毛泽东在延安接受美国人罗伯特·佩恩的采访，在谈到长征的目的时说：“如果你问我们是否有什么明确的计划，我可以告诉你：我们没有什么计划。我们只想突破包围，与其他苏区合并，然后想办法到可以与日军打仗的地方去。”[112]

在长征以后数年，在日本出版的由日本人写的研究著作也曾指出长征本无计划，这看来没有犯估计上的错误。为便于简略地研究长征的路线，现将有关部分文字引用如下：

> 1934年10月，在中央军猛将陈诚的攻击下，数年来作为红军根据地的赤都瑞金终于陷落。他们最初的落脚点预定在湖南西部，并没有考虑该向西北转移。首先命令萧克在前探路，贺龙从湖南西部渡过长江，又从三峡地区过长江，北上企图再发展。焉知突然遭中央军的追击，于是不能在湖南西部停留，想入贵州，但贵州四面均有敌人，无奈转向西南，暂驻松潘一带观察形势。然而，土城一败（此处有明显错误，国民党军队三个团在土城被红军打败，受到蒋介石的军法会议处置——引用者），又入云南四川边界，历尽艰辛到达四川西北，但该地千里荒芜，人烟稀少，且松潘要地已为中央军胡宗南部占领。无奈地进入甘肃后转陕北，与刘志丹、徐海东会合，不久贺

龙、萧克、徐向前部队相继到达，终于实现了大团圆。[113]

文中利用的是国民党方面的情报，这是个缺陷。但我认为，从中可以看出当时外部世界是怎样看待长征的。文章作者对长征作了如下结论：

> 这种长征的败退，实际上达二万五千里。红军敝衣破帽，赤着脚艰难地走在险峻的山路上，中央军不停的追击使他们无法进村征粮，士兵们因空腹和极度疲劳不断出现落伍者和死亡者，红军战斗力出现甚大损失。部队有时饮山谷里的水，忍受着饥饿等无法用语言表达的困难和危险，构成了悲壮的场面。（同上）

二万五千华里大长征，可以比喻成横跨一个国家的大转移，但确实拖着长长的队伍。首先，正如刘伯承用十分愤懑的口气说的那样，准备不足还表现在行军的编制上。特别是党中央机关和行政机关编制的中央纵队好像更为严重。据说，这个纵队行军时，从先头部队到后面的人员拖有五六公里长。没有汽车，即使有，在山路也用不上，所以必须靠肩膀搬运造枪的机器、印刷机械以及各种物资，其中也有十几个青年人才能抬动的重机械架。敌人在飞机大炮掩护下，紧跟着对这个长蛇阵实施攻击。因无法离开这个队伍，负责保卫它们的士兵们损失严重，这是可以想见的。“每遇跋山涉水，通过险崖隘路，一个钟头走不出半里地，而周围却经常是枪炮声和敌机轰炸声，急得战士们直跺脚，恨不得立即到战斗部队和敌人干一场。”[114]

对于战斗部队，情况也是一样。长征最初的困难是在湘江上游渡江，过这条江仅党中央的队伍就用了三天时间。掩护这次渡江的两个团，以国民党两个师为对手进行了三天苦战。党中央机关的暗号叫“红星”，掩护部队的指挥员不断地接到如下电话：“红星”纵队正在向江边前进！“红星”纵队已接近江边！“红星”纵队已开始渡江！但在眼前，自己的部下一个个地倒下去和负伤，可又不能放弃战斗。他后来回忆说："我们的后方机关是太庞大了。……连坛坛罐罐都带上，这就使我们行动迟缓。……这时，我们真希望中央纵队走快一些——他们走快一些，这里就减少一点伤亡!"据说，在这支部队接到的命令中有："不惜一切代价，全力坚持三天至四天!"[115]

据说，当时党中央唯一依靠的，是在湖南西北部的四川、湖北、贵州边界地区开辟根据地的红军第二方面军。他们的总指挥是贺龙，政委是任弼时，是与同年8月脱离井冈山一带根据地的第六军团、在贵州东部与在同一地区开展游击战的第二军团刚刚合编成的一支部队。很快察觉红军意图的蒋介石（脱离中央苏区的红军以第二方面军的位置为前进方向，显示了战术上的幼稚），在红军的前方构成四道封锁线。最后一道封锁线是在由两个团苦战的湘江东岸，这里的战斗持续了一周时间，十分激烈。最后，红军在两侧摆开掩护部队，主力部队像在用红军战士的肉体搭成的隧道中钻出来一样，突破了这道封锁线。突破成功时已是11月下旬，从中央苏区出发时的10万红军（这是刘伯承的说法，斯诺说9万，《中国革命史讲义》说8万）减少到3万余人。"部队中明显地滋长了怀疑不满和积极要求改变领导的情绪。这种情绪，随着我军的失利，日益显著，湘江战役，达到了顶点。"[116]这是很自然的事情。这种空气恐怕带来了著名的遵义会议的结果——确立毛泽东的领导地位。在贵州遵义，"党在1935年1月，由于毛泽东同志及其他同志的坚决斗争，停止了'左'倾机会主义分子的领导，确立了毛泽东同志在全党的领导地位"[117]。

其实，似乎可以说，毛泽东的领导地位在决定红军中央纵队改变路线，即不与第二方面军会合而进入国民党势力薄弱的贵州省的时候已见端倪。转向贵州就是毛泽东的主张。"他的主张得到大部分同志的赞同。"于是，在占领贵州的黎平之后，中央政治局决定今后要采取进攻贵州的路线，部队在整编后渡过乌江，打下了遵义城。如果没有毛泽东的主张，"所剩三万多红军的前途只有毁灭"。

2. 遵义会议——毛泽东领导地位的确立

遵义，是贵州省仅次于贵阳的重要城市，它那四周高而厚的城墙显示了典型的中国城郭都市的风姿。由于遵义会议的召开，这座城市的名字在中国革命史上将长期地留在人们的记忆中。这恐怕是开始长征时没有料到的，对于遵义来说也是很意外的。

红军 1935 年 1 月 7 日晨攻占了遵义。翌日，毛泽东、朱德等随同中央军事委员会的纵队入城，受到市民的热烈欢迎。15 日开始召开政治局扩大会议，通过了《中央关于反对敌人五次“围剿”的总结决议》，确立了毛泽东的领导地位。据说，在这次会议上，朱德、刘少奇、中央军事委员会的同志们都支持毛泽东。周恩来在讲话中坦率地承认了错误，因此，会议的气氛对毛泽东有利。周恩来从中央军事委员会主席降到副主席，毛泽东任主席。[118]《决议》的开头部分这样写道：

> 听了×××同志关于五次“围剿”总结的报告及××同志的副报告之后，政治局扩大会认为××同志的报告基本上是不正确的。
>
> 一、党中央关于敌人五次“围剿”的决议中，曾经清楚的指出五次“围剿”是帝国主义与国民党的反动对于苏维埃革命运动的更加残酷的进攻，但同时指出了在这一剧烈的阶级决战中，帝国主义国民党内部的弱点与革命形势的新的紧张化，这造成了国内阶级力量的对比有新的有利于我们的变动，得出了“在五次‘围剿’中间我们有着比以前更加充分的取得决战胜利的一切条件”的正确结论（一九三三年七月二十四日中央决议）。而××同志在他的报告中过分估计了客观的困难，把五次“围剿”不能在中央苏区粉碎的原因归于帝国主义、国民党反动力量的强大，同时对于目前的革命形势却又估计不足，这必然会得出客观上五次“围剿”根本不能粉碎的机会主义的结论。……

之后几项，追究分析了第五次反“围剿”失败的原因。从第一项中不难想象，革命的主体方面首先想研究胜利与失败的根本原因，笔者大概是毛泽东或与毛泽东有同一思想的人物。实际上，按照后来传出的消息，那是把毛泽东的讲话变成了文章。毛泽东在会议上批评了博古（秦邦宪）、周恩来、李德，但把这个《决议》收入 1948 年版《毛泽东选集》时，把人名变成“××同志”、“×××同志”，成了缺字。据说是本着对事不对人的精神做的处理。不过，关于李德，在《决议》中使用“华夫”这一笔名代表。

按照朱德的说法，在占领遵义之前，红军的作战是在苏联骑兵出身的利特罗夫（中文名字叫李德）这位外国顾问建议下进行的，他是第五次反“围剿”的负责人。朱德说，他在 1933 年进入中央苏区，是在那以后三年间唯一一个外国顾问。但据张国焘回忆，好像还有一个外国顾问在 1931 年至 1934 年期间待在瑞金。不管怎么说，他是参加长征的唯一一个外国人（着重号为笔者所加）。而实际上，这种说法并不对。作为参加长征的外国人，还有朝鲜人毕士第，是林彪指挥下的第十五军团的师参谋长，有丰富的军事知识，为部下所尊敬。他是中共党员，长征之后在毛泽东亲自指挥的进入山西省的战斗中牺牲。[119]

利特罗夫，原名叫奥托·布劳恩，是德国人。从莫斯科军事学院毕业后，他作为“驻中共中央军事顾问”由共产国际派到中国。正如朱德所说，他是 1933 年 10 月来到江西苏区的。具有讽刺意义的是，在蒋介石的国民党军队中也有一个声望很高的冯·塞克特将军。利特罗夫屡次预料并猜中塞克特将军的战术，这不仅使红军，而且也令南京的将军们吃惊。然而，从另一方面讲，正像在反“围剿”的经过中看到的那样，他也有不符合中国革命战争实际的地方。长征开始后，在红军中对共产国际军事顾问的指挥方法逐渐产生了不满和埋怨。对比利特罗夫一句中国话也不会说这一事实，要求召开会议并最后掌握红军指挥权的毛泽东则是一步也没有离开过中国的人，这件事的意义相当耐人寻味。

中国的文献把这件事说成是“此后机会主义在党中央的统治永远结束了”[120]。“永远”这一形容词反映的心理不难理解。如果这里所说的“机会主义”只是指党内“机会主义”的话，那指的是政治上的问题，它是不会“永远”根除的，毋宁说其复活的可能性必须警惕。在党的用语中出现这种不合常规的说法，暗示着这一问题已经超越党内的范围，变成确立了中国革命的领导责任不应是莫斯科或外国而应是中国共产党自身的原则。而且，如果说中国革命对谁负责的话，那也不是对莫斯科而是对中国民众负责。这也是一个原则。“永远”排除外国党的干涉这一共识，在此时就在中国共产党内牢牢扎了根（这也是中共后来在中苏论战中表现出来的主张与重要思想）。毛泽东领导地位的确立，应该看做是与这一原则的确立表里一致的。

想起来，这也许会让人感到有些奇怪。不过，也可以说，这毕竟反映了俄国十月革命的光芒，列宁、斯大林的光芒曾经那样光彩夺目。

遵义会议以后，也分配给李德等人住处和津贴，但谁也不去跟他们搭话了。朱德讲，他们受到了抵制，就“同红军里没有他们一样”[121]。有的材料还讲，红军为缺乏烟草而苦恼，曾兴起用杂草代替烟草的风潮。据说，此事带头的是毛泽东和李德两个人，不知他们是否交换过吸烟用的杂草……

作为诗人的毛泽东，遵义会议以后的战斗气息反映到了词中，人们可以看到他的变化，即表现出气势宏大的诗境。从作者所处的地位和长征的进行来看，从第 13 首《忆秦娥・娄山关》到第 20 首《沁园春・雪》，似乎都可以看做是这一时期的作品。这些作品同长征一起，接连不断地把新风景展现在人们面前。同时，作者的诗境变得越发宏大，到第 20 首时可以说是达到了巅峰，而其倾向则在最初的第 13 首中已有所反映。

遵义会议是在国民党军队某师长的官邸中召开的，现在此处已作为纪念馆保存着。据说，解放后为修缮这座建筑清洗墙面时，发现到处都是红军战士书写的口号，那是遵从长征途中每人每天要书写三次宣传革命的口号的规定而留下的。

红军留下的并不只是写在墙壁上的文字。解放后寻找长征遗迹的剧作家宋之的（河北人，1914—1956）在遵义听到过如下故事：

小马灯的故事

对于文化落后的边远地区的人们来说，红军给他们留下了深刻印象。有一个故事说到一个小卫生员的小马灯。这个小卫生员在深夜里去给老大娘医病，在归途中，他遭到了国民党军队的杀害，身边遗留下一盏小马灯。据说，老大娘有一个美丽的女儿，她保存了这盏神奇的小马灯。其后，在二十年漫长的苦难岁月里，每逢人民遭到难以忍受的痛苦时，小女孩就把小马灯点起来，人们瞧着瞧着，痛苦就消失了，生活和斗争的勇气也恢复了，增长了。解放后，在当地人民成立第一个农业合作社时，已长大成人的姑娘把它贡献出来了。它被高挂在合作社门前的树梢上，每夜每夜，照亮着夜归的合作社员们的道路。

红军坟的故事

在遵义附近红军作战过的地区，人们建造了一座规模宏大的红军坟。很快，红军坟便成了方圆几百里内的人们朝拜的圣地了。国民党的一个大官得知此事，派部队挖掉了红军坟。可是，过路的劳动人民都不约而同地往这个空穴内投一块石头。起初还是过路的时候投，后来几百里以外的人就专门赶来投了。没有多久，红军坟比过去更为宏大壮丽了。

红军还钱的故事

红军某连连长陈树云，在约二十年前，向遵义的老农民赵锦和买了一头猪。陈连长怕红军走后农民受到损失，他开了一个字据。二十年后，红军果然回来了。赵锦和把字据拿到人民银行，人民银行立即兑现，并且加了十倍的利息。[122]

3. 娄山关战斗

遵义会议决定继续长征。自遵义出发后，红军边行军边整编纵队，后勤工作人员作为士兵编入了战斗部队，许多干部编入连的指挥班，加强基层的领导力量。笨重的机械和不必要的物资被丢掉了，部队轻装前进，一种新鲜空气洋溢在红军中。[123]据说，由三个师组成的红军第三军团，师长下去当团长，编成四个团。[124]从这里可以看出，红军确实采取了彻底的措施。

从遵义出发的红军向四川南部前进。当时，为了同四川西北部的第四方面军会合，计划在泸州与宜宾间渡过长江，但由于国民党军队的阻挡，未能接近长江。于是，红军改变方向回到原路，占领了娄山关。这是长征开始以来的第一个胜仗。

国民党部队王家烈为守备娄山关派出四个团。红军在改变方向时，与娄山关相距约50公里。有情报称，国民党正调集大军向遵义增援，所以前锋夺取娄山关，进而占领遵义，行军是跑步前进的。

接受攻打娄山关命令的是红军第十三团，于2月25日在离娄山关5公里处与敌遭遇，前进受阻。但红军派一个连迂回到几乎无法攀登的左侧山上，占领了娄山关背后的点金山。另有部队在娄山关右侧山上迂回切断敌之退路。那一夜全是急行军。虽然正是农历正月的夜晚，寒风刺骨，但每人的军帽里面都冒着热气，汗水顺着脸庞流下来。

走到半夜，星月突然躲进乌云里去了。接着，下起了阵阵细雨，陡险的山路像擦了油似的，溜滑难走，跌跤的人越来越多。[125]

占领点金山的部队与担任正面进攻的部队协同作战，从傍晚开始发动了猛烈的攻击，经过四次争夺战之后，占领了娄山关。黎明时分，虽有敌人两次密集的反击，但都被红军击退。红军又乘胜前进，歼灭了红军离开后占据遵义的当地军阀王家烈的两个师，击溃国民党中央军的增援部队两个师，再度占领了遵义。由于军阀的军队欺压和拷打帮助过红军的人和红军家属，所以，遵义人比上次更热烈地欢迎红军，更多的人愿意参加红军了。后来，又与敌人增援部队展开激战，并把敌人追到乌江，获得了歼灭20个团的大胜利。这之后，红军又采取佯动作战和使用机动力量的做法，摆出要攻打贵州省首府贵阳的架势，尔后又掉转锋芒进入云南省。在那里也做出要攻打云南省首府昆明的态势，省主席龙云吓得胆战心惊，红军却在预想不到的地点成功地渡过了金沙江。

4. 忆秦娥（第 13 首）

娄山关 1935 年 2 月

继承了前面两首词略微直观的风格，隔了很久又开始吟咏战斗的场面。前阕如郭沫若解释的那样，是写从江西苏区撤退时的景象，气氛凄惨。后阕虽然描述赢得胜利的红军得意洋洋地越过娄山关的情形，而且由夕阳西下联想到了血，可不知为什么，风格仍旧是残酷的，至少作者的眼睛没有离开残酷的局面。

忆秦娥·娄山关

一九三五年二月

西风烈，长空雁叫霜晨月。霜晨月，马蹄声碎，喇叭声咽。

雄关漫道真如铁，而今迈步从头越。从头越，苍山如海，残阳如血。

注

［忆秦娥］ 46 个字，双调，各五句（但前阕和后阕不是同一类型）。三仄韵，一叠韵（第二句结束，重复三字作第三句，用同一字押韵即叠韵）。“烈”、“月”、“月”、“咽”，“铁”、“越”、“越”、“血”字押韵。这一词牌，李白之作很著名，后世均效仿之。毛泽东也用与李白同一“仄”声韵（在规则上，用平声押韵也可以）。李白作的“词”流传数首，其中《菩萨蛮》和《忆秦娥》被称为“百代词曲之祖”。实际上，作者未必是李白，推测是后世无名词人之作。

［娄山关］ 贵州北部大娄山（主峰金顶山，海拔 1 608 米）中最重要的关口。它由剑头般锋利的三座山峰包围，从遵义到四川必经这条蜿蜒曲折的山路。据说，距遵义约 60 公里有一石碑，刻有“娄山关”三个大字。[126]

［西风烈］ 2 月 25 日傍晚，占领娄山关后，红军站在高山上。西风一般指秋风，这里恐怕是指西风向山上猛烈吹来的情形。

[雁叫] 初春的大雁鸣叫。

[霜晨] 下霜的早晨。苏轼在吟咏梅花的诗中有“莫向霜晨怨未开，白头朝夕自相摧”（《再和杨公济梅花》）。

[月] 天未明，月亮出。

[“西风烈”以下二句] 这里的“西风”、“雁叫”、“霜晨”一般是秋天的景物。因此，郭沫若推测前阕的时间可能是1934年秋，是歌颂长征初期的红军。而所谓“西风烈”，则是指以帝国主义各国为后盾的国民党军队的力量相对强大。“马蹄声碎”中的“碎”字是现代汉语“零碎”的意思，也就是说，可以解释成马蹄声“小而碎”。“碎”，与其解释成现代汉语的“零碎”，不如按后面那种解释更妥当。后阕是写遵义会议后通过娄山关时的情景，因而，这一首词可以解释成以中国革命的转折点遵义会议为背景，吟咏会议前红军的悲壮和会议后红军信心百倍的气氛。[127]因为当时没有说明写作的年代，郭氏认为，后半部分是遵义会议后第一次通过娄山关（即1月份）所作。而周振甫的解释则相反，他认为是歌颂为再次占领遵义而通过娄山关时的战斗。对郭沫若把“西风”等看做是秋天景物而提出疑问并不奇怪，实际上这与“梅花”有关，苏轼也有使用“霜晨”的例子。这样质疑是否有点绝对了？郭沫若那种不勉强把前阕的时间与后阕的时间看成是同一天也可以的说法，依然难以使人放弃。但此后不久，便大都遵从周振甫的说法了。

[碎] 听到马蹄的声音，像是坚固的东西被粉碎一样。马蹄碰到山路的岩石发出很响的声音。

[咽] 鸣咽。心里堵得慌，声音不通。

[雄关] 地势雄伟、险要的关隘。

[漫道] 不要说。如果不讲究平仄关系，这里便应写成“漫道雄关真如铁”。

[真] 口语中表强调的副词，真正。

[而今] 口语，感慨加重语调说“今天”。

[迈步] 现代汉语，大步走。

[从] 表示动作经过场所的前置词，现代汉语。

[头] 顶，最高处。

[苍山] 林木繁茂的青山。[128]

[残阳] 夕阳。

诗词大意

狂风从西面吹来，高空中传来大雁的鸣叫。抬头仰望，下霜的寒冷早晨，天就要亮了，皎洁的月亮还挂在天上。清晨在屋里听到红军的马蹄声，那是踏碎坚硬东西的声音。激励士兵的军号声悲壮，宛如抽泣。

敌人夸耀设在雄伟地势上的关口如钢铁般坚固，别太得意了！现在我们不是勇往直前越过山顶了吗？看眼前的景致，山上郁郁葱葱，宛如大海的波涛起伏，即将落下的夕阳染红了天空。那红色是为革命献身的同志们的血的颜色。

（附）忆秦娥

李 白

箫声咽，秦娥梦断秦楼月。秦楼月，年年柳色，灞陵伤别。

乐游原上清秋节，咸阳古道音尘绝。音尘绝，西风残照，汉家陵阙。

5. 十六字令三首（第 14、15、16 首）

1934 年至 1935 年

这三首词从三种不同的角度吟咏长征途中的山。虽然使用民谣调的形式，但避免了民谣中的悠长，成功地把大量内容极度紧张地压缩到短词中，丝毫感觉不到形式的陈旧。胜任这种具有紧张感的词作的作者的敏锐，恰是诗人的特点，而且是实行不断革命的革命者的特点。

十六字令三首

一九三四年至一九三五年

其一

山，快马加鞭未下鞍。惊回首，离天三尺三。[129]

其二

山，倒海翻江卷巨澜。奔腾急，万马战犹酣。

其三

山，刺破青天锷未残。天欲堕，赖以拄其间。

其一注

[十六字令] 16个字，单调（前半、后半不分），四句。三平韵：其一，“山”、“鞍”、“三”字押韵；其二，“山”、“澜”、“酣”字押韵；其三，“山”、“残”、“间”字押韵。“十六字令”是词中最短的。比这更短的是十四字的“竹枝词”，但算插入的衬词则有22字。有人把“十六字令”和“竹枝词”看做是民谣，也有人认为十八字的“闲中好”是词中最短的。所谓“令”，一般是附在词牌上的称呼，如“浪淘沙”又称“浪淘沙令”。顺便说一句，最长的词是240个字的“莺啼序”。

[未下鞍] 这是根据民谣中的“马过要下鞍”而来的。这一句表现了向高山挑战的气魄，与民谣中说的相反，是“快马加鞭”，且“未下鞍”。

[惊] 心情突然紧张起来。面对险峻山峰的顶端，对自己战胜了它而感到吃惊。

[回首] 回头看。

[三尺三] 三尺三寸。

[“离天”一句] 这当然是夸张。陕北有一句古谚——“孤云两角，去天一握”[130]——也是这样。李白的《蜀道难》中也有吟咏：“连峰去天不盈尺”，“百步九折萦岩峦，扪参历井仰胁息……”但李白说的是由于山高“仰胁息”的情况，毛泽东并没有描述那种艰苦。

诗词大意

山，民谣中有“低头”和“下马”的说法，但我却快马加鞭了，于是，一口气跑到山顶，回头看，突然为之一振。哎呀！我的头差三尺三寸就碰到天了。

其二注

[倒] 颠倒。

[翻] 翻过来，使之颠倒过来。

[澜] 大波涛。

[奔腾] 疾驰，有“万马奔腾”之类成语。

[酣] 事情正在盛期，高潮。

[万马] 把山的形状比作马的诗，有韩愈的《南山诗》。韩愈的诗形容细腻，而毛泽东用“万马战犹酣”，直截了当地进行概括，似乎可以产生气吞山河的效果。

诗词大意

山，好似翻江倒海一样涌来的巨浪，气势急迫，宛如骏马以惊人的速度奔跑。这种连绵起伏的山峰，仿佛万匹骏马在竞赛，而且正是情绪高涨的时候。

其三注

[锷] 刀刃，剑锋。

[残] 出缺口，缺失。

[欲] 想。

[堕] 崩溃、倒塌。源于神话中的说法（参照第 9 首《渔家傲》原注）。

[赖] 依靠。

[拄] 像用拐杖支持身体那样来支撑。

[“其一”以下] 以上三首都是吟咏山的，其一说高，其二写大，其三形容坚。就其内容而言，的确都是独特的写法。[131]

诗词大意

山，像戳破青天一样高耸着，其险峻如刀锋，虽刺入云天，但仍锋利无残缺之处。天像要掉下来的样子，幸亏有这山像柱子一样支撑着。

6. 长征路上

渡过金沙江

长征是毛泽东等率领第一方面军（中央红军）于 1934 年 10 月

上旬自江西于都附近开始出发的，以 1935 年 10 月 19 日到达陕西保安的吴起镇（今吴旗县）结束，历时约一年。然而，若根据后来于 1936 年 11 月在甘肃会宁完成与第二方面军和第四方面军的大会师从而“胜利地完成长征”[132] 的说法，实际上长征是用了两年时间完成的事业。据统计，在 368 天中有 235 个白天在行军，18 天夜间在行军，不行军时几乎都在进行战斗。整天都进行大规模战斗的有 15 次，每天都有一次小的接触性战斗。长征通过 11 个省，占领过 62 个县，曾在 6 个不同少数民族地区通过。[133]

长征的距离，根据第一军团 1936 年在预旺堡做的记录，是 18 088 华里（9 044 公里），从福建省最远处曲折迂回过来的一部分士兵大概共走了 25 000 华里（12 500 公里），即便是最短的距离，也相当于北美大陆东西海岸直线间的距离。如果从北京一直向西走的话，仅粗略地用眼睛来估算，似乎也要横跨亚欧大陆到达大西洋彼岸了。汉尼拔越过阿尔卑斯山、拿破仑从莫斯科败退等历史上著名的长距离行军都比不上长征。正因为如此，很多人牺牲了。从江西出发时第一方面军有 10 万人，而到长征结束时只剩下了七八千人。

长征路上红军克服了重重困难，毛泽东在《七律·长征》中巧妙地做了描述。

长征开始后，首先踏破的是“五岭”群山。这包括横跨江西、湖南、广东和广西的许多山岭，其中大的岭有五个（参照诗中注释）。中央革命根据地在这五岭的北面，瑞金在赣江上游、贡江的上源。第一方面军自贡江下游的于都出发，沿五岭北面西行，渡过信丰江（桃江）、章水、潇水、湘水，越过都庞岭。都庞岭为“五岭”之一，在湘水西岸，当地人称老山界。这条山路上山 15 公里，下山 7.5 公里，是有名的险峻山路。一位士兵把这叫做长征途中最艰苦的路段。[134]

然后，红军又在乌江、遵义、娄山关、猴场、赤水、上城这些属于“乌蒙”山区的崇山峻岭中转战。（第 13 首）

接着，他们渡过“金沙水拍”的金沙江。在长征结束时病倒被担架抬着的周恩来，曾在这里精神抖擞地指挥渡河作战。

金沙江的水源在海拔 5 000 米处，但在西康省巴塘附近为海拔 2 735 米，在宜宾为 296 米。这就是说，从水源到宜宾，平均每公里落差为 2 米，是急流险段，流速每秒 4.5 米。渡场只有十余条船，而且从龙街到上游岩石很多，只能使用皮筏过河。国民党估计红军可能在龙街渡河，但红军却是在其下游的绞车渡（也叫皎平渡、交西渡）过河了。

有资料讲，靠金沙江这边的 30 公里路是下坡，走 20 公里就到绞车渡镇。而从那里到河边有 10 公里，斜面更加险峻，不拄拐杖就有跌落到谷底的危险。4 月份的天气已经相当热，越往下走越热，在河边已经热得难以忍受了。据说，人们都贪婪地喝水。[135]如果是这样的话，毛泽东的诗中所写的“云崖暖”，是避开直叙而显得从容不迫。在《三国演义》中，金沙江被叫做泸水。马岱率领的兵士想在此渡河，正赶上炎热天气，有 15 个人死去。因此，这里作为酷暑之地是自古闻名的。

不过，当年的士兵提供的其他材料是这样讲述对通过云南时的印象的：

> 四月的云南，天气已经很热，只穿一件单军衣还经常汗流浃背。白漂漂的水田里，一撮一撮的禾苗被风吹得摇摇摆摆，好像是在欢迎我们的到来。两边小山上，红花绿叶，树木丛生，蜜蜂嗡嗡地飞来飞去，真是一个迷人的春天。此时，我们的后面虽然仍有十几万追兵，但是谁都相信，毛主席一定会指挥我们摆脱敌人，走向胜利。部队一面观赏春色，一面前进，情绪很高。[136]

这也许是下游的风景，如这一回忆录中所讲，云南以风景秀丽而闻名。在渡口有五六间船夫住的房子（窑洞），可在准备渡河时竟刮起了龙卷风，窑洞前的茅草屋被掀起了，红军战士也给吹倒了。30 分钟过后风停了下来，太阳也出来了。[137]红军拿出很多钱，买下那里的六七条船，用九个昼夜完成了全军渡河任务。在“歌声和欢笑声”[138]中渡过金沙江的红军，进入了少数民族彝族居住的大凉山地区。该地区与《三国志》关系密切，这里有据传是诸葛孔明设置的阵地“孔明寨”。再往里走，则有据传是《西游记》中孙悟空的猴屁股被烧焦的发生地火焰山。

安顺场的故事

金沙江之后，另一条要渡过的河是大渡河。有一部分红军要在安顺场渡河，其他人则是在泸定桥过河。

安顺场是太平天国诸王中颇有声望的翼王石达开为渡金沙江好容易才走到却全军覆灭的场所。他率领的士兵及家属不愿被清军抓获，不管老人、孩子还是女人都投入大渡河自杀了。那是在1863年(同治二年)。当地人不相信石达开被清军打败了，传说他让清兵抓到处死的是替身，真人已化作僧侣不知去向。还传说，战败是因为石达开为儿子过满月举行宴会被清军追上的。即使在现在，也有人能够绘声绘色地描述那场宴会如何丰盛。在安顺场，大渡河水曾经泛滥，石达开被捕后的自述讲过此事。在红军到达的时候，水量急剧增加，水流湍急，这是上游高山的积雪融化所致。据当地人讲，河水比较安静的时候是冬季，其他季节即使是有经验的船夫对这条河也心中无底。在曾帮助红军渡河的船夫中，也有新中国成立后在这条河上遇难身亡的。[139]

新中国成立后来到安顺场的宋之的，会见过当时从红军队伍中掉队后一直在那里生活的一个医生。这个医生是在中央苏区医科大学专门学药学的，20年来他更姓改名在安顺场生活。全国解放的消息传到这里后，中国医科大学给他颁发了第一届毕业生的毕业证书。他像苏醒过来似的，又开始行医，在附近，也到少数民族地区，逐渐成功地使那里的人们破除了迷信。[140]

正像朱德在回忆录中指出的那样，太平天国作为近代中国革命的先驱，其精神传统之根已深植于红军当中，所以，石达开的失败是每个红军都十分了解的故事。蒋介石曾从飞机上向红军撒“毛泽东将成为第二个石达开”的传单。船全部拴在对岸，只有一条船每五天向南岸渡一次，红军的先遣队很好地掌握了这一情况。

大渡河宽只有约300米，但流速为每秒4.5米。第一次见到这条河的红军士兵心想，怎么水面也形成了坡度了呢？怪石在水流中伸出头，撞击它的浪花像雾一样迎面扑来。对面的渡口后面则是数十米高的悬崖，在有四十多层的厚石阶上，敌人设有路障。

除了进行敌前强行渡河之外别无他法，最初从志愿者中挑选出18名勇士。岸边有六挺重机枪、数十挺轻机枪担任掩护射击。三门迫击炮将炮口对着对岸，但炮弹只有两发。第一船冒着敌人的炮火渡河成功了，接着，第二船、第三船相继渡河成功。这是5月22日的事。[141]

铁索桥

然而，全军在这里渡河是不合适的。结束渡河的第一师第一团决定沿东岸北上，与西岸先遣队的第二师第四团并肩夺取泸定桥。西岸的先遣队接到三天急行军160公里的命令。对岸和前方都是有敌人部署的悬崖绝壁，一脚不慎下面就是湍急的大渡河，对岸还有增援泸定桥的两个旅的敌人。结果，比预定的时间提前行动了，党员在行军中边走边开会，做鼓动工作。进入夜晚，人们点起松明来探路。每当对岸敌人发来暗语时，当了红军俘虏的原国民党士兵就用掌握的喇叭信号回答说是自己人，使他们放心。不大功夫，国民党军队的火把就熄灭了，好像中止行军去宿营去了。西岸的红军终于先期到达泸定桥。当年的红军战士对那附近的情形做过如下记述：

> 泸定桥真是个险要所在。就连我们这些逢山开路、遇水架桥、见关夺关的人，都不禁要倒吸一口凉气。往下看，褐红色的流水像瀑布一样从上游山峡间倾泻下来，冲击着河底参差耸立的恶石，溅起丈多高的白色浪花。流水声震耳欲聋。在这样的河里，就是一条鱼，也休想停留片刻，徒涉、船渡都是完全不可能的。
>
> 再看看桥吧。既不是石桥，也不是木桥，而是一条铁索桥。从东岸到西岸扯了十三根用粗铁环一个套一个联成的长铁索，每根有普通的饭碗粗。两边各两根，做成桥栏，底下并排

> 九根，作为桥面。原来桥面上横铺着木板，现在，木板已被敌人搬到城里去了。只剩下悬挂着的铁索。在桥头的一块石碑上刻着两行诗句："泸定桥边万重山，南峰入云千里长。"
>
> 泸定桥东端就是泸定城。这座城一半在东山上，一半贴着大渡河岸，城墙高两丈余，西城门正堵住桥头，过了桥，必须通过城门，别无他路。城里驻着两个团的敌人，山坡上修筑了严密的工事。机枪集中在桥头附近，不断地向我们扫射……[142]

由22名红军战士组成的突击班在铁索上匍匐前进并铺上木板，紧跟其后的其他战士在桥板上前进着。敌人在西城门放火，但突击班继续前进，占领了桥头并追击城内敌人。在东岸前进的第一师击败了敌人，到达这里也正是在这时，那是深夜两点钟。与第一师一起赶到的刘伯承总参谋长、聂荣臻（四川人，曾任副总理，元帅，1899年生）政委马上进行泸定桥的实地调查。刘伯承站在桥的中间俯视大渡河的急流，用力地踏着桥板，他感慨地叫着："我们胜利了！"第三天，林彪（湖北人，黄埔军校毕业，曾任副总理兼国防部长，1907年生）率领的主力到达，接着毛泽东出现了。

过雪山

泸定桥之后，横在红军面前的险峻难走的地方是高高的雪山——夹金山。海拔四千多米的这座山，从山麓看去像由银子堆积起来似的耸立着，山顶完全被白雪覆盖着。红军战士们到处请教老百姓，他们告诉战士，早晚有暴风雪，上午9时到下午3时可以过山，要多穿衣服，还要用酒和辣椒暖身子，最好拿拐杖等。可是在荒僻山村，到哪里去买酒和辣椒呢？穿着夏衣的红军能够准备的只有拐杖。6月12日早晨，部队在四川省宝兴县大跷碛乡集合，据说，在呼喊"征服夹金山，创造行军奇迹"的口号时，伸向空中的拐杖像树林一般。登山一开始，便遇上了暴风雪，来自江西的一个战士有生以来第一次见到雪，觉得挺有意思。可是，随着向山顶接近，却下起了鸡蛋大的冰雹，打在只穿着夏衣的身上，浑身真像刀刮一样。有三个战士抱在一起停下来想暖和一下，但他们再也没有站起来。人们觉得呼吸紧迫，浑身无力，只要稍微一松劲，脚就抬不起来，但又不敢歇下来休息。[143]还有一个战士，脸被冰雹砸得很疼，就用两手捂着脸前进。不过，若从山顶向四周眺望，那景色真令人叫绝。

> 冰雹过后是万里晴空，阳光耀眼。到了山顶，举目一望，只见千里冰雪，银峰环立，除开山峰上几根孤零零的电线杆和少数民族竖起的“旗杆”以外，是一片琼玉世界。俯视山下队伍，像一条灰色长龙，蜿蜒而上，把这个一望无边的琼玉世界划成两半。……山顶上的一段道路是曲折的盘道，绕着夹金山的主峰，蜿蜒而过。经过四五个小时的紧张搏斗，我们全团人马都安全翻过山顶，无一掉队。下山时，已不像上山那么吃力，山歌声此伏彼起，荡漾山谷。战士们好像要让高傲的夹金山认识认识它的征服者的英雄气概。[144]

部队下山时，看到山脚下有村子，一边想会不会有敌人，一边紧张地向那里接近，原来那是红军第四方面军的同志。两军战士那种喜悦心情就不用说了。那一夜，在庆祝会上尽情联欢，然后睡觉休息。长征以来，战士们好久没有在床上睡觉了。第四方面军的同志们给大家准备好了床。翌日晨，两支部队告别后又出发了。

新的对立

1935 年 6 月，在四川西部的理番、懋功一带，毛泽东等第一方面军和张国焘等第四方面军会合了。这个时候，以为自己率领的部队的供给比毛泽东等的好而自满的张国焘，对毛泽东等采取了瞧不起的态度。[145]会合后，党中央在两河口召开政治局会议，决定继续北上，张国焘勉强同意了。毛泽东率部队爬过冰雪覆盖的梦笔山、长板山、打鼓山来到毛儿盖。但是，张国焘根本没有北上，几次发电报催促他，足足等了一个月。在毛儿盖举行的党中央政治局会议上，对好歹出现的张国焘进行了批评，并决定继续北上。

本来，张国焘在与第一方面军会合以前，已成立了西北联合政府。西北是指西康、青海、甘肃、新疆各省。他的意见是应在那里建立根据地，不该北上而要南下。面临民族危机，在当时与日本帝国主义进行针锋相对斗争的形势下，这种意见当然无法得到肯定。在张国焘看来，那里离苏联近，令人感到放心与正统。他也许还想利用新疆的特殊位置，梦想可以建立一个独立王国吧。1932 年以来，精力充沛的盛世才统治着这里，并把新疆视为自己个人的领地，他还仰仗着苏联的援助。从 1940 年 11 月苏联取得 50 年垄断开采各种矿藏的权利这件事，似乎可以想象苏联在该地区的特殊立场。而且，一般认为，在中国共产党成立时，具有代表北京小组出席大会资格的张国焘，作为个人因素起作用的，恐怕是对抗毛泽东的意识。如果张国焘的意图实现的话，今天的新疆大概将是另外一个样子吧。

总之，毛儿盖会议的批评和决议似乎没能改变张国焘的决心。在通过长征最后的艰难路程大草地之后，张国焘给党中央打电报，要求全体红军南下，而且说，如果得不到允许的话，他就率领自己与朱德指挥的左路军（在毛儿盖，第一、四方面军的一半，改编成左路、右路两军）及毛泽东和党中央率领的右路军中原第四方面军（即红军的四分之三）的部队返回原路。这不知是否真实，据传，当时战士们亲眼目睹了毛泽东同张国焘大声争论的场面。

《八一宣言》

1931 年 9 月 18 日，日军开始侵略中国的东北，发生了“九一八事变”。日本在中国东北制造了“满洲国”，接着，又把手伸向华北，搞所谓华北“特殊化”、“自治”，掠夺中国的主权。这一动向在中国民众和学生中引起了极大的愤怒。1932 年 1 月，日军企图占领上海，开始了军事行动。对此，过去曾作为国民党军队进攻过江西省革命根据地的第十九路军，对日军进行了顽强的抵抗，他们被全国民众称赞为英雄。蒋介石的"攘外必先安内"的口号不得人心，中国共产党"停止内战"的呼吁则有力地激发了广大民众的爱国热情。

面对这种形势，中国共产党于1932年发出布告，提出对日宣战。布告赞扬了过去的敌人第十九路军的将士是"英雄"。中国共产党进而于1935年8月1日发表了《为抗日救国告全体同胞书》。所以称之为《八一宣言》，是根据其发表的日期。《八一宣言》抨击蒋介石等民族败类与日本侵略者合作阻挠和镇压"抗日救国"，但同时对日本解散国民党机关"蓝衣社"的要求又表示"坚决的抗议"，指出"中国人的事，应由中国人自己解决"，尽管国民党和蓝衣社危害人民，但那不是外国侵略者应该插手的事。正在这时，共产国际第七次代表大会在莫斯科召开，以王明为首的中共代表团参加了会议。王明于8月7日以《论殖民地半殖民地国家的革命运动和共产党的策略》为题，公开了《八一宣言》体现的新政策，据说受到了热烈欢迎。《八一宣言》是在共产国际的指导下由王明在莫斯科公开的，这是毫无疑义的事实。也就是说，饱尝长征辛酸的毛泽东不太可能知道，共产国际的新政策是以《八一宣言》的形式反映出来的。尽管有人说，中国共产党在毛儿盖时，已经恢复了与莫斯科的无线电联系。

《中国共产党的三十年》一书关于《八一宣言》写道：关于统一战线的设想，是"在共产国际的反法西斯统一战线正确政策的帮助下"形成的，"毛泽东同志在1935年的长征途中不可能完成"。这可以理解为，暗示《八一宣言》是由莫斯科制定的。不过，长征之后，在陕西瓦窑堡召开的积极分子会议上，毛泽东已指出，结成"广泛的民族统一战线"是党的基本任务，这时还没有考虑把蒋介石包括在统一战线中。尽管毛泽东此时对统一战线的理解与不久前回国的王明形成了对立，但是，作为负责的中共领导人，他已经把阶级政党的中国共产党与全体中华民族的命运结合起来了。而且，中国共产党还通过统一战线这条渠道使自身从中国民众中得到无限的活力。

中国民众的强烈的民族主义性格自古以来就有传统，鸦片战争以后尤为强烈。对中国进行侵略的日本军部和统治阶层开始时缺乏认识，并不将其看做对方的“战斗力”。中苏论战让人感到，苏联共产党领导集团似乎存在着同样的错误估计。所谓共产国际的方针另当别论，中国的共产主义者在这个时候不会想不到“民族”这一观念的力量。正像不久后曾被称作“民族主义者”一样，中国每个共产主义者不都曾有过因陶醉于“民族”而具有无限热情的经验吗？而且，作为清醒的现实主义者，他们承认民族观念在政治上的决定性因素。在这其中，中国共产党保有政治力量的宝藏，而经受了严峻考验的长征则使人们虚心地认识到了这一宝藏。毫无疑问，中国共产党是工人阶级的政党，但在今后相当长的时期里，大概不可能从工人阶级的概念中舍去“民族”一词。仅把中国共产党的性质归结到多数党员是农民，不可能充分预测它的政治行动。

当知道共产国际第七次代表大会总结了七年来的工作，并通过了下述决议的时候，毛泽东一定大大地增强了自信心。对莫斯科来说，意味着某种变化的遵义会议并没有受到莫斯科的干涉，这在共产国际的决议中已经表明了。

> 一，（共产国际执行委员会的）工作重点转移到国际工人运动的基本政治路线和策略路线上，所有问题的解决都应根据各国的具体形势和特点，一般不直接干涉各国共产党内部组织上的问题……
>
> （中略）
>
> 四，应帮助各国共产党正确利用自身的经验和世界共产主义运动的经验，但不应机械地把一国的经验搬到他国，更不应以枯燥无味的公式和抽象的公式替代具体的马克思主义分析……[146]

1941 年 1 月，数名中共党员在从莫斯科出发踏上回国的路程之前，去见季米特洛夫以接受指教。季米特洛夫说：“中国的同志需要认真地读一读《苏联共产党史》、《国家与革命》、《左派幼稚病》等书。”接着，他赞扬说，毛泽东没有上大学，没有到外国留学，没有上马列主义的学校，却把马列主义的革命原理同中国的实际结合在一起，这才是活的马列主义。他还说，毛泽东是杰出的革命家和军事家。[147]

季米特洛夫对毛泽东的这种赞扬，与承认各国党独立性的上述决议有联系，恐怕并不是简单的恭维话。毛泽东从共产国际的决议中了解到，虽然在每个政策上还有缺陷，但在思想方法上，马克思主义的国际运动有了新方向，并且认识到自己已经能够独立行事了。

过草地

接着，红军不得不过草地。接受先遣任务的某团政委被叫到毛泽东的住处领受指示。毛泽东在毛儿盖住的地方是常见的藏族人住的房子，楼下是养家畜的小屋。毛泽东讲了红军前后遭夹击的状况之后说，国民党方面估计红军东进四川平原，但“我们走敌人认为不可能走的路”。这个团是张国焘过去指挥的原第四方面军的一个团，后被改编到先遣队。这个团政委由于去看生病的周恩来，耽误了时间。看到他空着肚子的样子，周恩来夫人邓颖超（曾任中共中央委员、全国妇联副主席）把毛泽东的晚饭拿来给他吃。在陶瓷盘里放有六个比鸡蛋还小的蒸馍，他惶恐地只吃了两个的时候，毛泽东出来了。“怎么样，再吃些吧，饿肚子可无法工作哟!”毛泽东对他说。

据说，草地夏季长满青草，是个很好的大牧场。可是一到八、九月雨季时，草地一下子变成沼泽地了。

> 草地的情景，真使人触目惊心！举目一望，是茫茫无边的草原，在草丛上面笼罩着阴森迷蒙的浓雾，不辨东南西北。草底下河沟交错，积水泛滥，水呈淤黑色，散发出腐臭的气息。在这广阔无边的泽国里，简直找不到道路。脚下是一片草茎和腐草结成的“泥潭”，踩到上面，软绵绵的，用力过猛就会陷下去，拔不出腿。我们只能跟着通司的担架，依着通司指出的草根较密的地方，一个跟着一个，艰难地前进。[148]

在走过草地那段艰难的路程之后，有腊子口一战。腊子口是连接岷山山脉的要地，红军在这次战斗中打了胜仗。毛泽东的《长征》诗

1935年11月3日，毛泽东就任中国工农红军西北革命军事委员会主席、红一方面军政治委员。这是长征后到达陕北的毛泽东。

中最后两句的感情，也就是全体红军战士的心情。一个红军战士在回忆录中写道："下了岷山山脉后，一进入甘肃省，我们感到有一种告别艰难困苦地带的愉快心情以及能够来到这种地方的自豪感。队伍背向岷山行进着，我们边谈笑边回头眺望岷山的风姿，与其说是恋恋不舍，不如说是向它告别。"[149]

接着，是爬六盘山的艰难行军，已逐渐接近目的地陕北了。当时担任毛泽东警卫员的一个少年战士回忆说，他在六盘山上筋疲力尽的时候，毛泽东把自己的皮大衣脱下来给他穿上，而毛泽东自己只穿了一件单衣。他回忆了即将到达目的地的瞬间：

> 一天，我们从甘肃环县出发，走了几十里路，刚登上一座光秃秃的小山，便遇上了刘志丹同志派来给主席送信的人。主席看过信，站在山顶上，向正在休息的部队大声喊道："同志们！我们就要到达陕北苏区了！我们的红二十五军和红二十六军派人来接我们了！……"主席的话还没讲完，山坡上立刻欢腾起来。同志们高兴地笑着、跳着、互相搂抱着、欢呼着，有些同志甚至激动得大哭起来。[150]

长征的意义

毛泽东等率领的红军于1935年10月在吴起镇这个小镇与活跃在该地区的第十五军团会师（与第十五军团主力会师是11月在东村），还没有来得及休息，又在直罗镇与国民党军队交战了。这是国民党军队对陕北红军进行的第三次"围剿"，毛泽东和周恩来在接近前线的山丘上亲自指挥了这场战斗。说是国民党军队，却是张学良（张作霖之子，后被软禁在台湾）属下的东北军，他们是被日军从东北赶过来的，现在又被蒋介石驱使来讨伐红军。红军的"停止内战，一致抗日"的口号使他们深受感动，而且，红军不杀俘虏的政策也很奏效。他们嘴里说着"这是三挺，我们给你们运枪来了！"向红军投降。东北军士兵有的甚至投降三次。战斗取得了歼灭一个师和一个团的胜利。在战斗的硝烟中，同周恩来和国家保卫局局长罗瑞卿（四川人，黄埔军校毕业，曾任中共中央委员，1906 年生）一起出现在前线的毛泽东，把水壶里宝贵的水递给负伤的战士表示慰问，并在木板担架上放上麦秸和敌人的大衣，让战士们躺着舒服些。[151]

在这次直罗镇战斗之前，毛泽东在象鼻子湾对中央军委纵队（即直属部队）发表了有关长征结束的演讲，据说，那是极为令人感动的演讲。接着，12 月在瓦窑堡召开了党中央政治局会议。遵义会议是在长征途中召开的，只就紧迫的军事问题和中央书记处、中央革命军事委员会的组织问题进行了改革。瓦窑堡会议再次分析了政治形势并就策略问题做出了决议。《八一宣言》中表达的民族统一战线策略变得坚定了。其后又召开了党的活动分子会议，毛泽东在会上做了《论反对日本帝国主义的策略》的报告。这是根据政治局会议的精神对统一战线政策进行的说明。关于长征，他说，从红军放弃原来的根据地这一点来说是失败了，但是从敌人发动的“围剿”和“追剿”失败这一点来看，长征是胜利了。“这样说才是恰当的，因为我们完成了长征。”

毛泽东进而又就长征的意义指出：

> 长征是历史纪录上的第一次，长征是宣言书，长征是宣传队，长征是播种机。自从盘古开天地，三皇五帝到于今，历史上曾经有过我们这样的长征吗？十二个月光阴中间，天上每日几十架飞机侦察轰炸，地下几十万大军围追堵截，路上遇着了说不尽的艰难险阻，我们却开动了每人的两只脚，长驱二万余里，纵横十一个省。请问历史上曾有过我们这样的长征吗？没有，从来没有的。长征又是宣言书。它向全世界宣告，红军是英雄好汉，帝国主义者和他们的走狗蒋介石等辈则是完全无用的。长征宣告了帝国主义和蒋介石围追堵截的破产。长征又是宣传队。它向十一个省内大约两万万人民宣布，只有红军的道路，才是解放他们的道路。不因此一举，那么广大的民众怎会如此迅速地知道世界上还有红军这样一篇大道理呢？长征又是

播种机。它散布了许多种子在十一个省内，发芽、长叶、开花、结果，将来是会有收获的。……

7. 七律（第 17 首）

长征　1935 年 10 月

把长征的整个行程咏入诗中，可以认为是纪念之作。诗由均衡的、确实令人想起纪念碑式建筑的诗句构成。对照实际的行程来读，在看起来平凡的语句中充满着难以忘怀的感慨，是极富真实感的诗篇。

七律·长征

一九三五年十月

红军不怕远征难，
万水千山只等闲。
五岭逶迤腾细浪，
乌蒙磅礴走泥丸。
金沙水拍云崖暖，
大渡桥横铁索寒。
更喜岷山千里雪，
三军过后尽开颜。

注

［**七律**］七言律诗，由八句七言句（七字句）构成，每两句为一联。一、二句称首联（起联，破题），三、四句称颔联（前联），五、六句称颈联（后联），七、八句称尾联（结联）。这四联是按起、承、转、结展开的。所谓起承转结是一种诗的构成法，即“承”是原封不动地承接“起”中叙述的事物，然后详尽地展开叙述，在“转”中另外叙述与“起”、“承”中不同的事物和情况，在“结”中则把“承”和“转”结合统一起来。律诗都有这种严密的结构。律诗讲对仗，颔联（前联）和颈联（后联）分别对仗，就是说第三句与第

四句、第五句与第六句对仗。例如，像“山”与“水”这样的同类词必须对仗，这是一种修辞技巧。天文与天文类词对仗时略显狭窄，但名词与名词对仗时范围便宽得多。“难”、“闲”、“丸”、“寒”、“颜”字押韵。

［长征］去远方征战。盛唐诗人王昌龄（长安人，690？—756）的诗中有“万里长征人未还”（《出塞》）句。

［红军］现代汉语把“赤”说成“红”，一般用在褒义上，如把结婚仪式、祝贺生日等吉事称为“红事”。赠物时包装也用红色，即“红包”。与此相反，白色用在凶事上，称之为“白事”。与“红军”相对，当时称国民党军队为“白军”，其统治区为“白区”。

［不怕］不惧怕，不在乎，现代汉语。

［万水千山］指路途遥远，经过的山河很多。

［只］就那些，唯独那个。

［等闲］平常之事，作为家常便饭不予重视，不大介意，不大注意。中唐诗人张谓［河南人，天宝二年（743）进士］诗中有“眼前一尊又长满，心中万事如等闲”（《湖上对酒行》）句。还有中唐诗人白居易（字乐天，太原人，772—846）的《琵琶行》中有“秋月春风等闲度”句。

［“红军”以下二句］首先概括整个长征，把长征的主角红军放在第一的位置上加以赞颂。另外，前二句起初有人说是：“莫道乌江天堑，看红军等闲飞渡。”作为七律，第一句的字数不够，但一个回忆录中曾引用过这两句，编者注解为毛主席咏长征诗。[152]

［五岭］红军首先必须越过的山区。这里指连接江西、湖南、广东、广西、贵州各省交界处的大庾岭、骑田岭、都庞岭、萌渚岭、越城岭。

［逶迤］像蛇爬行一样，蜿蜒很长的样子。中唐诗人韩愈（河南人，其散文也很有名，768—824）的诗中有：“广州万里途，山重江逶迤。”（《送李翱》）

［腾］跳起来，跳跃。

［细浪］微小的波浪。

［乌蒙］乌蒙山脉，横跨云南、贵州两省，在云南省禄劝北方，临金沙江。广义上讲，是指宋代乌蒙王封的云南、贵州、四川南部。山的高度，在云南东部平均为 2 000 米，向东逐渐变低，在贵州东部为 1 000 米。那是有地裂的高原，地形横断，山势险峻。由于河流侵蚀，多有深谷，凹凸不平，谚语中有“地无三尺平”的说法。

［磅礴］广大且雄伟的气势。北宋王安石（江西人，政治家，诗人，1021—1086）的诗中有“盘礴委积于天地间”（《灵谷诗序》）的句子。还有形容大地起伏的例句：“天穹窿而周乎下，地旁礴而向乎上，人�而处乎中。”

(《太玄经》)

[走泥丸] 滚动泥丸。从斜坡上扔下泥丸，边跳动边下落，速度很快，看上去是蜿蜒的一条线。比喻乌蒙山脉的起伏正像滚动的泥丸形成一条线似的。[153]出自汉蒯通说给范阳令徐公的话："范阳令先下而身富贵，必相率而降，犹如阪上走丸也。"(《汉书·蒯通传》)而如果看颜师古（唐初学者，581—645）对此注释"乘势便易"的话，本来也不是用做比喻群山起伏的。这种用法，恐怕毛泽东是第一人。[154]

["五岭"以下二句] 颔联，第三句与第四句必须对仗，但这里又采用了使文章脉络交错的手法。也就是说，叙述五岭的逶迤、腾细浪与乌蒙有联系，叙述乌蒙的磅礴、走泥丸又与五岭有联系。这种交错的手法，在王昌龄的《出塞》等诗中可能看到，如"秦时明月汉时关"。另外，"腾细浪"、"走泥丸"与上面的用语接续得不够好，这是红军看到五岭和乌蒙的感想。就是说，五岭也好，乌蒙也好，都是吟咏它们有雄壮的气势。

[金沙] 长江上游的金沙江。流经四川、云南两省交界处，与岷江汇合后汇入长江。在深山峡谷中流过，但河面宽阔（红军渡江的地方约300米），水流湍急。红军在绞车渡依靠六七条小船使全军过了江。

[云崖] 江河两岸高耸入云的绝壁。

[暖] 据说这里的气温相当高，很热。

[大渡] 岷江的支流，大渡河。红军主力是在泸定桥过河的。

[桥] 指泸定桥。

[铁索] 泸定桥为铁索吊桥，在九条并列的铁索上横铺有桥板，但敌人把它们几乎都撤掉了，红军只有在铁索上爬行冲锋。

[寒] 铁索外露的感觉。

["金沙"以下两句] 颈联须对仗，但为避免同前面的颔联同一风格，在前联中写的是五岭与乌蒙的长时间与众多战斗，而此联相反，一句只写一次战斗。颔联使用雄伟的词句，这里则吟咏温和的气氛。"律诗虽宜颜色，两联贵乎一浓一淡。"(谢榛《四溟诗话》)颔联浓、颈联淡，这是一种高度的艺术技巧。[155]

[岷山] 横跨青海、甘肃、陕西、四川四省交界处的山脉。这是长征的最后阶段，越过它后便是目的地陕西。

[千里雪] 与其说是岷山上的雪，莫如是指大雪山上的雪。

[三军] 在周朝的制度里，指大诸侯的军队。

[开颜] 高兴地笑了。

诗词大意

中国红军不怕长征中遇到的任何困难，像走在平坦的大道上一样，坦然地通过险峻的山路和湍急的河流。

五岭的群山蜿蜒起伏，在红军的眼中像掀起小的波浪一般。乌蒙的雄伟山峰威严耸立，看上去像是滚动着的泥丸留下的一条线。[156]金沙江的湍急水流碰撞的悬崖峭壁高耸入云。气候与其说热，不如说给人以温暖的感觉。大渡河上还有桥梁，但只剩下了铁索，在急流之上高高悬挂着，令人感觉到了寒意。

越过雪山夹金山和草地后，欣赏着岷山的茫茫雪景，我们红军战士终于走完了长征中最后的险要地段，现在战士们都满脸笑容。

8. 念奴娇（第18首）

昆仑　1935年10月

眼前的昆仑山，既是神话的山，又是世代相传的美玉产地，自古以来一直哺育着中国民众的幻想。那么，其存在的现代价值在哪里呢？说是把冰雪覆盖的山巅分给世界，由此让人感到人类寒暑相同。这首词的想象是奇特的，由于填上了中国传统中向往的理想国“太平世界”一句，显示其寓意是实现共产主义社会的理想。关于昆仑山，本首词完全没有神话方面的叙述，而直截了当地以现代实效观念展开议论，倒给这首词增添了分量。

念奴娇·昆仑

一九三五年十月

横空出世，莽昆仑，阅尽人间春色。飞起玉龙三百万[157]，搅得周天寒彻。夏日消溶，江河横溢，人或为鱼鳖。千秋功罪，谁人曾与评说？

而今我谓昆仑：不要这高，不要这多雪。安得倚天抽宝剑，把汝裁为三截？一截遗欧，一截赠美，一截还东国。太平世界，环球同此凉热。

注

[念奴娇] 百字，双调，各十句。四仄韵，“色”、“彻”、“鳖”、“说”，“雪”、“截”、“国”、“热”字押韵。“色”和“国”似不合韵，但关于这一点，前面已经讲过。据说，关于前阕的“玉”、“周”，后阕的“倚”、“截”，一般的用法是平声。[158]如果是那样，“玉”是仄声，便成了例外。而且，前后阕的末句第一字必须是仄，但“谁”、“环”都是平字，这也是例外。在这种词牌的作品中，苏轼的很有名。本词在内容上与《沁园春·雪》有联系，这在后面会涉及。

[昆仑] 山脉名称，是新疆维吾尔自治区于阗河的源头，为中国最大山脉。西自帕米尔高原起，是新疆与西藏的分水岭，并与青海、甘肃、四川省的山脉相连。中国北部的支脉叫阴山山系，中部叫秦岭山系，南部叫南岭山系。原注中的岷山是另一支脉。神话中说，昆仑山是居住着妖魔西王母（据传她是个美貌女子）的神秘地方，这里还有天界帝王黄帝的下界宫殿，又有美丽的花园，因为太高，似悬在空中，取名“悬圃”。山的四周为弱水（东西无法浮在上面的水）的深渊所包围，进而在其外侧由火焰山包围着。[159]

[横空] 横在空中而巨大。

[出世] 高出人世间。

[莽] 草木繁茂貌。指大自然充满能量，贮存着而未被利用的原始状态。

[阅] 查阅文件等。一面观察着时代与社会的变迁，一面度过时光。这是把昆仑拟人化的说法。

[飞起玉龙三百万] 如原注所示，是借用古代诗人的话。见汇集有关诗的理论、评论、佚事的《诗人玉屑》（南宋魏庆之编）中张元（宋人）的诗句，但本是“战败”了。

[周天] 整个天空，满天。

[横溢] 水从河道里溢出来。

[江河] 长江与黄河，源头都在昆仑山脉。每逢夏季，山上积雪融化，下游便形成洪水。

[人或为鱼鳖] “鱼鳖”是鱼和鳖，指人或许要被洪水淹死。古代有个叫刘定公的人，称赞治水的太古圣人大禹说：“微禹，吾其鱼乎？”自那以后，便把在洪水中溺死说成“化鱼”，杜甫诗中也有“百万化为鱼”（《潼关吏》）的句子。

[千秋] 千年。

[功罪] 指黄河与长江给人民带来的利益和灾难。

[曾] 表示时间的副词，以前，业已。

[不要] 现代汉语，不需要。

[安得] 期求难以实现的事情，也指想办法。杜甫的诗写屋顶被大风掀走时有“安得广厦千万间，大庇天下寒士俱欢颜”（《茅屋为秋风所破歌》）的句子。

[倚天抽宝剑] 一端凭靠在天上的长剑，叫倚天剑。传楚宋玉（公元前298？—前222？）作《大言赋》：“方地为车，圆地为盖。长剑耿介，倚天之外。”李白的《大猎赋》中也有“于是擢倚天之剑”之句，这都是对剑的形容，而这里活用了典故，改为人倚天。

[还东国] 原文是“留中国”，平仄相同，为意思的改动。“东国”不仅指中国，还包括亚洲各国，与下文的“世界”、“环球”等在文义上接续得较好。“还”是作为世界的共有财产而偿还，但依然是返还给原所在地，比“留”字更婉转，修改后语言的动感更为强烈。

[太平世界]“太平”和“大同”一样，自古以来在中国被看做是社会的理想状态。“大同”作为孔子的话记在《礼记·礼运篇》中，是对前人观念的归纳：“（比孔子还早的乌托邦）大道之行也，天下为公，选贤与能，讲信修睦。故人不独亲其亲，不独子其子，使老有所终，壮有所用，幼有所长，矜寡孤独废疾者皆有所养，男有分，女有归。货恶其弃于地也，不必藏于己；力恶其不出于身也，不必为己。是故谋闭而不兴，盗窃乱贼而不作，故外户而不闭，是谓大同。”这就是说，天下属于民众，社会财富使全体人民都能得到恩惠，自己劳动并帮助别人，没有掠夺、欺骗和战争，振兴福利保健，支持贤能者任公职。这是一种理想。而所谓“太平”，在农民的道教经典《太平经》（据说是公元2世纪时的著作）中记述如下：“太者大也，乃言其积大行如天，凡事大也，无复大于天者也；平者，乃言其治太平均，凡事悉理，无复奸私也。”“大同”、“太平”有点微妙的差别，但都是把人际关系和财产、劳动的平等和平均视为理想。不仅是知识分子，就是农民起义也曾把它作为口号。在近代，李汝珍（小说《镜花缘》作者，1763？—1830？）、龚自珍（浙江人，学者、诗人，毛泽东曾引用过他的诗，1792—1841）、洪秀全（广东人，太平天国的创立者，1814—1864）、康有为（广东人，戊戌变法的提倡者，1858—1927）、谭嗣同、孙文等，也都以此为中心思考理想社会的样子。其中，康有为在《大同书》中，根据把历史分为据乱、升平、太平三世的古代学说（公羊派），认为当时中国处于“据乱”，把欧美视为“升平”，接近“太平”。按照他的说法，所谓“太平”是指无阶级、一切平等、没有私有财产的“极乐世界”，进而又主张不

分国界与民族的差别，但不主张革命。毛泽东曾认为："康有为写了《大同书》，他没有也不可能找到一条到达大同的路。"[160]总之，这里是从人类这些乌托邦设想来考虑并使用"太平世界"这个词的。因而，下一句的"凉热"也不仅仅是说气温。

［**环球**］地球，是西方地理学输入中国后出现的词汇。

诗词大意

高耸入云、连绵不断、一望无际的巨大昆仑山，从神话时代开始就一直注视着人世间的春秋。古诗人吟咏的诗句有"玉龙三百万"，被冰雪覆盖的山巅像玉龙在空中飞舞，空气也将为之寒冷与冻结。冰雪因夏日的太阳而融化，下游的江河泛滥，人被淹死化成了鱼与鳖。千万年间，这座山为人间带来的功绩和罪恶曾有谁给予评说？

今天，我要对昆仑说：你不要那么高，也不需要那么多的雪。啊，设想倚靠在天上，猛然抽出长剑，把你割成三段送出去。一段给欧洲，一段赠美洲，一段应当还给亚洲。这样，地球的寒暑就相同（民族平等）了。在中国，自古以来作为理想社会被描绘的太平世界即将实现。

附：

念奴娇·赤壁怀古

苏　轼

大江东去，浪淘尽，千古风流人物。故垒西边，人道是，三国周郎赤壁。乱石崩云，惊涛裂岸，卷起千堆雪。江山如画，一时多少豪杰。

遥想公瑾当年，小乔初嫁了，雄姿英发。羽扇纶巾，谈笑间，强虏灰飞烟灭。故国神游，多情应笑我，早生华发。人生如梦，一樽还酹江月。

9. 清平乐（第19首）

六盘山　1935年10月

这首词可能是紧接前一首而作，从议论一转吟咏晚秋天空引起的伤感和北方强劲秋风给人带来的豪爽心境。前阕第一、二句里充满无限感慨，接着，第三、四句的展开宛如观看京剧名角的舞台艺术一样；后阕的紧张格调化作舞台上的豪放歌声流入耳中。最后一句可以理解为作者气魄十足地向历史挑战的宣言。

清平乐·六盘山

一九三五年十月

天高云淡，望断南飞雁。不到长城非好汉，屈指行程二万。

六盘山上高峰，红旗漫卷西风。今日长缨在手，何时缚住苍龙？

注

［清平乐］（解释同前）“淡”、“雁”、“汉”、“万”，“峰”、“风”、“龙”字押韵。

［六盘山］在甘肃东南部固原县城西南，位于陕西、甘肃两省交界线上，山势险峻，狭窄的山路通到山顶，要盘旋六层。《读史方舆纪要》中说“曲折险峻，盘旋有六”，故名。古代也称络盘山。来自甘肃高原的红军与敌军骑兵遭遇并将其歼灭后，于 10 月 7 日下午一口气翻越了这座山，于 19 日到达陕甘边区。“六盘山和我们以前走过的雪山相比，虽然不是最大的，但一上一下也有六十里地。刚上山还有点树扶着，快到山顶时树也没有了，只有一些快要枯死的小草。行走起来更加艰难。”[161] 过去，成吉思汗征伐西夏曾在这里避暑，他狩猎时摔下马，1227 年 8 月 25 日死在了这里。

［天高云淡］形容秋天的天空。

［望断］在凝视中消失不见了。

［飞雁］有故事说，汉武帝时被匈奴抓走的苏武将信拴在大雁的腿上，告诉祖国的人自己还活着。于是，雁与音信常常被联系在一起。这里恐怕也是看到大雁想起了留在南方坚持战斗的红军，这是很自然的心情。而且，看着自己和部队用脚板走的路线，再望大雁在空中飞去的情景，感慨无限。一位 15 岁参加长征的人做过如下回忆，其地点不是六盘山，而是越过夹金山，进入了草地。“……八月高原，秋风刺骨的寒冷，时而传来最后几批南飞雁的长鸣声，更觉得这里空旷、荒凉。”[162]

［长城］万里长城。为防北方民族的侵入，从战国时代起修筑的墙垒，秦

始皇时又接着修筑。现存的长城是明朝建造的，它东起山海关，西至嘉峪关，全长 2 300 余公里。

［好汉］据说，汉武帝屡征匈奴，故匈奴惧怕汉兵，称其为“好汉”，这是此词的由来。后指勇健的男子、重义的男子。据守梁山的一百零八将便被称为“英雄”、“好汉”（《水浒传》）。在近代是指民众心目中敢于反抗权力的理想男子。毛泽东在概括长征时，运用了这种贴近民众的语言：“它（长征）向全世界宣告，红军是英雄好汉”[163]。

［“不到”一句］有些文言式的口语，这可能是长征期间流传在红军中的口号。

［屈指］扳着手指计算。

［二万］二万五千华里的简略说法。

［红旗］起初，这首词作为十八首之一发表在《诗刊》上时，原写做“旄头”，是过去装饰旄牛尾巴旗子的名称，是指红军的象征——红旗。而在 1961 年 9 月，作者挥毫书写这首词时将其改成“红旗”。事实上，这样更明快，而且有色彩感。

［漫］随便（旗子任凭风吹动）。

［长缨］汉代人终军受命出使南越（今天的越南）回汉武帝的话时，开头一句是：“愿受长缨，必羁南越王而致之阙下。”（《汉书·终军传》）

［缚住］住是现代汉语，为附在动词后面的助动词，意思是坚定地将事情做到底，达到目的。

［苍龙］古代被看做最为凶恶的太岁神。中国的注释似有定论，认为这“苍龙”喻指蒋介石。那么，它到底指什么呢？据说，长征结束以后，红军急于与日本帝国主义军队交战。如果根据现代史的阶段论研究“苍龙”的具体所指，指日本军队更为合适一些。写这首词的第三年即 1937 年 8 月，红军改编成国民革命军第八路军。当时，曾以朱德（总指挥）和彭德怀（副总指挥）的名义向全国发出了如下就职通电：“日寇进攻，民族危急，敝军请缨杀敌，义无反顾！”不过，过细地追根问底并没有什么意义。所谓“苍龙”，似指把握历史决定权的主体，未必仅限于称日军或蒋介石。

诗词大意

晴朗的高空一片蔚蓝，一两朵白云如同鸟的羽毛一般，轻轻地飘浮着，成行的大雁向南飞去。我们还在向北挺进。不到达长城中途掉队，那可不是堂堂的男子汉啊！话虽如此，扳着手指计算，我们已经走过两万里了！

先头部队的红旗正在六盘山的高峰上被西风吹得飘扬着。古代武将降服敌人时使用的长缨，今天已掌握在我红军手中。不知能在何时捆住那个巨大的苍龙以改变历史。

10. 北国风光

在瓦窑堡会议上，为了进一步贯彻执行中国共产党的抗日民族统一战线政策，推动全国救亡运动向前发展，党中央决定"东征"，即设法过黄河向东进入山西省，到达直接面对日军的河北前线去。而在山西省，有军阀阎锡山（山西人，日本陆军士官学校毕业，后去了台湾，1883 年生）长期割据，与日军勾结，早就在黄河东岸修起一排排碉堡，以防红军进入。这次"东征"开始的时间是 1936 年 2 月。按照注释，第 20 首《沁园春·雪》就是在这一时期创作的。

> 二月中旬，虽然是初春了，西北高原上依然冰雪未化。红军第一军团、第十五军团极其隐蔽地来到黄河西岸，在沟口至沙口一线，紧张而秘密地进行渡河准备。从林彪军团长到突击队长，都仔细地研究了渡河口和登陆点。[164]

有一个先遣队队长第一次见到北方的雪和黄河，写过如下感想。这虽与毛泽东的不同，但也许可以作为了解毛泽东词的具体背景的线索。他们首先找到年老的淳朴牧羊人和船夫，请求他们当向导。

> 一切准备停当，我们就踏着齐膝深的雪，冒着纷纷扬扬的雪花，向河岸走去。这正是阳历十二月底，天气已经很冷了，从黄河边上吹来的东北风，卷着大把的雪花直往人们的脸上和脖子里撒，冷得人直打寒颤，有时憋得人连气也喘不过来。但是，走出村子不久，就慢慢习惯了，而展现在眼前的一片雪景，却把我们这些长期生活在南方的人吸引住了：白雪把整个

西北高原盖得严严实实的，到处白茫茫一片，一眼望不到边，真是又雄伟又壮丽。

那两位向导大概对我们的行动感到有些奇怪，忍不住问我们："同志，这样的大雪天，你们到河上来干啥？"我连忙回答："俗语说'不到黄河心不死'嘛，我们这些南方人没见过黄河什么样子，听说黄河多么大，水怎么黄；现在来了不管怎样也得去看看。"这几句话是为了避免暴露我们的意图而事先编好的。说着，我望望军团长，他笑着点了点头。他一大步一大步慢吞吞地在深雪里走，有时抬起头来，四下里望望，还不时地伸出手接雪花。他是那么悠闲，看来倒真像是有浓厚的看河赏雪的兴致。

再往前走出不远，就听见"呼——呼""喳——喳"的声响。向导说："听见了没有？那就是黄河了。"

十点钟左右，我们来到河口附近辛关渡对岸的河边上。这时，雪已经停了，冰冻了的黄河，更有一幅奇特的景象：大块的冰块像一座座小小的银山，在水里缓缓地浮动；一阵急浪卷来，冰块就猛地一碰，激起很高的水花和四溅的冰末，发出震动人心的响声，惊起成群的长嘴巴的白鸟，贴着冰面掠过……[165]

渡河是在黑夜进行的，虽遭敌人在碉堡里的射击，但是成功了。在占领三交镇、留誉镇后，红军在关上村包围了阎锡山的独立第二旅部、第四团、炮兵团。拥有兵工厂并有充足炮弹的阎军炮火猛烈，但红军最终将其歼灭，并抓了很多俘虏。其后，兵分两路，北上部队逼近距山西省省府太原五六公里的晋祠，于是阎锡山调动十几个团的兵力。为了诱惑它，红军向西北返回，经岚县、兴县，渡过黄河回到陕西省内。在这一退却作战中歼灭步兵两个团和炮兵两个团。

在敌人被北上部队削弱力量期间，毛泽东率领南下部队大胆进入同蒲铁路东侧，向霍县、赵城、洪洞、临汾南下。红军组织工作队，所有的战士都成了宣传员。此外，还通过群众文艺宣传抗日，所以在汾河平原上青年们参加红军的热情很高，仅一个月就增加7 000人，大致相当于跟随毛泽东到达陕北的兵力。以前提倡“山西门罗主义”、一直排斥蒋介石插手的阎锡山也终于请求援兵了。4月中旬，蒋介石派遣十个师企图包围红军，但红军自临汾西进，经吉县过了黄河。在渡河处，二十万敌军从东、南、北三个方向步步逼近，但毛泽东一直坚持指挥到最后。当与掩护部队一起乘船离开时，敌人的一发炮弹从东岸飞来。毛泽东那坚毅、沉着、当机立断的气魄，给红军留下了深刻的印象。[166]

东征虽然没有达到原先的目的——开赴河北前线，但在75天里歼灭敌人一万余人，扩大了红军，所以收获很大。当时，有一对年轻的夫妇一起要求参加红军，还有一个十四五岁的刚从小学毕业的男孩也想参加红军，但父母不允许，他从路上拉着红军战士到自己家里，让这个战士做家里的工作。在人民中间，拥护红军、支持抗日民族统一战线的空气明显高涨，这使红军战士进一步感到毛泽东领导的正确。那个小学毕业生终于说服了父亲。父亲对儿子不放心，想见团长亲手交给他。夜里，父亲来到部队时，发现白天到家里来的那个战士就是团长。看惯了国民党军队，认为军官一定有架子的父亲非常吃惊，而且十分感动，他紧紧地握着团长的手说：“红军官兵一样，真是名不虚传。”[167]

在《沁园春·雪》里的英雄当中，不是自然而然应当包括这些无名的战士和人民群众吗？

当然，当时日本还没有能够充分地了解中国人民的这种意愿和以此为基础的中国共产党与红军活动的意义。不过，红军在“东征”中表现出来的实力似乎已被承认。从研究战局的角度考虑，下面引用一段日本人的记述：

> 1936年2月17日，盘踞在陕北的毛泽东、彭德怀、刘志丹、徐海东等联合部队约23 000人，渡过结有坚冰的黄河，侵入了山西省西南部，迅速（至3月20日）占领了霍县、赵城……（以下县名略），合计30个县，约占全省三分之一，逼近离太原5公里的晋祠。对外，防卫方面以山西军5万、蒋介石军5万，

> 合计10万的兵力，加上19架飞机进行讨伐。5月2日，共产党军队一起向陕西省撤退，被骚扰两个月的山西总算从赤祸的威胁中解放了出来。[168]

这之后，红军于5月“西征”进攻西北方的盐城，扩大了根据地。但当时，毛泽东似乎没有随军。

《沁园春·雪》是吟咏“东征”攻入山西时看到的实景，这是没有错的。但我认为，该题材并不限于此，还应该包括内蒙古广阔的北方即北国风光的全景。有一篇回忆录与这首词一样，用“银蛇”来比喻雪。

> 老乡们常说，大青山的气候一天十八变，真是一点都不假。刚才天空还是一片晴朗，一眨眼，狂风呼啸，层云密布，棉桃大的雪片，翻滚着，遮天盖地压下来。整个大青山，骤然变得混混沌沌，山连雪，雪连山，对面三尺就看不见人。姚司令员驱马走在队伍的最前面，积雪埋到马肚子，马儿就像陷进了泥塘。但是，它仍仰着头，竖着耳朵，在那白茫茫的积雪中踏出一条路来。走了一会，狂风更加暴烈，刮得森林旋转，山丘摇动，那气势真像要把天鼓破，把地荡平。这时候，口传命令根本听不到了。司令员只得经常拨转马头，紧勒缰绳，逼马长嘶，来联络部队。
>
> 风势越刮越猛，山呼海啸般卷着雪花旋转着，有时像平地升起的白雾，直钻天空；有时又如无数银蛇，在高空中翻滚。此刻，稍不小心，就有被吹下马的危险，战士们只得伏在鞍上，紧抱马颈，艰难地前进。[169]

这段文字是回忆1938年以后在内蒙古大青山度过四个冬天的经过，大概是从毛泽东的词中得到了启发。它确实很鲜明地描述了“北国”的“雪”的特点。因此，词中的广阔视野，理应包括超越万里长城的北方景物。

围绕这第20首词《沁园春·雪》的发表，还有一段插曲。

日本战败后，战后中国的建设成了问题。为了避免国共内战的悲剧，毛泽东从延安飞往重庆与蒋介石会谈。当时，旧交诗人柳亚子到下榻处拜访了毛泽东，并赠送自作的诗。为此，毛泽东把这首词写在柳亚子的笔记本上。后来，重庆的《新民晚报》副刊（文艺栏）[170]转载了这首词，因而出了名。接着，重庆《大公报》又将它与柳亚子的和词一起刊登了，影响进一步扩展开来。柳亚子在自作的前言上说："《沁园春》次韵和润之咏雪之作，不尽依原题意也。"他说，怎么也无法唱和毛泽东的词那广阔高深的境界。

《大公报》虽然同时刊登了柳亚子的和词，但好像略去了小序。强烈关心毛泽东行动的读者，似乎将这首词理解为是在飞往重庆的飞机上之作。但在一年后，郭沫若围绕着关于这首词的议论写了《摩登的唐·吉诃德的一种手法》（《萌芽》杂志1946第6期发表），其中指出："听说是旧作，但何时作成的不得而知。"于是，在其做诗的年代问题上，好像出现了一些误解。

不可思议的是，在郭沫若执笔写这篇文章时，虽然特意从柳亚子的笔记本上抄下了毛泽东的《咏雪》（当时的题目），但竟没有问这是何时所写。如果柳亚子和词时看过原稿，那也许应该在其小序中反映出来。今天，在《柳亚子诗词选》（人民文学出版社，1959年）的卷首有原稿影印件，印制得很清晰。

不过，似乎也有毛泽东亲自讲过这首词是在飞机上创作的说法，因为毛泽东曾对罗伯特·佩恩提过这首词。

"啊，那是一首好词。在飞机里写的，那是我第一次坐飞机时候的事。我为从空中俯瞰我的国家的壮美而赞叹。——而且还有其他事。"

"其他事是指什么？"

"有很多呀！你想想看，这首词是何时写的。那时社会很有希望。"停顿了一会儿，他又说："我的词很粗糙，你可别上当哟！"[171]

在毛泽东的这些话里，没有自我宣传，或许真是在飞机上回忆起的旧作，或许是继续对旧作进行推敲，总算得到了定稿。他不喜欢谈论自己的作品，在某种程度上撇开它，采取若即若离的态度。如果这是中国文人的一种传统的话，那么可以认为，佩恩记述的毛泽东的口气中也有这种东西。恐怕在他说“啊，那是一首好词”的时候，声音很低，语气似乎在欣赏竞争对手的作品。

这首词的后阕列举了中国传统上给予高度评价的帝王们。把他们与毛泽东讲的“你想想看，这首词是何时写的”这句话结合起来研究，会感到意味相当深长。这首词在历史转折时期唤起了沉睡在民众意识底层的中国著名帝王的形象，而又有新中国的影子。最后两行显现了超过前十句描绘的帝王形象、创造全新国家的人们，即真正的国家主人翁。这在今天，可以称之为“人民”，而在当时那样的情况下，也可理解成是在指称战后中国的新开端，决心站在人民一边的政治家。

11. 沁园春（第 20 首）

雪　1936 年 2 月

用生机勃勃的形象（舞蛇、驰象）描绘广阔无垠的高原的风景。那雄伟的展望，南过中原，北越长城，似乎把整个“中国”都收入内心深处的视野中。随着展望的扩展，作者追溯悠久的历史，举出历史上在中国建立大帝国的英雄，大胆做了尖锐的品评，最后断定，为民族解放而奋斗的现代革命者才是中国英雄中最优秀的英雄。用女性美丽的衣裳比喻太阳映照的雪景，与此相联系，还运用了赞美祖国的大胆技巧。集中在这首词中的丰富多彩的形象和与这种丰富多彩相一致的作者那强烈的个性，是他人望尘莫及的。

沁园春·雪

一九三六年二月

北国风光，千里冰封，万里雪飘。望长城内外，惟余莽莽；大河上下，顿失滔滔。山舞银蛇，原驰蜡象[172]，欲与天公试比高。须晴日，看红装素裹，分外妖娆。

江山如此多娇，引无数英雄竞折腰。惜秦皇汉武，略输文采；唐宗宋祖，稍逊风骚。一代天骄，成吉思汗，只识弯弓射大雕。俱往矣，数风流人物，还看今朝。

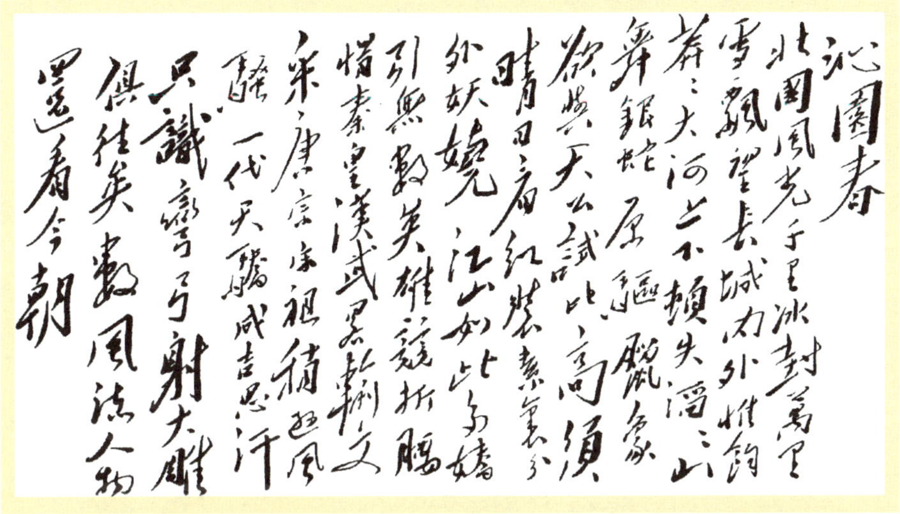

1936年1月底，毛泽东为准备东征离开瓦窑堡到黄河边察看地形。2月上旬，在清涧县袁家沟遇上一场大雪。他心潮澎湃，吟就一首气势豪迈的千古篇章《沁园春·雪》。

注

[沁园春][173]（解释同前）“飘”、“滔”、“高”、“娆”，“娇”、“腰”、“骚”、“雕”、“朝”字押韵。“望”、“看”，“惜”、“数”为一字豆。

[北国] 北方的国土，北方。指国王居住中心地王畿以北的国土。

[风光] 景色。“三春边地风光少，五月泸中瘴疠多。”（骆宾王《从军行路难》）

[惟] 与“唯”同，只。

[余] 剩下。

[莽莽] 空旷无际貌，同“茫茫”。杜甫的诗中有“莽莽天涯雨”（《对雨》）句。本来是讲草木繁茂貌。“滔滔孟夏兮，草木莽莽。”（《楚辞·九章·怀沙》）

[大河上下] 黄河的上游和下游。

[顿] 突然，急剧。在一周内，黄河河面全都结冰了。

[失滔滔] 因为结冰，滔滔流动的河水不动了。

[山舞银蛇] 山上降雪，宛如无数条银色的蛇在跳舞。

[原驰蜡象] 秦晋高原上的雪如同白色象群在走动。“蜡象”是毛泽东亲笔所写，改成“蜡象”被认为“是为了更易懂”[174]。所谓“蜡象”指真蜡的象，“真蜡”，在今柬埔寨境内。可以认为，这里说的不是普通的象，而是在印度作为圣象受人崇拜的白象。

［**天公**］天。也有天子的意思，这里把天拟人化了。

［**试**］（把结果置之度外）表达了那种“先做做看”的豁达襟怀。

［**须**］待，等到。

［**红装**］红色艳丽的女装。

［**素**］白绢衣裳。

［**裹**］用布包着，或包裹。

［**红装素裹**］描绘红太阳和白雪映照的景象。

［**妖娆**］妖艳妩媚。“妖”字有像妖精等那样加害于人的意思，有一种淫乱感的美丽。

［**娇**］姿态妖艳。

［**引**］吸引，拉到跟前。

［**折腰**］倾倒，躬着腰侍候。过去陶渊明说过，不可“为五斗米折腰”来恭敬乡里的小人。

［**秦皇**］秦朝始皇帝（公元前221—前210在位），战国“七雄”之一秦国之王，灭亡了其他六国后，作为“统一”的国家，成立了秦帝国。他统一度量衡，制定货币，并以咸阳为中心修筑道路。他派遣将军蒙恬打击匈奴并修筑长城，还向南方派兵，攻打今天越南的北方。他死后，以陈胜、吴广的起义为契机，秦国崩溃。现在中国史学界高度评价他的功绩。

［**汉武**］汉武帝（公元前140—前87在位）。以汉帝国充实的国力为背景，大力谋求对外发展，建立起当时世界上最大、人口最多的国家。其国家规模为现代中国打下了基础。他向中亚、日本、南洋打开了通道，促进贸易和文化交流的功绩很大。据说，有几首诗是汉武帝所作，其中最有名的是仿照屈原《离骚》风格的《秋风辞》。

［**略**］稍稍，略有。

［**输**］负，败。常说“输一筹”。这里只是就其文采而言，说文采不佳。

［**文采**］好的文章和著作。《史记》作者司马迁（陕西人，公元前145—前87?）在答任少卿的信中说，自己虽受宫刑，作为男子处于耻辱中，但他解释不想自杀的理由是“鄙陋没世而文采不表于后也”[175]。“文章”二字也写作“文采”，还有“英雄割据虽已矣，文采风流今尚存”（杜甫《丹青引》）的诗句。在这首词里与司马迁一样，是指文章的意思。即使如此，也感到像杜甫那样有一个生活中对待文化的态度问题。总而言之，始皇帝和汉武帝统一天下只限于军事上和政治上的功绩，他们都还缺欠的是在文采这一语言表达的领域里、文化政策上建树的功绩，以及后来的君主自身喜欢和创作的作品。事实上，秦始皇改革了文字的书体，汉武帝有《秋风辞》等作品，尽管如此还是要扣分的。

这里使人感受到这首词的趣味和作者的现代理想。

［唐宗］ 唐太宗（626—649 在位）。继承唐高祖健全唐王朝的统治机构，带来了所谓“贞观之治”的繁荣时代。唐高祖是太原的贵族官僚李渊，每当举兵时，他总去太原附近的晋祠祈祷。后来，他途经晋祠落脚，用得意的行书写铭文令人树碑，其书法卓越。在毛泽东指挥“东征”时，红军曾进入晋祠。唐高祖将其位传给太宗时说：“朕以武功定天下，今后应积文德。”并决定兴盛学问和文化，令校订、注释经典，编纂《晋书》、《梁书》、《陈书》、《周书》、《隋书》等历史著作。

［宋祖］ 宋太祖（960—976 在位）。后周的实力人物赵匡胤，以军队力量为背景取得帝位，其后便进行将权力全部集中于天子的改革。他以“抑武兴文”的方针，出版了《大藏经》，翻译佛典等，以兴起佛教。在太祖以后的 50 年间，耕地扩大两倍，农家户数扩大近三倍，生产得到了发展。

［稍］ 略微，少许。用“略”或用“稍”字只是措词问题。同对待秦始皇和汉武帝一样，作者不想抹杀这些历史上英杰的功绩，而是以从容不迫的态度给予评价，又提出期待。这里反映了作者的博大胸怀。

［逊］ 比较差或不足。

［风骚］ 文学作品的美称。所谓“风”，是指《诗经》中的十五国风（民谣），“骚”则是指《楚辞》中的《离骚》。与“文采”一样，这也是指文化方面的政策和君主个人在文学上的才能与爱好。

［一代］ 一个时代里最著名的。

［天骄］ 受到上帝的宠爱，随意显示威风。如“南有大汉，北有强胡。胡者，天之骄子也”（《汉书·匈奴传》）。这是汉代记载匈奴人说的一句话，后来把对抗汉族的异民族叫“天骄”。

［成吉思汗］ 蒙古帝国的始祖，生年为 1162 年，1227 年夏在甘肃省六盘山死去。

［弯］ 拉（弓）。

［雕］ 大鹫，大雕，猛禽，飞得快。所以，想射雕者一定为使用弓箭的名人。《史记》中有李广认为匈奴一男子“必射雕者也”的故事。（《史记·李将军列传》）在《北齐书》中也记载有如下故事：斛律光“见一大鸟，云表飞飏，光引弓射之，正中其颈。此鸟形如车轮，旋转而下，至地，乃大雕也”。于是，其被赞叹为“射雕手”。“大雕”是栖息在东北大兴安岭里的鸟类的通称，有人见过它将猪抓起飞向空中，非常之大。它发现猎物后两翼发出很大的声响降落下来，然后用嘴戳破猎物的头，将猎物打倒在地，最后带回巢中，绝不在中途休息。据说，其粪便可用做消化药，有经验的猎手在绝壁的顶端将其采集回来。[176] 这是

否就是词中所说的“大雕”另当别论，从杂志上的照片看，很像鹫。

［**往**］过去。

［**数**］数点，计算。

［**风流人物**］对一个时代有重大影响的人物。“风流”的本意是像风的流动一样给人以影响，有“流风余韵”之说。如王献之“高迈不羁……风流为一时之冠”（《晋书·王献之传》）。也指那些不拘礼法、与众不同而独成一派的人物，人们受其影响。“士女沾教化，黔首仰风流。”（《后汉书·王畅传》）

诗词大意

北国的风光究竟有多么壮美！看那冰封千里，雪花在万里空间飞舞。

凝眸眺望，长城内外，一片皆白。黄河的上下游已经结了冰，滔滔的流水不见了，令人遗憾。暴风雪中，山有如银蛇飞舞，高原如同白色圣象奔跑。北方的大自然不仅景色喜人，而且充满试图与天上的太阳比试高低的蓬勃朝气。

若在晴天，太阳的红光在雪上燃烧着，红与白映照得宛如美人的衣裳一样妖艳。

啊，祖国的山河是这样迷人！为这魅力所吸引，历史上无数的英雄都为其建功立业，对其表示敬意。

然而，那些英雄们——秦始皇和汉武帝在文化方面不是没有功绩，可在文章力度上却稍有不足；唐太宗和宋太祖虽是文化君主，在文学上为后人所景慕的魅力却略显差些。

作为天之骄子、风靡一世的成吉思汗又怎么样呢？——他只在弯弓射雕上是把好手。

这些都是过去的人物了。若期望思想与感情丰富、具有创造新社会气概的杰出人物，那绝非是在以往，而应该出现在当代革命人民大众当中。

第七章

在延安

1. 红军会师在延安

历尽了千辛万苦的长征，毛泽东和红军战士们并没有马上在延安安顿下来。直罗镇战斗之后，党中央把瓦窑堡作为据点，那是在1935年冬。不久，中央党校成立了，毛泽东在那里讲授《论反对日本帝国主义的策略》。12月9日，在北京举行了包括从大学生到小学生、范围广泛的反对日本帝国主义侵略中国的示威游行。在瓦窑堡，这一天整个上午，党校学生也举行了示威游行。下午恢复正常，听毛泽东讲课。[177]虽然斯诺说，北京的“一二·九”运动与共产党没关系，但是从这次瓦窑堡的示威游行看，似乎不能那样断言。1936年7月，党中央转移到了保安。那里尽管是大城墙围起的镇子，但由于回族与汉族之间长时间持续的战乱，加上国民党军队多次烧毁，其建筑物被破坏殆尽，人口不足400人。城外一些不知何时挖的窑洞，成了工农红军大学第一科的宿舍兼教室，毛泽东就是在那里讲授《中国革命战争的战略问题》。[178]也是在那里，毛泽东向千里迢迢来访的埃德加·斯诺讲述中国共产党的政策和个人的经历，后来则转移到了延安。那里在红军进驻前由张学良率领的东北军占领着。[179]东北军由于故乡被日军占领，又受蒋介石的命令站在讨伐红军的前线，十分不满。他们与中国共产党的“枪口对外”口号产生了共鸣，终于接受停战。1936年12月，红军和平进入延安城。这以后约十年，至1947年3月红军遭到国民党军队的进攻而撤退，延安一直是党中央和毛泽东的所在地。这段时间比井冈山和瑞金时期长得多，但虚岁45到55岁正处年富力强时期的毛泽东却没有诗词作品，令人感到奇怪。因为连像井冈山和瑞金时期那样戎马倥偬以及在长征途中都有词作，而在环境稍好的延安倒没有词作，很让人不解。或许他把精力都用在党的组织和思想方面的工作上了，如果创作了诗词却没有发表的话，那原因又是什么呢？是作者对自己的作品不满意，还是题材属于个人的太多，暂不宜发表呢？1960 年 5 月 14 日，他在武汉接见日本、古巴、巴西和阿根廷代表团时曾说："长期以来，我写诗不多，是个寡作的诗人。现在不大写了。在社会主义建设的十年间，不大写诗了。每天忙碌，把诗给丢了。"[180]而从传抄的情况来看，据说有十二三首。以前也有经整理后再发表的例子，也许应该稍等一段时间吧。

作为诗集，其中断了约十三年，但从毛泽东的总体经历上看，那依然是不可缺少的时期，所以，还是多少涉及一下历史背景为好。

在从瓦窑堡到保安再到延安期间，红军实现了与第二、第四方面军的会合。张国焘带着朱德率领第一方面军的一部和第四方面军回到了草地，临时把西康省的天全、芦山附近作为根据地，决定自己成立"党中央"。张国焘要朱德在反对毛泽东等的党中央的宣言上签名，遭到了拒绝。由于国民党军队马上来追击，部队从天全地区向西撤退到了甘孜的大金寺一带。尽管张国焘的计划已经失败了，但他还想向青海省的西宁转移。他所谓的"打通国际通道"的企图，就是在这里想象出来的，"国际"当然是指苏联。而在这时，第二方面军已到达了甘孜。

1934 年 8 月，在长征开始前，就有部队放弃了井冈山附近横跨江西、湖南的根据地转移走了，那是任弼时率领的第六军团。到 10 月，他们在贵州东部与贺龙和关向应等第二军团合并，成为第二方面军，以四川东部为中心，继续开辟包括湖南、湖北、贵州在内的根据地。党中央从瑞金出发时，指望的曾是这个第二方面军。可后来，第二方面军放弃了根据地，突破包围，沿着毛泽东等红军主力的长征路线与曲折前进的道路进入贵州。之后，他们绕道行军，于 1936 年 6 月到达甘孜。朱德在任弼时、贺龙、关向应等的支持下，主张北上与毛泽东等党中央会合。当听到第二方面军来到时，张国焘销毁盗用"党中央"名义的文件证据的做法使士兵们感到很奇怪，以前跟随他的部队也违背张国焘的意志开始北上了。尽管如此，张国焘并没有放弃最初的意图。到达甘肃之后，他命令先头部队两万人编成西路军，让陈昌浩担任指挥，向青海省出击（自己继续北上）。这支西路军遭到回民骑兵的阻击，补给和休整的根据地都失掉了，在受到两次重大损失之后，在祁连山解散，一部分回到了延安，而主力好不容易走到了新疆乌鲁木齐，从祁连山出发时的1 000人减少到400人。

没有编入西路军的第四方面军余部与第二方面军继续北上。前一年先期到达的第一方面军在占领甘肃会宁后在那里迎接他们，那是1936年10月的事。这样，从各根据地出发的红军几乎全都会合了，长征历时两年真正结束了。不过，这时红军总数还不到3万人，与第五次反"围剿"前的30万人相比可以说损失太大。可能毛泽东认为，弥补这种损失是自己的任务，他没有去会宁迎接。这是因为，占领会宁的部队是"西征"部队，而他没有加入这次"西征"。到达会宁的朱德立即给来到界石铺的"西征"军打电话，询问毛泽东和其他同志安在否。操四川口音的朱德和接电话的人都为再次会见和会师而欢喜。10月10日，党中央发来贺电。这宣告了红军即将进入一个新阶段，那就是"创造全国国防政府、抗日联军与民主共和国"以及"抗日民族革命战争的阶段"[181]。

2. 提高素质的运动

毛泽东和党中央所说的"抗日民族革命战争的新阶段"是与延安联系在一起的。当时，对于在延安的人们来说，是处在以整风运动和大生产运动为特点的生活时期的。

整风运动是从1942年2月1日毛泽东在延安中央党校开学时演讲《整顿党的作风》开始的。党校用了三年时间开展整风运动，规模很大。这是研究当今中国共产党素质时不可忽略的历史事件。这次在延安采取的实验定型化方法，其后又反复进行，成为共产党员、国家工作人员和地方干部的自我教育方法。

积极制订计划并推动这一整风运动的无疑是毛泽东。促使他这样做的动力之一，肯定是第五次反“围剿”前后在中央苏区的痛苦经历。长征结束后，在研究这一损失严重的教训时，痛感到失败源于党的素质不高的恐怕不止毛泽东一人。遵义会议是克服这种缺欠的第一步，但研究这次会议后，人们会发现，遵义会议上坐在被告席上的是王明。而他那时在莫斯科，并不在中国。正是他作为中共代表出席在莫斯科召开的共产国际第七次大会，而且起到联结国际反法西斯统一战线理论与中国抗日民族统一战线理论的联系人作用时，毛泽东在遵义会议上确立了自己的领导地位。在某种意义上说，这只是会议上的决定，至于其在多大程度上可以算做全党的东西，不得不抱怀疑的态度。遵义会议之后，张国焘的行动已经表明了这种态势。同样让人料想到的是从共产国际会议上回来的王明，有再次以“国际会议”的权威为背景在某种程度上重新得势的机会。恐怕毛泽东考虑到这种倾向与党的素质有关，若不提高素质，仅凭借那种争论和多数表决的办法，自己将再次遭到灭顶之灾。他或许会想起，青年时代在长沙从以杨昌济先生为中心的群体向新民学会过渡进而向共产党湖南省支部过渡时的情况，大概也会回想起在其后井冈山和瑞金的战斗中，在长征的艰难困苦中，自己强烈感受到的人格形成的重要性。或许在长征途中，随着目的地的临近，红军产生了一种进一步对党员进行彻底再教育和与之相伴的改造党的素质的要求。也可以说，这次整风是企图在个人人格的形成过程中，采取一种集体进行人格标准规范化的方法。觉醒了的人们，实际上必须进行自我改造。不允许帝国主义侵略，这当然是毫无疑问的。然而，也不能不看到，中国落后的现状同样是屡遭侵略的因素之一。中国共产党人不仅要进行从旧政权中夺得权力的“革命”，而且必须推进社会的改革——现代化。推翻旧政权，事情并没有完结。群众自己必须成为民主的行使者。这样，为了启蒙和教育群众，首先自己必须成为一种新人。

中国民众对孔孟等古代圣贤抱有根深蒂固的信仰。为了对他们进行启蒙，如果不采取民众喜闻乐见的形式，他们很难接受。既然共产党人的目标并非培养孔孟之徒，而民众的价值基准又带有浓厚的传统色彩，要是不采取整风这种形式，那么，作为意识形态的孔孟之道和古代的封建思想、道德体系即使被推翻了，在日常人际关系中也无非是单纯、朴素的积“德”行为。既然共产党员的最终目标不是成为“圣人”，“革命”才是目标，那么在对“革命”学说马克思主义的理解和运用的方法中，必须考虑民众的接受程度。而且，在通讯、交通不发达和国民党制造白色恐怖的情况下，即使与党中央的联系中断，每人也应该发挥党员的作用。

从毛泽东的个人理想和环境的要求这两个方面来认真考虑，大概整风运动便是这样被设想出来的。而且，在这种设想实施之际，已得到的启示无疑包括遵义会议上党内斗争的成功。通过争论，明辨是非，并不抹杀被批判者，而是尊重其人格……在肯定这两个原则的同时，延安召开了“反对张国焘路线大会”，这是毛泽东继续开展的党内斗争。后来的整风运动以此作为具体模式，其成功被看做毛泽东和党中央下决心开展整风运动的重要线索。

关于“反对张国焘路线大会”，后来回忆这段历史的文章只有一篇，而且这篇文章没有记述具体时间。如果推断它发生在“西安事变”以后，讲授《实践论》（1937 年 7 月）和《矛盾论》（同年 8 月）[182]之前，那么，这次大会可能是在 1937 年春季召开的。如果它就是毛泽东的文章中所说的“延安会议”即中央政治局扩大会议，那则是在 4 月。从时间上看，这是吻合的。

文章的作者属于西路军（张国焘命令这支部队盲目进入甘肃西部），在永昌负了伤，没有跟上部队，曾独自在山坳里养伤。他靠讨饭生活，半年后回到了东边。在石家周口这个地方，他见到了救援的同志。他们给他理发、洗澡、换衣服，把他送到镇原的“西路军招待处”。在那里，他见到了原来团里的同志。“说到西路军失败，两个人只是感慨。他沉思了一会儿，吞吞吐吐地说：‘听说，咱们西路军失败，全是张国焘的罪过，现在正在批判他的错误。唉！恐怕我们……’”[183]

看到对方的表情，文章的作者明白对方想要说什么。这几个月来自己单独行动，也令人担心。可另一方面，在党中央做出支援西路军的决定后，迎接从西路军回来的士兵似乎又不是坏苗头。第二天，党的干部来看他，问了情况，给予了鼓励。第三天，他接到通知参加党支部大会，宣布恢复党籍。

“听到这个决定，我流出了眼泪，真如同孤儿回到了母亲的怀抱！”文章的作者这样记述接到通知时的感想。恐怕那是在党支部会议上听到张国焘的方针错误以后所发的议论吧。不过，也不能简单地认为，他吃的苦实际上是在错误方针指引下干的完全无意义的事。“由于自己的思想水平不高，对张国焘的错误认识不足，因此，对于反对张国焘的路线这场严肃的斗争，我竟抱着怀疑的态度，特别是当组织上发下文件时，我不仅不好好看，仔细深思，反而把四方面军干部和中央红军干部对立起来。”就是说，他大概把这看成是毛泽东一派对张国焘一派的权力斗争了。

> 领导上谈话，听不进去，总是这么想：党中央对西路军回来的干部怎样处理呢？我们真的吃不开了吗？

不久，几个曾在第四方面军的同志来谈话，具体地讲述了张国焘的错误方针带来了怎样的损失。文章的作者无法反驳，却只是歇斯底里地叫喊：“我只管自己干革命，不管什么路线不路线！”

有一个人说：“这就不对了。”“一个共产党员，只知做工作，不关心党的路线，那还行啊！咱们红四方面军，在鄂豫皖，在川陕苏区，曾经发展很大，打过许多胜仗，同志们流血牺牲，结果怎么样呢？”他不知如何回答，当他说“算了吧，赶快到前方去吧”的时候，别人跟他讲：“同志啊，你们很累了，还是学习一个时期再工作吧！”他便被送到了延安。

到了那里一看才明白了，为了解决党内的对立，一对一或几个人对一个人的“谈话”，即说服方式，在这个时候似乎已经固定了下来。承认并尊重对方的人格是前提条件。今天，在中国共产党和一般中国人的生活当中，好像还是采用这种方式。不过，由于这种场合一开始就明确了进行教育的方面和被教育的方面，所以不能说是相互站在平等的立场上进行“争论”。或者也可以说，这是党中央在党内树立真正权威的方法。毛泽东是正确的，张国焘是错误的。教育者找人“谈话”的目的，就是让人们认识和弄清楚这种错误。而且，教育者握有“权力”。这里可能有人觉得，“思想统一”会令“现代人”厌恶。然而，即使局外人难免有怀疑，中国共产党在历史上产生的这种自我刷新、自我健全的方法，也是可以理解的。中国共产党能够使中国革命取得胜利，并不仅仅依靠路线和策略的正确。

文章的作者到达延安后，同第二方面军的一位团参谋住在一个房间。据说，从他那里听到的情况对作者从大局上把握问题很有参考作用。有关负责人每天都来跟作者等人“谈话”，来传达他们不在时召开的瓦窑堡会议精神，讲述党中央处理“西安事变”（张学良监禁了蒋介石，由于周恩来的努力，以结成抗日民族统一战线为条件释放了蒋介石）的方针。十天后，他进入抗大学习。不久以后，召开了“反对张国焘路线大会”，中央红军团以上干部和第四方面军连以上干部都参加了。在大会上，张国焘的分裂活动被搞清楚了，第一次了解真相的人都十分震惊，这是不言而喻的。特别是第四方面军的干部非常愤怒，甚至有人要求枪毙张国焘。对此，毛泽东说：

> 对我们党内犯错误的同志，不应该惩办了事，斗争是为了团结，经过斗争，要达到团结的目的。一个同志落到井里，我们不能向下抛砖头，应该把他救上来。张国焘虽然对党犯下了这样重大的错误，党仍然耐心地等待他……

文章作者从来没有像这天晚上那样激动，于是与朋友交谈起来。他认为，毛泽东是最爱护干部和爱护党内团结的人，总是以理服人。这是笔者这一天的感想：“前些时候，只是人进了抗大，心还未进，现在迫切地想读书、想学习了。”

按照毛泽东所说的，解除了张国焘的红军总政治委员的职务，但依然给他保留着以陕西省为中心的边区（与国民党结成统一战线后对解放区的称呼）政府副主席的职务。可他在1938年离开延安，投靠了国民党。

1942年的整风运动，在具体的做法上，从准备阶段直到大会召开可以说完全以“反对张国焘路线大会”的模式进行。如指定学习文件、注重说服教育这些做法便是如此。要学习的文件增加到22份，说服教育（即“谈话”）的形式从三五人到支部集体开会变得多样化了。还有用墙报发表意见和召开民主大会的，在部队和机关里，也有让人把话都讲出来（当然有对上级的批评）的集会，比原来的办法更加丰富多彩……这时，相当于张国焘的人物变成了王明。从莫斯科回来的王明，当时在党内还有相当程度的影响力，特别是由王明负责的长江流域的新四军（1937年10月12日，由南方各省的红军和游击队集中成立，正式名称是国民革命军新编第四军），贯彻的是王明的统一战线理论，即过于重视与蒋介石国民党政府合作，根本不开展红军和共产党的独立活动。在国民党政府公布“兵役法”后，新四军担心发生冲突而不敢吸收新兵，不让地主出钱，不敢组织游击队等。实行这些做法的是共产党东南局书记项英。新四军最后终于在1941年遭到国民党的包围攻击，九千余人遭到毁灭性的打击。这其中自然有项英本身的责任问题，但显而易见的是，王明倡导的“统一战线高于一切，一切服从统一战线，一切经过统一战线，一切尊重统一战线”这一“统一战线理论”在起作用。[184]

后来，那里的根据地在刘少奇和陈毅等人的领导下开始重建。如果说王明重返中国有莫斯科撑腰的话，那么在1942年的整风运动中，必然会有批判莫斯科即共产国际—斯大林方面的内容。然而，随着1963年9月中苏论战的激化，除了在《关于斯大林问题》中涉及这件事以外，当时公开发表的文件没有提及这方面的问题。正如斯诺认为的那样，这也许首先是因为，他们基本上服从了莫斯科，即共产国际，也就是斯大林。

> 一直到1936年9月我还在红军的时候，共产国际第七次代表大会会议情况的详尽报道才最后传到中国的红色首都，那是在整整一年以前举行的。就是这些报道，第一次给中国共产党人带来了对国际反法西斯统一战线策略的充分展开的论述……这种策略对他们的政策将起指导作用。[185]

基本上确实是如此。一般人认为，即使尊重共产国际在国际共产主义运动中的正统性，也应该看到直接引用其方针势必出现一些弊端。因此，有人采取慎重的态度，也有人拒绝他们。尽管有缺少可以与国外进行争论的通讯设备和时间的原因，但毛泽东在遵义会议时期的基本想法，显然是避免同共产国际进行争论。认为国外的权威能够支配自己，这说明中国共产党本身的素质还有欠缺，如果党的素质提高了，就不会出现种种弊端。这是毛泽东 1937 年 7 月、8 月在抗大讲授《实践论》和《矛盾论》时已经反映出来的看法。而且，整风运动的结果，则是召开了可以说肯定了以前“反对张国焘路线大会”的中国共产党第七次全国代表大会。在充分准备的基础上，这次大会于 1945 年 4 月 23 日至 6 月 11 日在延安召开，用了 50 天时间。当时，全国中共党员已达 121 万余人，同长征最后结束时的红军数量相比，确实可以说有了惊人的发展。正因为如此，也更需要重视党员的教育，应该下力气进行整风运动。大会所以用了 50 天，是因为当时延安没有电灯，煤油灯也不足，只能在白天开会。不仅如此，大会不也正是教育党员的一种难得机会吗？

这次大会具有历史性意义。大会通过了毛泽东作的政治报告《论联合政府》、朱德作的《论解放区战场》，听取了刘少奇作的《关于修改党章的报告》，通过了新党章，选出了以毛泽东为首的新中央委员会。这次大会距上次 1928 年的第六次代表大会已有 17 年，而第六次代表大会还是在莫斯科召开的。仅仅考虑到这些，恐怕也有更多的人认识到了革命形势的发展。大会结束后两个月，日本即无条件投降，八年抗战结束，迎来了“战后”时代。这时，全国的解放区已有 19 个，人口达 1 亿，正规军 100 万，民兵 220 万。

这里需要补充的一点是，他们不仅进行了整风运动，还开展了大生产运动，实现了粮食、衣服、日用品和武器部分或几乎全部自给自足。特别著名的是三五九旅开垦距延安东南约 50 公里的南泥湾盆地的增产情况。当时的旅长是王震（湖南人，曾任国务院农垦部部长，1908 年生）。

不用说，当初红军北上的目的是同日军抗战。正如毛泽东在《论持久战》中预见的那样，中日战争是按照战略防御阶段、战略

1938年，毛泽东在延安窑洞撰写《论持久战》。这篇著作是指导全国抗战的纲领性文献。

对峙阶段、战略反攻阶段的过程发展的。而在第二阶段，在华日军的主力与投降了的国民党军队配合，专门进攻毛泽东领导的解放区，1943年，日军的64%、投降日军的国民党军队的95%对解放区发动进攻。而且在1938年10月武汉陷落之后，在国民党统治区已没有大的战斗。朱德在《论解放区战场》中指出："解放区的战争，是伟大的真正全面的人民战争。"实际上，中国的中心已不在当时国民党政府迁都的重庆，而是在延安。

整风运动无疑提高了中国共产党的素质，而且不可否认，它也为新中国的社会道德和社会风气奠定了骨架。这是高层次意识形态（马克思主义）与低层次的日常道德、人际关系的做法的结合，采取的是个人、机关和军队内部相互批评的方法。因为是在朋友、同事、上下级之间开展"谈话"，所以可以相当彻底地发现每个人及其机关等存在的缺点。当面开展相互批评十分困难，但通过相互批评确实取得了新的进步。没有这种现代的人际关系，就培养不出民主。直接民主正是通过这种运动的过程渗透与确立起来的，这在中国现代主体（民众）的成熟方面具有重大意义。意识形态和日常生活相结合，谋求陶冶人格，若从中国传统道德观与教育观方面看，这并非不可思议。而且，在取得中国一般民众的支持方面，这种做法也是有效果的。

对于战败后第一次到中国东北与内地参观并接触那里的人们的日本人来说，确实感受到他们塑造了一种感人的新人格。中国革命之所以吸引着日本人，原因之一便是作为这次整风运动发起基础的人生观念以及在运动中成长起来的人群的气质，它们唤起了日本人的共鸣。

不过，暂且不谈像红军那样生活和目的单一的集团，在文学家和艺术家那种要求尊重个性独立的领域里，问题则表现出复杂的情

毛泽东等人和参加延安文艺座谈会的人员合影。

况。作为整风运动的一环，文学家和艺术家们也曾被召集在一起，毛泽东在会上发表的演讲（《在延安文艺座谈会上的讲话》）已成为后来中国文化运动、文艺政策和作家创作的基本方针。然而，在参加过这次延安集会并举手赞成毛泽东的结论的人中间，后来却出现了被中国共产党打上“反党分子”烙印的作家。在他们中间，也许有作家个人的原因，但这也表明，整风运动并不是那么整齐划一的。把政治和伦理相结合，是这次运动值得夸耀的一点，可如果这方面被机械地处理的话，有可能出现混淆是非的情况。一旦在政治上与党对立，成为“反党分子”，那么整个人生价值便受到侮辱，这种倾向在对反革命斗争记忆犹新的今天，即使并不奇怪，也很容易出现因害怕那种沉默的制裁而使人抱定不提政治上的异见的处世哲学。难道不是如此么？关于文学和艺术理论的提出是同样的道理。

一般说来，这次运动是把完成个人修养作为目的的。但既然是运动，难免有那种划一的做法，即确定时间、阶段，给做鉴定。在“运动”中，为了做结论，恐怕也有用简单的形式处理个人内心世界的问题的做法，也许还有用简单的贴标签的办法帮助克服缺点的。实际上，这很有可能忽略包括重大问题在内的复杂而难下定论的问题。

当然，另一方面，在当时没有户籍、没有通讯设备、在某种意义上甚至连说明身份的真正证据与办法都没有的情况下，为了形成新的社会群体，这次整风运动大概是能想象出来的最好办法了。相互批评有时会使人际关系冷淡，但他们本来是为着民族解放与完成中国革命而集中到延安来的。而且，中国还有把服从正确视为善的伦理观念，这是很强烈的精神传统。具有崇高理想和悠久伦理传统的人们，如果站在平等的立场上以同样的武器进行相互批评的话，其结果可以想象，将出现更进一步的信任。问题是这种人际关系与作为政党的机能如何结合？如果政党的大会常常作为“整风运动”的延伸而召开的话，那么大会很可能流于一种形式。而且，政党在政治上的机敏反应，很可能在个人修养这种伦理问题上无法展现。

3. 对原子弹的评价

在延安时代，还形成了另一种理论观念，即中共中央怎么也想不到后来其竟成了同苏联领导论战的问题，这是指对核武器的评价。据说，在美国向广岛投原子弹时，延安的《解放日报》曾发表社论，谴责美国对日本人民的残暴行为。但后来，中共中央又进一步就原子弹和广岛的受害情况进行深入研究，结果在 1947 年 2 月，以陆定一（江苏人，曾任副总理，党中央宣传部长，1906 年生）的名义发表了一份“声明”。“声明”的原稿经过七次修改，文体很像是毛泽东的。我们虽然没有看到这份“声明”，但其主要内容可以通过“声明”发表后不久访问延安的马克·盖因报道的毛泽东和刘少奇的谈话了解到。在知道了广岛的受害情况后去中国的马克·盖因，在到达延安后的第二天会见了刘少奇。根据他的要求，刘少奇谈了广岛问题。

翌日，虽然没有见到毛泽东，但刘少奇、周恩来、朱德、陆定一等共 25 个人，还有两三名妇女也来了。他们向他提出了关于日本的生活状况、战争引起的受害情况、工会的活动、日共的力量等问题之后，有人问起广岛的事。盖因讲了广岛的实情之后，“大家沉默了许久”。于是，刘少奇这样讲道：“原子弹吓不倒我们。战争期间，日军曾出动 500 架飞机，有时出动 1 000 架飞机轰炸中国的城市。这样轰炸以后，所有的东西都给炸毁了，留下几千具尸体。可是，日本并没有打赢战争。中国的这些城市与广岛有一个不同点，那就是中国落了许多炸弹，而日本只落了一枚。可以说这是个重要的不同吧。重要的一点是炸弹是否打垮了人民的精神，我们的经验证明，任何东西也不能打垮中国人民的精神。”（着重号为引用者所加）

其他的干部都赞同这种看法。陆定一举出斯大林格勒的例子，他得出的结论是："美国人以为广岛的原子弹可以把世界吓住，然而被它吓倒的只是一些胆小鬼。"两天后，他受到毛泽东的接见，在窑洞里从夜晚一直谈到天明。话题是中国革命与苏联革命、中国的命运、美国资本主义的未来、西方自由主义者的胆怯等等，涉及全世界的问题。其中也提到了原子弹，毛泽东是这样讲的：

听说您同中央委员会的同志们谈了。据说，您在广岛看了之后印象很深。不过那确实是美国在广岛的企图。

就是说，那是吓唬人的办法。我们不害怕，用原子弹征服中国太原始了。美国人可以向中国的一万个村庄投一万枚原子弹，但是中国还有足够的村庄。人民要继续战斗，直到取得胜利。[186]

在这次谈话中，毛说"用原子弹征服中国太原始了"。因此，原子弹这种现代文明的新式武器竟成了无用的东西，这种思想与甘地的"纺车"[187]有共同之处，这是亚洲反对现代文明侵略时的抵抗思想的一种类型。它虽然是解放区这个生活圈内的思想，但不久全中国解放了，中国革命的胜利影响到亚非等殖民地。抛开当初讲原子弹是"原始的"这句话的时间、场所的限制，这种后来被定型化的思想的轮廓变宽，扩大成为一种主张。据说，在与马克·盖因谈话16年之后，毛泽东在1957年的莫斯科会议上做过如下发言：

未来的战争会导致多少人死亡？也许会死掉全世界27亿的三分之一，也就是只有9亿人……我问过尼赫鲁对这个问题的看法。在这个问题上，他情绪要比我悲观得多。我对他说，假如人类的一半被毁灭，那么还剩下一半！但是帝国主义将会被全部毁灭，并且整个世界将只有社会主义存在着，而在半个世纪或一个世纪里人口又将得到增长，甚至增长多半。[188]

这里所反映出来的核战争观以后还要涉及。总之，我想应该指出，毛泽东（即中国共产党）的思想本来是以一定条件为基础而形成的，而毛泽东的无限反复与循环的革命观中的永恒性特点，就存在于这种基本观念之中。

★第八章

建设新中国

1. 内战时期

1945年8月10日晚，一个没有月亮的夏夜，延安人吃过晚饭后，都在议论两天前苏联对日宣战的布告。15日，从新华社所在地清凉山上，传来了日本无条件投降的消息。这一消息从这座山传到那座山，从这个窑洞传到那个窑洞，像风一样地传播开来。每座山上都燃起了篝火。兴奋的年轻人把装衣服的木箱、旧皮箱和破草鞋等都扔到火里去了，嘴里叫喊着："胜利了！跟你们再见了！"[189]然而，充满艰辛的斗争并未结束。

人民解放军总司令朱德在那一天向全体解放军发布解除日军和伪军（投降日军并与其合作向八路军进攻的中国军队）武装的命令。对此，蒋介石命令朱德："一步也不准前进！"又命令伪军"切实负责维持地方治安"，即反抗人民解放军解除他们的武装。进而，他还命令自己的嫡系部队发动进攻，所以，在解放区各处都发生了国民党军队向人民解放军进攻的事件。8月23日，国民党政府陆军总司令何应钦甚至向侵华日军司令冈村宁次下达命令："恢复被中国人民解放军夺去的土地。"蒋介石国民党政府企图挑起内战。[190]然而，为了赢得把军队送上前线的时间，国民党方面又在8月14日、20日、23日三次向延安发出电报，邀请毛泽东去重庆进行和平谈判。毛泽东认为："人民需要和平，必须寻求一切机会实现和平。去重庆即便谈不成也可以用事实证明谁在真正为和平而努力。"这样，他便搭乘前来迎接的飞机离开延安。在即将出发之际，历史学家范文澜的夫人赶到机场对吴玉章说："我们请求不要去了。"从这里可以明白，延安的人们对接受擅长恐怖手段的蒋介石之邀有一种怎样的危险感觉。从吴玉章那里得知了范夫人的话的毛泽东微笑着说："感谢大家的好意，我注意就是了。"[191]8月28日中午自延安起飞的飞机下午抵达重庆，周恩来、王若飞（贵州人，同蔡和森等一起赴法留学，死于1946年）同行。这是世界性的大新闻，不仅重庆市民，而且国民党统治区的人们，都由于盼望和平而兴高采烈。天下的人心已不在蒋介石那里，而在毛泽东这边了。毛泽东在重庆机场走下飞机时，欢迎人群那令人感动的场面便表明了这一点。群众得知，9月2日毛泽东将出席中苏文化协会为庆祝《中苏友好同盟条约》缔结而举行的鸡尾酒会。于是，入口处人山人海，人们筑成了"人墙"在那里等候毛泽东，表明他很得民心。那一天，陈诚、陈立夫、吴铁成等国民党要员出席了酒会，可人们的注意力都集中在毛泽东身上。他到后一上二楼，楼下的人几乎都跟了上去。人们蜂拥而上，同毛泽东握手，欢呼，并同他干杯。周恩来走过来代替毛泽东干杯。毛泽东和周恩来走向各个房间。他们来到一个小房间，那里坐着冯玉祥、谭平山（广东人，早期中共领导人）等中国革命的前辈。毛泽东在那里坐下，同他们聊天。他们回忆起昔日的友情，谈论20年来的变化，都为中苏条约的缔结而高兴，彼此亲切地交流着期待新中国诞生的心情。特别是冯玉祥，他紧紧握住毛泽东的手，在谈话时眼圈红了，眼泪流了出来。

在毛泽东要回去的时候，站在路上的人们发出"毛泽东万岁"、"欢迎毛先生"的呼喊声。毛泽东离开重庆时，在机场同担任警卫的国民党宪兵握手，说了感谢的话，许多士兵流下了眼泪。后来，共产党在重庆办事处设宴招待了这个宪兵排，以表示慰问。在这之前赠送礼物时，领导这个排的军官这样说："我们跟随蒋主席八年，连一次面也没见到。可是毛先生同我的每一个部下握手。将来的天下是毛先生的。"[192]

蒋介石估计毛泽东不会来重庆，他企图以此为口实，把内战的责任推到共产党身上。因此，他会谈消极，共用了约40天时间。由于共产党做出了重大让步，终于达成了协议，10月10日签订了《双十协定》。11日，毛泽东返回延安。可在13日，蒋介石就向国民党军队发布了开始内战的秘密命令。从日本投降到10月中旬，国民党军队占领了解放区的31个城镇，肆意烧杀抢掠，内战终于爆发了。

在国共内战时期，以调停者身份出现的美国实际上援助了国民党方面，这个问题现在已无须多说。从1945年至1947年，美国政府供应的物资达7.4亿美元，连同与日本作战时国民党接受的8.7亿美元援助一起，几乎都成了国民党打内战的费用。1945年9月，美国海军陆战队14万人在天津、秦皇岛、青岛等地登陆。从那时起到1946年6月，由美国海、空军运往内战前线的国民党军队约54万人。美国兵在中国各地对老百姓施加暴行与伤害的事件不胜枚举。

在国民党统治区重庆和昆明等地，纷纷爆发市民和学生反对内战、反对美国干涉的运动，但都被国民党用武力镇压下去了，许多青年男女流了血。不过，国民党对解放区发动的进攻，在三个地点都以失败而告终。于是，美国派遣马歇尔特使出来“调停”。但是，正如后来美国国务院的《美国与中国的关系》白皮书（1949年8月5日发表）承认的那样，美国的企图是，一方面避免直接卷入中国内战，另一方面想让国民党积蓄足够的力量打垮共产党。1946年1月，《停战协定》签署，共产党和其他政党都参加的“政治协商会议”召开，通过了以民主的新中国为理想的政府结构、军队的整编、宪法草案等。然而，国民党在3月公然声明予以拒绝，6月再次开始对解放区发动全面进攻。对此，美国援助成为重要的力量，马歇尔于3月至5月帮助国民党把七个军团运往了东北。

国民党的进攻在同年末至翌年初达到了高峰，延安也被占领。然而，毛泽东的战略放在放弃城市和土地、歼灭敌人兵力上，开始的一年歼灭敌人112万，彼此的力量对比逐渐发生变化。内战重开时，国民党的总兵力为430万，占领地人口为3亿以上，他们有百万日军的全部装备和美国援助的大量装备。而相比之下，人民解放军总兵力才120多万，而且没有飞机和坦克，解放区人口为1.36亿。到了1947年7月，人民解放军开始反攻时，国民党军队已减至373万（其中正规军150万），解放军则增至近200万（其中正规军

100万)。至于士气的差别更不必说了。解放军在1948年下半年，在济南、辽沈、淮海、平津四大战役中取得大胜，从此，战局胜负已定。

1949年1月1日，蒋介石发表声明，提出讲和。但是，毛泽东提出了八项条件，并回答说："只要不承诺建立真正的民主和平，就不答应。"当时，国民党采取让蒋介石下野等各种拖延政策，但在4月15日，还是达成了《国内和平协定》的最后修正案。而在共产党将签署的日期改定为20日时，在南京代理蒋介石担任临时总统的李宗仁拒绝了该协定。于是，4月21日，毛泽东（中国人民革命军事委员会主席）和朱德（中国人民解放军总司令）联名向人民解放军发布命令：

> ……我们命令你们：
>
> （一）奋勇前进，坚决、彻底、干净、全部地歼灭中国境内一切敢于抵抗的国民党反动派，解放全国人民，保卫中国领土主权的独立和完整。
>
> （二）奋勇前进，逮捕一切怙恶不悛的战争罪犯。不管他们逃至何处，均须缉拿归案，依法惩办。特别注意缉拿匪首蒋介石。
>
> （下略）[193]

这一命令发出后，人民解放军在东起黄海、西至戈壁的广大战线上开始反攻了。人民解放军第二野战军（刘伯承、邓小平率领）、第三野战军（陈毅、粟裕率领）在完成淮海战役（1948年11月，打垮徐州地区的国民党军队约80万）之后，接受整顿和训练，于4月上旬到达长江北岸，紧张地准备着渡江作战。在20日深夜，他们接到了渡江命令。于是，在约500公里的广大前线上，解放军分三路同时渡江。当时，炮声隆隆，众多的船只涌向南岸。仰仗长江天险的国民党陆军三四十万、舰船一百七八十艘、空军三个大队守备的防线，在很短时间里便崩溃了。[194]

第21首《七律·人民解放军占领南京》就是歌颂这次战斗的。

这首诗与大进军命令的宏大格调共呼吸，生动表现了中国即将迎来黎明的历史性转折时期的一幕。人民解放军继续追击敌人，在这年的下半年，相继解放了除西藏以外的中国大陆（西藏是1951年解放的）。

不过，这首《七律》并非当时看到了战斗场面而创作的。从重庆回到延安的毛泽东，后来随着内战的进程，于1947年3月18日撤离了那里。毛泽东、周恩来、任弼时等人，即党中央书记处的多数人，依然留在解放区，书记处的刘少奇、朱德等部分中央委员则组成中央工作委员会，经山西、绥远解放区进入跨山西、察哈尔和河北的解放区，在接近河北省石家庄的平山县西柏坡村开展受党中央委托的工作。1948年5月，毛泽东与党中央也到达西柏坡村，中央工作委员会被撤销。同年，在这里召开了被称为“九月会议”的中央会议，翌年3月又召开了七届二中全会。其后，党中央迁至北京（当时称北平）。因而，第21首《七律》是在北京之作，第22首《七律》如后所述，也应写在4月，这两首诗相隔时间很短。也许是

左图 1946年6月，蒋介石撕毁停战协定和政协决议，发动全国内战。毛泽东指挥解放区军民坚决进行自卫反击。这是毛泽东在审阅有关电文。
右图 1947年3月18日，中共中央机关主动撤离延安。毛泽东和周恩来、任弼时等继续留在陕北，指挥全国人民解放战争。这是转战陕北前夕的毛泽东。

出于偶然，一首是对敌严厉（武），另一首则对伙伴温和（文）。形成这种对照也是在国共内战的悲剧性动乱中，即将迎来新中国诞生这一新旧转折时期的象征。

第 22 首《七律》是与柳亚子的唱和之作。

柳亚子是清末幸存的继承文人传统之人，1887 年生于江苏吴县。1909 年（宣统元年）一个叫南社的文学团体成立后，他曾主持这个团体，并在革命运动中奔走呼号。南社以诗作鼓吹反清革命为目的，在辛亥革命前后加盟者仅上海就有 200 人，全国则达千人。然而，另一方面，由于这个团体的文人气质太浓，辛亥革命失败后也有人加入了袁世凯与其他反动势力一边。于是，南社便自动消亡了。而柳亚子不改初衷，参加了孙中山的同盟会，并参与过北伐。

他所以能在国民党政府里三次当上中央监察委员，可能就是因为很多人看重他的这种人格。

在 1926 年国民党第二次全国代表大会上，毛泽东曾被任命为国民党中央宣传部部长（代理），并作为农民运动讲习所所长住在广州。柳亚子与毛泽东结识大约就是在那时。如同诗中吟咏的那样，他们之间似乎谈笑风生，除了在革命志向上有共同语言之外，两人在文学上也情投意合。由于蒋介石政变，北伐以失败告终。其后，柳亚子似乎感受到了危险，便亡命日本。1927 年，他写过以京都为中心赞美岚山和琵琶湖的十几首诗。他在石山寺看到刻有“京都有志者”字样的宝塔后，好像把“有志”解释成“有革命之志者”，因此，诗句里有“有志为何人，吾倦矣”的话，很有意味。他同桥本关雪有过交往[195]，后来去了东京，住在井之头公园附近。自那以后，他主要在上海生活。对于柳亚子来说，广州时代的毛泽东给他留下十分深刻的印象。他在 1929 年作的歌颂两位（生存者和故人）革命家的五首七言绝句系列的第一首中，赞美了孙文和毛泽东，甚至有“并世支那两列宁”的说法。

他编辑出版过与他年纪相仿的清末文人苏曼殊（生在日本横滨的日中混血文学家，1884 —1918）的全集，并考证其传记，与之产生很大共鸣。另外，反对清朝的初衷使他制定了著述《南明史》这部描写明末抵抗运动的著作的计划，并热心收集了资料。鲁迅著名的《自嘲》诗便是和答柳亚子的。可能是在同毛泽东再会前后，重庆的一位画家以他为模特描绘了一幅屈原的肖像画，郭沫若写过“今日屈原”的文章赞扬他。这些小故事大概代表了对柳亚子的一般评价。

在他的诗中，有比较郑重的序言，所以容易掌握他的情况。1949 年 2 月 28 日，柳亚子自香港出发北上，那是因为接到了毛泽东的电报。路线是乘船到烟台，然后经胶济铁路乘火车前往北京。途中，他曾与剧作家曹禺夫妇在一起。在解放了的北京，郭沫若、李德全（已故冯玉祥的夫人，曾任卫生部长、红十字会会长）、许广平（已故鲁迅夫人，曾任中国妇联副主席）等人去迎接他。那时，北京已经开始了新国家诞生的胎动。3 月 5 日，柳亚子去机场迎接毛泽东。他写道，在那里检阅部队的毛泽东有一种“凛然不可犯的气概”。3 月 26 日，中共中央做出决定，以周恩来为首席代表，从 4 月 1 日起在北京与国民党代表团举行和平谈判，新华社的广播播发了这一消息，以此通知国民党政府。在这一动向中，柳亚子于 3 月 28 日夜，作“感事呈毛主席”的《七律》，叙述故乡解放后自己回乡隐居的愿望。一个月后，毛泽东复信也就是这首和其韵的《七律》，使柳亚子接受了毛泽东的好意劝告。他又和了毛泽东的诗：“昆明湖水清如许，未必严光忆富江。”翌日 5 月 1 日是“五一节”，北京举行盛大活动，柳亚子很受感动。毛泽东带领夫人江青和女儿在他正睡午觉时来访，并拿出近作给他看，然后共同游览颐和园。颐和园里有长廊，他们一起在那里漫步，又乘画舫绕昆明湖一周。据说，这位突然的来客离去时已近黄昏。因为在园中碰上林彪将军夫妇，柳亚子马上赋诗一首赠送。数日后，他出席毛泽东的宴会作的诗就是收入《毛主席诗词》中的一首。1951 年成立“中央文史馆”，那是一个高龄学者的研究所。他被任命为副馆长，1958 年去世。

在毛泽东作这两首《七律》两个月后，中国共产党和各民主党派等 23 个单位 134 人在 6 月组成了以毛泽东为首的“新政治协商会议筹备会”。在准备活动结束以后，同年 9 月 21 日召开了中国人民政治协商会议，宣告成立中华人民共和国，选举了中央人民政府委员会，选出毛泽东为中央人民政府主席。副主席有中国人民解放军总司令朱德，中国共产党中央政治局委员、中央书记处书记刘少奇，民主人士宋庆龄，中国国民党革命委员会主席李济深（广西人，1885—1959），中国民主同盟主席张澜（四川人，1872—1955），东北人民政府主席高岗（陕西人，后来作为反党分子被逮捕，自杀，1905—1954）。10月1日下午2时，中央人民政府委员会在北京就职，同时召开第一次会议，宣告中华人民共和国中央人民政府成立。下午3时，30万市民在天安门广场集会，举行中央人民政府成立仪式。毛泽东宣读了中央人民政府成立宣言，升起了新国旗。

新国家有不少困难。那以后经过十年，周恩来在题为《伟大的十年》的文章中叙述如下：

> 尽人皆知，十年前的中国是一个经济极端落后的国家。当时中国在世界各国中，钢产量占第26位；发电量占第25位；煤产量高一些，占第9位；就是比较发达的棉纺业的产品——棉纺的产量，也只占第5位。全国产业工人只有300万人，不足全国人口的千分之六。老大的中国素称以农立国，但是在解放以前的几十年间，小麦、大米和棉花每年都需要从外国进口。根据海关统计，1933年曾进口粮食60亿斤，1946年曾进口棉花690万担。对外贸易长期入超，国家财政连年入不敷出。从1937年7月抗日战争开始到1949年5月的12年间，国民党反动政府的通货增发1 400多亿倍；物价上涨85 000多亿倍。（载《人民日报》，1959年10月6日）

周恩来说，在这种情况面前，有两种预测：一种是美国国务卿艾奇逊，他在于1949年8月写给杜鲁门总统的信中嘲笑中国共产党关于“解决人民的吃饭问题”的“种种诺言”，预言在这个问题上中国任何一个政府都无法成功解决；另一种是毛泽东的，几乎是在同时的6月，在新政治协商会议筹备会的开幕式上，他曾说：

中国的命运一经操在人民自己的手里，中国就将如太阳升起在东方那样，以自己的辉煌的光焰普照大地，迅速地荡涤反动政府留下来的污泥浊水，治好战争的创伤，建设起一个崭新的强盛的名副其实的人民共和国。（《在新政治协商会议筹备会上的讲话》，见《毛泽东选集》，2版，第四卷，1467页）

2. 七律（第21首）

人民解放军占领南京　1949年4月

这是处在历史的决定性转折时期之作。运用与古典有关的语句，增加了这首诗的庄严。最后两句表现了作者看清革命与历史的无情和残酷的坚定态度。在断定革命与历史无情的时候，反而有一纽带同有情人连接着。

七律·人民解放军占领南京

一九四九年四月

钟山风雨起苍黄，
百万雄师过大江。
虎踞龙盘今胜昔，
天翻地覆慨而慷。
宜将剩勇追穷寇，
不可沽名学霸王。
天若有情天亦老，
人间正道是沧桑。

注

[七律]（解释同前）“黄”、“江”、“慷”、“王”、“桑”字押韵。

[南京] 1927年后为中华民国首都。从前，三国时期的吴国孙权、东晋、南朝都曾在这里建都，但规模均不大，把它变成大规模都城的是明太祖。西北

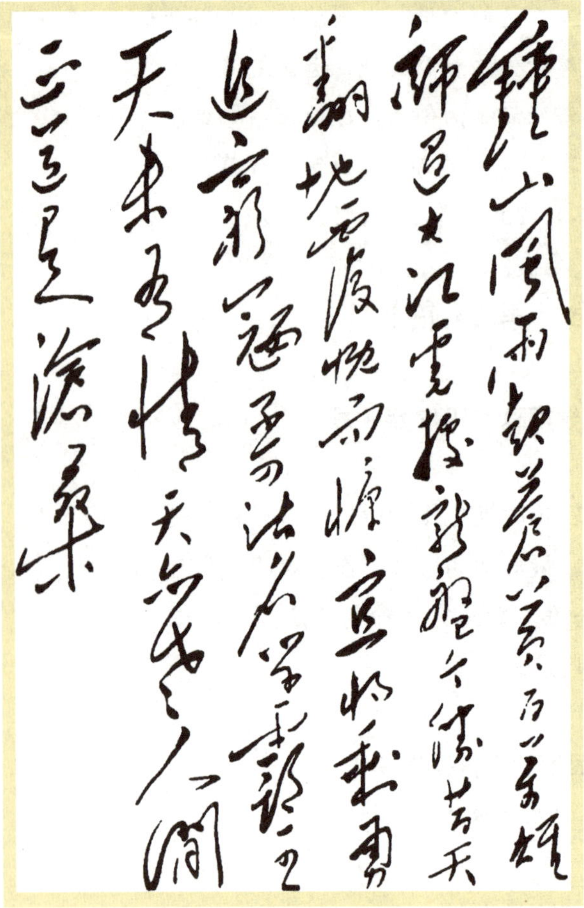

毛泽东《七律·人民解放军占领南京》手迹。

起自卢龙山的丘陵，南到包括清凉山一带的丘陵，北起玄武湖、北极阁，东至钟山脚下，南至雨花台。周围约35公里，由设有16个门的城墙围着，进而又筑成了布有18个门的90公里的外城，可这些均未能保存下来。今天留下的内城高度约9米至15米，宏伟壮观。明成祖迁都北京后，这里被称做南京。从1853年开始的11年间，它曾是太平天国的首都。1911年10月武昌起义后，孙中山在这里成立了临时政府（辛亥革命）。针对握有中华民国实权的袁世凯，孙中山和黄兴发起“二次革命”占据了南京，然而最后失败了。参加这次革命的日本人北一辉写道：“情景多么悲壮啊！站在楼上环顾那历尽沧桑的金陵山河，她宛如在烟雨空濛中为清朝300年的衰败而抽泣着……”[196]正如他说的那样，南京是一座向人们述说着王朝兴亡历史的都城。今天，它拥有人口134万，是江苏省的省会。在500平方公里的市辖区域里，有高山、丘陵、平原、大河、湖泊，这种地形在世界的大城市中是罕见的。

［**钟山**］紫金山，在南京东郊，中山门外。那里除有祭孙文的中山陵外，还有明孝陵（祭太祖）和六朝帝王、名臣的很多陵墓。“当想起长眠于丘下的几多帝王宰相，心荡神驰便成了六朝之人，空想追逐着空想，南朝的历史宛如走马灯一般浮现在眼前。”[197]在军事上，自古以来，只要占领钟山和雨花台，就可置南京于死地。说钟山，即意味着南京。

［**苍黄**］变化、反复的意思。在《墨子·所染篇》中，墨子观看染丝绸后，发出感叹说：“染于苍则苍，染于黄则黄，所入者变，其色亦变。”另外，“苍”为天色，“黄”为地色，所以有“苍黄翻覆”（孔稚珪《北山移文》，收入《文选》）的说法，是天翻地覆之意。郭沫若解释为：“有暴风，天地翻覆。”[198]“苍黄”还与“仓皇”通用，也有慌慌张张、惊慌失措、乱了阵脚的意思。赵

朴初认为，在南京“突然发生了革命的暴风雨”[199]，寓意深远，展示了受人民解放军进攻的南京政府的狼狈相。《三国演义》的开头，使用咒术的张角策划农民武装暴动，定黄色为象征，用黄毛巾裹头，很是威风。当时流行一种说法：“苍天已死，黄天当立。岁在甲子，天下大吉。”那就是所谓的“黄巾之乱”，那里是指颜色。这里使用“苍黄”，作者是否意识到与“苍黄”有关的故事是另外的问题。因为是在吟咏在蒋介石“王朝”覆灭、人民的“王朝”来到这一决定性时刻占领南京，所以“苍黄”一语应包含多种意思。总之，这句诗里有王朝交替的意思，所以，也可译为“社会的改造”。

［**“百万雄师”一句**］1949年4月21日夜，解放军进行了历史上空前的百万大军渡江作战，第三天，即23日，解放了南京。

［**虎踞龙盘**］比喻地形雄伟。“踞”为兽类前足支撑着而蹲坐，“盘”则是蛇等弯曲地趴着。从前，有诸葛亮同孙权论说南京地形的话：“钟阜（钟山）龙盘，石城（南京城）虎踞，此乃帝王之宅也。”（宋张敦颐《六朝事迹》）把南京城比喻成虎。在“五行”说中，有“左为青龙，右为白虎”的说法。面向南看，左有钟山为“龙”，右有南京城为“虎”。在诸葛亮之后，提起“虎踞龙盘”就是指南京。北周诗人庾信（513—581）的《哀江南赋》中有“昔之虎踞龙盘，加以黄旗紫气”的句子，吟咏南京是南朝（公元5—6世纪）历代的首都。毛泽东在诗中说的是蒋介石在22年里把那里作为首都，实行反动统治。

［**慨而慷**］同慷慨。这种倒置的例子在曹操的《短歌行》中也有：“对酒当歌，人生几何！譬如朝露，去日苦多。慨当以慷，忧思难忘。何以解忧？唯有杜康。”正如《说文》（汉代的字书）记载的，“忼（即慷）慨是指壮士不得志”，因未能实现理想而十分悲愤。不过，郭沫若说，“慷慨”有积极的感情高昂和消极的感情悲哀两种意思，这里是指前者。陶渊明赞扬去暗杀秦始皇的荆轲说：“素骥鸣广陌，慷慨送我行。雄发指危冠，猛气冲长缨。”（《咏荆轲》）其中的“慷慨”就是一种积极的感情吧。前面曹操的诗则是消极的一个例子。

［**宜**］恰当。用在动词上的助词，反映价值判断。

［**将**］用，使用。

［**勇**］士兵。

［**穷寇**］被追到绝境而感到为难之敌。中国有“穷寇勿追”的格言，源于《孙子·军争》中的话：“归师勿遏，围师必阙，穷寇勿追，此用兵之法也。”当时有一种意见，希望对蒋介石手下留情，将中国南北分割治理。这一句大约就反映了这一情况。

[沽] 沽名。

[霸王] 诸侯的首领。这里指自称“西楚霸王”的项羽。“霸”有非“王道”之意，项羽自称“霸王”，足见其不谦虚的程度。项羽破秦兵入咸阳时，手下有兵40万，而其竞争对手刘邦只有10万兵。项羽虽想破刘邦，但他的叔父项伯里通刘邦，且对项羽说讨灭秦有大功的人是不义之举。著名的鸿门宴就是那以后不久的事。尽管范增屡次暗示，项羽还是未能暗杀前来赔礼的刘邦。后来，项羽被刘邦打败，在乌江自刎身亡。他为了让人们把自己看做“仁者”，不想夺天下，因此对刘邦怀有同情心。这是他失败的重要原因。

[“天若”一句] 中唐诗人李贺的诗《金铜仙人辞汉歌》中有这一句。汉武帝制作的仙人铜像自长安运往洛阳，而当时铜像的眼睛流着泪。李贺吟咏铜像：“天若有情（为我铜像的命运而悲伤）天亦老。”郭沫若解释“天亦老”（为国民党的恶政而悲哀）的意思与李贺的含义相当吻合。而赵朴初认为，自然界的变化规律是无情的，不能以人的意志来操纵。如果自然也有感情，那么天的运行也就乱了，天也老了。人类社会也是同样。[200]本人的解释也与赵说接近，恐怕作者把革命看做残酷的东西，不想用一般的人道主义来中和那种残酷性。尽管残酷，可作为革命家又非进行革命不可。这倒不是因为革命家伟大，有使命感，而是因为人类微弱的人道主义不足以动摇自然界的变化规律。因而，其意思是人不应该阻止变化，而应该推动变化。也就是说，这里有（革命是无情的、残酷的）天若有人心（因为伤感）将会衰老的意思。但必须指出的是，看到残酷性和人心是两回事。应该说，天无情，而人有情。

[正道] 正确的道路，真理。如“中也者，天下之大本也。和也者，天下之达道也”（《礼记·中庸》）。

[沧桑] 世间变化急剧。过去，有一名叫麻姑的仙女，在很短的时间里三次见到东海变为桑田，蓬莱水再度变浅，就要变成陆地。这个故事产生了这个词。以前的诗多以悲哀吟咏之，如：“已见松柏摧为薪，更闻桑田变成海。”（刘庭芝《代悲白头翁》）还有：“节物风光不相待，桑田碧海须臾改。昔时金阶白玉堂，即今唯见青松在。”（卢照邻《长安古意》）毛泽东则与此相反，肯定变化，而且这里的“变化”是指带来人民新时代的变化。

诗词大意

紫金山即南京突然出现了暴风雨，威武雄壮的百万人民军队同时开始渡江。

蒋介石 20 多年来霸占着过去被喻为“虎踞龙盘”的历史名城，但今天已不是过去了。将天地颠覆，夺得封建主义、官僚资本主义和帝国主义的权力，我们人民意气高昂。

与孙子兵法相反，誓将革命进行到底的我们，一定要把敌人在全国消灭干净。还要从南京进一步追击，不要学习为得虚名而失败的楚霸王项羽。（彻底消灭对方，会丧失许多人的性命，的确残酷。）如果天有感情的话，天也会因为过于伤感而衰老的。（然而革命不是请客吃饭，不是绘画绣花。在决定性的转折时期，革命家的踌躇将违背天之法则即事物变化的规律。因为天是无情的，所以大自然在运行。）人世间的真理就该是不断变化，不断革命。

3. 七律（第 22 首）

和柳亚子先生　1949 年夏

这首诗的连续性使人感到轻快，从中可以看出作者在人际关系上的宽厚态度。第五句的批评也不强加于人。最后两句结尾表现了对建设新国家的热情。乍一看，此诗似有南画的隐遁风格，但实际上并非如此。

七律·和柳亚子先生

一九四九年夏

饮茶粤海未能忘，
索句渝州叶正黄。
三十一年还旧国，
落花时节读华章。
牢骚太盛防肠断，
风物长宜放眼量。

莫道昆明池水浅，
观鱼胜过富春江。

注

［七律］（解释同前）"忘"、"黄"、"章"、"量"、"江"字押韵。

［和柳亚子先生］"和"指与他人的诗唱和，一般以同韵相押。柳亚子将诗呈送毛泽东，毛则以这首诗回赠。

［饮茶］在中国茶馆里喝茶需要茶叶和开水，在茶杯里放入茶叶，再倒入开水，等一会儿便可以喝了。那时，在北方，作为茶点，是吃干西瓜籽儿或干南瓜籽儿，而在广州则吃烧卖和类似小甜饼的点心，种类很多。在茶馆里品茶已成为市民生活中不可缺少的活动。广东话叫"牙姆茶"。作者讲的大概是广州特色的饮茶。

［粤海］指广州，一般说广东。

［"饮茶"一句］1926年3月，毛泽东在广州担任农民运动讲习所所长，当时与柳亚子曾有交往。柳亚子也在1941年写信给在延安的毛泽东、林伯渠、吴玉章、徐特立等人的诗中回忆那时的情景："云天倘许同忧国，粤海难忘共品茶。"毛泽东把当时的诗记在了心里。

［索句］请赐诗。

［渝州］重庆的别称。

［叶正黄］用秋天的景物来代表秋天。明末清初诗人吴伟业（江苏人，号梅村，1609—1672）也有这种写法——"乌桕红经十度霜"（《圆圆曲》）。

［"索句"一句］1945年8月，二人在重庆再次见面，柳亚子向毛泽东索要诗文，这里指赠送给他的《沁园春·雪》一词。

［三十一年］从毛泽东1918年9月第一次去北京到1949年重返北京的时间间隔。

［旧国］过去的国都，即北京。

［华章］有才华的诗篇，是说柳亚子的《感事呈毛主席》一首。

［牢骚］现代汉语，不满意，不平，发牢骚，发怨言，倾吐积愤。

［太］现代汉语，程度副词，过于。

［肠断］形容极度悲伤。古代，有一个人乘船在长江三峡逆流而上时，看到同船一男子手中托着一只小猴。这时，母猴在江岸边哀泣边跟着追赶百余华里，终于跳上船，然后断了气。最后，人们发现母猴的肠子已断成一截一截的了。"肠断"一语就是出于这个故事。（《世说新语》）

[风物] 当地的风光。盛唐诗人张九龄（广东人，678—740）的诗："风物动归思，烟林生远愁。"（《高斋闲望言怀》）这里不仅是指景色，恐怕也包含时间和环境。

[长] 长期。

[宜] 应该。

[放] 现代汉语，放大，变大，扩大。

[眼量] 视野，度量。一般讲"眼界"，这里也许是因平仄押韵的关系而创造的新词。

[昆明池水] 北京西郊颐和园内的昆明湖。这一名称是从汉武帝在首都长安挖的昆明湖而来。杜甫在《秋兴八首》中吟咏过："昆明池水汉时功。"

[富春江] 指柳亚子诗开头提到的子陵滩。这里是借用了柳亚子的用语，实际上指柳亚子想去的分湖。富春江发源于江西婺源，东流经兰溪、富阳，在杭州入海，一般叫钱塘江。此江的叫法有一个习惯问题，昔日文人墨客常爱用"富春江"的名称。元、明、清的南派画家常有人描绘它，特别是元末四大家之一的黄子久的著名画卷《富春山居图卷》。在桐庐上游，有七里泷峡谷，其左岸岸边有钓鱼台，台下有一小庙。相传这里是汉代严子陵的钓鱼台。"严子陵是否真的在此钓鱼，那是无所谓的。但是，站在此岩头俯瞰近处江河，远眺山峦，随意通览江山的心情实为痛快。岩石离江面约百尺，当然，从上面一百尺高处是无法钓鱼的。那大概是随便把那里命名为钓鱼台的吧。它实在像一块大陆，人们在那里悠然自得，很有意思。时值深秋，天空蔚蓝，远山为浅蓝色，前面的群山为浓紫色，向阳的山坡被染成褐色。江水如白布在山峦间流淌，江面白帆点点来往穿梭。我在岩头凝视了片刻。"[201]

诗词大意

我至今没有忘记在广州一起喝茶的情景。那年秋天，你在重庆要我写诗。三十一年过去了，又回到昔日的首都北京。在落花时节收到你那花一般美妙的诗文。

心中不平太多，会像昔日故事里讲的那样断肠的，还是注意一些为好。我想，风物这东西不花时同，不放开度量观赏，就不会明白其奥秘的。

颐和园昆明湖里的水的确很浅，也许没有什么意思。然而，在这里赏鱼宽心，总比你的故乡即昔人曾隐居的富春江要好啊！

附

七 律

柳亚子

是日为马克思大师一百三十周年诞辰，余欲敬上尊号，名曰“卡尔圣诞”，而令耶稣避席者是也。适逢毛主席有赐宴之举，谈诗论政，言笑极欢。自揆出生六十三龄，平生未有此乐也，不可无诗，敬呈一律。

卡尔中山两未忘，
斯毛并世战玄黄。
生才西德推贤圣，
革命中华赖表章。
粤海咸京堪比例，
蒋凶托逆漫评量。
腾欢今日新天地，
澎湃潮流沸海江。

七律·感事呈毛主席

柳亚子

开天辟地君真健，
说项依刘我大难。
夺席谈经非五鹿，
无车弹铗怨冯驩。
头颅早悔平生贱，
肝胆宁忘一寸丹。
安得南征驰捷报，
分湖便是子陵滩。[202]

4. 新疆与弟弟毛泽民

第23首《浣溪沙》之后的诗词，都是新中国成立后的作品，但是也未必全与新中国的重大事件相对应。例如，关于抗美援朝等就没有作品。不过，总体而言，还都是以中华人民共和国成立后的历史为背景的作品。就连《浣溪沙·和柳亚子先生》也相应反映了新中国成立后一年来的变化。

《浣溪沙》中所说的"于阗"，是汉朝对新疆的称谓。这一地区是在1955年10月成立新疆维吾尔自治区的，一直延续至今。它在中国西北部，由于同苏联有很长的国境线，又属于内陆，容易成为国际政治的焦点。在中共内部，张国焘曾想以这里为根据地，把党中央分成两部分，致使红军大部队遭到重大损失。在这片占全中国土地六分之一的土地上，有530万人口。即使其他方面没有什么问题，可主要的民族有维吾尔族（占75%）、哈萨克族（占8%）、汉族（占6%）、回族（占4%）、蒙古族（占2%），其他还有吉尔吉斯族、乌孜别克族、俄罗斯族、鞑靼族等13个民族居住。这种复杂的民族构成，带来了复杂的宗教、语言、习惯情况，这是决定这个地区政治的另一个问题。而且，这些民族的某些人看到，在国境线另一侧，有由相同血统和语言的人们建立起来的独立国家，本身也并非没有躁动的时候。解放以后，在内蒙古和新疆，都发生过党员中有人主张与北京分离的事件。

追溯历史，暂且不说远古的情况，在1759年（乾隆二十四年），清朝乾隆皇帝把包括这一地区在内的整个中亚置于自己的统治之下，这成为中国人领土意识的基础。其后，雅克布·贝克（1820—1877）统治了这一地区，英国和土耳其曾承认了它。但是，清朝政府进行了讨伐，雅克布·贝克最终自杀。中华民国成立后，曾派遣杨增新作为这一地区的最高行政长官，他进行了12年专制统治。1921年，受俄国十月革命影响的知识分子的民族民主运动在这里兴起，可在报纸都没有这样十分落后的社会条件下无济于事，不久便熄灭了。1949年当选为新疆省政府主席的包尔汉，是为数不多的当事人之一（原人民政治协商会议全国委员会副主席）。

1928 年，这里发生了暗杀杨增新的事件。随后掌握权力的是杨的政务厅长金树仁，他进一步推行反动统治。1931 年，哈密的一万余民众（维吾尔族）举行暴动，针对金树仁发生了叛乱。于是，英国试图制造分裂。对此，马仲英（甘肃出生的军阀）从甘肃开进，新疆成了内战的舞台。金树仁签订了从苏联运进武器的秘密协定（以新疆的整个商业权益为代价），南京政府发现后于 1933 年将其投入监狱。金的部下盛世才后来掌权，他在某种程度上答应民众的要求，把“反帝、亲苏、民平、清廉、和平、建设”作为口号。30 年代初，其对外贸易的五分之四是对苏贸易，苏联的影响逐渐扩大。盛世才似乎也想积极地迎合苏联，以巩固自己的权力，上述口号便可以看做是一种姿态。总之，这里开始出现了为张国焘注意到的某种新空气。1933 年，该地小学生从 2 000 人剧增至 10 万余人，开始执行改革的政策。

然而，进入 1937 年，盛世才对改革的发展感到有威胁，于是开始镇压进步派，包尔汉也被投入监狱，判刑七年。1943 年，苏联在德苏战争中处于不利地位，由于国民党的促使，盛世才正式与苏联断绝联系。不久，盛世才由国民党调走。由于政治形势恶化，1944 年 11 月 7 日，伊犁发生暴动，诞生了“民族军”。起初，他们是把棍棒和石块当做武器，但从国民党军队手中夺过武器后变得强大了起来，最后把国民党军队赶走了。经过八个月的会议，于 1946 年初签订了和平协定，省主席是张治中（后在北京，任中国国民党革命委员会和平解放台湾工作委员会主任），得到新疆人民支持的阿合买提江、包尔汉任副主席。

然而，与此同时，国民党又开始了对新疆人民的镇压，在后来的一年里将军队增至 10 万人，并利用土匪、特务和各地的封建势力挑拨民族间的感情。其采取的手法是：杀了维吾尔族人，说罪犯是哈萨克族人；杀了哈萨克族人，说罪犯是维吾尔族人。1947 年发生了国民党特务煽动哈萨克族人掠夺维吾尔族人一万余头羊的事件，为此，维吾尔族人不得不卖掉随身的物品到其他地方流浪。据说，当时一箱火柴价值 30 亿元新疆纸币，从中可以想象国民党的统治有多么黑暗。在这期间，伊犁地方的人民力量逐渐壮大。1948年8月1日，作为统一战线，成立了“新疆保卫和平民主同盟”，当地的人民武装迅速壮大，并穷追国民党。另一方面，人民解放军已经取得了全国性的胜利，于是，国民党不得不让步，让包尔汉任省主席。不过，1949年9月，人民解放军和平解放了新疆，在中国共产党和中央人民政府的领导下，“民族军”改为中国人民解放军第五军。[203]

对于毛泽东个人来说，新疆是他弟弟毛泽民牺牲的地方。毛泽民在长征时作为先遣工作团负责人之一，负责管理金条和苏维埃银行纸币，以及所到之处的住宿安排和向民众支付款项。在1937年，他被从延安派到新疆。当时，高喊着马克思主义式的口号、把自己打扮成进步派的盛世才，大概是为寻求苏联的援助而做出姿态，希望与延安合作，要求派干部帮助新疆治理内政。起初，毛泽民作为该地财政厅厅长，在稳定物价、创办油田与铁工厂、开展对苏贸易、打开物产的销路等方面做出很大贡献。文化方面的改革也在新疆进行了，新疆学院聘请了著名作家茅盾（浙江人，曾任文化部部长，1896年生），而且学院里开始充满延安抗大一样的新鲜空气。可是，随着国内外形势的变化，盛世才一下子又变成“反苏反共”，对新疆的进步人士进行镇压。到1945年，共有6万人被捕，推测约有3万人被杀害。陈潭秋（在自苏联的归途中遭盛世才阻碍，曾作为那里的中共党代表工作，其他不明）和毛泽民等，是在1942年9月被逮捕的。很多从苏联留学归来和去苏联治病疗养回国的人，途经新疆时都被投入了监狱（例如，已故瞿秋白夫人杨之华等），总数130余名，妇女也有20余人。陈潭秋和毛泽民等与许多同志一起，在狱中英勇斗争，事迹可歌可泣。1943年9月，他们被杀害了。剩下的人最后获释，于1946年7月返回了延安。

毛泽民的夫人朱旦华在乌鲁木齐的一所女子中学里任教务主任，丈夫被投入监狱后，她极为愤慨，编了几首歌教给孩子。其中一首是《问问鸡》：

一、公鸡公鸡，你为什么叫？小小八路你听我来道，监狱里面黑暗我受不了，我要叫，我要叫，光明就来到！

二、母鸡母鸡，你为什么叫？小小八路你听我来道，监狱里面吃得太不好，我要下蛋，我要下蛋，请你吃个饱。

朱旦华后来也进了监狱，她在狱中进行了英勇的斗争。[204]

现在，毛泽民的墓地在乌鲁木齐。1950 年 11 月，从北京派出的西北民族慰问团曾到那里扫墓。当毛泽东在词中说“百年魔怪”的时候，可能也回想起了那些在群魔乱舞之下的牺牲者中的一个人，或者说是因为回忆起了亲弟弟吧。与柳亚子的词相比，人们感到毛泽东的词中固然有抒发喜悦的一面，可在深处又在吟唱着悲哀。毛泽民等人的工作并非徒劳无益，他派到苏联留学的新疆少数民族青年回国后虽然很多人被反动派杀害了，但据说，今天仍有不少人十分活跃。朱旦华教过的为入狱者开展营救工作的女子中学的某学生，后来也去了延安。

另外，在这首词里没有出现西藏，这是因为当时人民解放军正向西藏进军。10 月 19 日，解放军解放了通往西藏的重要城市昌都，在被击溃的 5 700 余名西藏军中，还混有两名英国人。1951 年，《关于和平解放西藏办法的协议》在北京签订，10 月，人民解放军进入西藏首府拉萨。中国大陆的统一至此完成了。

5. 浣溪沙（第 23 首）

和柳亚子先生　1950 年 10 月

吟唱爆发性的欢喜比起吟唱哀愁反而更难，但与柳亚子唱和表现出了作者为周围的喜悦氛围所融化的情形。这首词活用了由前阕和后阕组成的“词”的形式，把过去的黑暗同今天的光明做了对比。后阕在古语所说的“魔怪乱舞”之后，传来了雄鸡的报晓与欢快的音乐，以盛大的联欢抹掉了对往事的回忆。

浣溪沙·和柳亚子先生

一九五〇年十月

一九五〇年国庆观剧，柳亚子先生即席赋浣溪沙，因步其韵奉和。

长夜难明赤县天，百年魔怪舞翩跹，人民五亿不团圆。
一唱雄鸡天下白，万方乐奏有于阗，诗人兴会更无前。

注

[浣溪沙] 42个字，双调，各三句。前阕三平韵，后阕两平韵。“天”、“跹”、“圆”、“阗”、“前”字押韵。

[国庆] 10月1日国庆节。

[步其韵] 指用柳亚子词的原韵。这首词如后面附的柳亚子词的序所说，首先是柳亚子作词，毛泽东的词是对其唱和。

[赤县] 战国时代，学者邹衍把世界分为九部分，其一为“赤县神州”，即中国。

[百年] 鸦片战争（1840年爆发）以来的近代中国，是处在帝国主义、封建主义重压下的半封建半殖民地社会。所谓中国“近代史”，就是指近百年来这一阶段。在《中华人民共和国宪法》（1954年9月20日通过）序言第一句写有：“中国人民经过一百多年的英勇奋斗……”

[魔怪] 指帝国主义和封建主义。

[翩跹] 轻快地跳舞。

[人民] 在《周礼·大司徒》中开始使用这一说法。

[五亿] 按照当时推定的中国人口总数。根据1954年11月1日第一次全国人口普查统计后发表的数字，1953年6月30日为6.02亿。1931年国民党政府发表过4.4亿的数字。

[团圆] 现代汉语，亲戚、家庭和睦聚集在一起生活。这里可能指《宪法·序言》中所说的“我国各民族已经团结成为一个自由平等的民族大家庭”的意思。

[“一唱雄鸡”一句] 李贺的诗：“我有迷魂招不得，雄鸡一唱天下白。少年心事当拿云，谁念幽寒坐呜呃。”（《致酒行》）是讲述想得志而未得的个人忧闷，而毛泽东用它歌颂解放了的中华民族，给语言注入新的生命。郭沫若认

为："所谓雄鸡是指以马克思列宁主义为旗帜的党。"[205]

［万方］古代把建立一个国家和民族叫做"方"。这里说的是许多少数民族，指为庆祝国庆节云集北京的西南地区的少数民族和新疆、延边以及内蒙古等地的文工团。

［于阗］汉时西域的国名，即今天的新疆维吾尔自治区。那里是中国最大的地方行政区划，人口中75%是维吾尔族。诗中讲的是从那里派出的新疆文工团。

［诗人］似指对方柳亚子。一般也认为指包括毛泽东在内的做诗的人们。

［兴会］兴趣，兴致，趣味。

［无前］史无先例。

诗词大意

拥有"赤县"这一美名的中国，长夜持续，总不见黎明。鸦片战争爆发以来，百余年间帝国主义和封建主义为所欲为，任意乱舞，给中国人民带来了灾难。为此，5亿人民七零八落，无法组成和睦的家庭。

雄鸡一声报晓，撕破暗夜，天终于亮了（党发出真理的声音，人民站起来了）。各民族从各地云集而来，一边奏乐一边跳舞，包括新疆各民族。看到这一情景，作为诗人的你（我也和同席的人们一样）感到兴奋，引发出诗兴，为各民族的融洽空前喜悦，诗人兴致之高涨史无先例。

附

浣溪沙

柳亚子

十月三日之夕于怀仁堂观西南各民族文工团、新疆文工团、吉林省延边文工团、内蒙文工团联合演出歌舞晚会，毛主席命填是阕，用纪大团结之盛况云尔！

火树银花不夜天，弟兄姊妹舞翩跹，歌声唱彻月儿圆。[206]
不是一人能领导，那容百族共骈阗，良宵盛会喜空前。

6. 换了人间

作第 24 首词《浪淘沙・北戴河》，是在即将制定《宪法》和中国有史以来第一次普选刚结束的时候。词中吟咏的“换了人间”，当然是指新中国成立后通过各种措施进行的变革。特别是通过这部《宪法》，构成了现代国家形态，这能不引起人们的感慨么？这一年农业互助组得到了大发展，在第二个冬天已经打下了在全国范围内组织初级农业合作社的基础。而且，与普选的选举权登记同时进行的人口普查结果表明，到 1953 年 6 月 30 日 24 时，中国总人口为601 938 035人（其中包括台湾省的 700 余万，国外的华侨和留学生 1 100 余万人）。

农业互助组是农民结成的小集体，实行共同耕作。土地改革实现了孙中山“耕者有其田”的口号。不过，据推算，全国各地农民人均占有耕地仅为 3 亩，一户只有 14 亩田。生产的基础极为脆弱，若对此视而不见，显然无益于国家的现代化。而农民对土地的留恋是根深蒂固的，正因为如此，中共从在江西开辟革命根据地时起就实行了土地改革。于是，在土地改革之后，首先提倡普及农民比较容易接受的互助组。土地改革的完成结束了中国两千年的封建统治和剥削制度，中国从此进入“现代”社会。然而，这并不是走资本主义道路，而是以社会主义为目标，为此，准备农业集体化最为可行的做法就是这种互助组。这并非抽象地从感觉上换了人间，而是社会具体进入了一个新的历史阶段。

另外，《宪法》正是在这时即 1954 年 6 月 14 日，由中央人民政府委员会正式公布“草案”，让全国人民讨论。第一条把国家的政体规定为“工人阶级领导的、以工农联盟为基础的人民民主国家”，进而第二条规定“一切权力属于人民”。如果从“魏武挥鞭”的时候开始算起，这确实应该说是“换了人间”。

此外，值得大书特书的“人间”面目为之一新的侧面还有很多。这些侧面可以写成几册中国现代史了。而在第 25 首《水调歌头》、第 26 首《蝶恋花》等诗词中，则可以看到作者个人生活的一些片断。让我们来看一下毛泽东的个人生活。

下面一篇文章写的是1952年的事情。文章的作者在延安时曾当过毛泽东的警卫员。当时，他只有17岁，在进入陕北的红军进攻山西时参加了红军，后来被分配到毛泽东的身边工作。在约两年时间里，他出过不少差错。文章写作者去北京出差，与毛泽东相隔13年后再次见面的情景。晚6点，他坐上了来接他的汽车。毛泽东的住处在北京紫禁城的西侧，中南海内古式旧瓦房里。院子是高低不平的砖地，有两棵参天的大槐树，在北京是很常见的房子。

> 这天是星期六，主席的两个女孩子——姣姣和李讷——都从学校回来了，主席的爱人江青同志也在，身边还有一个男孩子。几个人正在打扑克。江青同志一眼看见我，便亲热地迎了出来，接着端茶让座，告诉我说："主席还没有起来，请你等一等。"我答应说："好。"心里忽然想起，1937年我初到主席身边去当警卫员的那天，主席正在休息；15年后的今天来看主席，主席也在休息，多么巧！15年了，主席晚上办公的习惯还没有改变呀！这时，我一边等候主席，一边注意看了看眼前的环境。这是一间普普通通的客厅，陈设非常简单，没有任何华贵的摆设，屋子里全部陈设就是一张长沙发，两张单人沙发，一张搁茶具的矮桌子，一个堆满书的书架，一张单人床。再看看江青同志和孩子们身上，穿着蓝布棉袄，脚上都穿着布棉鞋。多么朴素的家庭啊！
>
> 不一会儿，李讷陪着主席从北屋过来了。我一眼看到主席那含着微笑的脸、魁梧的身材，赶快迎了上去，谁料主席已先招呼起我来了：
>
> "是翟作军吗？你来啦！"[207]

两人在沙发上并排坐着。从延安时代就已经很胖、身体很好的毛泽东向翟作军询问了分别数年的生活，又询问了正在开展的"三反"、"五反"运动的情况。一会儿话题又转到翟作军的家乡，毛泽东说战国时代那里是古战场。说起自己的家乡是河南济原，那还是15年前第一次见毛泽东时候的事，今天翟作军听了十分感动。谈着谈着晚饭时间到了，毛泽东领他去了饭厅。

> 饭厅是一间约 10 平方公尺大小的小屋子，点的大概是 25 瓦的灯泡，光线有些昏黄。饭厅中间摆着一张普普通通的小方桌，桌子周围放着几个圆凳子，别的啥也没有了。北京的二、三月，天气还挺冷，饭厅里没有暖气设备，只在桌子下面放了个小炭火盆，炭火正在“毕毕剥剥”地燃烧。
>
> 饭菜端上来了，看样子是为了款待我这个远来的客人，加上是星期六，孩子们都回来了，特地加了菜，所以一共有五个菜，还有大白菜粉丝汤火锅。吃的是红米饭，还有馒头。大家高高兴兴地吃着。我看到李讷他们几个小孩子很快就把一盘子炒肉、一盘子菠菜炒鸡蛋吃得光光的，主席却吃得很少。
>
> 正吃着，主席指指那个小男孩对我说：
>
> “这是毛泽民的小儿子，他爸爸叫国民党杀了。”（同上）

吃饭时曾发生这样一件事。汤不是盛在盆里而是用炭火锅放在饭桌上烧着。到汤不多时，锅开始发出吱吱的声响。为了防止火锅烧裂，翟作军无意中拿起一个馒头，堵住火锅的小烟筒，炭火小了。这时，毛泽东取下馒头，换上一个小碟盖在上面……

翟作军知道晚饭后是毛泽东的办公时间，他告别后回到住处。后来，在 1958 年 11 月为参加党的八届六中全会，他在武汉又见到了毛泽东，而且又一起吃饭。当他看到毛泽东能吃三小碗后很是放心。

斯诺写道，毛泽东的儿子在地方工作[208]，来这里的男孩不是毛泽民的儿子远新吗？1960 年，作家李英儒（《野火春风斗古城》作者，河北人，1913 年生）在中国跟我（竹内实，下同）讲起他的家庭时，谈到收养外甥的事。他还说，红军同志收养牺牲战友的孩子的例子很多。今天，在翟作军讲的故事里，让人感觉到毛泽东也不例外，同红军幸存者的生活风气完全一样。

毛泽东的儿子岸英是在朝鲜战争中牺牲的。这是我 1960 年在北京军事博物馆参观朝鲜战争展览时看到的。展品中有一张照片，上面的说明是“中国慰问团在朝鲜为人民志愿军扫墓”，照片上的墓碑刻有“毛岸英之墓”字样。大概是用这样的展览告诉一般中国人，毛泽东的儿子牺牲了。不过，展厅里的人流并没有特别注意这里，而是一走而过。或许在北京国家机关的部分人早已知道了这件事。我对翻译讲的下述情况感到吃惊：“慰问团里的杨之华在墓前哭得很厉害，因为是她养育毛岸英的。”

我听别人讲，毛岸英在朝鲜战争时是位相当于师长的政治委员，这种说法是否真实不得而知。从《人民日报》俄文版译出的名字推测，他是贺子珍的儿子[209]，恐怕是在瑞金时代出生的。把前面讲到的杨之华等人在新疆被监禁的情况一起来考虑，恐怕在长征前他就同杨之华一起去了莫斯科，后来一起回延安了。监禁事件的人名里没有他，大概用的是假名字。在延安附近的群众中流传这样一种说法，毛泽东对从莫斯科回来的儿子说：“你还得学习！”让他拿起锄头去田里干活儿。另外，一个在国共内战时期把自己的一部分房子借给毛泽东的河北省西柏坡村农民，在回忆中讲述了毛岸英同农民一起干农活儿的情况。大伯问他：“岸英，你常天和我们干活，怎么不去上学念书呢？”“我正在上学学习呀！”毛岸英回答。“你上的什么学？”“农业大学。”“在哪里？”“就在这里。”“怎么我没看见？”“你还是我的老师呢，怎么会没看见？”周围的人听到后都扑哧地笑出声来了。[210]

轻松有趣的问答情形，表现了父亲传给儿子的幽默。从农民为毛岸英找“学校”，大概能够想象出毛岸英的年龄。农民问他：“主席是说让你上这所大学吗？”“是啊，主席——我爸爸是说送我上这所大学的。”从这一回答中，似乎可以看出毛岸英是个老实的、平易近人的青年。毛岸英是何时牺牲的，不得而知，可能是 1951 年吧，而且是由美军轰炸造成的。对于毛泽东来说，对朝鲜战争的政治评价容不得夹杂私情，然而作为父亲，那确实是一场夺走儿子生命的战争。在批判斯大林以后，一种否定的评价似乎在苏联一般群众中扩展。可是，作为派出志愿军并做出重大牺牲进而又把武器弹药的贷款偿还给了苏联的中国，引起异样的感情是可以理解的。1952 年，翟作军见到毛泽东时，毛泽东的朴素生活说明，在想到朝鲜战争时，更感到战争的残酷。他在介绍弟弟的孩子时，恐怕作为父亲的脑海中也会掠过牺牲了的儿子的事。他女儿在什么地方？听说现正在大学里学习历史。

关于毛泽东的私生活，除翟作军之外，还有陈昌奉、傅连暲等警卫员和医生写的东西，据此可以了解一二。但是作为一种气质，中国知识分子相互不大谈私生活。正像翟作军的文章所讲的那样，毛泽东并非过着那种与众不同的生活。看到新中国成立后毛泽东与自己身边的警卫人员接触，感觉警卫人员比延安时代稍多一些。但是，毛泽东处处关心战士们的学习和生活。游泳时，他问一起游泳的警卫战士："你们知道不知道水的成分？""人能在水中浮起来是什么道理？""海水为什么会咸？"等等。他们回答不上来。1956 年，警卫连掀起了学习热潮。[211]而第 25 首诗词《水调歌头·游泳》或许是在边与战士们问答边游泳时得到的灵感吧。第 24 首《浪淘沙·北戴河》也可能是在巨浪拍打的海岸边下海游泳时的作品。

7. 浪淘沙（第 24 首）

北戴河　1954 年夏

昔日作为中国北部的尽头，被认为荒凉的幽、燕之地，今天正是风、雨、浪大作的暴风雨天气。这不是无价值的抒情与伤感。作者虽然也吟咏与这块土地有因缘的一位文学家、昔日杰出的帝王，并与其伤感共鸣，但又热情地叙述了现代的伟大变革。最后一句，过去作为名句常被使用，但作者已赋予它全新的意义。前阕作者眺望风景的视点相当低，令人感到与水面相同，这大概与心情有关系。

浪淘沙·北戴河

一九五四年夏

大雨落幽燕，白浪滔天，秦皇岛外打鱼船。一片汪洋都不见，知向谁边？

往事越千年，魏武挥鞭，东临碣石有遗篇。萧瑟秋风今又是，换了人间。

注

[浪淘沙] 54个字，双调，各五句。各四平韵，一韵到底，“燕”、“天”、“船”、“边”、“年”、“鞭”、“篇”、“间”字押韵。“燕”，作为鸟名（去声）和作为国名（平声）时四声不同。这里是作为国名，所以是平声，全部按规律押韵。

[北戴河] 位于河北省秦皇岛市（市内人口21万，为不冻港）西南的海水浴场，面临渤海，背后有联峰山。它以前就作为避暑圣地吸引着来自北京和天津的许多游客。新中国成立后，这里建起了工人疗养设施。

[幽燕] 指幽州（北京附近、河北省和辽宁省西北部）与燕国（河北省）。

[滔天] 洪水翻卷到天上。“浩浩滔天。”（《尚书·尧典》）

[打鱼] 现代汉语，指用网捕鱼。冒着大雨出海捕鱼的渔船，样子确实威武雄壮。

[一片] 现代汉语，指广阔场所的面积。如说“一片雪地”，是指成了银色世界。

[汪洋] 因为下雨，海上的景色迷茫。原意是水深、宽阔和无边无际貌。

[都不见] 现代汉语，“都”指全部。

[知] 与说“不知”是同一意思，表示介意，放在心上。

[边] 表示场所。

[往事] 已经成为过去的事。

[魏武] 指曹操（155—220）。其子曹丕篡夺汉位后，追称其为“武帝”。公元207年，他为讨乌桓北征，途中路过碣石山。登此山眺望东方海上的曹操以《步出夏门行》为题作了五组诗。这首词中的“东临碣石”与“萧瑟秋风”都是组诗第二首的诗句。作为参考，将曹操的第二首诗（也叫《观沧海》）附后。

[遗篇] 前人留下的书籍和诗歌。

[人间] 正如李白诗句“别有天地非人间”（《山中问答》），现实的世界令人厌恶，意思是应该脱离。可是，这首词中的“人间”不是那个意思，而是作为值得赞美的东西给予吟咏的。

诗词大意

大雨下在古人称为幽燕的地方，白浪铺天盖地而来。在秦皇岛外，不顾大海的汹涌波涛依然出海捕鱼的渔船，在一望无边的茫茫大海中看不太清，到底去了哪里呢？

回想一千多年前，魏武帝征战时路过此地，并在东面临海的碣石山留下作品，流传至今。诗中说的萧瑟秋风，今天虽然还在吹着，但是人们生活的社会已经完全变了样。

附

步出夏门行·观沧海

曹　操

东临碣石，以观沧海。
水何澹澹，山岛竦峙。
树木丛生，百草丰茂。
秋风萧瑟，洪波涌起。
日月之行，若出其中。
星汉璨烂，若出其里。
幸甚至哉，歌以咏志。

8. 水调歌头（第 25 首）

游泳　1956 年 6 月

在长江里畅游，长时间持续的旺盛精力洋溢在这首长词中，拿出任何一句都是无懈可击的。前阕第七句，那在轻松的余暇中爽直的表述直接传达出作者的人格，这在作者其他诗词中也很常见。这里的风景和第 2 首词吟咏的是同一场所。相隔约三十年，时代和作者都有变化，而作者依然在赞美变化。

水调歌头·游泳

一九五六年六月

才饮长沙水，又食武昌鱼。万里长江横渡，极目楚天舒。不管风吹浪打，胜似闲庭信步，今日得宽余。子在川上曰：逝者如斯夫！

风樯动，龟蛇静，起宏图。一桥飞架南北，天堑变通途。更立西江石壁，截断巫山云雨，高峡出平湖。神女应无恙，当惊世界殊。

注

[**水调歌头**] 95个字，双调。前阕九句，四平韵；后阕十句，四平韵。“鱼”、“舒”、“余”、“夫”，“图”、“途”、“湖”、“殊”字押韵。“夫”字以下为虞韵，与“鱼”以下的鱼韵古来通用。

[**游泳**] 1956年6月1日，毛泽东自武昌游到汉口；3日，自汉阳游到武昌（从长江大桥下穿过）；4日又自汉阳游到武昌。毛泽东此次三游长江。他从少年时代就擅长游泳，在长沙第一师范时期，他作为拥有80名成员的游泳部领导十分活跃，和蔡和森等人一起，即使到秋天也还在湘江中游泳。[212]

[**“才饮”以下二句**] 三国时代吴主孙皓（孙权的孙子，亡国之主）要把都城从建业（南京）迁到武昌，老百姓不愿意，有童谣说：“宁饮建业水，不食武昌鱼。”

[**长沙水**][213]长沙南门外有一个叫白沙水的井，因其适合饮用而有名。岳麓山半山腰处一个叫白鹤水的泉水，过去是送到北京供皇帝饮用的。[214]另外，在市内已成为庙的贾谊故居里也有井，被人称作太傅井[215]。在长沙，围绕泉和井的故事不少。

[**极目**][216]放眼远望，一望无际。陆游诗中有：“冈峦极目汉山川。”（《五月十一日夜且半梦从大驾亲征，尽复汉唐故地，见城邑人物繁丽，云：西凉府也，喜甚，马上作长句，未终篇而觉，乃足成之》）陆游吟咏陆地，而毛泽东是赞美天空。

[**楚天**] 宋代词人辛弃疾（山东人，1140—1207）词中有“楚天千里清秋，水随天去秋无际”（《水龙吟》）句。楚为春秋五霸（齐、晋、秦、宋、楚）之一、战国七雄（齐、楚、秦、燕、赵、魏、韩）之一，以长江中游流域为其领域。武昌、汉口即属楚国。

[**舒**] 舒展。

[**信步**] 散步。信为随意之意。

[**宽余**] 有余地，宽裕。

[**“子在”一句**] 《论语·子罕》：“子在川上曰：‘逝者如斯夫！不舍昼夜。’”

［风樯］风中的帆柱，指帆船。

［龟蛇］经过约三十年后，又眺望同一处所而发出的赞美。

［宏图］宏大的计划。

［一桥］武汉长江大桥，加上引桥共 1 670 米，主体部分 1 156 米。桥为两层，上有宽 18 米的公路，下有复线铁路。上下层两侧均有宽 2.25 米的人行道。从桥墩底座到桥上路面高 70 余米，桥下可通过大型轮船。桥两端各有一座 7 层建筑物。1955 年 1 月政府正式决定建造此桥，1955 年 9 月开始建造桥的主体，1957 年 10 月正式通车。作这首词时，桥尚在建造中。由于这座桥的建成，从广州到北京可以直通列车。在长江上架桥，这是第一座，其后又在重庆和南京建造了大桥。在武汉长江大桥的建设中，苏联专家给予了帮助，但是钢材的三分之二是由东北鞍钢提供的。90%以上的机械和全部水泥都是国产的。

［南北］"一桥"以下 11 个字有三种分段法，在前 4 个字后分句的例子见毛滂的词[217]，不过，在第 6 字后分句也没有错。

［天堑］使交通中断的天然大沟。始于隋军欲渡长江时，陈国的孔范说："长江天堑，古来限隔，虏军岂能飞度?"（《南史·孔范传》）

［西江石壁］指在长江上游三峡中段的三斗坪建造水坝的计划。1924 年以来，还有由地质学家李四光（曾任地质部部长，中国科学院副院长）进行调查的计划。新中国成立后，制定了长江干流和支流共 62 个水量调节坝的建设计划，其中最重要的是这一三峡大坝。估计完成时贮水量为 4 亿立方米（日本黑部川第四发电所大坝的贮水量为 2 亿立方米），发电能力为 2 000 万～3 000万千瓦（苏联的古比雪夫水电站为 230 万千瓦）。进而，大坝建成后可以调节全长5 800公里、年流量为黄河 20 倍的长江水量，防止过去两千年来记载的每 10 年发一次大水的灾害，连 1 万吨级轮船都可以直达重庆。（1958 年访问中国时听到的讲解。——竹内实）

［巫山云雨］楚宋玉《高唐赋序》中的故事：楚襄王游高庸时，在梦中出现了神女，二人盟约结为夫妻。离开时，神女说住在巫山南的高丘上，"旦为朝云，暮为行雨"。王见后来的确如此，便建神女庙祭祀。后来，讲"巫山云雨"，好像意味着男女间的爱情，但是这里恐怕还是指自然现象的云雨。巫山在长江上游，是耸立在被称作三峡的狭窄峡谷中的连续山峰之一。

［神女］在巫山传说中出现的神女。

［无恙］平安无事，询问是否平安的话。"恙"为忧愁之意。还有一种说法是叫作"恙虫"的小虫专门进入人肚子里吃人的心。太古时代的人住在茅草屋里，常为此毒虫所袭，故而问："无恙?"（《楚辞》宋洪兴祖补注）

［世界］世上，社会。"上人处世界，清净何所似?"（白居易《赠别宣上人》）

诗词大意

刚刚饮过长沙的水，接着吃上了武昌的鱼。现在，我在万里长江中游泳横渡，眼力所及，楚国的天空悠悠地舒展开来，虽有风浪也不在乎。在大江里游泳胜过在宁静的庭院里散步。每日忙碌，今天可以轻松轻松了。孔子看到流淌着的江水，曾感叹时光过快流逝。我对从北伐战争至今面目为之一新的武汉三镇也有那种感觉。

今天，轮船、帆船来往穿梭，龟山和蛇山反倒十分宁静。我们制定了宏伟的计划，长江大桥像在江上飞起一般，正在架设之中。切断南北的天然大沟，由此将变成方便的道路。进而再在西部的上游筑起水坝，截断传说中的巫山云雨，在高峰耸立的峡谷里，会出现水平如镜的湖泊。传说中的神女当还健在，她看到这情景一定会惊叹世界真正变了样子。

9. 政策转变与毛泽东的哲学

从第 26 首《蝶恋花·答李淑一》到后来的第 30 首《七律·登庐山》，仅有三年时间，却是中国政治发生巨变的时期。

首先，在创作第 26 首前一年，即 1956 年 5 月，中国提出了在学术研究领域实行“百家争鸣”的方针。据说，这是毛泽东想出来的。在 9 月召开的中国共产党第八次代表大会上，采取了从《党章》中删去过去使用的“毛泽东思想”一词等期望在意识形态领域里可以通过自由讨论寻求真理的政策。这也许是“自上面给予的自由”。研究一下当年 10 月波兰和匈牙利发生暴乱的形势，让人感觉到，中国共产党在意识形态领域采取的新政策颇有先见之明。

1957 年 2 月，毛泽东在最高国务会议上，就处理国内各种矛盾和冲突的方针发表了意见。讲话被录了音，好像让民主党派开会听了这个录音，这被认为是对共产党的批评可以相当自由地开展了。接着，4 月，中共中央发出整风的指示，并具体定出听取党外意见的时间表，而且中共中央统战部与民主党派人士举行了座谈会，鼓励人们毫不犹豫地提出批评意见。当时，批评中国共产党的意见像开了闸的洪水一样，提了许多。5 月上旬，开始在报刊上登载这些意见。针对民主党派（没有中国共产党那样大的力量，但有抵抗国民党的历史）与共产党的关系，提出了“长期共存，互相监督”的口号。民主党派之一民主同盟的副主席、国务院林业部部长罗隆基（江西人，1896 年生）讲道：“为了实现互相监督，应给予工作的方便。在中共和民主党派之间应是平等、独立、自由的，当然是相对的。”还提出了否定中国共产党领导的意见。进入 6 月，《光明日报》新任总编储安平（江苏人）质问毛泽东和周恩来：“国务院副总理 12 个人都是中共党员，你们意识到‘党的天下’吗？因为这样，中共与群众的关系才搞不好。”女作家丁玲（湖南人，斯大林文学奖获得者，1904 年生）等人也在这个时期为寻求“自由化”与有心之人一起四处策划，这成为后来其被开除党籍的理由。美术家协会副主席、党组书记江丰也与党外人士联系，试图改变党的文艺政策。江丰对把“党的领袖”的话当做金科玉律引用表示不满，他说：“没有全都正确的道理”，“靠伟人一句话解决问题是危险的，这是崇拜权威的思想。”他所说的“党的领袖”多半是指毛泽东。

在《人民日报》等报刊上登载比这种批评更露骨更令人反感的言论的时候，毛泽东作了《蝶恋花·答李淑一》。

人们相信，提出并鼓励自由发表意见的是毛泽东。据说，前一年号召“百家争鸣”也是他的主意。在自那以后出现的新鲜空气当中，文学界里出现了暴露和批评中共党内的沉闷和僵化的小说，其中有王蒙这一新晋作家的小说。他大胆地描写了首都北京党组织的内幕。[218]文艺界的党组织负责人不知道该肯定还是该否定它，但据说毛泽东在讲话中赞扬了这部作品，因此至少上面没有否定。从各种传闻来考虑，毛泽东似乎想要在这里采取一种“自由”的政策。

然而，他的意图和期望并未实现。不久便开始对反抗中共的言论和提出国家体制违反《宪法》等意见进行反驳。据说，那是因为在党员中表现出对容许这些言论“自由化”方向的不满和不安，这大概确是事实。“反共言论”在大学里特别激烈，甚至不让这一时期访问北京的外国人去参观大学。反抗的人和不满分子，就总体而言，除大学生外，限于过去在欧洲受过教育的知识分子、艺术家、记者以及代表民族资产阶级的政治家。他们既没有武器，也没有实力，所以，一般认为他们的这些言论不可能使新中国的体制崩溃。然而，另一方面，在农村想自发发展富农经营的某些阶层也开始发展力量，他们反抗中共的粮食统购政策。富农不想加入生产合作社，企业让赢利的经营（以投机倒把、黑市交易为主）合法化的要求，都传到了在城里发表“反共言论”的政治家耳中。如果对此放任不管，农村中零星出现的反抗气氛不能说不会形成一种政治势力。对于在农村成长起来的中国共产党来说，这恐怕是十分危险的信号。

反对共产党的一群人，并没有达到过去国民党那样敌对的态势，因此避免对他们使用“反动派”的称呼，而叫“右派”、“资产阶级右派”。当时，报纸上大张旗鼓地开展了针对城里政治家和知识阶层的“反右派斗争”运动，在农村也展开了。实际上，农村的“反右派斗争”被认为是给这之后中国社会的新变化带来决定性影响的实际运动。在这场斗争中，开除了走“富农路线”的农民党员。

在这之后，中国的思想斗争进一步加强了，“政治领导一切”代替了与民主党派“互相监督”的口号。这里所谓的“政治”，就是指中国共产党的领导。这样，进入 1958 年，便出现了令世界瞩目的“大跃进”和“人民公社”运动，整个中国为一种高昂的气氛所笼罩。作为第 27、第 28 首《七律》题材的消灭地方病，只是在这一狂热的群众运动中出现的一个插曲。在农村，由于否定了“富农路线”，开展了以贫农为主体的“人民公社”运动，中国共产党向机体内注入了新的沸腾血液，它变成了这次群众运动的能量来源。毛泽东说的“人民群众创造了人民公社这种形式，这不是我们而是河南省人民想出来的，后来把它推向全国”[219]，可能就是指这件事。例如，8 月 4 日毛泽东视察的河北省徐水县，当天晚上便召开群众大会，决定成立“人民公社”。不过，从记述视察现场的报道看，毛泽东并没有发表讲话号召成立“人民公社”。毛泽东与当地农民交谈时很乐观，说：“能打那么多粮食，一天得吃五顿饭喽。”一会儿，他又指示要搞农作物的多种经营。毛泽东又来到安徽省安庆，在长江里游了泳。1958 年是报刊报道毛泽东在国内视察十分突出的一年。在这一年，他几乎走遍了全中国。从这一点上说，《七律》中“坐地日行八万里”的说法，或许包含着其真实的感受。

关于在1958年出现这种急进、积极的群众运动，恐怕有国内、国际各种因素的作用。即便说是“人民群众想出来的”，没有政策指导也不可能有那样的发展势头。而且，在毛泽东的基本哲学里，也含有那样的因素。这一年6月1日，党中央创办了理论杂志《红旗》，毛泽东在上面写了一篇文章，是赞扬河南省一个县委关于两年中创办和发展农业合作社的报告（同样刊登在《红旗》杂志上）的短文。作为中国发展的决定性因素，文章举出了党的领导和6亿人口。他在文章中说：“人多议论多，热气高，干劲大。”进而又说：“除了别的特点之外，中国六亿人口的显著特点是一穷二白。这些看起来是坏事，其实是好事。穷则思变，要干，要革命。一张白纸，没有负担，好写最新最美的文字，好画最新最美的画图。”

所谓“一穷二白”，是指经济上和文化上未开发的状态，“穷”又有走到尽头的意思。这让人想起人们熟悉的《周易》中“穷则变，变则通，通则久”（《周易·系辞传》）的话来。这句话是以阴阳循环的宇宙图像为背景的《周易》的本质。

按照《周易》所说，宇宙是由对立的阴与阳两种元素构成，而这两种元素之间的关系是循环变化。如纯粹的阳（乾卦）的宇宙，后来将旋转一变，包含有少量的阴，而这种阴不断上升扩大，最后将变成纯粹的阴，即“坤”卦。接着，这种纯阴的宇宙将再次变为“生阳”，也就是“复”卦。这里，作为萌芽的阳继续增殖、上升与扩大，最终会成为纯阳的“乾卦”。也就是说，纯阳、纯阴的状态，乍一看，似乎意味着增殖的极限，但它通过转变，又会展现为新的宇宙。这就是“变”，其后将再次增殖。从纯阴的状态（“穷”）到发生变化是“复”，这是复归和反复的意思。复归和反复是事物变化的姿态，是宇宙的本质。只要有复归和反复的基础，变化将是无穷的。无限循环的运动停止了，宇宙也就消失了。在《周易》中有“亢龙有悔，穷之灾也”（《周易·文言传》）的说法，那是会带来灾难的恶劣状态。不过，也无需担心，“刚柔相推，变在其中矣”（《周易·系辞传下》）。所以，在刚与柔对立斗争的持续过程中，局面便打开了。而作为主体的人，需要“穷则思变”，而且必须去“思”。

也许会有人指责说，这样解释“一穷二白”，过于把毛泽东的说法还原到传统哲学上了。在《矛盾论》的最后部分，他描述了无限反复循环的运动形式，但这种反复循环同时也在向高处上升，在“循环”中加进了“进步”和“发展”这些概念，并不是简单的传统哲学的重述。

不过，在毛泽东这篇文章中，紧接着“一穷二白”的说法是“穷则思变”。中文这样说是可以的，因为通过文章的这种节奏，可达到同字异义的词义转换，而且又“合辙押韵”。这种“合辙押韵”，又是效仿人所共知的《周易》中的词句，容易使读者产生共鸣。不言而喻，只用同传统哲学的连续关系来解释毛泽东的思想，无法充分理解现代中国革命。但是，中国哲学在 17 世纪末到 18 世纪传到了法国，中国哲学的唯物论思想影响着法国的思想家。进入 20 世纪后，它又传回到了中国。在法国的中国学家中，似乎有人解释过这种思想传播的潮流。人们认为，毛泽东思想同作为人类遗产的中国古代哲学思想有联系，恐怕是理所当然的事。

特别是从 1964 年 7 月《人民日报》、《红旗》杂志两编辑部的署名文章对毛泽东 1958 年这篇文章所做的恰当注释中，也可以看出这一点。例如，关于在“反复”中要看到事物变化这一点，文章认为：“在世界各国历史上的革命，都曾经发生过反复和曲折。……革命，当然更要经历严历的、激烈的阶级斗争，不可避免地要经历长期的反复曲折的过程。”文章还把“刚柔相推，变在其中”作为马克思主义的语言。从中还可以发现“矛盾着的对立面又统一又斗争，由此推动事物的运动和变化”的说法，而且认为这一过程是“无限”的。作为斗争几乎是无限的例子，能够读到如下文字：“在政治思想领域内……谁胜谁负的斗争，需要一个很长的时间才能解决。几十年内是不行的，需要一百年到几百年的时间才能成功。”[220]的确，正如 1964 年的这篇文章引用的，列宁也说过：“……难道历史上有一种新生产方式是不经过许许多多的失败和反复的错误而一下子就发展起来的吗?”不过，把失败、失误、逆转看做是宇宙永恒的姿态的观念，毕竟属于毛泽东。

当然，简单的无限反复和无限循环是与马克思主义的历史发展阶段论相冲突的。

> 斗争，失败，再斗争，再失败，再斗争，直到胜利——这就是人民的逻辑……这是马克思主义的又一条定律。俄国人民的革命曾经是依照了这条定律，中国人民的革命也是依照这条定律。[221]

这就是说，如果没有“直到胜利”，阶级斗争就不能够结束。

这种无限反复、无限循环的思想，是有其永恒价值的。毛泽东的革命观，主张丢掉一切幻想，正视革命的残酷性，尽管这带有一种虚无的味道，却被毛泽东自称是“革命的乐观主义”。这恐怕是因为，他只是把人的生命看成是宇宙永恒中的一瞬。他在核战争的“废墟”上，会看到“人类幸福的未来”，也是因为他把革命事业放在这种以无限反复和无限循环的运动为基础的“永恒”上。这时，他是把如此思索的革命家也包含在内的。革命家本人将在无限反复和循环中结束他的有限生命。如果只有自己是例外，独独站在“废墟”之外的话，那么这个人无异于选择法西斯主义。这种永恒观念具有不允许那种自作聪明的例外或利己心的严肃精神。

但是，毛泽东并不喜欢“永恒”这一抽象的概念，他只是说失败的反复发生这种具体的现象，并要求对此有“思想准备”。1964年7月那篇关于无限性和长期性的文章，在上面引用的话之后，接着讲：“在时间的问题上，与其准备短些，宁可准备长些。”虽然要做“长期的思想准备”，但为了缩短它而工作的则是共产党，是人的努力。尽管这篇文章没有明讲，它确是这样分析缩短的可能性并找到具体方法的。《周易》在古代是实用性的预测术，但也是人们行动的指针和格言。根据这个指针和格言，有的“穷人”看到了郁积的能量不久将要爆发，于是在消极地等待“变”；有的则想积极地寻求突破，使之出现改换局面的“变”。纵然失败，也可以指望“无限反复”的观念来挽救。这的确是一种规律，属于应有的“基本观念”。在讲毛泽东与中国传统哲学的联系时，必须把这种伦理上、规律上、人生观上等侧面的连续性作为主要方面提醒人们注意。

然而，如果这种“基本观念”不同时承认社会不只是从前的重复的话，那便只看到了问题的一方面。应该充分地考虑到，在新社会中，这种伦理、规律和人生观具有与古代和中世纪不同的社会效果。而且，也应该承认，在毛泽东文章中表现出来的那种积极、主动的思想，已成为强有力的支柱。

从《红旗》杂志创刊号上的文章里引用的部分言论来看，他并非是把事物的无限反复循环绝对化，而是与人的积极、主动的作用联系起来考虑。虽然也讲“反复”的失败，但在他的观念里，却没有因此而怠惰和沮丧的成分。从这里可以感觉到，他青年时代追求的原理依然富于生命力。在“穷则思变，要干要革命”这一思想脉络里，存在着“主观能动性”的概念。但是，与青年时代不同，它已不限于个人的主动性（身体的锻炼和人格的确立），而是与“中国六亿人口”联系起来了。“人多……干劲大”，这种把“群众运动”与“主观能动性”联系起来的思想，也可以在1956年发表的《关于无产阶级专政的历史经验》中看到。这篇文章是由《人民日报》编辑部执笔的，但理所当然加进了毛泽东的思考，比如讲“无产阶级为了在物质上和精神上解放人民的目的……因而就要尽量地发挥人民群众的主动精神和积极作用”。

自然，这里也并非没有问题。如果“群众运动”与“主观能动性”的结合没有中介，就有可能使“群众运动”产生随意性。因此，在《红旗》上的这篇文章中，举出了以“大字报”为二者结合的媒介。其做法是把意见、方案或批评写在大张纸上贴出来，赞同者与反对者也都用同样方式给予回答。因为有第三者观看，影响会很大。如果把这作为一个“运动”来搞的话，平常不好讲的话就可以大胆说出来，这能取得很大的政治效果。不仅是“大字报”，要依靠“主观能动性”的发动机来使“群众运动”这部车子运动起来，实际上必须要有一些“齿轮”，毛泽东对此十分清楚。所谓政治，实际上就有类似这种“齿轮”的机能。连农业生产合作社和“人民公社”，也是在具备了条件之后才成立的，它不是在头脑中

“思”“变”出来的。

显而易见，这篇文章格调高雅，很有说服力，是一篇佳作，且有很强的煽动力。作为新的“格言”，它似乎在发挥作用。可如此包含有激情的“格言”，一旦忽视时间和场合的具体条件乱用，也会起负面作用。因此，《红旗》杂志后来发表题为《客观规律和主观能动性》的文章，强调“主观能动性”不是万能的、绝对的东西，只有按照事物的发展规律办事才能发挥其作用，即指出了它的局限性。(1959 年 8 月 16 日，施东向的文章）这可能是因为，哲学的“格言”化也容易产生偏向。1958 年 12 月，在武昌召开的八届六中全会上，毛泽东提出不当下一届国家主席候选人，理由便是专心从事“马克思列宁主义的理论工作”，他的这个提议后来被接受了。

第 26 首《蝶恋花》是“答李淑一”。正如“编者注”中所说，李淑一的丈夫柳直荀已经牺牲，据说尸体至今也不知在什么地方。1933 年夏，她听说丈夫已经牺牲，一天晚上梦见丈夫回来了。睁眼从梦中醒来的她痛苦不止，于是写了一首《菩萨蛮》词。后来，她把这首词送给毛泽东（可能是新中国成立后吧，或许是 1957 年）。当时，她问毛泽东有诗作没有（赞扬柳直荀或杨开慧的），希望给作一首。毛泽东在回信中说，写不出那样的诗，另外写了一首，也就是这首词。

李淑一是毛泽东第一个妻子杨开慧在长沙福湘女子中学时的同班同学，她们很要好。她跟柳直荀结婚，就是由杨开慧介绍的。李淑一一直当教师，毛泽东送她词的时候，她已经 56 岁。“编者注”中的长沙第十中学的前身就是福湘中学。《毛主席诗词》一书中没有登载李淑一的诗，作为参考，现把它附在毛泽东《蝶恋花》词的后面。

10. 蝶恋花（第 26 首）

答李淑一　1957 年 5 月 11 日

作者在延安时代即兴吟诵的诗词，似乎与此有所不同。但是否如作者所说，当时也写过类似的作品，因为不太理想而没有发表，便不得而知了。这首词如词牌《蝶恋花》的名字所暗示的那样，内容极富感情，在神话传说的人物背后，隐藏着个人的悲叹之情。心头是否有这种隐藏着的东西，决定着对神话世界的幻想性描写的感染程度。

蝶恋花·答李淑一

一九五七年五月十一日

我失骄杨君失柳，杨柳轻飏直上重霄九。问讯吴刚何所有，吴刚捧出桂花酒。

寂寞嫦娥舒广袖，万里长空且为忠魂舞。忽报人间曾伏虎，泪飞顿作倾盆雨。

原编者注

这首词是毛泽东同志1957年5月11日写给湖南长沙第十中学语文教师李淑一同志的。词中的“柳”是指李淑一同志的爱人柳直荀烈士。他是毛泽东同志的老战友，1923年加入中国共产党，曾任湖南省政府委员、湖南省农民协会秘书长，参加过南昌起义，1932年在湖北洪湖战役中牺牲。“骄杨”是指杨开慧烈士。她在1930年红军退出长沙后为反动派何键杀害，她是李淑一同志的好朋友。这是一首和词。李淑一同志写了一首纪念她死去二十几年的爱人柳直荀同志调寄《蝶恋花》的词，寄给毛泽东同志，因有此作。

注

［**蝶恋花**］（解释同前）“柳”、“九”、“有”、“酒”，“袖”、“舞”、“虎”、“雨”字押韵。“袖”是去声，与其他押韵字的上声不合，但这种例子叫“上去通押”，是允许的。另外，前阕是“有”韵（十二部），后阕是“虞”韵（“袖”为宥韵，四部），应该是不通用的，但在现代汉语中，除了“雨”字外，其他是通用的。

［**答李淑一**］关于李淑一，在“编者注”中有说明。此词最初发表时以《游仙》为题。在想象中的世界即仙界里游玩这种想法，在屈原（公元前340—前278）的《远游》中出现过。他因为效忠祖国，反被人排斥，而且无述说之所，于是随仙人在天上地下四处游逛。曹植（192—232）的《远游篇》、《仙人

篇》里也有与仙人一起周游的幻想。这些都是出于对现实人间世界的不满，想逃到幻想世界里去的愿望。晋代郭璞（276—324）著名的《游仙诗》，比之描写仙界更重于描写自己的理想。不管怎样，以上诸篇的作者都是去访仙界。而著名词人秦观（江苏人，1049—1100）的《鹊桥仙》，则表白作者不去访问仙界。毛泽东说的“七夕”之类，大概是指这个意思。可以肯定，毛泽东把革命烈士同仙界结合起来的词，在游仙诗词谱系里是新颖的。在这节的末尾，附有秦观的作品，可供参考。

［骄］值得夸耀。把杨开慧不屈服于反动派比喻为杨树挺拔的样子。“骄”原指高六尺的马（《说文》），后来转意为高傲自矜，不服他人支配（《字汇》），如“白马骄不行”（崔国辅《长乐少年行》）。

［杨］水杨树。枝不下垂，叶内白色。英译为“白杨”，但与白杨略有不同。

［飏］被风吹起的样子。

［“杨柳”以下一句］二烈士的灵魂登上了月球。古代中国人的思想（实际上不限于中国人）认为死者的灵魂离开肉体飘浮在空中。《楚辞》中的《招魂》，就是描写招回死者的灵魂并让其复苏的仪式的诗。杜甫思念去东岸看蜃楼的弟弟，也作过“魂飘结蜃楼”（《第五弟丰独在江左》）的诗句，说自己的魂已飞到了蜃楼旁。为使灵魂回来再度附体成为生者而生活，死者的肉体被特别珍重地埋葬。以前，中国人把棺材做得很精致，可能也是与古代的这种思想有关。（日本也有以死者的灵魂飘浮这种中国故事为题材的小说，如富士正晴的《游魂》）

［问讯］打听。杜甫在诗中有“问讯东桥竹，将军有报书”（《重过何氏》五首之一）的句子。在中国有一种解释，认为已成仙界客人的杨、柳二烈士，向招待自己的主人打听是不礼貌的，与烈士身份不相称。而如果看杜甫的实际作品，可明白这种担心是不必要的。不过，关于“问讯”的主语是谁确有两种看法，一种认为是作者即毛泽东[222]，另一种认为是杨、柳的灵魂[223]。第二种看法好像较有说服力。还有人认为，作为修辞技巧，是为了加强感情，使下文更显明才发问的，但谁发问无法确定，很模糊。例如，李煜的词《虞美人》中有“问君能有几多愁”句，便是一例。[224]这种说法也有一定道理。陆游的诗中也有用“问讯”而不用“问”的例子。所以，这里可能是与杜甫特别是陆游诗中同一性质的用语。

［吴刚］汉代西河人，跟仙人学成仙术，但出了差错，被罚在月亮里砍桂树。桂树高500丈，斧头砍下树，又立刻长成原样，所以吴刚一直在那里砍树。（《酉阳杂俎·天咫》）而按照《本草纲目》作者李时珍的说法，这个传说始于隋唐小说。大概是从月缺月圆想象出来的故事。月与桂自古以来关系就密

切，也说月为桂之魂。

［桂花酒］ 因为想象月中有桂树，便随之有桂花酒。是把桂花摘下来放入酒中，称为桂酒。曹植的诗《仙人篇》中说桂酒是供仙人饮用的。汉语中讲的桂花，是指日本的“木樨花”，与吴刚砍的高大桂树不同，但无须详细考证。

［嫦娥］ 月亮上美女的名字。据《淮南子·览冥训》，姮娥是羿的妻子，因为偷吃了羿从西王母那里求来的长生不死药而飞入月中。后来，汉文帝的名叫恒，为避同字便改成了嫦娥。李商隐从这一传说中取材的诗句有：“嫦娥应悔偷灵药，碧海青天夜夜心。”（《嫦娥》）他想象嫦娥到月亮上去，十分孤单。毛词中的“寂寞”，也当是据此而来。

［舒广袖］ 传说方术（长生不老之术）士罗公远与唐明皇一起邀游月宫时，仙女百人着白衣跳起霓裳羽衣舞。（《乐府诗集》）

［且］ 暂先，暂且。

［忠魂］ 忠义之心，指对革命的忠诚。

［伏虎］ 降服了恶兽，指革命胜利。

［顿］ 突然。

［作］ 成为。

［“泪飞”以下一句］ 关于这句的主语究竟是谁，曾有争论。这首词在最初发表时，诗人臧克家写有解释和鉴赏的文章（《北京日报》，1958 年 1 月 10 日）。他认为，流泪的是嫦娥，当她听到杨、柳二烈士生前为人民而奋斗，没有实现志向就被杀害，表示同情而哭泣，即所谓“惊天地，泣鬼神”。对此，谢思洁认为，杨、柳二烈士听到下界革命胜利的消息，流下了喜悦的眼泪。且词由八句组成，把后阕四句都用于往事的描写，是欠平衡的，对革命烈士升入仙界后仍在关心人间的革命事业这一点没有给予说明。郭沫若认为，流泪的不仅是二烈士，也可以包括吴刚和嫦娥，因为他们都是中国人，是欢迎二烈士的。他进一步纠正谢思洁的说法，认为可以认为是二烈士喜悦的眼泪，但说二位仙人对此无动于衷，故事也不太正常。[225]谢思洁反对这种看法，认为二烈士与吴刚、嫦娥之间应该有所区别，还认为是指二烈士的喜悦之泪。[226]而且，与对前句“曾”字的解释有联系，其是“终于”还是“已经”的意思，说法也不一样。如果做过度详细的考证，词的妙处反而受损，这里取二烈士说（也包括吴刚和嫦娥）。“人间曾伏虎”的主语不是二烈士，而是包括作者在内的中国人民。不过，这消息不是在革命胜利后新中国诞生时立刻就传到了月亮那里，而是相当晚（可以假设是在李淑一与毛泽东赠答词时），便产生了表示隔有一定时间的“曾”字。李淑一赠词给毛泽东是在新中国成立后数年的事情，大概引发出这两句述怀，写在信上了。所谓“述怀”，恐怕是为死者们未能见到革命

胜利和新中国建设而遗憾。为此，毛泽东便叙述他们在仙界上的生活（以此描写来安慰李淑一）。不过，对于死者来说，这并非真正的安慰，如果及时报告中国革命已经取得了胜利的话，他们一定沉浸在真正的安慰和欢乐之中。因而，最后两句的前提，是死者无法立即知道中国革命的胜利这一消息，或仍然陷在不能自已的悲哀和思念之中。尽管他们无法及时知道，但在知道之后，一定会很高兴。他们的心情会在悲愤与高兴两极之间激荡，这样两句才讲得通。也是由于这种缘故，“忽”和“曾”这种错位的时间副词才会共存于一句中。而且，实际上，寄托在“倾盆雨”这种剧烈的景观中的，便是作者对死者百感交集的倾诉。

诗词大意

我失去了在敌人威逼下永不屈服、值得骄傲的杨开慧，你失去了柳直荀同志。杨和柳如同杨树、柳树的白絮那样轻轻地一直飘向九天。两人在月宫里问砍桂树的仙人吴刚：这里有什么东西？据说，吴刚捧出来桂花酒。

在寂寞冷清的月宫里生活的嫦娥，飘动她那宽大衣袖，在高空中给为人民献身的魂灵跳起舞蹈。这时，突然传来下界征服了虎狼（革命胜利了）的消息，他们的眼泪，如倾盆大雨一样落了下来。

附：

菩萨蛮·惊梦

李淑一

兰闺索寞翻身早，夜来触动离愁了。底事太难堪，惊侬晓梦残。

征人何处觅，六载无消息。醒忆别伊时，满衫清泪滋。

鹊桥仙

秦　观

纤云弄巧，飞星传恨，银汉迢迢暗渡，金风玉露一相逢，便胜却人间无数。

柔情似水，佳期如梦，忍顾鹊桥归路，两情若是久长时，又岂在朝朝暮暮。

11. 七律二首（第27、28首）

送瘟神　1958年7月1日

抒发沉重的心情，似乎也是作者的才能，这恐怕与他始终未能忘却革命的残酷有关系。进入后四句，像在银河里一样拓展行动的范围，大概就是为着摆脱那种重负。诗中明与暗之间的对比很明显，不过，并没有充分地表达出喜悦的心境。这也是又创作“其二”的原因。

“其二”是前一首的继续，尽情讴歌了喜悦和明快的世界。最后两句与前面的“牛郎”相反，举出恶的象征，却有明快的幽默。

七律二首・送瘟神

一九五八年七月一日

读六月三十日《人民日报》，余江县消灭了血吸虫。浮想联翩，夜不能寐。微风拂煦，旭日临窗。遥望南天，欣然命笔。

其　一

绿水青山枉自多，
华佗无奈小虫何！
千村薜荔人遗矢，
万户萧疏鬼唱歌。
坐地日行八万里，
巡天遥看一千河。
牛郎欲问瘟神事，
一样悲欢逐逝波。

其　二

春风杨柳万千条，
六亿神州尽舜尧。

红雨随心翻作浪，
青山着意化为桥。
天连五岭银锄落，
地动三河铁臂摇。
借问瘟君欲何往，
纸船明烛照天烧。

注

[七律]（解释同前）“多”、“何”、“歌”、“河”、“波”字押韵。“其二”“条”、“尧”、“桥”、“摇”、“烧”字押韵。

[瘟神] 传染病神，又叫“瘟神爷”，如说“青脸红发的瘟神爷”（《红楼梦》第39回）。这里幽默地讲述了血吸虫病的情况。这种病在日本分布于佐贺、广岛、冈山、山梨、静冈、千叶等地。在日本以外则分布于中国大陆、中国台湾地区、菲律宾和印尼等地。在中国，此病分布在长江沿岸和华南的农村，人们又叫它“大肚子病”。血吸虫寄生在人体肠膜血管内，吸收人的血液然后排出毒素。其在血管内排卵，卵随粪便一起排泄出去，并在水中孵化，寄生在中间宿主钉螺体内（日本叫光钉螺），成熟后浮在水面上，等待寄生于人体的机会。它一旦进入人体，患处便会肿起。患者有手足疼痛、发烧、呕吐、咳嗽等症状出现。成虫开始产卵后，人患发烧、痢疾、肝脾肿胀。感染后，经四五年，呈现腹腔积水、贫血、发烧不退、消瘦等症状。据1959年9月统计，消灭钉螺的面积已达63.5亿平方米，使苦于这种疾病的地区缩小了三分之二。在全国700万患者中，70%已接受治疗，350万人治愈，14万头以上的耕牛也接受了治疗。据说，中西医结合的治疗效果很好。

[余江县] 在江西东部。“（余江）蓝田坂方圆五十里……在近五十年内，蓝田坂有三千多人因患血吸虫病死亡，有二十多个村庄完全毁灭，有一万四千多亩田地变成荒野。剩下的人也大多挺着大肚子，面黄肌瘦，能吃不能劳动。”[227]另外，全县面积1 000万平方米中，有血吸虫病原体的钉螺分布面积达78.2万余平方米，17万县民中有3.5万余人受到血吸虫的严重威胁。听建头村的老人说，50年前这个村子有500多户，1 500多口人；但由于血吸虫病的折磨和国民党反动派的践踏，每年都有许多村民死亡，一部分人不得不逃往他乡。这样到解放时，只剩下8户，24口人。

[浮想联翩]“联翩”是像鸟那样轻轻飘舞。指文章的构思不断涌上心头，也说成“浮藻联翩”（晋陆机《文赋》）。

[枉] 白白地，无益地。有“云雨巫山枉断肠”（李白《清平调》）句。

[自] 专心致志，自然的秉性。杜甫诗中有“关山空自寒”（《初月》）、“西蜀樱花也自红”（《野人送朱樱》）等句。

[华佗] 安徽人，后汉名医，因治曹操的头疼病，被强迫当侍医。由于屡次提出辞职，被投入监狱，后死在狱中。死前，华佗将秘传一卷交给狱吏，说明用此药方可使死者复苏，但狱吏害怕，不敢接收，华佗便要来火给烧掉了。

[小虫] 指血吸虫。

[薜荔] “薜”为薜萝，指顺墙壁爬长的扶芳藤。“荔”为葶苈，是长在田野里的杂草。

[“千村”一句] 谭用之（唐末五代时诗人）诗有“暮雨千家薜荔村”（《秋宿湘江遇雨》）句。

[遗矢] “遗”为小便，“矢”为大便。《史记・廉颇蔺相如列传》中记载，想召回廉颇的赵王派使者到楚国，被收买的使者回报说，廉将军虽已年迈，但吃饭很好，不过，在同我一起坐着的不长时间里，三次去厕所（“三遗矢矣”）。这里是指因疾病下泻不止。

[萧疏] 萧条，稀疏。

[鬼唱歌] 鬼指死者与其亡灵。李贺的诗中有“秋坟鬼唱鲍家诗”（《秋来》）句。

[坐地日行八万里] 8 万华里为 4 万公里，是地球赤道的长度。因而，人可同地球的自转和公转一起，一天走 4 万公里，周游仙界（郭沫若语，《人民日报》，1959 年 3 月 4 日）。作者看到有关消灭了血吸虫病的报道后，极为高兴，说自己虽身在北京，但思绪已经在天地间奔驰。读《人民日报》的报道后，他产生种种想象，把这些想象理解为很遥远是可以的，未必要把 8 万里与赤道联系起来。其实，下句中的“牛郎”实际上也不存在，所以，若考证“八万里”的科学性反而有碍于理解。[228]

[一千河] 天上的银河，也可以理解为中国地上的许多河流。

[牛郎] 在“七夕”的传说中，牵牛星原是放牛郎。

[悲欢] 受灾群众的悲哀与瘟神的得意忘形。

[逝波] 流动的水。出自《论语》中孔子语。时间一过，事情便成为过去。

[神州] 中国的古称。

[舜尧] 《孟子・告子下》：“人皆可以为尧舜。”舜与尧都是古代的圣人，这里指中国人民具有新的社会主义品德。

[红雨] 取自李贺诗“桃花乱落如红雨”（《将进酒》）。不过，这里不是像李贺那样为惋惜逝去的春光而饮酒，而是讴歌群众运动像波涛一样高涨的情景。

[随心] 按照人的心愿。

[着意] 想办法，想起。

[五岭] 代指全国各地的山。

[三河][229] 指黄河、淮河、洛河。这里指全国各地的河流。

[“天连”以下二句] 当年6月30日《人民日报》社论报道，湖北省谷城县人民“削山填河，移石补湖”，彻底驱逐钉螺，将要根除血吸虫病。为驱逐钉螺，填埋旧河和水沟，另挖新水道，采取了果断措施。而在余江县，这种方法获得了成功。这首诗赞美了劳动人民的本领。1956年中共余江县委动员两万县民开始征服钉螺，并结合兴修水利，在两年间共挖新沟200公里，埋旧沟灭绝了钉螺。另外，患者可以接受免费治疗。1958年5月，百余年受害的历史结束了。县里又进一步改善环境卫生，保障农民的健康。[230]

[纸船] 古代的习俗，在送别死者和神上天时，要点起香和蜡烛，烧纸船、纸马。韩愈的《送穷文》中写有在柳条编的车、草编的船上，放着面食和糠供给穷鬼，意思是祈祷它们离开自己的地方。作者可能仍记得这些，不过，这里作者送走的是全体人民的灾难。

[照天烧] 天被映照得通红，像燃烧着一样。

诗词大意

美丽的大自然并未给人们带来福利，那只是外观的美景。就是华佗这样的古代名医，对这小虫带来的疾病也束手无策。各个村子杂草丛生，人们的身体在衰弱下去。人口剧减的每家每户显得荒废不堪，常听到亡灵在唱歌。我的身体虽在地上，可是思绪已在八万里外奔驰，升入了天空，在眺望这宇宙（和中国）。牵牛星只知道旧中国，如果现在询问风土人情的话，回答是：过去中国所有的悲欢已像流逝的波浪那样，成了过去的事情。

春风吹拂，万千条杨柳轻轻摇动。在这明快的风景中，祖国六亿人民具有与古代帝王匹敌的高尚思想和道德。花瓣儿像红雨一样散去，如同掀起大的波浪。河对岸的青山间，有以人民的智慧结晶架起的桥梁。山上的银锄，连着天般的挥动着。在各地的河川上，健壮的臂膀挥动着，震天动地——人民在迅速地改造大自然，改善环境卫生。喂，瘟神君往哪里逃走？通红的天像要烧着了，纸船在燃烧，又点了许多蜡烛，那是在欢送你离开。

第九章

内外危机

1. 庐山会议

毛泽东不仅负责“理论工作”，也管实际行政工作。所以，如果说1958年的“大跃进”和“人民公社”有缺点的话，那么他也应该受到批评。党中央在8月的北戴河会议和11至12月的武昌会议上，明确提出了纠正“人民公社”错误的方针，这是按照当初的模式开展运动以后仅几个月的事。实际上，“人民公社”也在反复进行适应各地区情况的试验与校正。进入1959年，迎来了8月在江西省庐山召开的八届八中全会。

这次全会的《公报》公开承认，过去把生产数字估计过高，这引起了世界的注目。1958年12月的六中全会《公报》预计1958年粮食产量为7 000亿斤，而这次八中全会《公报》把它改成了5 000亿斤（25 000万吨，比1957年增产35%），将6 700万担棉花改成4 200万担（210万吨，比1957年增产28%）。根据工业规划计算，把1 100万吨钢改成800万吨（比1957年增产49.5%）。据说，在中国国内，有人认为这些数字仍然偏高，但大体上还是在这些数字上下，括号内为增产的百分比。另外，八中全会的《公报》指出了“右倾机会主义”的危险。这是在激进政策之后党内出现的新矛盾，因而引人注目。《公报》中

毛泽东在庐山。

说："八届八中全会在分析了当前的形势以后指出，对于实现今年的继续跃进来说，当前的主要危险是在某些干部中滋长着右倾机会主义的思想。他们对于那些根据客观条件和主观努力本来可以完成的任务，不去千方百计地努力完成。他们对于几亿劳动人民和革命知识分子在大跃进运动和人民公社运动中所取得的伟大成绩估计过低，而对于这两个运动中由于经验不足而产生并且已经迅速克服的若干缺点，则估计过于严重。他们对于在党的领导下几亿劳动人民轰轰烈烈地进行的大跃进和人民公社运动，污蔑为'小资产阶级狂热性运动'。"[231]

一个月之后，从江西苏区时代就与毛泽东一起同甘共苦、在朝鲜战争中作为志愿军司令员建立过功勋的国防部长彭德怀突然被免去职务。总参谋长黄克诚（湖南人，1902 年生）、外交部副部长张闻天也在这个时候被免职。当时有各种猜测，但据 1962 年报道，八中全会《公报》中谴责的"他们"和"一部分'右倾机会主义'"者，其实就是指这几个被解职的人。

从事件过后两年的新闻报道（《东京新闻》1962 年 2 月 11 日和《中国季刊》的报道）中我们知道，在庐山的会上，彭德怀拿出了长篇意见书表明自己的见解。据说，内容是批评成立"人民公社"准备不足的错误，以及批评作为"大跃进"的一环在全国范围内搞土法炼钢浪费资金与原材料。他还指责"大跃进是小资产阶级狂热"。对彭德怀的这种大胆指责，党中央开始允许与会者进行长时间的讨论，但最后会议做出决议，谴责彭德怀拉拢其他中央委员搞派别活动，认为党的路线是正确的。据说，彭德怀在会上发言说，如果出现自己被清洗的情况，鉴于个人在国内的威望，恐怕部队要起来造反。对此，毛泽东眼含泪水回答说，如果发生这样的事，我回农村再组织军队好了。与会的将军们相继站起来，表示忠于毛泽东。听说，彭德怀受到了处分，后任黑龙江省"国营友谊农场"场长（一说是副场长），但政治局委员的职位还没有被剥夺。

不过，按照后来报道的说法，在未公开报道的 1960 年 9 月至 10 月召开的中央军委扩大会议上，彭德怀、黄克诚、张闻天等人被作为"反党集团"处理，处分进一步加重了。（朝日新闻调查研究

室《中苏对立》，1964 年 8 月）

报道所说的彭德怀意见书和《公报》中讲的并不一致。八中全会通过了《关于开展增产节约运动的决议》，这恐怕是因为彭德怀提出的“资产浪费”也是其他人看到的现象。也有人说，彭德怀提出的意见书是张闻天执笔的，可我看不出彭德怀想让毛泽东下台以自己取而代之的意图。如果说这次完全是“突发性”事件的话，应该说庐山会议前毛泽东在作第 30 首《七律》和写去庐山途中回故乡的第 29 首《七律》的时候，并没有预感到暴风雨即将来临。当然，他在第 29 首诗中使用了“咒”，在第 30 首诗中使用了“冷眼”和“热风”这种对仗的方法，还是不禁令人打了个寒战。

2. 七律（第 29 首）

到韶山　1959 年 6 月

碑文般的诗句，使全诗显得十分协调和匀称。第一句中的“咒”、第三句和第四句那紧迫而威严的意境，表现出作者丰富的洞察力和回首往昔的情感。他把过去的同乡称作“英雄”，似表达当权者的关怀之意。用这种现代汉语来表述作者的情怀，更使人感到亲切。

七律·到韶山

一九五九年六月

一九五九年六月二十五日到韶山。离别这个地方已有三十二周年了。

别梦依稀咒逝川，
故园三十二年前。
红旗卷起农奴戟，
黑手高悬霸主鞭。

为有牺牲多壮志，
敢教日月换新天。
喜看稻菽千重浪，
遍地英雄下夕烟。

注

［七律］（解释同前）“川”、“前”、“鞭”、“天”、“烟”字押韵。

［别梦］ 1927年1月离别故乡，分别时的回忆如同一场梦。

［依稀］ 隐隐约约不太清晰。陆游（宋代文人，1125—1210）的诗有句“家山万里梦依稀”。这里只是意在因回故乡勾起对往事的回忆。在赵嘏（唐代诗人，约810—856）的诗中也有“风景依稀似去年”（《江楼感旧》）的句子。

［咒］ 也有祝愿的意思。不过，此处是贬义，有诅咒神灵加祸之意。“……对于故乡的回忆已变得依稀仿佛，有点像梦境一样，然而憎恨的情绪却十分深刻，这就结穴而为这个‘咒’字。这是大喝一声，让读者不能不睁大眼睛，开动自己的脑筋思索。”[232]

［故园］ 旧庭院，转意为故乡。“此夜曲中闻折柳，何人不起故园情。”（李白《春夜洛城闻笛》）

［红旗］ 指当时的农民运动。“红旗”指中国共产党，“卷”是风吹动旗子的样子。

［黑手］ 指反革命势力和地主势力。1927年5月21日，驻长沙军阀许克祥率一个团叛乱，袭击并解散湖南省工会、省农民协会，解除工人农民的自卫队武装，杀害百余名共产党员和群众，建立了反动政权，这就是“马日事变”（旧时用韵目代日期，“马日”代表21日）。被这一事变激怒的群众在各地组织武装队进行抵抗，在韶山也成立了农民自卫军湘宁边区司令部，千余队员拥有300余条枪，企图同友军一道夺回长沙，但由于当时共产党总书记陈独秀的错误，这次行动没有成功。不久，反动军队从三个方面进攻韶山，农民自卫军顽强抵抗，终因寡不敌众而失败。在残酷的恐怖中，许多农民牺牲了。

［牺牲］ 在中国革命中，许多人牺牲了，这是不言而喻的。毛泽东在革命中先后失去了第一个妻子杨开慧、弟弟毛泽民和毛泽覃，在抗美援朝战争中又失去儿子毛岸英。

［换新天］ 同“换了人间”。

［菽］ 豆类的总称。

［下］ 现代汉语，从学校和工作单位回家叫“下学”和“下班”。

诗词大意

回到故乡，离别时的情景还隐约浮现在脑际，勾起了对过去岁月的悲伤回忆，愤怒和憎恶之情一齐向我袭来。算来那是32年前的事了。高举红旗，手持梭镖的被压迫农民起来了，但反动的黑手替穷凶极恶的地主抡起鞭子镇压农民。无数胸怀壮志的同志为革命而献身，幸存者依然毫不畏惧地为开辟今日的新天地而战斗并实现了这一愿望。当我以喜悦的心情眺望田园上碧波千重的庄稼时，不知不觉天色黑下来，缕缕炊烟升起。四处可见忙碌一天的农民（那是堪称英雄的人们）回村的身影。

3. 七律（第30首）

登庐山　1959年7月1日

这是一首规模宏大的风景诗。说它把旋转360度全方位展望到的风景尽收一首诗中并不过分。热风吹雨只不过是在天的一角。引用古人的诗句来描绘当今新的劳动世界，是作者得意的技巧。

七律·登庐山

一九五九年七月一日

一山飞峙大江边，
跃上葱茏四百旋。
冷眼向洋看世界，
热风吹雨洒江天。
云横九派浮黄鹤，
浪下三吴起白烟。
陶令不知何处去，
桃花源里可耕田？

注

[七律]（解释同前）“边”、“旋”、“天”、“烟”、“田”字押韵。

[庐山] 也叫九十九峰，由七条大岭组成，最高峰海拔 1 543 米，周围约 100 华里，与日本的箱根山相仿。山上耸立着累累绝壁，东南与鄱阳湖相接，北可眺望长江，西有较低的高地连接九岭山脉。鄱阳湖与长江汇合处有石钟山。据说，从那里远望长江，可见天下之绝景。从山下望庐山的景色，据说，从山背面的鄱阳湖畔星子附近眺望为最佳。那里连接一块宽数百米、高一千几百米的巨石，在其断壁处挂着数百米高的瀑布，极为壮观。庐山古名南障山，或叫匡山、匡庐。相传古时一叫匡俗的隐士同兄弟七人隐居山中，人称庐君，故此山得名庐山。据说，佛教传入中国后，山中修建寺院多达 380 余处。由于唐、宋时代名人来游并作诗文，此山逐渐有名。这些诗人是李白、王勃、杜甫、白居易、苏东坡、周濂溪、朱晦庵（朱熹）等。清末，英国人租借山顶盆地牯岭作避暑地，蒋介石也常在此召开讨伐共产党的会议。在抗日战争时期，这里曾有过战斗。国共内战时期，美国的马歇尔曾在这里同蒋介石密谈。庐山是 1949 年 5 月 18 日解放的，毛泽东在 1959 年共产党成立纪念日那一天登上庐山，并主持召开了中共八届八中全会。

[飞] 飞来峰或飞来石，是一块形状奇特的孤立岩石，相传是仙人搬来的，也有自己飞来之说。从宜昌顺流而下到河口，长江两岸是一望无垠的千里平原，流至九江方见庐山，于是，自然会令人联想起飞来峰。不过，把这种传说用在庐山这样的大山上，作者还是第一人。庐山到底是不是“飞来”的，单从“飞”尚难确定。作为对山高而雄伟的形容，“飞来”有令人惊叹之感。“飞”是飞阁、飞楼等对高耸建筑物的形容。

[葱茏] 草木繁茂的样子。

[四百旋]“旋”为转圈之意。1952 年 9 月开始，用时约七个月，在庐山修筑了全长 35 公里的公路，其有近 400 处转弯。旧中国那由人流着汗水用轿抬人上山的情景从此不见了。

[冷眼]“藐视那些进行反华大合唱的鸵鸟们。”[233] 也让人想起鲁迅“横眉冷对千夫指”的诗句。第三句和第四句、第五句和第六句对仗，“冷眼”对“热风”。

[洋] 水域广阔。《诗经》中有“河水洋洋”（《卫风·硕人》）的句子。在庐山北面，有面积为 2 780 平方公里的淡水湖鄱阳湖。据说，从庐山最高峰大汉阳峰眺望，可见如下风景：“大汉阳峰居庐山的西南，高达 1 543 米。晴天登峰顶，可以远眺山下如画的景色：长江如线，鄱阳湖像一面镜子；烟波浩淼，远天与碧波连成一片。彭泽、九江一带的城镇农村，也依稀可以看见。古人

说：‘月明风清之夜，可观汉阳灯火’，所以称它汉阳峰。”[234]

［**热风**］7月的暖风，南风。为避免使用“南风”这种平淡的叙述，在诗中常用“薰风”来形容。它出自传说中的舜的诗句：“南风之薰兮，可以解吾民之愠兮。”鲁迅在散文集题名中曾使用过“热风”，他在序文中写道：“我却觉得周围的空气太寒冽了，我自说我的话，所以反而称之曰《热风》。”据说，毛泽东用“热风”一词，是寓意处在反动派的严酷环境里，中国人民为革命事业奋斗的热情。[235]作为对大自然的描绘，这句诗是非常美的。这种赞美也是对独立不羁的革命精神的歌颂。

［**洒**］像大雨倾盆而下，倾注。

［**九派**］“九”指数量很多，“派”是指河的支流。长江在湖北省、江西省附近汇入一些支流。相传古代长江在庐山和浔阳（即现在九江附近）分成九条支流。李白的诗中有“白波九道流雪山”（《庐山谣》）。但“九”是指什么，众说纷纭。这里可以比喻长江汇集着许多支流。

［**黄鹤**］见前《菩萨蛮·黄鹤楼》（1927年春）中关于“黄鹤楼”的解释。从庐山向西眺望长江上游，隐约可见武汉和长江大桥。

［**三吴**］指长江下游地区。这里描绘的是包括上海及其附近工业区冒出白烟的景象。关于“三吴”有各种解释，一说是指苏州（东吴）、润州（中吴）和湖州（西吴）。

［**陶令**］陶潜，字渊明（也有人说渊明是名，365—427），因做过彭泽县令，故被称为“陶令”。他是李白和杜甫以前最具有代表性的诗人。因《归去来兮辞》等表现出的田园隐居生活及《饮酒二十首》等爱酒癖而著名。诗人出生在今天江西省九江市的浔阳柴桑，除青壮年时数次为官外，未离开故乡。“靖节先生”是他死后人们赞美其清廉一生而起的谥号。柴桑在九江市西南4.5公里处，三国时代吴国孙权曾驻此地，诸葛亮为在赤壁打败魏国曹操去会见过孙权。陶渊明的故乡是柴桑，但一般认为其住处在柴桑和庐山中间的栗里，他的墓在庐山北麓的面阳山上，今天在栗里和面阳山还有陶姓人家。[236]诗人在柴桑过着“躬耕自养”、“夫前耕，妻后锄”的和睦生活。按照郭沫若的说法，陶渊明一生勤奋耕作，他的这种值得尊敬的一面却被后人遗忘，只强调他隐居和爱酒的一面，好像陶渊明不劳作也能过活似的，这是憧憬隐居生活的后人——地主阶级对他的歪曲。他亲自耕田的一面正是毛泽东认为值得羡慕的地方，是今天的时代精神。在1 500年前不愿做官、甘愿为民的陶渊明，确是一个难能可贵的人物。

［**桃花源**］陶渊明在《桃花源记》中描绘的理想国。一个渔人为在河中捕鱼逆流而上，来到了两岸开满桃花的地方，再向前去，发现山中有一洞穴，于是钻了进去，里面有过和平生活的村子。据村里人讲，他们是为避秦朝的战乱

来此的。在返回途中，他虽留下标记，但第二次来时却未能找到。这里诗人说的“桃花源”，是指现在的中国社会。

诗词大意

庐山宛如突然飞来似的耸立在水面宽广的长江边。汽车沿新开的道路奔驰，在绿色的林海中，一气通过四百个转弯处才到达山顶。冷眼观看鄱阳湖和全世界，在广阔天边的一角，热风吹雨，从长江的上空倾盆而下。转眼望去，云横在上游的武汉三镇上空，像是传说中的黄鹤飞来。回首张望，长江下游历史上物产丰富的古代吴国，现已冒起现代工业的缕缕白烟。这附近的陶渊明现在何处？曾憧憬理想天国的这位县令，一定在现实的桃花源中高高兴兴地耕田呢！

4. 最严峻的时期

虽说彭德怀事件是突发性的，但其背后似乎有苏联领导的影响。1964 年 2 月 14 日，苏斯洛夫在苏共中央全会上提出，要在全国范围对中国共产党进行批判。他把中国领导人和理论家的思想说成是“小资产阶级的意识形态”和“小资产阶级的各种倾向”。这不禁让人想起报道中讲的，彭德怀认为“大跃进是小资产阶级狂热性”。一般认为，从给毛泽东和党中央贴上同样标签这一点来看，如下推测也许不无道理，即彭德怀是在同赫鲁晓夫沟通意见后才批评毛泽东的。据此认为，在庐山会议前，彭德怀作为中国军事代表团团长去东欧访问时，在阿尔巴尼亚首都地拉那和莫斯科与赫鲁晓夫进行了接触。那时，中国已得知苏联废除了《关于国防新技术的协定》，在担心军队现代化遇到严重障碍之余，想通过扭转国内政治的方针，再次得到苏联的军事援助。也有人说，彭德怀给赫鲁晓夫写信讲了自己的意见，被发觉后在 1960 年受到了更加严厉的处分。因此，赫鲁晓夫与此呼应，1961 年 10 月在同以周恩来为团长的出席苏共“二十二大”的中共代表团会谈中，“甚至公然表示支持中共党内的反党分子”[237]。他不止一次地表明：“中国共产党内的反党分子是他的‘好朋友’。他赞扬中国的反党分子攻击党的社会主义建设总路线、大跃进和人民公社，说什么这是‘有足够勇气’的行为。”[238]

然而，赫鲁晓夫在多大程度上与彭德怀结成了坚固的同盟？《关于国防新技术的协定》约定“向中国提供原子弹的技术资料”。在这个问题上，彭德怀与毛泽东和党中央本来没有根本性的对立，却因此给自己惹出了麻烦。在约定这项《协定》时赫鲁晓夫的本意姑且不论，可以设想，在反对核扩散的今天，即使彭德怀成功地变成中共党内的主流，苏联果真能再次把“原子弹的样品”提供给中国吗？对于赫鲁晓夫来说，彭德怀是因为在反对中国共产党的方针上的“有足够勇气的行为”，才成为值得支持的人。这是彭德怀的不幸。而作为赫鲁晓夫，以这种方式干预中国的党内斗争，最后使两党关系恶化，则不能不说是一种轻率的行为。当年9月，在美国杂志上发表《和平共处》的文章并与艾森豪威尔在戴维营会谈的赫鲁晓夫感到，需要给中共打进一个楔子。而恰在这个时候，彭德怀出场了。

从此以后，赫鲁晓夫对中共的牵制和攻击变本加厉。特别是在1960年5月，由于在苏联领空击落美国U—2飞机，四国首脑会谈流产，好不容易得来的共处气氛云消雾散了。其后，在利用罗马尼亚劳动党代表大会的机会召开的各国共产党代表的会谈中对中共进行攻击，似乎只是纠正中共中央的路线偏向。不过，中共后来披露的情况（今已大白于天下）如下：

兄弟党代表布加勒斯特会谈，是在6月24日到26日举行的。苏共中央公开信把这次会谈说成是对中国共产党进行什么“同志式的帮助”，这完全是骗人的。

事实上，在会谈前夕，以赫鲁晓夫为首的苏共代表团分别向兄弟党代表散发了或者宣读了苏共中央6月21日给中共中央的通知书。这个通知书，对中国共产党进行了全面的、毫无根据的诬蔑和攻击，这是苏共领导的反华纲领。

在会谈中，赫鲁晓夫带头组织了对中国共产党的大规模的围攻。赫鲁晓夫在发言中，放肆地诬蔑中国共产党是“疯子”，“要发动战争”，“把帝国主义垄断资产阶级的旗帜拿起来”……

> 中国共产党对苏共采取“托洛茨基方式”。一些听从赫鲁晓夫指挥的兄弟党代表，也跟着大肆攻击中国共产党是“教条主义”、“左倾冒险主义”、“假革命”、“宗派主义”、“比南斯拉夫还坏”，等等，等等。[239]

赫鲁晓夫在布加勒斯特散发的 6 月 21 日“通知书”，在中共代表团结束布加勒斯特会谈时发表的“声明”中被称为《苏共致中共通知书》，其内容时至今日也未公开发表。不过，其论点在后来的论战中并非没有讲到。在这次布加勒斯特会议上，赫鲁晓夫未能达到其目的。因此，到 7 月，他便通知中国将在一个月内撤回全部在华的苏联技术人员和各种专家 1 390 名（1964 年在 80 个工业企业建设中继续给中国以协助），废除 343 项派遣专家的合同和补充合同，废除 257 项科技合作项目。

苏联专家大都是在经济、国防、文教、科研等部门和领域里工作，由于紧急撤回又突然中断合同，无疑给中国造成了重大损失。与此同时，中国又停止发行出于友好而使用对方语言出版的杂志，要求召回一名驻苏联使馆人员，中苏边境也发生了纠纷。引起中国方面最大义愤的是撤回专家和废除技术合作，因为这是在中国群众眼前发生的事情。以前倡导中苏友好的中国领导人和共产党员，不得不承受群众的怀疑和失望。事件发生后，一位到中国旅行的日本人听到在中国流传着一个现代版民间传说：一个苏联技术人员在撤回国时烤了一个大面包，他写下留言请人们吃这个面包。而当大家切开这个面包时，发现里面放着一张图纸，那是苏联技术人员背着本国的命令赠送给中国人民的。在大面包里放图纸的故事，表明了中国百姓朴实的愿望与失望。据说，三门峡工程没有开工，也是由于苏联的这一措施造成的。它败坏了苏联的“信誉”，破坏了十月革命后中国共产党人和中国百姓对苏联抱有的“憧憬”和“尊敬”。为打击中国共产党，苏联共产党是特意这样干的。薄一波曾明确地说：“这和正在吃饭时从餐桌上撤掉饭菜一样。”（1964 年 1 月）这是心理上的“愤怒”和蒙受“屈辱”后的一种表露。中国领导人过去曾宣传这桌“饭菜”是苏联如何以无私和兄弟般的友谊赠送来的，这一来中国领导人在中国百姓面前丢了面子。这种创伤即使再次派专家来也无法治愈，反而会加重痛苦。苏联“违背共产主义道德”，“坦率地讲，中国人民已不信任你们了”。为此，中国拒绝苏联再度派遣专家来，这说明在心理上已筑起了鸿沟。给中共以打击，也许使苏共领导痛快一时，可从长远观点来看，他们应该明白，将要付出无形的沉重代价。

1960 年 11 月，81 国共产党工人党代表会议在莫斯科召开。苏共在会议前向代表们散发了攻击中共的长篇公开信，引起更加激烈的争论。1961 年 6 月，赫鲁晓夫在维也纳同肯尼迪会谈。7 月 1 日，苏共没有出席中共成立 40 周年纪念大会，在 10 月的苏共“二十二大”上再次批判斯大林，不邀请并谴责阿尔巴尼亚劳动党。在参加这次大会期间，周恩来批评了苏联的这种态度并中途回国。周恩来在回国前特意到克里姆林宫向斯大林墓献了花圈。

中国不仅遇到对苏关系急剧恶化的问题，而且在国内面临着严重的困难。正如 1961 年大量从加拿大和新西兰进口小麦所反映的那样，粮食供应十分紧张。1959 年受灾面积为 3 300 万公顷，1960 年为 6 000 万公顷，1961 年为 4 000 万公顷（中国耕地面积为 1.1 亿公顷，相当于 16.5 亿亩）。农业歉收直接影响到工业生产，中国整个国民经济陷入停滞状态。1960 年的工业生产维持在 1959 年度的水平上，但农业生产却比 1959 年减产 40%。[240] 为了每天向中国 7 亿国民供给每人 1 500 卡路里的谷物，1 年需要 1.8 亿吨（或 1.9 亿吨）谷物，或相当于这些谷物的土豆、大豆。据说，在年景最好的 1958 年，生产了 2.005 亿吨的粮食，1959 年说是 2.8 亿吨，实际上只有 1.9 亿吨，1960 年为 1.5 亿吨（毛泽东与蒙哥马利元帅谈的数字）。[241] 以后，每年增产 1 000 万吨，1961 年上升到 1.7 亿吨，1962 年上升到 1.8 亿吨，1963 年上升到 1.9 亿吨。[242] 同苏联共产党对立的激化，以及受到撤回技术援助这种严厉的打击，使得中国人面临更大的困难。1960 年 6 月，在我访问中国的时候，带领游览的作家和翻译对我们说：“你们别着急，慢慢吃慢慢谈。”他们不跟我们一起就餐，而到别的餐桌上吃饭。对此，我们这些人真是太疏忽了，而他们是好样的。1960 年的自然灾害，在中国历史上是空前的。据中国一位学者讲：

如果以1个月里面，有25万平方公里（约相当于两个福建省的面积）以上的土地上雨水比常年多50%，作为发生了一次涝灾，雨水比常年少50%，作为发生了一次旱灾，那么在20世纪的60年中，我国每年旱涝灾害平均有4次，最多可达10次以上。而最近几年的旱涝次数都在6次以上。尤其自1955年以来，大范围旱涝的总次数都明显地超过常年的平均次数，在1959年和1960年竟分别达到10次和13次。这个统计数字仅是指旱涝而言，尚未包括由寒潮、霜冻、台风、冰雹等所引起的自然灾害在内。这说明了近年来我国天气气候的反常情况。

根据我国历史文献记载，自纪元初至19世纪期间，共出现过1 013次大旱，658次大水，每世纪平均有水旱灾88次。其中旱灾以华北居多，长江流域水旱灾都比较频繁，而华南的水灾和旱灾比较少。从20世纪近60年的雨量记录来看，大范围的旱涝现象不下三四十次。从1900年起，出现大范围旱灾的有1900年、1913年、1917年、1920—1921年、1928—1930年、1934年、1941—1942年、1959—1960年等（约相当于七八年一遇），而干旱的程度则以1959—1960年为最严重。据不完全的历史资料分析，从16世纪以来，像1960年这样特大的旱年共只出现过3次，即1640年（明崇祯十三年）、1877年（清光绪三年）和1960年。

近几年来的这种气候上的反常现象在世界各地都有发现。……从1956年到1959年的4年中，在美洲的美国有1年（1957年）农业自然灾害较重，1年（1956年）较轻，两年（1958年、1959年）天气气候条件基本正常；在西欧的英国，1年（1958年）自然灾害较重，3年（1956年、1957年、1959年）天气气候条件基本正常；在亚洲的日本，两年（1956年、1959年）自然灾害较重，两年（1957年、1958年）天气气候条件基本正常。我国除了1958年天气气候条件基本正常外，其他3年的自然灾害都较重。如1956年全国受灾农田的面积近2亿3 000万亩；1957年受灾面积约2亿2 500万亩；1958年是近4年中自然灾害较轻的一年，但全国受灾面积也达1亿亩。1959年我国天气气候极为反常，全国旱涝面积之广及强度之大是少有的；而1960年我国又遭受了近百年来所未有的大范围特大干旱和其他一些自然灾害。这说明近几年来东亚天气气候条件特别恶劣，不但遭受自然灾害的年份多、受灾面积广，且受灾程度也比较严重。

……根据本世纪60年来的雨量资料统计，我们发现每5年内出现大范围涝次和旱次的比值无论在冬半年（10月至次年3月）还是在夏半年（4月到9月）都有比较明显的周期起伏。在本世纪初的20年内，夏半年干旱占优势而冬半年则是水涝占优势。在本世纪的20年代和30年代冬夏都处于干旱频率占优势的周期，40年代以后无论冬半年和夏半年我国大范围降水一般偏多，处于水涝占优势的周期。自1957年以后，我国大范围降水又逐渐偏少，是处于干旱占优势的范围内。1959、1960年已连续出现了大范围干旱。从近几年的趋势看，未来两三年内冬半年出现旱的机会比出现涝的机会仍可能要多些，而夏半年则可能是出现旱的机会要逐渐相对地减少，而出现涝的机会要逐渐相对地增多。……如1960年在我国出现大范围特大干旱的同时，在东北和沿海地区却受到洪涝灾害。辽宁省东部地区遭遇了当地水文记录上从来没有过的特大洪水。所以在总的趋势中，某些地区出现相反的趋势则是完全可能的。[243]

这篇文章还科学地论述了发生异常天气的原因。此文在当时发表，并非没有政策制定者想把农业歉收的原因转嫁给老天爷的意思。但是，这篇文章的调子是认真的，不能说里面掺有假话。总而言之，看到这些统计数字，不禁会让人感叹，治理像中国这样的国家，从自然条件看，不是一件轻而易举的事情。毫无疑问，尽量克服这些灾害，是中国人民当时的主要工作。

1958年，我去四川省灌县参观了秦代修筑的灌溉水渠，听说将要进行大规模的扩建工程。那里的主任一边劝我们喝烈性酒“五粮液”，一边说“想听听贵宾们的批评和建议”。一行中的一位农业问题专家说：“灌溉水渠还是要修成弯弯曲曲的好，这样可以多接受日光，提高水的温度。”主任直点头，还拿起笔来记。看到这些，我们很高兴，觉得好像我们也为中国的社会主义建设帮了忙。后来，据日本报纸报道，遭受严重旱灾的一个原因是水渠的设计不合理，没等到水流到田里已经蒸发掉了。这恐怕是水极度缺乏时的现象，我忽然又想起那位主任，不知道他们是否把水渠修成弯弯曲曲的样子。

中国发生的这些事，不仅打破了我们的常识，而且也打破了他们的常识。

1961 年没有召开全国人民代表大会。1960 年以后不再公开政治报告、财政报告和经济建设的成果，在这一年也没公开预算计划。虽然向农业投入了 2 000 万工业劳动者，但还是连续三年歉收。1961 年 9 月，毛泽东会见英国蒙哥马利元帅时说：“因为下面对中央统管意见不少，所以我们放松了一些。可是由于下面经验不足，却出现基础物资供应不足和原材料浪费的现象。于是，我们又加强了统管。这种浪费和下面组织的不得力，与严重歉收的第一年 1959 年赶在一起，所以问题更加困难了。”他又说：“我和我们党在处理面临的不寻常问题上经验不足，犯了不少错误。”[244]

在内外危机最严峻的 1961 年（已经出现了摆脱危机的征兆），毛泽东写下了第 31 首等四首诗作。尽管当时的环境为一片危机感所笼罩，但毛泽东仍以乐观的态度看待这一切。特别是这四首诗中的第 1 首《为女民兵题照》，确实耐人寻味。因为中国还没有原子弹，而抵抗原子弹的策略必然是积极地评价“民兵”。

第 35、36 首是在最严峻一年的翌年作的。这一年，在国内已经看到了国民经济好转的征兆，有渡过危机的预感。然而，在对外关系上，中苏对立与其他国际问题仍然复杂地纠缠在一起。

1962 年 9 月，在早有纠纷的中印边境线上再度发生了战斗，中国军队连战连胜。可是，中国于 11 月突然提出包括停战和谈的提案，12 月 1 日又单方面地从全线撤军。苏联支持中国的主张，劝说印度进行停战谈判。不过，后期却向印度提供米格 21 型战斗机。也有人推测，这是苏联为牵制中国企图恢复对“拉达克（克什米尔）、尼泊尔、锡金、不丹、纳加（印度）等乾隆时代的中国主权”而讨好印度的做法。[245]

到10月，美国针对苏联向古巴运送导弹采取强硬措施，发生了战后最大的一场危机。在那紧张的一周时间里，中苏的方针明显不同。中国动用远远超过1960年支持日本民众反对《日美安保条约》的人数，举行了声势浩大的群众示威游行，并广泛利用新闻舆论，支持古巴的五项要求，声讨美国的侵略行径。苏联最后撤回导弹和轰炸机，避免了战争爆发的危险。

中国严厉地谴责了赫鲁晓夫路线，批判它企图牺牲革命人民向帝国主义乞求和平。[246]后来，从11月至翌年1月，在东欧各国和意大利召开的党代表大会上，多数共产党都支持苏联的解决办法，中国是少数派，可以说陷入了孤立状态。

第35首《卜算子·咏梅》、第36首《七律·冬云》，不论是做诗的季节，还是当时中共所处的国际环境，都可以说是“冬天”时代的作品。

5. 七绝（第31首）

为女民兵题照　1961年2月

武装起来的“民兵”“不脱离生产”，“保卫土地，保卫家园”，遇到外敌来侵犯时，勇敢地与之战斗。没有这样的“民兵”，红军、八路军和解放军的胜利是不可想象的。该诗文笔细腻奔放，如果联想到赫鲁晓夫在1960年布加勒斯特会议上说“民兵，对于有现代化武器的我们来说，这不是军队，这是一堆肉”，那作品的意图便可想而知了。

七绝·为女民兵题照

一九六一年二月

飒爽英姿五尺枪，
曙光初照演兵场。
中华儿女多奇志，
不爱红装爱武装。

注

［**七绝**］七言绝句，四句，28个字。一般用平韵押韵，这里也如此，“枪”、“场”、“装”字押韵。

［**题**］在绘画的空白处记上赞词或诗文。中国在唐代就盛行赞赏他人绘画的“画赞”，以四言四句居多，也有七绝、五绝，还有两句的，实际上并不写在画上，但是内容相关的诗文也叫“题”，如写在书后的称“题跋”。

［**飒爽**］本意是表现下霜时节的用语，意味着高洁。杜甫有诗：“褒公鄂公毛发动，英姿飒爽来酣战。”（《丹青引赠曹将军霸》）这是赠送给当时大画家曹霸的一首诗，可以体味到肖像上栩栩如生的武将气概。这里用在为女民兵题照的诗中非常贴切，可以从现代民兵的姿态中见到唐代名将的气概，诗中充满爱国的热情。

［**儿女**］儿子和女儿。这一句的第四个字没有用平声，也许是把该用的“女儿”两字颠倒过来了。如果讲平仄的话，这里使用“少女”或“女子”也可以。所以，特意使用包括男子在内的用语，意指所有的民兵。据郭沫若讲，下一句的“不爱……”也不限于女性。[247]下文结合照片，还是在颂扬女性，但也应包含男儿，肯定是说“所有民兵”。作者曾讲过，不出名的年轻人、没有地位的年轻人、没有钱的人，是可以成就对人类有意义的事业的。

诗词大意

女民兵英姿飒爽，手握钢枪，曙光照在练兵场上。在建设新中国的一代人中有志者众多，比起用华丽的衣裳来装饰，他们更喜欢穿保卫祖国的军装。

6. 七律（第32首）

答友人　1961年

词汇、典故、色彩和作为对象的社会事件，都由作者用严密的结构汇集到一首诗中。它们是那样丰富、绚丽多姿。这是一首歌颂祖国的爱国诗，以这样充实的内容、华丽的诗句赞美祖国的诗，可以说过去任何一位诗人都未曾写过。

七律·答友人

一九六一年

九嶷山上白云飞，
帝子乘风下翠微。
斑竹一枝千滴泪，
红霞万朵百重衣。
洞庭波涌连天雪，
长岛人歌动地诗。
我欲因之梦寥廓，
芙蓉国里尽朝晖。

注

[七律]（解释同前）“飞”、“微”、“衣”、“诗”、“晖”字押韵。

[友人][248]不明，从诗的内容上看像湖南人。

[九嶷山] 也叫苍梧山，在湖南南部，接近与广东交界处。相传古代的舜帝陵在此，山南有舜庙，从那里仰望山顶，显得山势极高，从未有人登上过。传说有九座山峰，分别起了与舜有关的名字。

[白云] 天帝住的地方叫白云乡，在《庄子·天地》篇中有“乘彼白云，至于帝乡”的话。从九嶷山传说到白云的说法，进而联想起帝子来。

[帝子] 天帝之子。古代传说尧帝将二女同嫁舜帝。这一句源于《楚辞·九歌》中的“帝子降兮北渚”（《湘夫人》）。

[翠微] 轻淡青葱的山色。

[斑竹] 竹竿上留有泪痕一样的斑纹，也称“湘妃竹”。相传嫁给舜的尧帝二女娥皇、女英，在舜死后十分悲伤，她们的眼泪落在竹上形成了斑痕。还有的说，二女追踪舜后，投身湘江中。当时她们望着苍梧方向哭泣，泪落竹上留下了斑痕。

[斑竹一枝] 在一枝竹上留有许多泪痕。也许作者想起了革命征途中倒下去的同志才这样写，从围绕斑竹的传说自然会想起杨开慧来，因为下面“红霞”的“红”字也是与女子有关的词。

[红霞] 朝霞，晚霞。

[万朵] 云彩缭绕。这一句同前一句对仗，“一枝”对“万朵”。

[洞庭] 位于湖南南部的中国淡水湖，面积随季节不同有明显变化，约

3 100～5 200平方公里，由青草湖、翁湖、赤沙湖、黄驿湖、安南湖、大通湖等合称洞庭湖。“夏秋涨水时，怒涛澎湃形成鱼龙出没的大观。冬季水落众湖皆枯，变成一望无垠的洲汀。”[249]“船在洞庭湖上，从船舷遥望君山和岳州即岳阳楼处，可以领略范文正公（宋代政治家范仲淹，文正为谥号）所谓的‘阴风怒号，浊浪排空’八个字并非虚构。”[250]

［长岛］橘子洲，即水陆洲。“水陆洲为湘水中一长岛，景色颇佳。”[251]

［动地诗］洋溢着惊天动地的强烈感情的诗。

［我欲因之］李白诗中有“我欲因之梦吴越”（《梦游天姥吟留别》）句。

［梦寥廓］指梦见天地未来的世界（与李白的梦不同，是描写想象）。

［芙蓉国］出自五代末诗人谭用之的诗“秋风万里芙蓉国”（《秋宿湘江遇雨》）。据说，这是作者答郭沫若的质疑而说。[252]当时湖南芙蓉树很多，湖南的名山衡山又名芙蓉山，或许与此有关。

［朝晖］旭日的光辉。“朝晖夕阴，气象万千。”（范仲淹《岳阳楼记》）

诗词大意

白云飘在九嶷山巅，宛如古代杰出帝王舜的住所。尧的两个女儿同嫁给舜，她们不是乘风来到这个绿色的下界了吗？她们的手上带着传说中的湘妃竹枝，那斑点的模样像是千滴泪痕，一定是怀念为革命献身的同志而流下的泪痕。美丽的晚霞是姑娘们的衣裳吧，那大概是烈士们的盛装。洞庭湖的波浪溅起的水花像连天白雪，长沙橘子洲上人们的歌声震撼着大地。眼前的光景给人以启示，我要描绘未来。晨光照在芙蓉国湖南的每个角落，已放出金色的光芒。而且，还不止是湖南一省，这代表着全中国的未来。

7. 七绝（第33首）

为李进同志题所摄庐山仙人洞照　1961年9月9日

第四句寓意明确。全诗赞颂的风景美是中国文学家和艺术家憧憬的理想自然美。似乎可以说，从这首诗中能够看到中国的传统美学。

七绝·为李进同志题所摄庐山仙人洞照

一九六一年九月九日

暮色苍茫看劲松，
乱云飞渡仍从容。
天生一个仙人洞，
无限风光在险峰。

注

[**七绝**]（解释同前）“松”、“容”、“峰”字押韵。

[**李进同志**] 在发表这首诗的当时，只知道是一位女摄影师。1973 年 1 月，日本松山芭蕾舞团为在日本上演中国革命现代芭蕾舞剧《红色娘子军》去中国学习。2 月 10 日，在北京天桥剧场与中国舞剧团联合演出那一天，毛泽东夫人江青观看了演出，并同松山芭蕾舞团团长清水正夫和松山树子夫人握手，祝贺演出成功。这是他们事隔九年后的会见。翌日晚，国务院文化组组长吴德说“受江青同志的委托”，送给一张照片。背面有“庐山仙人洞”的标题和“江青摄”的铅笔签字，同 1964 年《人民日报》介绍过的“李进同志摄影”的照片一样。吴德组长讲：“我告诉你们，江青同志说了，这张照片可以公开发表。”后来，清水团长在上海听有关人士讲：“这首诗包含有双重意思，一方面表达毛主席对照片摄影人的关心，另一方面是号召中国人民克服当时面临的困难。”[253]江青使用笔名“李进”，这不是第一次，1951 年在批判电影《武训传》时，在派往现场的调查团中已有这个名字。

[**庐山仙人洞照**] 照是照片。1964 年 4 月 11 日，《人民日报》登载了“李进同志摄影”和郭沫若的鉴赏文章。仙人洞是庐山牯岭西面的一个自然洞窟，高约两丈，宽与进深三四丈。洞窟中有供奉传说中的仙人吕洞宾的祠庙，里面有与“一滴泉”相连的泉水流淌。在仙人洞上有白鹿升仙台，台上有御碑亭，亭中立有据说是明太祖朱元璋写的洪武二十六年（1393）御制的周颠仙碑。周颠是一个疯子，到处叫嚷：“给我和平。”朱元璋在鄱阳湖打败陈友谅后见他，他还是大叫大嚷那句话。用火烧他也不死，扔到水中也淹不死，投进牢中 23 天不给饭吃，照样叫个不停：“给我和平！”给他饭后，他转瞬之间把几天的饭吃个精光，还说没吃饱，然后便无影无踪了。后来，朱元璋生病时，托天池寺的和尚拿药。痊愈后的朱元璋派人去拜访，但不知去向。郭沫若在这个故事里，指朱元璋有所作为。照片是把这个白鹿升仙台作为远景拍摄的，仙人洞不

是特别清晰。诗中的松是近景，在照片上方只有松枝被摄入镜头。

［**暮色**］黄昏的景色。

［**从容**］悠闲平静。

诗词大意

在傍晚天色暗淡即将入夜时观看强劲的松姿，松树在乱云飞舞中悠然从容。耸立于高山之巅的松树实在庄严，有说不尽的妙处。要欣赏这样的美景，以便达到神清气爽的境界，人人都可以做到。不过，那只属于不懈努力、不畏艰险、勇于攀登顶峰的人。

8. 七律（第34首）

和郭沫若同志　1961年11月17日

一般人对三藏法师和孙悟空的看法，是前为贤者后为愚人，而作者在诗中的看法与此相反。在郭沫若所看的戏中，识破恶魔面目的是孙悟空，三藏误解了孙悟空的行为并惩罚了他。因此，郭沫若同意作者的看法。作者把苏共看做是社会主义阵营的头儿，僧是苏共领导或赫鲁晓夫，孙悟空是中共领导或自己，但要避免把诗还原为现实，只应限于戏的现代解释，因此，不能说孙悟空就是作者。在郭沫若看来，把这出戏作为现代的投影，僧应是赫鲁晓夫。作者多半持同样的见解，所不同的是，认为其通过工作是可以改变的。

七律・和郭沫若同志

一九六一年十一月十七日

一从大地起风雷，
便有精生白骨堆。
僧是愚氓犹可训，
妖为鬼蜮必成灾。
金猴奋起千钧棒，

玉宇澄清万里埃。
今日欢呼孙大圣，
只缘妖雾又重来。

注

[**七律**]（解释同前）“雷”、“堆”、“灾”、“埃”、“来”字押韵。

[**郭沫若**] 郭沫若原名郭开贞，四川人，1892年生，曾任中国科学院院长、中华全国文艺界联合会主席。他1914年留学日本，毕业于九州大学医学部，留学期间曾组织“创造社”这一文学团体，针对集结着前辈文学家的“文学研究会”的强烈现实主义倾向而提倡浪漫主义，活跃在诗词、小说、评论、剧作和翻译等广泛领域。后来，他提倡“革命文学”。在北伐战争时期，他作为政治部秘书处长从军。蒋介石发动反共政变后，他参加了南昌起义。不过，由于后来时局恶化，他同去井冈山的朱德分手去了上海，最后流亡日本。在日本约十年间，他住在千叶县市川市须和田，用历史唯物主义的方法研究中国古代史，发表研究著作。1937年7月，卢沟桥事件爆发后，他回国参加抗日运动，先在武汉，后在重庆，作为无党派人士抵抗蒋介石的反动政治，曾去香港躲避蒋介石的镇压。毛泽东的诗词发表后，他写了不少鉴赏和解释文章。

[**孙悟空**]《西游记》一书中的主人公。《西游记》故事以去印度取经（佛教经典）的唐玄奘三藏法师（洛阳人，596？—664）的史实为依据，在说书人口头文艺中广为流传。到明代，由吴承恩（江苏淮安人，1500？—1582?）将其写成书。《西游记》第27回中说，妖怪起初以年轻美貌的女子形象出现，后来又变成老太婆和老翁，想吃掉三藏法师，但每次都被孙悟空识破，并用千钧棒打败，最后现出原形，成了一堆白骨。可三藏法师听信猪八戒的谗言，说这是孙悟空为掩盖杀人罪行施展的法术，责备悟空，并念起紧箍咒来惩罚，最后将悟空赶走。后来，三藏被黄袍怪抓住，在猪八戒的恳求下，悟空又救了三藏，于是又恢复了师徒关系。《孙悟空三打白骨精》就是把这段故事编成的剧本，戏的后半部分演妖怪再次逃走后，又抓到三藏和弟子沙悟净，并在其眼前变成妖魔鬼怪。了解真相的三藏十分懊悔，思想上有了变化。这出戏是1961年10月由浙江省绍兴剧团在北京上演的。郭沫若应邀发表观后感想，书赠七律一首，毛泽东的这首七律便是和他的。据说，郭沫若看到这首七律是1962年1月6日在广州，是中央委员康生抄写给他的。那一天，郭沫若又和毛泽东的原韵作了一首七律，在诗中有“僧受折磨知悔恨”一句。毛泽东通过康生得到这首诗，曾说：“和诗很好，不要‘千刀当剐唐僧肉’了吧，对中间派采取

统一战线政策，这就好了。”郭沫若在解释毛泽东的话时认为，三藏站在白骨精和孙悟空中间，是受白骨精蒙骗的人，这种人虽然很多，但是可以改变。我们应把他们当做可以争取的对象，感情用事“千万当剐”是不行的。[254]赵朴初则认为：“唐僧的问题是认识问题，不是立场问题。他属于百分之九十几的人民，是可以通过教育到我们这边来的人。”从当时的环境推断，“唐僧”应指赫鲁晓夫。对赫鲁晓夫的这种看法，能够通过诗和对诗的解释表现出来。“猪八戒”恐怕是指彭德怀等“右派”中的悔悟者。

［**精**］妖精，妖怪。

［**僧**］三藏法师玄奘。毛泽东把他当做“中间派”。

［**妖**］非一般之物，常加害于人，妖怪。民间传说中，它经常化装成美女。因此，把外表很漂亮但本质很坏的东西叫“妖”。

［**金猴**］指孙悟空，因长生不死，故用“金”字来形容。

［**千钧棒**］据说悟空在龙宫得到的铁棍重达 13 500 斤，是太古时代禹治水时的剩余物，可随意伸缩，又叫“如意棒”。

［**玉宇**］壮丽宏大的殿堂。

［**孙大圣**］悟空在水帘洞里统领众猴子时的尊称。

诗词大意

从革命暴风雨刮起之日起就有反革命的干扰。唐僧玄奘不是你说的那种人，只是辨别不清是非，可以通过教育拉到自己这一边。而妖怪（帝国主义）本性难移，总要给人类带来灾难（战争）。幸亏百折不屈的孙悟空抡起千钧棒，才把积在殿堂上的尘埃一扫而光。今天，人们愿意观赏孙悟空的戏，是因为喜欢孙悟空，也因为他与之斗争的妖雾又在笼罩着当今世界。

附：

郭沫若原诗

七律·看《孙悟空三打白骨精》

人妖颠倒是非淆，
对敌慈悲对友刁。
咒念金箍闻万遍，

精逃白骨累三遭。
千刀当剐唐僧肉，
一拔何亏大圣毛。
教育及时堪赞赏，
猪犹智慧胜愚曹。

9. 卜算子（第35首）

咏梅　1961年12月

诗中流露出美好的感情。作为这首诗的背景，与苏共和西欧共产党的对立激化，使中共陷入孤立无援的境地，这在各国共产党代表大会上都明显地表现了出来。作为直接反映它的东西，诗的格调高雅。总的说来，作者在诗中寄托有对人生的态度，这或许采用“咏梅”的做法更合适一些。

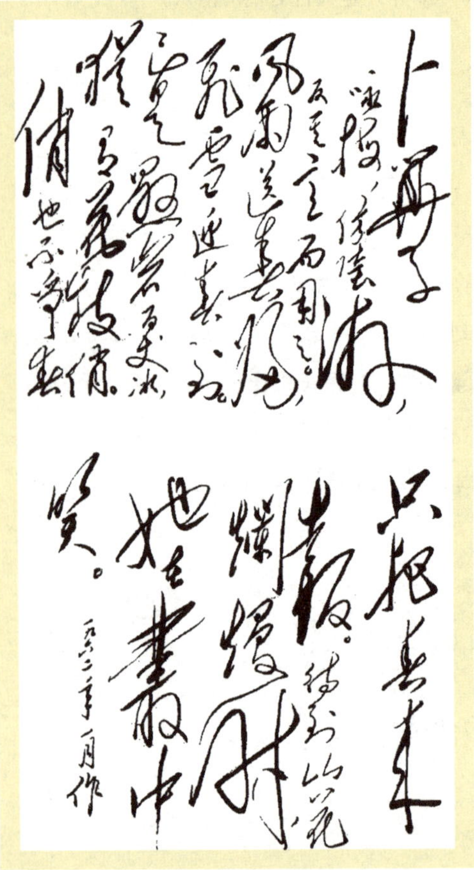

《卜算子·咏梅》手迹。

卜算子·咏梅

一九六一年十二月

读陆游咏梅词，反其意而用之。

风雨送春归，飞雪迎春到。已是悬崖百丈冰，犹有花枝俏。

俏也不争春，只把春来报。待到山花烂漫时，她在丛中笑。

注

［卜算子］44个字，双调，前后阕各四句。两仄韵，“到”、“俏”，“报”、“笑”字押韵。

[一九六一年十二月] 按郭沫若的说法，这首词是 1961 年 11 月“美帝国主义和它的伙伴们进行反华大合唱最嚣张的时候”作的。“写出了这首词来鼓励大家，首先是在党内传阅的”，希望党员“首先成为毫不动摇，毫不害怕寒冷的梅花”，做中国人民的“好榜样”。后来，情况好转，寒冷减弱，才公开发表。郭沫若是在 1962 年 1 月 30 日去海南岛时由康生抄给他的。当时，他感慨颇多，自己又作了五首诗。[255] 因此，该诗的写作日期便与实际有些出入。另外，毛泽东的诗词（虽不能说是全部）是作为其政治的一部分发挥作用的。

[陆游] 浙江山阴（今绍兴）人（1125—1210）。据说，他一生作诗约两万首，保存下来的只有一半。他生活在北宋末年到南宋初年，在婚姻和官场受挫颇多。但是，他主张积极抗金，在临终的诗中还希望收复国土时，一定到其灵前告慰。他有诗、词、文、书法和历史等多方面的才华，爱国精神贯穿其思想的始终，与同时代的辛弃疾（山东人，1140—1207）、陈亮（浙江人，1143—1194）等齐名，都被称作“爱国诗人”。他的诗悲愤激昂，情感强烈。另一方面，他的作品也反映了同农家亲密交往的生活，以日常生活和田园生活为题材的作品十分丰富。屈原爱兰，陶渊明爱菊，而陆游爱梅。郭沫若从其诗集中汇集了 12 首咏梅的佳句。顺便说一说，中国人一般都爱牡丹。晚年，他帮助主张抗金的韩侂胄，而宋代禁止过朱子派学问，韩的抗金政策曾被当时学士们责为大逆不道，陆游也为此受到株连。陆游不仅在官场，就是在当时文人中也处于孤立状态。他号“放翁”，不受礼法约束的他曾被人指责“颓放”，其号由此得来。似乎可以说，他继承了魏晋自由文人的传统。事实上，《世说新语》和《庄子》等从儒教经典中借了用很多观念。作为同时代的文人，他与范成大（苏州人，1126—1193）交友，且特别尊敬唐代诗人杜甫和岑参，在爱国的感情和豪放的诗风上，确实与他们有共性。作为同时代的诗人，他也为具有与自己不同的淡泊深远风格的梅尧臣（安徽人，1002—1060）所倾倒。

[反其意] 将旨趣和境界倒转过来。陆游的词是写“愁”，毛泽东的词则是写“笑”（郭沫若）。

[不争春] 不想同百花竞争，以使春天仅属于自己。这里所谓的“春”，是指因革命胜利而得到的果实和名誉（赵朴初）。

[她] 欧洲文化传入中国后新造的字。这里指梅果。在其他花开的时候，它完成了报春的任务，结成小小的果实。

诗词大意

风雨把春天送离了大地，飞雪又去迎接它的到来。百丈冰柱悬挂在高高的悬崖上，可那里却有美丽的花枝。那是经得住早春考验而正开的梅花。

它虽然美丽，却不想独占明媚的春光，只是告诉人们春天来了。当万花在山上盛开时，已完成先驱者任务的她（梅花），结出了果实，在万花丛中露出满意的笑脸。

附：

卜算子·咏梅

陆　游

驿外断桥边，寂寞开无主。已是黄昏独自愁，更著风和雨。
无意苦争春，一任群芳妒。零落成泥碾作尘，只有香如故。

10. 七律（第36首）

冬云　1962年12月26日

作为赞美冬云的作品，其超越了自然景象，较多地颂扬人。从做诗的规则来说，第三、四句要求对仗，但其对比相当奇异。第五、六句中人的形象令人感到一下子进入了神话时代，有些不太协调。如果“苍蝇”意在重复鲁迅所写的在战士尸体上乱爬时的形象，那这首诗从整体上可看做描绘了自然的严酷。同时，这首诗似乎也反映了同因与苏共领导对立带来的内外困难斗争到底、纠正偏向的决心。作为形象的描绘，作者叙述思想状况的才华相当出色。这是作者69岁生日时的作品。

七律·冬云

一九六二年十二月二十六日

雪压冬云白絮飞，
万花纷谢一时稀。
高天滚滚寒流急，

大地微微暖气吹。
独有英雄驱虎豹，
更无豪杰怕熊罴。
梅花欢喜漫天雪，
冻死苍蝇未足奇。

注

［**七律**］（解释同前）“飞”、“稀”、“吹”、“罴”、“奇”字押韵。

［**冬云**］作这首诗的时候，正是北京下大雪的季节。不言而喻，它包含有政治上的意思。

［**寒流**］冷水流。“寒流带月澄如镜。”（白居易《江楼宴别》）这里是寒潮之意。中国常有这样的天气预报：“因有来自西伯利亚的寒流，气温下降。”这首诗中的“寒流”，让人自然联想到西伯利亚乃至苏联。可以感觉到作者的奚落口气。这里应指各国共产党代表大会对中共表示露骨的政治反感。

［**大地**］在中国大地，开始看到经济好转的兆头。

［**英雄**］毫无疑问，这里的“英雄豪杰”是指中国人民。

［**虎豹**］与下句的“熊罴”一样，都是令人生畏的猛兽。杜甫诗中有“熊罴咆我东，虎豹号我西。”（《石龛》）源于《楚辞》中“虎豹斗兮熊罴咆”（《招隐士》）的说法。

［**梅花**］春季最先在寒冷中开放的花种。按郭沫若的解释，有指“中共党员”的意思，也可以解释成“中国人民”。

诗词大意

大雪在冬天的浓云下压着，宛如白絮般飞舞着，万花凋谢，美景暂时萧条了（无聊的言论像如花的冬雪一样短暂）。高空中吹来西伯利亚的寒流，让人感到紧迫，但春天的温暖空气已轻微地吹到大地上。有不惧严寒敢于驱逐虎豹的英雄，还有不怕熊罴的豪杰。梅花喜欢在漫天大雪时开放，即便有被冻死的苍蝇，又算得了什么呢！

★第十章

中苏对立

1. 批判斯大林与朝鲜战争

1960年6月在布加勒斯特会议上，赫鲁晓夫对中共的攻击以及一下子撤走派到中国的技术人员，加剧了彼此的“对立”。其实，这也是以前“对立”的发展。现在已经很清楚，1956年2月的苏共“二十大”，是二者“分歧”的出发点，从此以后，逐渐发展成了“对立”与“对抗”。“二十大”开始出现的“分歧”，表现在对斯大林的批判和向社会主义和平过渡的问题上。特别是关于前者，毛泽东直接提出了意见。这表明，批判斯大林对后来的影响不小。按照中共文章的说法，情况是这样的：

> 一九五六年四月，即在苏共第二十次代表大会以后不到两个月，毛泽东同志先后同苏共中央主席团委员米高扬同志，同苏联驻中国大使的谈话，都对斯大林问题表示了我们的意见。……
>
> 十月二十三日，毛泽东同志接见苏联驻中国大使的时候指出，“斯大林是需要批判的，但是，批判的方式，我们有不同意见。还有若干问题，我们是不同意的。”
>
> 一九五六年十一月三十日，毛泽东同志接见苏联驻中国大使的时候又指出：斯大林执政期间的根本方针和路线是正确的。……
>
> 刘少奇同志在一九五六年十月同苏共领导人的谈话，周恩来同志在一九五六年十月一日同当时出席中国共产党第八次代表大会的苏共代表团的谈话，周恩来同志一九五七年一月十八日同

苏共领导人的谈话，都一再谈到我们对斯大林问题的意见，批评了苏共领导人的错误。[256]

为什么说苏共领导人是错误的？据说，是因为“事先没有同兄弟党商量”，“缺乏自我批评”，而且对斯大林的批判“完全没有全面的分析”[257]。不过，1956 年 4 月以后，毛泽东和中共领导人的一再要求令人感到一种特别的执著。如果答应这个要求的话，米高扬和赫鲁晓夫似乎就等于全部否定了在“二十大”上的发言。读到中共文章所说“当时，我们怀着满腔热忱，还希望苏共领导能够改正错误”[258]一段话，可以明白毛泽东的要求并不只是把自己的见解通告给对方就完了。然而，在这一点上，恐怕毛泽东的估计有错误。难道不是吗？赫鲁晓夫的政治生命，就在于通过批判斯大林和随之而来的一系列措施赢得了苏联群众的极大支持。对于这一点，他大概相当清楚，所以不可能接受毛泽东的意见。关于毛泽东批评的三点，《苏联共产党中央委员会给苏联各级党组织和全体共产党员的公开信》，以及苏斯洛夫 1964 年 2 月的报告都没有进行具体的反驳，只是把它作为“个人崇拜”的一般问题加以驳斥，这与赫鲁晓夫在斯大林的体制中也曾很活跃不无关系。中共指出，他多次歌颂斯大林是“伟大列宁的亲密朋友和战友”，“人类最伟大的天才、导师和领袖”，这与批判斯大林的秘密报告中的指责之间有矛盾。[259]而且，中国共产党把在过去的历史中自己没有盲目地服从斯大林的“错误”做了如下夸耀。对于这一点，赫鲁晓夫恐怕很难拿出自己同样值得夸耀的东西来。

我们为斯大林辩护，并不是为他的错误辩护。对于斯大林的一些错误，中国共产党人是早有切身体会的。中国共产党在历史上曾经犯过“左”倾和右倾机会主义的路线错误。这些错误，从国际方面的原因来说，有几次就是在斯大林的某些错误的影响下产生的。早在二十年代末期和整个三十年代，随后又在四十年代的初期和中期，以毛泽东同志和刘少奇同志为代表的中国马克思列宁主义者，就在抵制斯大林的某些错误的影响，并且逐步克服了“左”倾和右倾机会主义的错误路线，终于把中国革命引导到胜利。

但是，由于斯大林的一些错误主张，是被某些中国同志所接受和实行的，中国人自己应当负责，所以我们党进行的反对“左”倾和右倾机会主义的斗争，从来只限于批评我们自己的犯了错误的那些同志，而没有把责任推到斯大林身上。[260]

像这样的文章，假如中苏关系不是变成这种样子，恐怕中共永远不会写出来，只会为了两党关系将就下去。特别是想到20世纪30年代由于“斯大林的错误主张”的影响，中共丧失了江西省中央苏区，许多人牺牲了，革命运动受到重大损失，应该说这篇文章的口气还是相当抑制的。

关于这种国际政党的关系，尚未充分地总结出经验来。“没有把责任推到斯大林身上”的中国共产党，在伦理上是高尚的。尽管如此，不能说斯大林就没有责任。“被某些中国同志所接受和实行”，而如果这种同志不存在，中国革命便不会遭受损失。因而，认为“负责任”的是“中国自己”的中共这一见解，抓住了在中国清除斯大林的错误、防止再次出现错误的根本。即便如此，命令“接受”和“实行”其政策的斯大林的“责任”仍然存在。将其责任确定为政治上和思想上的，与“把责任推到斯大林身上”相区别，难道不是更合适吗？

在过去的历史中，中共对斯大林的错误采取的态度和做法是公正的。在某种意义上可以说，如何对待斯大林，在当时是最困难的问题，因为正是在正确对待斯大林的问题上取得了成功，中国革命才获得了胜利。如果特别强调这一问题的话，不能不说对斯大林政策采取独立的做法与中国革命的胜利有密不可分的关系。中国红军在没有苏联援助的情况下壮大成长，而且战胜了得到美国援助的国民党军队，这都是中国共产党依靠自己的力量完成革命的明显事实。尽管如此，中共为什么不否定斯大林的“权威”，而且在同赫鲁晓夫的关系恶化以前，就试图反对削弱这一“权威”呢？

按照苏共的说法，那是因为中共正在滋长“个人崇拜”。然而，更为实际的问题也许被隐藏在了批判斯大林的背后。双方争论也好，公开信也好，都十分谨慎地回避斯大林的权威和中共权威共同促成的事件——朝鲜战争。在中国革命实践过程中，中共在内部搞过“批判斯大林”。因此，即使斯大林的权威丧失了，也不会影响到中共的权威。斯诺也说，斯大林与1950年朝鲜战争的扩大有关。“帮助树立朝鲜政权的不是中国，而是苏联的政治顾问和军事顾问，他们还留在主要位置上。事先不与斯大林协商，并得到他的同意，计划那样充分，实施那样的武装进攻是不可想象的。”[261]而且，“在战争爆发的同时苏联的顾问团从朝鲜撤回，事实是后来中国志愿军取而代之了。”斯诺写道，“怀疑者甚至说，朝鲜战争把美国引进与中国无法解决的纠纷之中，这是斯大林想出的主意。”然而，或许把这句话里的“美国”和“中国”调换过来也合适。1960年在北京参观军事博物馆时，陪同我们的人说：“向朝鲜派志愿军是毛主席决定的。”我当时的印象是，有不少人反对和怀疑这一决策，最后毛泽东果断地实现了中国介入。毛泽东当时的果断决定是否与斯大林无关，不得而知。但是，战争除了保卫中国这一目的之外，不能认为丝毫没有保卫社会主义阵营的使命感的因素。

其结果究竟给中国带来了什么呢？前面已有所涉及。据说，在批判斯大林后，从莫斯科的市民中公然传出“朝鲜战争是斯大林随便发动的（同斯诺的推测一致），是一场毫无意义的战争”的议论。只要批判斯大林还在发展，真相终会水落石出。但是，对于流过血的人们来说，心境是复杂的。由于情况不同，这关系到中国和朝鲜领导人的“责任”问题。“事先没有同兄弟党商量”的不满，大概是有具体内容的。赫鲁晓夫批判斯大林，可以拒绝斯大林的“责任”遗产。然而，在中国的老百姓当中，偿还当时借款的“责任”至今还存在着。

> 至于苏联对中国的贷款，必须指出，其中的最大部分，是我国用来从苏联购进军事物资的，这些军事物资的大部分，都已使用和消耗在抗美援朝战争之中了。……长时期以来，我们每年都在为苏联的这些贷款偿付本息，它占去我国对苏联出口的一个相当份额。[262]

据估计，这次抗美援朝使中国对苏联的欠债为 15.5 亿元以上。[263]

2. 论战的各篇文章

中国共产党和苏联共产党的论战与对立为什么会发生？推测起来，被隐藏起来的动机与批判斯大林和朝鲜战争有关系。不过，按照 1963 年 9 月 6 日《人民日报》、《红旗》杂志两编辑部发表的《苏共领导同我们分歧的由来和发展》的说法，“分歧是从苏共第二十次代表大会开始的”，除了批判斯大林的问题之外，还举出了“和平过渡”问题。赫鲁晓夫在大会上讲，给世界形势带来根本性变化的十月革命道路，在当时的历史条件下是唯一正确的道路。但是，现在有可能通过议会的道路从资本主义向社会主义过渡。对此，中共从一开始就表示怀疑，在 1957 年 11 月的莫斯科会议上，以毛泽东为团长的中共代表团进行了一系列活动，特别就“和平过渡”问题同苏共代表团争论，而且在通过的《宣言》中写进了“非和平过渡”和“开展议会外的广泛的群众斗争”两项。然而，在中共看来，其后苏共领导内修正主义不断发展，最后在 1960 年 6 月的布加勒斯特会议上，向中共发动了突然袭击。11 月，81 国共产党和工人党代表会议在莫斯科召开，根据中共代表团等的主张，加进了“谴责现代修正主义的危险”的内容。然而，在《宣言》签署 24 小时之后，赫鲁晓夫在招待各国党代表团的宴会上，喋喋不休地大谈南斯拉夫是社会主义国家。

总之，争论在开始时是因为意识形态问题。在 1964 年 2 月 29 日，在给苏共中央的信中，作为对苏共提出的问题的答复，中共举出了：（1）中苏边界问题；（2）援助问题；（3）苏联专家问题；（4）中苏贸易问题；（5）停止公开论战问题；（6）召开世界共产党会议问题。（5）、（6）另当别论，其他都属于国家间外交问题性质的东西。它们无疑是从争论派生出来的，但毕竟是有经济关系的邻国之间的问题，而不是作为马克思列宁主义政党之间的问题。冷淡了的两党感情，首先导致的不外是清算双方的贷借关系等。

不过，作为以前争论过的问题，也可以举出（1）战争与和平问题；（2）和平共处问题；（3）核武器和核战争问题；（4）民族解放运动问题；（5）向社会主义过渡问题；（6）个人崇拜问题；（7）“全民国家”与无产阶级专政问题，等等。争论涉及国家关系方面，那另当别论，这些问题大都是当代世界结构与矛盾的反映。想要创造性地发展马克思主义是困难的，然而，又必须面对这些理论问题。这些问题必须与那些具体过程——如谁首先挑起了争论、提出那些主张的背景是什么、被隐藏起来的动机是什么等等——分开来研究。这些既是一般性的理论问题，也是同我们生活的当代世界关系密切的问题。正因为如此，人们必然十分关注这些问题。这显示出，苏联与中国两大社会主义国家即两大共产党的对立就要表面化了。

人们已感到，争论进入了对立和对抗阶段。在看不到和解征兆的情况下，分裂恐怕已成定局。这种感觉后来逐渐明确了。1958年8月，毛泽东与赫鲁晓夫在北京签署的联合公报中曾有这样一段话：

> 双方极其满意地指出，在中国共产党和苏联共产党之间、在中国政府和苏联政府之间、在我们两国人民之间，正在顺利地发展着和日益巩固着兄弟般的友好、全面合作和互助的关系。……两国建立在完全平等和同志般互助的基础上的团结和合作具有伟大的生命力，这种团结和合作不仅有利于两国沿着社会主义和共产主义道路迅速前进，而且有利于加强整个社会主义阵营的力量。[264]

而这种党、政、民之间的“友好”关系，现在已经被割断了。如果能在“友好”的名义下，较好地克制自以为是的主张，双方按照各自的立场重新研究边界线的划定、借款与贸易，那无疑是一种“进步”。而这种公开发表文件的方法，比起在内部就重要问题进行交涉和争论，双方公开表明自己论点更能给一般群众提供独立思考是非曲直的材料。正因为如此，可以说这是一种光明磊落的政治。要是两党领导不是把解决争论当做解决谁应有“权威”问题，而在选定合理的政治方针这一层次上对待这些问题，那毛泽东与赫鲁晓夫赞扬的“友好”关系一定会在更高层次上得到恢复，而且将有利于世界和平。

从第37首中的“一万年太久”一句看，毛泽东似乎认为解决这场“中苏对立”进而实现人类和平需要相当长的时间。据报道，1959年2月，毛泽东对访华的法国国会议员代表团的一位成员（36岁）说：“你最年轻了，你大概可以看到赫鲁晓夫下台。”[265]不过，赫鲁晓夫出人意料地过早下台了。当时，毛泽东认为还需要10年或20年时间。

中国方面的文章，从文风和引用毛泽东已发表文章的做法来看，并不是毛泽东执笔的。这些文章大概是根据毛泽东的指示撰写的，或者毛泽东做了校阅和若干修订。就总体而言，这些文章的文字有些呆板单调，在叙述毛泽东的意见时专门做了说明。这只要看署名便可以清楚，这里无须再提。不过，1951年号召批判电影《武训传》的《人民日报》社论中的一节，后来在谁的文章里曾作为毛泽东的文章被引用了。那是作为领导人的指示引用的。文章格调较高，非毛泽东无人能够写出来。后来，这一点得到了证实，从而给人留下了印象。另外，文学家胡风受到批判时，发表的有关文章的序文也并非个人署名，但从调子来看，显然是毛泽东的风格。在中国的官僚机构中，把批准和评价下面呈上来的报告等东西叫做“批”（老师改学生作文的评语和在古典小说中加注，也叫“批”）。批判胡风文章的序文，就是用这种“批”的形式写成的。前面提到的《红旗》杂志创刊号的文章，也是对下面党的书记“报告”的批语。《中国农村的社会主义高潮》[266]这套共三本的丛书，便由下面的“报告”和相关“批语”组成。“报告”是下面实践的记录和概要——包括从这里引出来的思想，这些实践都是在毛泽东（以及毛泽东作为领导之一的党中央）领导下进行的，所以毛泽东在开头写了短的“批语”，三册中收录的言论似乎与毛泽东的著述有同等价值。而且，毛泽东对中国革命的认识也像这些“报告”一样，是从现实的实践中形成的。因此，写“批语”本身对于毛泽东来说，是自己的思想再一次地从现实中诞生的重要过程。

毛泽东没有署名的片断文章，在新中国成立后大概有很多。在中苏论战的各篇文章中，不可能不包括他的一些片断。不过，作为中文读起来，总觉得它们缺少毛泽东文章中的格调、寓意和乐趣，这是不可否认的。即便读了这些文章，也感觉不到文章中存在着应有的某种风格。我想这也表明了“论战”本身是在什么样的情况下展开的。如朝鲜战争、围绕苏伊士运河国有化的纠纷，以及日本反对《日美安全保障条约》的斗争一样，当时文学家和艺术家都没有参与发表文章（作为舆论表态发表的言论属另外的情况）。即使在中国经常遇到的“矛盾”中，这种情况似乎也很特殊。如果从毛泽东的从实践形成思想的方法论看，这种“矛盾”本身就是实践的过程，外界可以通过那些“批语”大体掌握其方向与决心。

这些论战的文章同毛泽东既有联系又有距离。这些文章的观点与诗集中的作品确实不一样，但彼此也相互联系。我觉得，有必要在下面介绍一些对理解作品有帮助的情况。

3. 对立点之一——核战争

中苏论战中争论的问题，包括两国的利害关系、权威和对本国人民进行宣传等因素。这些同普遍性的真理有多大关系，很值得怀疑。然而，即使作为普遍性的问题，且与中苏两国对立无关，有的也容易引起人们的争论，像对核武器和核战争的评价问题就是如此。

例如，中国关于核战争是这样讲的：

> 只要各国人民提高了觉悟，有了充分的准备，在社会主义阵营也已掌握了现代武器的条件下，可以肯定，如果美帝国主义者或其他帝国主义者……用原子武器和核武器进行战争，结果将只是这些在世界人民包围中的野兽自身很迅速地被毁灭，而决不是什么人类的毁灭。……胜利的人民，他们在帝国主义死亡的废墟上，将会以极迅速的步伐，创造出比资本主义制度高千百倍的文明，创造起自己真正美好的将来。[267]

这种说法与认为列宁关于帝国主义和无产阶级的理论依然有效

的主张有联系。在某种意义上可以说是对“歪曲”和“修正”马克思主义言论的批评。但是，有人也会不由自主地抱怨，认为纵然能在“废墟”上建设比现在生活好上“千百倍”的“真正美好的将来”，还是希望那没有“废墟”的和平局面。

针对这种意见，中共在这篇文章发表两年后的另一篇文章中说：

> 陶里亚蒂和某些人大谈什么“人类自杀”、“人类毁灭”，认为“甚至连谈论这一部分残存的人类在社会制度问题上可能倾向于什么，也是无济于事的”。我们坚决反对这种悲观绝望的论调。[268]

或许所谓的“悲观绝望的论调”，就是描写核战争“废墟”上的悲惨形象，因此它是错误的。那么，针对这种“悲观绝望的论调”提出的“革命的乐观主义”的逻辑，又是如何推理出来的呢？现在把几段文章分别编上号来梳理一下。

> (1) 为了动员人民群众反对核战争和核武器，有必要让他们知道核武器的巨大破坏力。
>
> (2) 但是美帝国主义正在竭力散布核恐怖来推行他们的核讹诈政策。
>
> (3) 在这种状况下，共产主义者应该在指出核武器具有破坏力的同时，针对美帝国主义的核恐怖宣传，着重指出禁止核武器和防止核战争的可能性。
>
> (4) 应该使人民群众的和平愿望化为对帝国主义的核威胁政策的义愤。
>
> (5) 把人民群众引导到反对美帝国主义的侵略和战争政策的斗争中去。
>
> (6) 共产党人绝对不应当成为美帝国主义核讹诈的义务宣传员。
>
> (7) 依靠各种维护和平的力量的联合斗争，能够挫败美帝的核讹诈政策。

从（1）到（7）的观点的核心，是基于阻止美帝国主义的侵略政策和战争政策、保卫人类的和平的意志，这无可非议。不过，如果我们暂且把这种意志搁置一下，去研究这一观点的展开过程，可以说（1）和（6）的意思恰好相反，而重点显然是在（6）上。说“需要告诉”人们核战争的悲惨结局，但又不能成为“宣传员”，这就是在忠告：只是宣传悲惨的程度有可能削弱保卫和平的积极热情。然而，要想在真正使用核武器即落实核战略的情况下，强调核潜艇的安全性，或者宣传核战争条件下的防卫技术等，却必须把重点放在（1）上。而且，既制定像（1）那样的政策，又在其后几项做法中一律把作为美国侵略和战争政策一环的开发与贮藏核武器定义为“核恐怖”和“核讹诈”，不又把人们引导到无视核武器实际破坏力的错误方向上去了吗？这里使用“恐怖”和“讹诈”等用语，给人一种虚张声势的印象。确实，美帝国主义解释核武器的巨大威力时闪烁其词，像是在“讹诈”，这是事实。但是，还有另外一点也是事实，即炸弹是真的。问题在于，由于那样判断对方，自己也不能不做得过分。如果对方是“宣传”、“讹诈”的话，自己方面便应该“宣传”而非“恐怖”。针对美帝国主义的“恐怖”和“讹诈”，采取怎样的措施为好？这里的回答只能是（3）“着重指出”，（4）“使……愿望化为……义愤”，（5）“引导……斗争”，（7）“联合斗争”。（5）和（6）另当别论，（3）与（4）在某种意义上是针对“宣传”的宣传。可另一方面，如果对方不仅在“宣传”，而且拥有“实际的东西”，那有必要抵制与反对那“实际的东西”吗？在反对那种“实际的东西”的说法即（1）至（7）中，（5）、（6）只是抽象的论述。而作为现实的政策，毛泽东已经说清楚了（1964年2月对访华的法国议会代表团的谈话）。另外，陈毅也讲过（1964年5月对访华的英国新闻记者代表团的书面回答，以及6月对访华的东京广播电台报道局长桥本的谈话）。据此，中国虽然尚未有实际的核武器，但逻辑上是把拥有核武器当做好事情。在前一年，中国已经指出：

我们一向认为，社会主义国家必须取得和保持核优势。只

1956年2月，毛泽东和物理学家钱学森在宴会上。钱学森当时已被公认为世界力学界和应用数学界的权威学者之一。他放弃美国的优越条件，怀着参加祖国建设事业的热烈愿望，克服重重阻挠，于1955年10月回到祖国。杜修贤 摄

有这样，才能迫使帝国主义不敢发动核战争，才有利于彻底禁止核武器。……社会主义国家手中的核武器，永远只能是抵抗帝国主义核威胁的防御武器。[269]

这段话前半部分的逻辑，同苏联进行核试验、开发贮存核武器的实际过程（和指导它的逻辑）一致，后一部分则是中国对苏联开展批判的序曲。不过，中苏之间的这种不一致，若从日本民众所处的地位来看，在大体上还是相同的。也就是说，是因为实际拥有（或将来要制造）核武器，才在这一基础上来防止核战争和彻底禁止核武器。而从日本民众的角度来说，则是在没有核优势、没有核武器（将来也是这样）这一实际情况下，去反对核试验，防止核战争与彻底销毁核武器的。

即便承认“社会主义国家手中的核武器……是……防御武器”，实际其在政治上、思想上和感情上产生的影响还是引起了复杂的议论，而且今后将继续引起这种议论。没有核武器的国家，其民众的思想逻辑，只有从“没有”这一现实出发。他们认为，只有这样才能与有核国家分担对和平的责任并与之合作。在社会生活中经受过原子弹之害的日本民众，从那种“废墟”的悲惨形象中燃起了争取和平的热情，绝不会对“帝国主义核恐怖”“无条件屈服”。

……在书稿写到这里交给出版社以后，中国进行了核试验。当我看到校样时，并非丝毫没有落后于时代的感觉。然而，中国的核试验比15个小时前赫鲁晓夫下台对世界政治的影响要大，而且今后这种影响依然是巨大的。在这里写预测报道不是本书的任务，还是回到中国开发核武器的逻辑上来。这次核试验证明中国的逻辑实际

上起了作用，而且将影响到今后，我以上的话不必修正。至于为什么日本民众反对核试验这个问题，我也不认为由于中国进行了核试验，其做法就要改变。

中国政府10月16日在关于核试验的声明中讲："中国发展核武器，不是由于中国相信核武器的万能，要使用核武器。恰恰相反，中国发展核武器，正是为了打破核大国的核垄断，消灭核武器。……我们深信，核武器是人制造的，人一定能消灭核武器。"（《人民日报》1964年10月17日）

可是，国际形势正在不断变化，或许由于中国核试验和开发核武器，竟会暂时出现打开核扩散之门的现象。然而，就是在这种时候，日本民众也不应忘记战后的初衷，必须根据自己不搞核武器的积极理想，继续走"消灭核武器"之路。

4. 对立点之二——民族解放运动

当然，这些争论文章主张的基础，不必说，都与毛泽东的见解有关。如前所述，有些部分是毛泽东思想的较好解释，有些部分还进一步分析了世界革命力量的状况，这也与毛泽东的哲学有关。

那是在1963年6月14日致苏共中央的信《关于国际共产主义运动总路线的建议》中提出的，在同年10月22日《人民日报》、《红旗》杂志两编辑部的文章《新殖民主义的辩护士》中又反复做了说明。据此，"当代世界基本矛盾是：社会主义阵营同帝国主义阵营的矛盾，资本主义国家内无产阶级同资产阶级的矛盾，被压迫民族同帝国主义的矛盾，帝国主义国家同帝国主义国家之间、垄断资本集团同垄断资本集团之间的矛盾。"

> 社会主义阵营同帝国主义阵营的矛盾，是社会主义和资本主义两种根本不同社会制度的矛盾，这种矛盾毫无疑问是很尖锐的。但是，马克思列宁主义者不能把世界范围内的矛盾，简单地看成只是社会主义阵营同帝国主义阵营的矛盾。（着重号为引用者加，下同）

一面说“毫无疑问是很尖锐的”，一面又说“不能简单地看成只是”，这二者之间属于逻辑上的升华，具有充分的说服力。但是，重要的是如下主张：

> 第一，“亚洲、非洲和拉丁美洲的广大地区，是当代世界各种矛盾集中的地区，是帝国主义统治最薄弱的地区，是目前直接打击帝国主义的世界革命风暴的主要地区。”
>
> 第二，“这些地区的民族民主革命运动，同国际社会主义革命运动，是当代的两大历史潮流。”
>
> 第三，“这些地区的民族民主革命，是当代无产阶级世界革命的重要组成部分。”
>
> 第四，“亚洲、非洲和拉丁美洲人民反对帝国主义的革命斗争，严重地打击着和削弱着帝国主义和新老殖民主义的统治基础，是当代保卫世界和平的强大力量。”
>
> 第五，“因此，在一定的意义上说来，整个国际无产阶级革命事业，终究要以占世界人口绝大多数的这些地区的人民革命斗争为转移。”
>
> 第六，“因此，亚洲、非洲和拉丁美洲人民反对帝国主义的革命斗争，绝不是一个区域性的问题，而是关系到整个国际无产阶级世界革命事业的全局性的问题。”

以上主张大体没有错，亚、非、拉美的革命斗争确实改变了世界的形势。证明之一不是别的，就是中国革命。然而，实际过程暂当别论，如果探讨第一到第六之间的逻辑关系，其论证还是有疑问的。

这些地区“是帝国主义统治最薄弱的地区”（第一项），可是这些地区人民的革命斗争“严重地打击着”帝国主义的“统治基础”（第四项），这样说可能不太合理。帝国主义国家内的无产阶级斗争就不“严重地打击”帝国主义吗？我这样说，并不是因为轻视殖民地的革命斗争，作为实际的行动，那样说是以正确事实为依据的。不过，问题在于，这一事实与其被认识、被理论化的过程，实际上如中苏论战所表明的那样，二者并非一致。另外，在从第四项到第五项的论点过渡以及从第五项到第六项的逻辑发展上，如从“国际无产阶级”的状况看，说帝国主义国家无产阶级的革命运动有缺欠，也是有问题的。在以上引文稍后，曾就这个问题叙述道：“我们相信，在西欧和北美这些资本主义的发源地和帝国主义的心脏地区……大搏斗的伟大日子，终有一天会要到来。”把帝国主义国家的无产阶级斗争展望为“大搏斗”的形式，这样理解“整个世界革命事业”的前景，不是也有理论上的缺点吗？

当然，赫鲁晓夫推行的和平共处政策是苏美协商式的“和平”。苏联实行尊重联合国的立场并未阻止刚果杀害卢蒙巴，而对中国不“友好”的措施也是在同美国协商后采取的。如果考虑这些的话，那么这种种“和平共处”，无疑与亚、非、拉美地区民族民主革命实际给帝国主义的“直接打击”是矛盾的。虽然如上所说，在逻辑上有些欠缺，但就总体而言，事实确是如此，中国革命与之产生共鸣，也是可以理解的。谁也无法断言，不会在这些地区发生像古巴那样的新事态。这一新的事态就像中国革命家期望与设想的那样，即所谓首先有革命，然后才有抽象理论。

如果以上论点的意思是否定“和平共处”的话，那么，又该如何去理解出席 1961 年 12 月在莫斯科召开的世界工会第五次代表大会的中华全国总工会副主席刘长胜回北京后报告中的下述内容呢？

> 中国、苏联和社会主义国家的工人和人民一贯为争取实现不同社会制度国家间在五项原则基础上实现和平共处而努力。但是，帝国主义者总是反对和破坏和平共处的。因此，和平共处决不能意味着各国工人和人民放弃对他们的敌人的斗争。行动纲领说得对：“和平共处显然并不意味着工会运动接受资本主义剥削和殖民压迫以及阶级合作。相反的，正是在为和平共处而斗争的条件下，出现着有利于资本主义阶级斗争的高涨以及殖民地附属国人民的民族解放运动的高涨的新的可能性，而这些斗争反过来又促进和平共处的实现。”[270]

这里把资本主义（国家）阶级斗争与殖民地人民的民族解放运动放在同等的地位，并且还把两者结合起来。然而，前面提及的6月14日“公开信”的理论，作为对“现代”世界的解释，树起了民族民主革命运动和国际社会主义革命运动两根支柱，而且主张前者是（几乎是唯一）重要的。显然，其与刘长胜的“报告”的意思并不相同。

轻视民族解放运动，把它当成大国间妥协的“礼品”是错误的。尽管如此，因与资本主义国家的阶级斗争而“拒绝”实行和平共处，不也太过分了吗？这种“拒绝”的态度，在中苏论战和对立愈演愈烈的过程中，并非没有被极端化的倾向。也就是说，在我看来，这种“拒绝”不可能给马列主义补充什么创造性的新东西。填补由于这种“拒绝”造成的空白，固然是中苏两党领导的责任，而寻求世界与人类和平的人们也必须积极地去填补。和平属于寻求和平的人们，在寻求和平的问题上，人们的价值应该平等。

毛泽东于1963年8月8日发表了支持美国黑人反对种族歧视运动的声明。可以看出，那是对上述“公开信”中世界革命力量状况估计的补充。美国的种族问题和殖民地人民的民族解放运动的联系，并非转折时期世界的坐标轴，其中包含有复杂的因素，但事实是，今天已不可能无视这一坐标轴。

> 我呼吁，全世界白色、黑色、黄色、棕色等各色人种中的工人、农民、革命的知识分子、开明的资产阶级分子和其他开明人士联合起来，反对美国帝国主义的种族歧视，支持美国黑人反对种族歧视的斗争。民族斗争，说到底，是一个阶级斗争问题。在美国压迫黑人的，只是白色人种中的反动统治集团。他们绝不能代表白色人种中占绝大多数的工人、农民、革命的知识分子和其他开明人士。目前，压迫、侵略和威胁全世界绝大多数民族和人民的，是以美国为首的一小撮帝国主义者和支持他们的各国反动派。他们是少数，我们是多数。全世界三十亿人口中，他们最多也不到百分之十。我深信，在全世界百分之九十以上的人民的支持下，美国黑人的正义斗争是一定要胜

利的。万恶的殖民主义、帝国主义制度是随着奴役和贩卖黑人而兴盛起来的，它也必将随着黑色人种的彻底解放而告终。[271]

5. 展望未来

毛泽东在中苏论战和对立期间没有发表个人的署名文章。而诗集里的最后一首即第37首《满江红》是署名的，因此，其作为表明对“现代”世界结构和矛盾的态度的作品引人瞩目。借助第35首、第36首中“冬”的凛冽寒冷象征的危机感，也表示了作者对未来的展望。恐怕应该把《满江红》的最后部分，看做对前面引用的民族民主革命运动的六个论点的脚注，并且歌颂整个无产阶级世界革命事业的胜利。

虽然其论点中有前面提到的那些应该补充的部分，但不能否认，最重要的是它们从总体上指出了“现代”世界的横断面即殖民地各国民族解放运动的重要性。

也许未必一定要有古巴和越南的例子，但下面的故事确实可供参考。

> 我在越南听到一个“真实的故事”。一个青年在苏联留学几年后回国，当他讲起“肯尼迪的和平主义”之后，母亲用两米长的竹子“狠狠地抽他的屁股”，还追着他乱跑。苏联部长会议主席赫鲁晓夫一直主张同美国和平共处……1950年到1954年间，在全越南同法国殖民主义者作战的时候，美国就像已经将之当作“美国的战争”那样援助法国。1950年到1951年援助2 183万美元，1952年援助2 469万美元，1953年援助6 500万美元，1954年援助3亿8 500万美元。[272]

不仅在越南，在近邻韩国，也有学生和舆论界反对帝国主义式的日本资本进入的动向。对亚、非、拉美民族解放运动具有朴素共鸣的日本人，不是也有竟然无法正确倾听朝鲜人反对日本帝国主义声音的现象吗？法国共产党在阿尔及利亚解放战争初期，犯过没能抱有同情感的错误，我们似乎也与这种错误有联系。因为战败而丧失了殖民地，战后日本没像法国那样，发动镇压殖民地民族解放运动的战争，无谓地消耗巨额国力和丧失众多生命。日本虽然作为帝国主义国家曾加害于朝鲜和中国等亚洲人民，但由于“民众的善意”这一因素夹杂其中，日本人对中国以及其他亚洲各国还是怀有亲切感，觉得很值得怀念的。然而，如果不重视一度曾在历史上兴风作浪的“民族关系”这一问题的话，那么我们在不久的将来，可能也会非常痛苦地面对毛泽东所说的“民族民主革命运动”的“历史潮流”。正如当今事态所表明的那样，苏联共产党对这一点是认识不足的。

从这一点来讲，中共的主张强烈打动了这些地区人民的心，他们切身感受到了中国革命的巨大鼓舞，这是有道理的。而且，派到这些地区的中国代表团和中国人的工作态度与苏联人的不同，似乎也给人们留下深刻印象。

在前面引用的越南的报道中，越南对“现代修正主义”的批判，并没有（正式）点苏联和赫鲁晓夫的名字，这确是事实。“因为把意识形态问题同国家和元首的名字联系在一起，可能是不合道理的。”[273]可是，真正与敌人战斗、建设自己国家的人们，他们的自豪感一定会作为主体性反映出来。

公开论战和暗中对立，二者必居其一。而在这中间，必须提出各国自己确定开展革命运动与和平运动的方式，保障各国人民及其政党的自主性。在下一阶段，在保持多样性的同时实现统一，恐怕将成为重要的课题。中国处在这种多样化的潮流中，自己想成为一极，形成统一的运动。这作为一种责任感和义务（即便中苏没有对立），似乎使人觉得中国很想像过去井冈山和延安那样，使北京成为各国和各民族的革命家学习和休养之地，进而应该成为民族解放运动的中心。实际上，事态也正是这样发展的。不仅中国的社会主义建设，而且中国的悠久文化传统和辽阔国土，都有可能使那里的人们作为“独立世界”，在其中过自给自足的生活，无论在经济上还是在意识形态上都是如此。而且，作为中国的当政者，在政治上保持某种程度的封闭，也许比较容易。

尽管如此，并没有理由认为中国越原封不动越好。中国可能是

“独立世界”，但世界不可能把中国除外。中国已经从核试验中得出教训，有了《部分禁止核试验条约》。在这僵化和分裂的世界上，日本必须努力首先与中国开始对话。

6. 满江红（第 37 首）

和郭沫若同志 1963 年 1 月 9 日

在这首词中，直喻法和隐喻法交织在一起，比较难懂。不过，表明作者以永远永劫的时间（词中说“一万年”）透视世界的未来，而对当代最集中的对立要在短时间内决定是非的决心是毋庸置疑的。

满江红·和郭沫若同志

一九六三年一月九日

小小寰球，有几个苍蝇碰壁，嗡嗡叫，几声凄厉，几声抽泣。蚂蚁缘槐夸大国，蚍蜉撼树谈何易。正西风落叶下长安，飞鸣镝。

多少事，从来急；天地转，光阴迫。一万年太久，只争朝夕。四海翻腾云水怒，五洲震荡风雷激。要扫除一切害人虫，全无敌。

注

［**满江红**］93 个字，双调。前阕九句，四仄韵；后阕十句，五仄韵（也有平韵）。用了许多入声字，前后阕七个字的两句有许多对偶（两词都是这样）。后阕第五句的第一字是一字豆。但是，毛泽东在“一万年”句后没有按此规则。“壁”、“泣”、“易”、“镝”，“急”、“迫”、“夕”、“激”、“敌”字押韵。这一词牌传说为宋朝岳飞所作，故很有名，是颂扬爱国热情的。郭沫若和毛泽东都熟悉岳飞之作。后面附上岳飞的词，供参考。当然，他们并非简单模仿岳飞之作。从这些作品中看得出来，词牌《满江红》中的“红”字，包含有红旗象征真理胜利的意思。本词标题后来去掉了“同志”二字。

［**寰球**］地球，同环球。

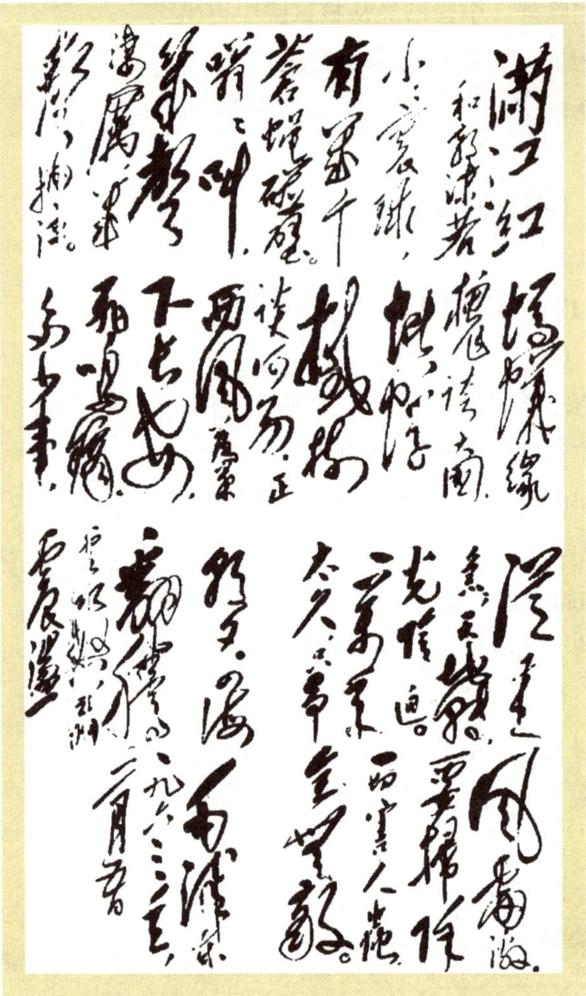

《满江红·和郭沫若》手迹。

［碰壁］撞墙，工作等不顺利的通俗说法。碰，是未曾预料而遇到。

［凄厉］指风凄凉吹来的情景。这里是形容鸣叫声。

［槐］指大槐安国的槐。古时有一个叫淳于棼的人，其宅南有一古槐树。一天，他喝醉酒后，梦中来到大槐安国，娶国王女儿为妻，又当上了南柯郡的太守，二十年里过着荣华富贵的生活。当他从梦中醒来时，太阳尚未落山。他去寻找槐树时发现有一个蚂蚁洞，所谓“南柯郡”，就是槐树南面树下的蚂蚁洞。淳于棼见此后悟到入世的空虚。据传，故事为唐李公佐所作，见《南柯记》。

［蚍蜉］大蚂蚁。唐韩愈《调张籍》：“蚍蜉撼大树，可笑不自量。”那是斥责当时贬低李白和杜甫诗的人。这里则指诽谤坚持真理的人的家伙。

［西风］这里意味着反动派。1957年11月18日，在于莫斯科召开的社会主义国家共产党和工人党代表会议上的发言中，作者讲道：“我认为现在国际形势到了一个新的转折点。世界上现在有两股风：东风，西风。中国有句成语：‘不是东风压倒西风，就是西风压倒东风。’我认为目前形势的特点是东风压倒西风，也就是说，社会主义的力量对于帝国主义的力量占了压倒的优势。”在这一发言前一天，即11月17日，毛泽东对留苏学生讲：“世界上的风向变了。……现在全世界共有27亿人口，社会主义各国的人口将近10亿，独立了的旧殖民地国家的人口有7亿多，正在争取独立或者争取完全独立以及不属于帝国主义阵营的资本主义国家人口有6亿，帝国主义阵营的人口不过4亿左右，而且他们的内部是分裂的。那里会发生‘地震’。现在不是西风压倒东风，而是东风压倒西风。”[274]清朝的长篇小说《红楼梦》写一个妻妾同居的大户贵族人家里的小姐说的愚痴话：

“但凡家庭之事，不是东风压了西风，就是西风压了东风。”（第 82 回）

［落叶下长安］引自中唐诗人贾岛诗句“秋风生渭水，落叶满长安”。据说，贾岛想出这两句后狂喜，冲撞了大官的队列，因此被拘留一夜。自古就用树叶不停地落下形容“中箭后如云彩散去一般逃跑的军队”。这里是把迅速没落的反动派比喻成落叶。

［鸣镝］响箭。据说是汉时匈奴的冒顿发明的。冒顿命令：“鸣镝所射而不悉射者，斩之。”他首先射良马，斩了顾虑者；接着射爱妻，斩了畏缩不前者；接着出去狩猎，射自己心爱的名马，均服从。于是，与其父头曼单于狩猎，率兵射其父，继承单于之位。这里比喻与反动派的斗争开始了，也是向反动派发出声明或檄文。

［四海］中国周围的四个海：东海、西海、南海、北海。（《礼记·祭义》）这里意味着世界。

诗词大意

在小小的地球上，有几只极微极小的苍蝇，把头向墙壁上撞，发出嗡嗡的叫声。微弱的声音十分凄凉，还伴有一些哭泣声。蚂蚁在槐树上开了一个洞，自吹自擂是大国，大蚂蚁想摇动大树，吹牛皮说大话容易，要做到却难。现在西风紧吹，落叶落满长安（帝国主义者和反动派相继没落），呼啸的箭被勇猛地发射了出去，我们发表了革命宣言，斗争即将开始。

有很多事情都急等着解决，天地回转，时间紧迫。过一万年才给历史下结论，那太费时间了，我们只能力争朝夕。四海沸腾起来，云和水都发怒了，五大洲激烈地摇晃着，暴风雨和雷鸣来得猛烈。要把所有危害人（民）的虫子（帝国主义和反动派）干净彻底地清除掉。这场（革命人民的）斗争是天下无敌的。

附：

满江红

郭沫若

沧海横流，方显出英雄本色。人六亿，加强团结，坚持原则。天垮下来擎得起，世披靡矣扶之直。听雄鸡一唱遍寰中，东方白。

太阳出，冰山滴；真金在，岂销铄？有雄文四卷，为民立极。桀犬吠尧堪笑止，泥牛入海无消息。迎东风革命展红旗，乾坤赤。

满江红

岳　飞

怒发冲冠，凭栏处，潇潇雨歇。抬望眼，仰天长啸，壮怀激烈。三十功名尘与土，八千里路云和月。莫等闲，白了少年头，空悲切。

靖康耻，犹未雪，臣子恨，何时灭。驾长车踏破，贺兰山缺。壮志饥餐胡虏肉，笑谈渴饮匈奴血。待从头，收拾旧山河，朝天阙。

★后　记

武田泰淳

这地球上有一个历史悠久的大国。在这个国家里，有富于变化的大自然，也有适应这种大自然的国民，即生活在辽阔的平原、漫长的河流、巨大的湖泊以及群山峻岭之间的“英雄豪杰”们。这些“英雄豪杰”的活动范围十分广阔，他们确实堪称“江湖大侠”。

不妨拿日本的《义经记》和《平家物语》同中国的《史记》与《三国演义》相比较，便可以想象为争夺天下被驱赶到关原之战同赤壁之战中的士兵们步行的不同距离。无须计算秦始皇、汉武帝统一的领土同以大阪夏之战与冬之战决定胜负而落到太阁手中的领土的面积就可以知道，中国具有非常辽阔的土地与众多人口。其比北海道与九州被统一成一个经济体要早得多，在遥远往昔被称为“南船北马”的华南与华北，经过多次战乱被紧密联结了起来。

中国那种“统一”是巨大的，同样，“分裂”的规模也很庞大。统一与分裂，向心力与离心力的大小，又同处于其影响之下的人的命运联系在一起。《水浒传》中一百零八将分布的地区是《八犬传》中八个人的活动范围所无法比拟的大空间。毋庸讳言，集结到梁山泊的英雄好汉们各有自己的经历和性格，他们合作与分裂的矛盾比起马琴心中的南总里见家的八犬士要复杂得多。分裂无限制地扩展，激发着巨大的向心力，使统一不厌其烦地重复着。

从古至今，中国大陆这种分散与集中的现象对日本列岛的影响一直延续着。辛亥革命以后，由于交通和通讯的发展，大陆与列岛变得更近，因此二者日益密切相关了。开始时把大陆上令人目不暇接的分裂与统一行动视为落后国家的悲惨命运的日本人，也不知不觉地卷入了其中的漩涡。日本也有那样一些野心家，错把被各地军阀搞得乌烟瘴气的各种动态看做有决定性前途的行动，便企图掌控进而挤进其中。这些卑劣的野心家们完全了解对方的行为，并以能够操纵他们而心安理得。然而，实际上，当这些腐败行为的本质被识破后，它们便不知不觉地化做了更庞大的社会漩涡中的一个个泡沫。像鲁迅等人的“语丝”派、茅盾等人的“文学研究会”派，以及郭沫若等人的“创造社”派，都是在具有决定性前途的新运动中产生的，但这三个新文艺流派也无法轻易地推测分裂状态将会变成什么样子，又如何能朝着统一的方向发展。

而当时，在一个很有希望的政治集团中出现了一个相当有前途的领导人。谁也没有预料到，这位领导人不久便成了具有光明前景的决定性运动的核心。他怀有与伟大运动相称的伟大抱负，但从未自称是诗人，甚至许多文学家都不知道他在写诗。他只顾埋头苦干，那是鲁迅、茅盾、郭沫若即使毕生努力也难以做到的根本性大事。如果他突然间不再那样干了，他自己以及同事们的生命都将要受到威胁。与梁山泊的头目宋江和太平天国的最后幸存者石达开将军相比，他的活动范围更为广大，道路更迂回曲折，既有先进后退，也有先退后进，而且历久弥坚。他就是毛泽东。

毛泽东的诗词便是从这种恢宏的气势中产生的，并充分反映了它。不过，他那些采用了古典形式的诗词相当难懂，尤其是若不了解当时写作的背景，就更难于理解。竹内实先生倾注全力，在本书中描述了作为每首诗词产生背景的毛泽东的活动以及这些活动的复杂条件。此书稿是竹内实先生一人完成的，我一个字也没有写。我只是把两次在新中国访问时得到的资料提供给竹内先生，并在几次商谈中提了些意见。因此，如果说这本书写得好，那都应归功于竹内实先生的努力。当然，书中也会有不少缺陷，那则应由竹内和武田两人负责，因为在付梓前我通读了全稿。

是在从赤坂公寓到富士山麓的山间小屋之间一次次来回奔波的文艺春秋社的青木先生，给我送来了竹内实先生的书稿。读着读着，我便为毛泽东这位具有男子汉气概的人物和那人中豪杰的生命经历感动了。于是，我提出：“我希望您写得尽可能再详细一些，不必担心写长了出版有困难。为了能让日本读者，特别是青年读者喜欢，要把书写成不必查找其他参考书就可以看懂并感到亲切的一本书。”

在我写这篇“后记”时，虽然曾因文中过多和过分使用了“伟人”、“巨人”之类形容词而有点难为情，但还是觉得不能充分表达我那种“这地球上出了个巨人”的感慨。

旁观者常会憧憬当事人。旁观者有时会通过对当事人言行的讲解装作自己也是当事人。然而，在当事人与旁观者之间有着遥不可及的距离，或有着莫名其妙的隔膜。旁观者决然无法完全理解当事人，正因为如此，我（恐怕竹内先生同样）打算深入体会这些诗词。可即使有这样的打算，也容易无意中陷入彼此都是同一舞台上的出场人物的错觉。必须反对可以有这种错觉的说法，而且也要破除“要是说赞扬的话，旁观者的真诚意愿总会被当事人接受”的简单与傲慢的态度。

我并不想通过本书来宣传“文学必须从属于政治”等观点。作为日本战后派作家的一员，我不喜欢这种主张。然而，毛泽东诗词毕竟是强有力的政治领导人的作品，由于他的诗词令人难以忘怀，我无法摆脱想读它的愿望。所以，本书的价值同我的心情也许有些矛盾。例如，要是人们这样问我：“既然你那么看重毛泽东的诗词，那为什么不同样看重其他政治家的诗作或别的文学家的政治诗呢？你的态度不公正。”我恐怕会无言以对，只好陷入苦苦思索之中。我绝对不可能在自己的作品中贯彻执行毛泽东在延安的“文艺讲话”，但也无法抹煞将毛泽东的诗词视为当代优秀作品的感动。

尽管会有人批评我不公正或说三道四，可我对毛泽东伟大生涯的魅力以及由此产生的、体现为古典形式的诗词的魅力无法视而不见。可以毫不夸张地说，那些诗词如同厚厚的冰雪融化后萌发出来的强劲小草。他的诗词与他的政治行为确是紧密联系在一起的，但与政治行为密切相连的诗未必全都是好诗。因此，他的诗词的优美近乎火与水、天与地合为一体而迸发出来的威力无比的奇观。我并非是这种奇观的见证人，合适的见证人应该是那些同作者一起走过那伟大而艰苦的历程却没等见到革命胜利就已牺牲，或者今天仍怀抱着同一信念而幸存下来的人们。因此，我写这个后记，在心里是很惭愧的。

中国的古典作品经过几代王朝的变迁，添加了无数的注解。某些流派（如儒家或老庄）的阐述得势以后，其他流派的注释便销声匿迹了。而一个学派的体系分裂以后，同一系统内部则会发生众多小派系之间的纷争。现在已经出版了大量读不完的解释著作，却无从获得原作者的本真观念，它们依然被掩盖在深深的地下。大概今后也会出版很多关于毛泽东诗词的注释书，即便在日本也开始有了这样的苗头。本书自然不应像构成学派、学阀或学术传统那样定型的东西，它只是在更优秀的注释著作出现之前这段时间里抛砖引玉而已。

尽管如此，我在一旁看到出现了像竹内实先生这样具有实力并脚踏实地的中国研究家在竭尽全力地埋头苦干，自己能够做一点声援的工作，这对于已经衰老的我来说，是无比高兴的事。

在对毛泽东的根据地进行访问和调查方面，我们日本的学者与记者已经落后于美国的埃德加·斯诺和艾格妮丝·史沫特莱等人。如果不能涌现出聪敏的、崭露头角的学者，尽管日本和中国在地理上很近，我们今后在这方面仍将再次遭到无法挽回的颓败。我热切希望在这本书的读者中间，能够出现比过去的斯诺和史沫特莱毫不逊色的记者与研究家。

1964 年 12 月

（译自《毛泽东的诗词与人生》，文艺春秋社，1965 年 5 月）

中篇

毛泽东

［日］ 竹内实 著

★序

天安门上的毛泽东

1. 登天安门城楼

1988 年 9 月一个晴朗的日子，我登上了天安门城楼。由于实行了开放政策，只要买票，谁都可以上去参观。每张票外国人 30 元，而中国人是 10 元。

走过金水桥，穿过天安门城楼正中央的门洞，来到后面。上城楼入口处的楼梯口是一个慢坡。我边拾级而上，边环顾四周，在天安门基座内好像安装有专供要人用的电梯。基座上面是白玉石阶，出乎意料地宽大。

面向广场的宫殿式城楼前面形如走廊，那里游客很多。我好不容易找到一块空处，倚靠在白玉栏杆上，俯视着广场。那与从下面仰望时的距离感截然不同，好像用长焦镜头拉过来似的，景色近在咫尺。

远处尽头的正阳门一带笼罩在一片烟雾中，眼前金水桥上和桥畔那些兴致勃勃的游客的面孔却清晰可见，好像一伸手就能把他们捞上来似的。因为距离太近了，甚至让人产生一种兴奋感。

正面是宽阔的广场，广场右侧是人民大会堂，左侧是中国历史博物馆。远处是人民英雄纪念碑和毛主席纪念堂，二者排成一条线，正位于以背后故宫（紫禁城）为中心的南北轴心线的延长线上，再远处广场的尽头是正阳门。

每年 10 月 1 日国庆节，都会在广场上举行中华人民共和国成立的庆祝活动，还有盛装游行。但从 1971 年起，这项惯例被取消了，原因是当年发生了林彪暗杀毛泽东未遂事件。

盛装游行的队伍是由东向西通过天安门前的东西长安街的。面对长安街，修建有观礼台，是用来招待宾客的，我也曾两次站在那里。

当初，新中国诞生只有几年，人们特别是青年人热情高涨。四五十列队伍一走近天安门，便动作一致地将头转向右看，同时高呼口号。由人组成的方阵一个接一个地行进着，不知何时走完，实在令人为之慑服。

尽管不是中国人，但对于在这片大陆的一处乡村出生并度过少年时代的我来说，中国一直令我怀念。然而，新中国成立后第一次访问北京时，我的一片怀念之情并没有被接受。那接连不断的口号声[1]，好像要将这份感情拒之门外。我的面孔可能渐渐失去了血色。中国的翻译对我说："您脸色不大好啊。"（1956 年）

第二次，我比较从容地观看了游行队伍。游行一结束，站在天安门上的要人们都走到城楼这一侧，挥手致意。观礼台上的贵宾也都转过身去，发出欢呼声。

虽然看不清面孔，但从体形可以推测出那是毛泽东。毛泽东的身后是朱德。（1958 年）

当时，我连做梦也没有想到能够登上天安门城楼。

城楼内部分隔成几个房间，现在为游客开放了几间，里面摆放着毛泽东曾休息过的沙发，但用绳子围着，禁止入内。另外还有一些休息室，据说在"文革"期间，各休息室如同敌国一样对立着互不来往。

当时，能进出毛泽东休息室的人很有限，据说是受到后来被称为"四人帮"的一伙人的监视。而现在纪念品柜台上出售的英文登楼证明书上有这房间负责人的署名栏。听说日本首相买的那份证明书上，有北京市市长的签名。

城楼的背面没有人过去，从那里可以眺望西面的中南海，但只见槐树成荫，连屋顶也看不到。现在，那里有毛泽东、刘少奇、朱德、周恩来等国家领导人的故居。

2. 天安门上的诏书

天安门是明、清皇城的正门，从环绕着皇城的红色城墙凸显出来的基座上，并列着五个拱形洞窟式门洞，基座前面的金水河上，同样架设有五座汉白玉石桥。唯有皇帝才能走中间那座桥及中央的门洞。毛泽东的巨幅画像就悬挂在中央门洞的上方。

基座上建有城楼，那巨大的屋顶给人一种强有力的印象。由地表到屋顶上缘高 33.7 米，上面挂有象征着国家的图案（国徽）。

城楼的规模是面宽九间，进深五间，柱与柱的间隔为一间。

这“九五”之数，源于《易经》。

“五”指乾卦（☰）图案中由下向上数的第五条“—”。此爻为阳爻。这第“五”与代表阳数的最大数“九”，合称“九五”。

“九五，飞龙在天，利见大人。”

天空中出现飞龙，象征着天子。再由下向上数第二条“—”，此“九二”阳爻为“现龙”，意思是龙出现在地上，象征着人臣，与天子相对应。

城楼的柱子为朱红色，栏杆上雕有金黄色的龙，屋顶铺着金黄色的琉璃瓦。数字、色彩与图案都显示着皇帝的绝对权力。

清朝的皇帝是将诏书由天安门上吊放下来。文官们跪在地上，向上仰视，静悄悄地等待着诏书徐徐降临。衔在黄金制作的凤凰嘴中的诏书，落在文官恭恭敬敬捧在手上的云状盆里，然后加以印刷和散发。

3. “个人崇拜是必要的”

毛泽东选择天安门作为宣告新国家成立的场所。面对整个广场的民众，他在天安门上做了宣告。

从此以后，每年国庆节，他都从城楼上俯视连绵不断的游行队伍，向喊着“万岁”的人们挥手致意。前面我曾说过，从天安门城楼上俯视广场，会令人产生兴奋感。当然，中国领导人并不是游客，但即便是有谦虚精神的人，性格不是也会改变吗？

1970 年，毛泽东曾在天安门城楼上对美国记者埃德加·斯诺说：“个人崇拜是必要的。”又补充了一句，说赫鲁晓夫之所以下台，就是因为没有搞个人崇拜。

面对着庆祝的游行队伍，他皱着眉头，说自己并不喜欢这些东西。之后附加限定说“要有一点”，同前面的话一样给予肯定。

第一章

毛泽东的基点

1. 毛泽东的出生地

韶山冲

我总算能访问向往已久的湖南省韶山了。从上海乘飞机到长沙，再从长沙坐约两个半小时的汽车到韶山。道路两旁梧桐树枝叶繁茂，未经任何修剪，保持着自然的姿态。

沿途的田园风光有水田、旱田，还有池塘、沼泽。旱田里种着红薯、芋头、冬瓜、茄子、辣椒、棉花，还有开着黄花的丝瓜棚架。池沼里有荷叶。还可以看到水牛、猪和鸡。

穿过了城镇，可以看见用红砖垒砌成圆筒形的砖窑，它附近的地面被挖得坑坑洼洼。湘潭是一个小城。

突然，我已经来到一个被商店和餐厅包围着的广场，这就是韶山冲。车子似乎并没有走原先我在地图上看到的路线。

从广场出发，做U形迴转之后，沿着另一条路逆行，毛泽东的出生地就在那里。道路变得宽了起来，那里也有点像一个广场。

毛泽东的出生地是从这儿往右。我向左边走去，眺望了一会儿景致。

韶山冲的“冲”，据说是指洪水冲刷形成的河谷。不过，当地的人们只叫它“韶山”。从地图上看，韶山冲由东北向西南延伸，长约五公里，宽约三公里。

实际的地形并非像想象的那样狭窄。远近丘陵之间夹着一大片水田，空间很大。远处丘陵的山腰上有一块平地，在那农家的墙壁上，用红字写有标语，虽然已经褪色，但能念出是“毛主席万岁”五个字。

水田夹在丘陵之间，越向东延伸越宽。眼前的韶河，是一条只能称之为“小溪”的小小河流。岸边的杨柳迎风摇摆。

丘陵上有一片繁茂的树林，有松树、竹林、樟树。我记起毛泽东诗中的一句——郁郁葱葱。

不知为什么，这景色仿佛看见过。细想起来，我父母出生的知多半岛（日本爱知县），大致也是这样。

访问故居

湖南省湘潭县韶山冲有毛泽东的故居，它建在一处稍高的地方。

沿着道路向上走，有一个池塘，少年时代的毛泽东曾在那里游泳。一条小路把池塘一分为二。他曾和粗暴的父亲在那条小路上大声争吵。荷叶几乎盖住了池面。之所以把湖南称做“芙蓉国”，就是由于水芙蓉即荷花多的缘故。

令人吃惊的是，在池塘周围摆有许多卖土特产的小摊，简直像个庙会，还有餐厅。一位中年妇女站在小店前，同每个经过的人说

韶山冲的故居，毛泽东诞生在这里。

着同样的话。韶山的导游小册子上附有一张照片，是1959年毛泽东回韶山时与村民交谈的情景。照片中，这位中年妇女抱着小孩站在边上。我请她在照片空白处用红色圆珠笔签了名——汤瑞仁，小孩叫毛命军。摄影日期是1959年6月26日。她就是池塘对面一家餐厅的主人，那餐厅正好与毛泽东故居相对，叫“毛家饭店”。

毛泽东故居背靠长着茂密松林和竹林的后山。这一带农家各自分散而不集中，房外既没有篱笆，也没有围墙。

房子朝北，门口两侧有房子凸出来。左侧是毛泽东的家，屋顶铺瓦；右侧是邻居家，草房。一栋之内住着两家，邻居也姓毛。墙是土坯垒成的。

门口很窄。一进门是“堂屋”，也可以说是客厅，用来办理红白喜事。邻居也可以使用。

正面嵌有黑色的像木架之类的东西，称为“神龛”、神架或是佛龛。中文的“神”包括祖宗、道教的神，还有像关羽那样招财进宝的神（财神）、妖魔鬼怪，等等。毛泽东的母亲信奉观音菩萨，每逢初一、十五都特别虔诚地膜拜，毛泽东也曾帮忙打点。

据说，1959年毛泽东回家探亲时看到这个神龛，颇为感慨地说：“这里是我每月的初一和十五劳动的地方。”

堂屋后面叫“退堂屋”，是工作间。沿着南墙，地面被挖下去一些，水可以经由底部的石盘流过来，供洗衣用，他们不用盆子洗衣服。阳光从正上方的天窗照射进来。神龛墙壁后面是炉灶，上有一口大锅，用来蒸煮家畜的饲料。隔壁是厨房，有两间房子大。有炉灶和炕炉，炕炉上有吊钩垂下来。导游从架子上取下水壶来，挂在吊钩上。

穿过隔壁的饭厅兼做起居室的横屋，是毛泽东父母的卧室。里面摆着一张带有床帮的四角箱式大床。父母卧室外的内侧，是毛泽东的卧室。他的床与父母的一样，卧室外有可以通往院子的出入口。

与此排房屋平行的，是长方形的院子。再过去一排房屋是磨房、谷仓、牛棚、柴屋和小弟弟毛泽覃的卧室。院子北面是农具室，南面是猪圈，连接着两排房屋，结果是四排房屋把院子围了起来。

穿过院子的过道，有二弟毛泽民的卧室，略小一点。双亲与毛泽东的卧室均为六张“榻榻米”[2]大小吧。

在围绕着院子的四排房屋中，北、南、东三排房屋是后来加建的，记得说明书中说是 1919 年盖的。毛泽东的父亲是 1920 年 1 月 50 岁时去世的，母亲是前一年 10 月 52 岁去世的。因此，家人在这栋新房子里生活的时间很短暂。

父母与弟弟

父母卧室的墙壁上挂着照片。他父亲毛顺生，长得很像曾国藩。短短的八字胡，紧皱着眉头，样子多少有些悲伤。之所以如此，也许是因为这张照片是从他妻子（就是毛泽东的母亲）去世时照的照片上翻拍下来的。

父亲的体格健壮，个子高大（毛泽东也很高），性格固执，常常训斥孩子。他从祖父那一辈开始在韶山定居。顺生很能干，渐渐积蓄了不少财产，甚至被别人说成是韶山的首富。

据说，他年轻时当过兵，但已很难证实。一直传说祖父穷，但也有不穷的说法。毛泽东出生时，他 23 岁。

他母亲的娘家在越过一座山的湘潭县唐家托（现名棠佳阁），“托”是水洼之意，两地大约相隔七八公里。母亲文家的祖坟在韶山，为了来扫墓时休息方便，所以定下了这门亲事。那时她 13 岁，到 18 岁出嫁。她比丈夫大三岁。

毛泽东生于 1893 年 12 月 26 日。按当时的历法，是光绪十九年癸巳十一月十九日早晨。那一年是蛇年。当时，太阳正从东方升起。

中国有在小孩出生时就起名的习惯，那叫乳名。譬如，体重 7 斤（1 斤为 500 克）就叫“七斤”，脸黑的就叫“小黑”，等等。毛泽东的乳名叫“石三”。

唐家托有一块被称为“石观音”的大石头，它集中了近邻们的信仰。母亲抱着婴儿，跑到这块岩石处许愿，并发誓从此吃素。

在她生毛泽东之前，曾生过两个男孩，但还没断奶就都死去了。此次是为了第三个儿子向石观音许愿，所以取乳名“石三”。

毛泽东出生第三天，父亲大摆宴席庆贺。宴席开始时，就为毛泽东取了名字。给取名字的人是村子里有学问的人。一般上私塾时，才由私塾先生取名字，与乳名不同，选字慎重。这是真正的名，即正式名字。别人称呼时，要用字。毛泽东名泽东，字润之。

石三很聪明，4 岁时竟能讲出道理将大人说服。到 6 岁，父亲就让他下地干活。毛泽东那不知疲倦的学习和工作态度，也许就是在这时候由他父亲调教出来的。8 岁上私塾，13 岁停学，当了普通农民，从此以后，他四处借书阅读。

在家里墙上父母照片旁边，挂着一盏煤油灯。灯壶中注入灯油，浸湿灯芯，而后点燃。灯火是裸火。听说，毛泽东夜晚很热衷于读书，可那灯光未免暗了些。

毛泽东 16 岁离家，弟弟们也先后离家。

小弟泽覃在 1918 年（13 岁）时，跟毛泽东到了长沙，进入第一师范附属小学高等科读书。农活便由留在家里的二弟泽民承担。1921 年，泽民也来到长沙，成为第一师范附属小学的办事员，管理食堂。

1925 年 2 月，毛泽东回到家乡，在毛氏宗祠办了一所夜校。

在他的卧室内有一个小阁楼，可以利用活动梯子上下。在这个阁楼上，曾经秘密举行过他介绍的四名党员的入党仪式，并成立了中国共产党韶山支部。

1927 年 1 月，他再度回到家乡，在省内各地实际考察了迅猛发展的农协运动，并写作了《湖南农民运动考察报告》。

其后 32 年间，他未曾回乡，一直到 1959 年才回乡扫墓。他父母的坟墓现在还有，位于一座小山上，与他家隔池塘相望。

母亲的信仰

看了毛泽东的家，令我出乎意料的是那神龛，或叫佛龛。从他母亲的信仰来看，或许应叫佛龛。我知道毛泽东的母亲十分虔诚，而且有许多慈善之举。但是，我做梦也没有想到她会去拜佛。

当毛泽东的父亲想买下亲戚的水田时，母亲说：“水田一没了，他们就当不成农民了。”因此，她反对这个想法。而当毛顺生买到手后，毛泽东的母亲经常接济那位亲戚一些米或钱，照顾他们的生活。

毛泽东 15 岁时，母亲病了，他为祈祷母亲康复，曾跑到大约在 50 公里外的衡山南岳大庙去参拜。一边走一边说“南岳圣帝，阿弥陀佛……”，每走 10 步，就要向南岳的方向跪下磕头，这是一种许愿的方式。

后来在1934年，由于国民党部队围攻，中华苏维埃共和国放弃首都瑞金，八万余名红军士兵、共产党员及其家属向西北转移，在江西省省界一带遭到等待多时的国民党军队的猛烈进攻。好不容易才突了围，但兵力骤减到原来的四分之一。在稍事休息时，毛泽东站在山丘上，仰天大叫道："阿弥陀佛!"

这段轶闻是电视连续剧中的一个场面。两三年前，这电视剧在全中国播放过。我是从一个看过电视剧的青年那里听说的。于是，我做过种种猜测——毛泽东的本意是什么？大转移——后来称之为"二万五千里长征"——开始时的实际情况简直跟逃跑没有什么两样。也许毛泽东是在自嘲的心情下大声叫喊出来的，他当时被排除在领导层之外。

不过，当我看到他家的佛龛时，一下子将那轶闻与佛龛联系在一起了。毛泽东九死一生之后，此刻的心境，又变成儿时的"石三"了。也许是他对慈母的虔诚信仰有一份感谢之情吧!

祭母文

母亲在1919年10月去世。毛泽东接到母亲病危的信后，带着已到长沙的小弟泽覃回到韶山。但是，母亲早已咽气，而且入棺两天了。

留在家中的二弟泽民说，母亲临终时不断呼唤孩子们的名字。毛泽东写了"挽联"和"祭母文"。今天，这些都雕刻在石头上成了碑文，竖立在韶山。

所谓"挽联"，即葬礼时挂的对联。

疾革尚呼儿无限关怀万端遗恨皆须补
长生新学佛不能住世一掬慈容何处寻

另一副挽联是：

春风南岸留晖远
秋雨韶山洒泪多

长篇《祭母文》虽稍难懂，但可窥其追慕之情，全文如下：

鸣呼吾母，遽然而死。
寿五十三，生有七子。
七子余三，即东民覃。
其他不育，二女二男。
育吾兄弟，艰辛备历。
摧折作磨，因此遘疾。
中间万万，皆伤心史。
不忍卒书，待徐温吐。
今则欲言，只有两端：
一则盛德，一则恨偏。
吾母高风，首推博爱。
远近亲疏，一皆覆载。
恺恻慈祥，感动庶汇。
爱力所及，原本真诚。
不作诳言，不存欺心。
整饬成性，一丝不诡。
手泽所经，皆有条理。
头脑精密，劈理分情。
事无遗算，物无遁形。
洁净之风，传遍戚里。
不染一尘，身心表里。
五德荦荦，乃其大端。
合其人格，如在上焉。
恨偏所在，三纲之末。
有志未伸，有求不获。
精神痛苦，以此为卓。
天乎人欤，倾地一角。
次则儿辈，育之成行。
如果未熟，介在青黄。

病时揽手，酸心结肠。
但呼儿辈，各务为良。
又次所怀，好亲至爱。
或属素恩，或多劳瘁。
小大亲疏，均待报赉。
总兹所述，盛德所辉。
必秉悃忱，则效不违。
致于所恨，必补遗缺。
念兹在兹，此心不越。
养育深恩，春晖朝霭。
报之何时，精禽大海。
呜呼吾母！母终未死。
躯壳虽隳，灵则万古。
有生一日，皆报恩时。
有生一日，皆伴亲时。
今也言长，时则苦短。
惟挈大端，置其粗浅。
此时家奠，尽此一觞。
后有言陈，与日俱长。
尚飨！

民国八年八月十五日

其中，“恨偏所在，三纲之末”的“三纲”，是指儒教最为重视的君臣、父子、夫妇间的关系。也许毛泽东要说的是，父亲对母亲如此粗暴，令人觉得可怜又可叹。“青黄”即“青黄不接”，指前面的收成吃光了，后面的庄稼还没有收上来的断续不接时期。此句是说，母亲留下的孩儿虽未成人，但不久就会长大。“精禽”即精卫，是传说中的鸟。精卫由西山衔来树枝和石子，想将东海填平，借指母亲的恩德如海，无以为报。

母亲死后第二年，父亲也去世了。当时的毛泽东忙于革命活动，未能还乡，也没有写追悼文章。

滴水洞别墅

访问故居后，从韶山冲前向右（西）拐弯，沿着山路上独立峰。山峰犹如古代女子敞开的裙裾，山势缓和。顺溪谷而上，有一处不太宽的平地，周围是绝壁断崖和险峻的山峦。

这里有毛泽东专用的别墅，取名“滴水洞”，是一栋灰色不起眼的平房。

走进正门，是一间会议室。里面摆着沙发，大概可以供四五十人开会，十分宽敞。右边是办公室、卧室、浴室（兼洗手间）、随行人员的浴室、休息室，并列成一排；四周是走廊，参观者可从窗户看到室内。

我想，走廊是卫兵（警卫人员）巡逻用的。一旦遭到外部的袭击，卫兵可在此应战。后来，我又访问了北京的中共中央文献研究室（原为林彪的旧居），其结构同样是双层围墙。

办公室桌子上的砚台是菊花石。浴室里的浴盆比一般的要大一圈，以适合毛泽东的体格。

在走廊转了一圈后，沿着直通后山的路走去，那里有一处核掩蔽所。地面潮湿，据说原先备有除湿器，真是名副其实的“滴水洞”。

1966 年 6 月 18 日至 28 日，毛泽东在这里住过。当时，核掩蔽所尚未竣工。他是由杭州来这里的，其后又赴武汉，

1919 年春，毛泽东同母亲文七妹、弟弟毛泽民（左二）、毛泽覃（左一）在长沙合影。

畅游了长江。所谓“畅游”，只是漂浮在水上，顺流而下。

虎气

7月8日，他在武汉给夫人江青写了封信：

> 自从6月15日离开武林以后，在西方的一个山洞里住了十几天，消息不大灵通。28日来到白云黄鹤……

“武林”是杭州的别称，“西方的一个山洞”无疑就是指“滴水洞”。“白云黄鹤”即武昌的黄鹤楼。传说有一个道士在酒楼的墙上用橘子皮画了一只鹤，客人一拍手，鹤就从墙上飞出，翩翩起舞。一日，道士出现，乘鹤向白云深处飘然飞去。

接着，毛泽东又写道：

> 在我身上有些虎气，是为主，也有些猴气，是为次。

别墅正面的山峰是龙蟠山，后面的山峰叫虎踞山。虎踞山的山顶，有毛泽东曾祖父的坟。传说这里地下有龙脉，在此处修坟，子孙一定能立身出世，兴旺繁荣。正是基于这种民间信仰，才在这里修了坟墓。不过，龙蟠山已被他人占据，也许只能在“虎”处忍气吞声了。

毛泽东在这里的时候，曾走到前院回首仰望后山顶，能不意识到自己体内的“虎”气吗？小时候，他去外婆家，可能就要翻过这一带山峰。他曾对访华的尼克松总统说：“我的性格一半是虎，一半是猴。”尼克松说，这正是毛泽东那毫无慈悲之心的虎的一面，和狂热的理想主义者的猴的一面的自我表白。是否言之有理呢？我认为，那是指与龙并称而有王者之尊的虎的气魄，以及猴王孙悟空的无法无天。前者郁闷，后者急躁。二者的关系并非相互对抗，相互排斥，而恰如油上点火，火上浇油一样，悲剧由此产生。

在这封信中，毛泽东已表露出对林彪的怀疑。但江青并未接受告诫，反与林彪结为一伙。

在深山幽谷中的十日冥想，意味深长。一大群红卫兵的出现，就是在两个月以后。尽管这是发动“文化大革命”的信号，但决心更加彻底地发动“文革”，恐怕确是在此冥思苦想的结果。

2. 宗族统治

毛氏宗祠

回到刚来时的那个广场，那里是公共汽车总站，“文革”期间，想必一定很是热闹。途中，经过了尚在修缮中的私塾。

由广场上坡，是韶山宾馆。1959 年，毛泽东曾在这里下榻。广场南侧是毛主席故居陈列馆，再往南走，并排着两处毛氏宗祠。

宗祠内放置有毛氏家族的牌位，共同祭祀。进入正门，实际上在门的内侧，有个两层楼的戏台，人们大概是在宗祠内的院子及正殿看戏。这一带毛姓最多，打开地图看，山里也有毛氏宗祠。

在空荡荡的正殿内（已不供奉牌位），挂有一幅油画。上面画的是与家族族长激烈辩论的少年毛泽东。

宗祠内存有毛氏家族的共有财产，包括备用的米。一旦发生饥荒，可以较便宜地分售给族人。但在 1910 年 4 月，以长沙为中心发生大饥荒时，有一位族长却按时价把米卖给了湘潭的米铺。闻知此事，族中有一男子愤愤不平。族长召集族人在宗祠审判他，欲加以处罚。毛泽东在族人面前质问族长，将米从湘潭收了回来。据说，当时毛泽东说得有条有理，令人折服。

父亲毛顺生向族长谢罪，好像是族长命令他不许再让毛泽东在村子里待下去。于是，他命令儿子到湘潭的米铺去工作。毛氏家族与毛泽东的关系很微妙，耐人寻味。

毛氏家族有从祖先流传下来的祖谱，据说正在研究中，不能公开。毛家饭店的女主人，说不定也和毛泽东有亲戚关系。

经毛泽东介绍入党的四名党员，后来都被反动派杀害了，也许是族人中出了告密者。这是后话了。

摆脱族权社会

关于统治中国社会的权力，毛泽东列举了政权、族权、神权三种。所谓“政权”，可理解为政治权力。按照毛泽东的解释，从一国、一省、一县以至于一乡所组成的国家系统，就是“政权”。所谓“族权”，是指家族中的权力，是从本族的祖先庙、分支的祖先庙到家长的同族体系。所谓“神权”，就是前面说过的供奉在神龛中的神、佛，包括阎王爷，村、县的守护神（城隍爷、土地爷）在内的阴间系统，以及由玉皇大帝（道教的最高神）与各种神和精灵组成的神仙系统，总称为鬼神系统。

至于女子，除受这三种权力的统治以外，还受男子的统治，即“夫权”。

> 这四种权力——政权、族权、神权、夫权，代表了全部封建宗法的思想和制度，是束缚中国人民特别是农民的四条极大的绳索。（《湖南农民运动考察报告》，1927）

在这狭小的地区内，据说毛氏宗祠竟有三座，确实有一种族权社会的氛围。

为了反抗父亲，毛泽东曾跑到外婆家。毛泽东小时候多半是在外婆家度过的，外婆家的亲戚们都很同情毛泽东。于是，有人到韶山说服了他父亲，父亲同意让毛泽东去湘潭的小学读书。毛泽东用扁担挑着被褥和父亲给他的 1 400 枚铜钱学杂费，独自去了湘潭。那是一条 25 公里长的山路。

由小学到中学，由革命军士兵到复学，而后去图书馆自学，他的境遇每半年都有变化。他不断地向各类学校提出入学申请。

入小学时，他已 16 岁，也许是比同班同学年龄大的缘故，念了半年就不念了。而中学是湘乡县人设立的，对他这个湘潭县人来说，大概无法适应。最后，他好不容易才在师范学校落脚。时间是 1913 年，即民国二年。这年年底，他 20 周岁。

★ 第二章

湖南的学风

1. 与杨昌济结识

长沙暴动

1910年秋，毛泽东离开了韶山。当年4月，长沙发生过大暴动。

“这件事影响了我的一生。”后来他这样对埃德加·斯诺说。斯诺的《西行漫记》虽然是根据毛泽东口述的自传改编而成，却是一部经典著作（1937年第1版）。

暴动之时，美、英、日、法等国的炮舰十余艘在长沙港外示威，协助镇压，其规模之大可想而知。

暴动缘于洞庭湖湖水泛滥，沿岸各县被大水淹没。而未遭受洪水的县、乡又相继发生干旱和虫灾，邻省湖北也是洪水成灾。到了秋天，谷物的价格贵得惊人。

湖南素有“全国粮仓”之称。对于投机商来说，这无疑是一个绝好的时机。商人由外省涌了进来，在长沙开有分号的外国资本家也纷纷加入投机行列。

长沙南门外有一处很合饮用的泉水，叫白沙井。一个姓黄的男子打水卖钱，好不容易攒下了80文钱，让妻子去米铺买一升米。不幸钱中夹有几枚劣币，米铺拒不出售。当妻子从邻居处借了钱再去米铺时，一升米已从80文涨到了85文。她央求了半天，仍是不卖。最后她哀求说，哪怕是卖给5合（半升）也好，但米铺却挂出了“售完”的牌子，关门了事。于是，妻子投湘江自杀了，黄姓男子也带着小孩投江而亡。

此事迅速在市内传遍，群众涌向米铺，叫骂着要将米铺老板拖出来。士兵们赶到，枪杀了十多人。群众都是因饥荒而流亡的灾民。

群众要向省里长官——巡抚请愿，涌到正在大摆宴席的酒楼，巡抚却只是一味破口大骂。于是群众火烧衙门，在那儿又有二十多人被枪杀。

暴动开始了。十几万民众涌向海关、领事馆、外国人经营的公司和办事处、教堂、商店、停泊中的货船，以及当地有钱人经营的医院和学校等地，放火破坏。米铺、谷物批发商的商号、仓库等都遭到袭击。灾民们抢了粮，终于填饱了饥肠。

清政府派出两个团的兵力，大肆逮捕和屠杀。

毛泽东对斯诺回忆说：他在韶山曾目睹由长沙逃出来的灾民。

吃大户

每逢饥荒，饥饿的人们都会袭击地主和商店。吃有钱的人家，称为“吃大户”。毛顺生的米也在搬运途中被“吃大户”了。最近出版的毛泽东传记中，记载有他家被“吃大户”的情形，但毛泽东并未说起过此事。

到他家“吃大户”的人，同是韶山村的村民。他父亲大发雷霆。毛泽东虽然未对父亲表示过同情，但也不认为村民的做法正确。

他曾在宗祠里追回被族长以黑市价格卖出去的米，而今自己的父亲也被“吃大户”，这对他来说，一定是个不小的打击。这恐怕也是他决心离家出走的一个原因。

后来，他上了井冈山，开展游击战，袭击地主乡绅们的宅邸，没收仓库中的稻米、杂谷和金钱，分给村民。虽然他曾为此受到过上海党中央的批评，他却毫不介意。

中国共产党有了根据地以后，首先是进行土地改革。没收地主的土地，分给没有土地的农民，同时也进行严格的“阶级”划分——地主、富农、中农、贫农、雇农。

最下层的贫农、雇农是中国共产党的盟友，富农以上是敌人。中农是中间派，使之中立，这种划分是一种策略。后来，又把中农分为上中农、下中农，以下中农为朋友。

照此划分，父亲毛顺生应是富农。他在村里收购稻米后运到湘潭县城高价出售，向村民放高利贷，并雇有长工等等。只是因为他自己也干农活，才没有被划为地主。

后来，中国共产党对富农采取了宽大政策，想必是毛泽东一再回忆起父亲干农活时的情景吧。

第一师范

毛泽东在湘乡上小学时才知道，慈禧太后（西太后）和光绪皇帝两年前死于北京，由年仅 5 岁的溥仪继位。

在这所小学的图书馆，他读了一首据说是西乡隆盛[3]所作的诗，可能知道他是明治维新的领导者，便很快将诗抄下来，托表兄转给父母，还请表兄念给他们听，因为父母都不识字。

孩儿立志出乡关，学不成名誓不还。
埋骨何须桑梓地，人生无处不青山。

将原诗中的“男儿”改为“孩儿”，大概想说自己是父母的儿子。

实际上，这首诗是僧人月照[4]之作。小学入学考试时的作文题目是“言志”，毛泽东的文章令校长感到佩服，这首诗真可以说是他的最佳写照。在小学里，他剪了辫子，并和跟他一起剪辫子的同学两人一起将班上十多个人的辫子都剪掉了。

前面说过，从此以后，他的境遇一再变迁，最后终于在长沙的师范学校落脚。

长沙城

湖南省省会长沙坐落在湘江东岸，城墙环绕。毛泽东离开湘潭之后，便搭船到长沙。

当时，长沙人口 50 万，在毛泽东来长沙的六年前开港，首任海关关长是美国人。传教士和日本侨民各约 40 人。日本、英国在此设有领事馆。

1904 年 7 月至 12 月，开港后半年内，入港的船舶共有英国船 35 艘、日本船 38 艘、中国船 45 艘。出港的船各为 70 艘、76 艘和 91 艘。进出港的旅客，外国人 125 人，中国人 16 237 人。

长沙较上海开港时间晚 61 年。在开港两年前，日本人涩泽荣

一、弋安田善次郎、大仓喜八郎等创办湖南汽船公司。早在开港四个月前，他们就开通了湘江号和沅江号（均为930吨）在汉口——长沙——湘潭间的定期航线。

中文叫做怡和洋行的英国商社也开辟了航线。

湖南省出现了新的气象。“向日本明治维新学习”、“湖南要成为像明治维新时走在前头的鹿儿岛”等呼声渐高。

教育热也在高涨。全省被划分为三大学区，每一学区各设有师范学校。毛泽东以第一名的成绩考入了第四师范，后来由于该校与第一师范合并，他便成了第一师范的毕业生。该校不收学杂费，而且一律住校。当时的学生有四百多人（后来为二百人左右）。

到长沙后他才知道，世上还有想推翻清朝的“革命党”。革命党人在街头散发传单，也给过他一张。读完后，他很激动，随即将自己的政见用毛笔写在纸上，贴在县立中学的校门旁边。

> 推翻腐败的清王朝，组建民国新政府。
> 把孙中山从日本请回来，做新政府的总统。
> 康有为任国务总理，梁启超当外交部长。

这种政见很混乱。孙中山（中山是号，名文）以“驱除鞑虏”为口号，反对康、梁倡导的拥护清朝的君主立宪制。

杨昌济的教诲

在第一师范，毛泽东遇到了杨昌济先生。杨昌济讲授“修身”和“教育学”课程。所谓“修身”，即道德教育，以前日本中小学也有这门课程，就是现在的“伦理学”。

杨昌济6岁时入私塾，因为父亲在自己家里开设私塾，所以他的启蒙老师就是他父亲。父亲不仅让儿子读儒家经典，还让儿子读朱子、王阳明、曾国藩。

杨昌济先后在日本、英国留学，也在德国逗留过一段时间。学习的课程有教育学、伦理学、心理学、西方哲学史等。1913年回国，他拒绝了湖南省教育局局长的职位，在第一师范等校执起了教鞭。

他的讲义是古今中外名著的荟萃，列出了他认为重要的德行条目，其中引用了许多曾国藩的名言。

> 士要转移世风，当重两义：曰厚曰实。厚者勿忌人。实则

不说大话、不好虚名、不行架空之事、不谈过高之理。

上面这段话是曾国藩日记的摘抄。杨昌济在讲课时做了如下说明：

(不行架空之事) 福泽谕吉有庆应大学，以教育为天职，不预款、均利。

(不谈过高之理) 心知不能行，谈之不过动听，不如默尔为愈。

这是毛泽东记录的讲课内容。

杨昌济重视写日记。读书记录、摘抄、和朋友的讨论、对周围人物和事物的观察、新闻报道、日常生活中的反省等，都要一一记下。他从朋友处借来《曾国藩日记书翰集》40 册，有一天的日记这样写道：

文正日记亦有间断之时，断而复续，要愈于断而不续者。余亦欲从今日为始，以后至少必写日记一则，决不间断。

第二天的日记则是这样的：

观文正之所以自克者，如多言、好名、忿怒等，余幸无之，又如好谐谑，亦非余之习惯。

杨昌济在上课时，经常念自己的日记给学生听。

受杨昌济影响的毛泽东甚至说，在近代的人物中，唯独尊敬曾国藩一人。

杨昌济与毛泽东

在杨昌济的日记中，有一段关于毛泽东的记述：

毛生泽东，言其所居之地为湘潭与湘乡连界之地，仅隔一山，而两地之语言各异。其地在高山之中，聚族而居，人多务农，易于致富，富则往湘乡买田。风俗纯朴，烟赌甚稀。渠之父先亦务农，现业转贩，其弟亦务农，其外家为湘乡人，亦农家也，而资质俊秀若此，殊为难得。余因以农家多出异才，引曾涤生、梁任公之例以勉之。毛生曾务农二年，民国反正时又曾当兵半年，亦有趣味之履历也。

以上是 1915 年 4 月 5 日日记中的一节。

写日记的前一天是星期日。毛泽东利用星期日去拜访了杨昌济，提到社会上有许多问题亟待解决，他想去解决它们，所以打算退学。

杨昌济开导他说："首先应打好基础。问题不要独自一人去解决，要找朋友。重要的是要发挥大家的力量。"

此后不久，市内的几所学校里便贴出了"征友"广告，那是毛泽东张贴的。虽然只有五个人前来应征，但他们还是经常开展讨论。

新民学会

三年以后的 1918 年，"新民学会"成立了。再三年后的 1921 年发表《会务报告》第一号，起草人是毛泽东。

发起诸人……只觉得自己品性要改造，学问要进步，因此求友互助之心热切到十分。……还有一个原因，则诸人大都系杨怀中先生的学生。

接下来又写道：

……与闻杨怀中先生的绪论，作成一种奋斗和向上的人生观，新民学会从此产生了。

"绪论"为"启蒙"之意，见《庄子·渔父篇》。

此处的"杨怀中先生"之称，是杨昌济赴日留学前新取的名字——身在异国，心怀中土（中国的土地）。他回国后又使用"昌济"这个名字。

新民学会成立之初，会员有 21 人。其中 20 人是第一师范的学生，剩下一个人——罗章龙则是第一联合中学的学生，他是在看到“征友”广告后前来应征的。

在毛泽东作此报告半年以前，杨昌济在北京病逝。

1918年，杨昌济受聘于北京大学，教授伦理学和伦理学史，1920年去世，享年48岁。主办葬礼的是毛泽东。他第一任妻子是杨昌济的女儿开慧。

杨昌济住院期间曾写信给章士钊，向他推荐毛泽东和正在法国留学的蔡和森，信中说：“欲意救国，可重用两君。”

章士钊比杨昌济小11岁。当时，他虽然反对新文化运动，却常在暗中援助毛泽东等人。新中国成立后，他位居高官。他与杨昌济同是长沙人，杨昌济赴英国巴丁大学留学，就是靠先期抵达该校的留学生章士钊的协助。他是北京大学校长、教授，也是政治家。

2. 曾国藩、杨昌济、毛泽东

曾国藩与儒教

近代中国规模最大的农民起义是太平天国运动（1851—1864），平定它的曾国藩没有得到正式的肯定评价。曾国藩死于1872年（61岁），距今已一百多年。尽管如此，在湖南各地仍然有人在谈论他，并引为自豪。

曾国藩提倡“尊孔读经”，即尊敬孔子，读儒教的经典。他提倡的儒教范围很宽，并不拘泥于朱子之学与阳明之学的争论，而是朱熹、王阳明等一起采纳，也不否定与儒教对立的诸子百家。他综合各家学说，归纳成人生训、处世训、家风等，以便在日常生活中可以实行。例如，他在给儿子的信中，就提到家风应该是“八字”和“三不信”。所谓“八字”，即早、扫、考、宝、书、蔬、鱼、猪。“早”是早起；“扫”是扫除；“考”是祭祀祖先；“宝”是与亲戚、乡里不断绝交往，贺喜悼丧，问疾救灾，若有来访，热情接待；“书”是读书；“蔬”是种菜；“鱼”、“猪”是养鱼、喂猪。“三不信”指不信地仙、药医和僧巫。

杨昌济的父亲十分信奉这些家训，并让儿子也去效仿。

曾国藩还从宋明理学中提出了“诚”的观念，并以“诚”为中心谈论伦理道德，但并不标榜泛泛的抽象的道德项目。

湖南本地的学风，原本如此。第一师范的前身是城南书院，为宋代学者张拭所创。张拭与朱熹齐名。朱熹在长沙以西、湘江对面的岳麓山上创办了“岳麓书院”。书院不光是讲学，还开展活跃的讨论，是一个教育与研究之所。

杨昌济母亲的曾祖父是国子监学录，相当于现在的国立大学教授。他热心研读宋明理学，并注重实践。湖南一直有这样的传统精神，而使之发扬光大的，似乎可以说是曾国藩。

曾国藩与毛泽东

不能否认，曾国藩政治上很反动，但是“有些思想和主张曾给予近代一些进步思想家和革命家，包括黄兴、蔡锷、杨昌济，乃至后来的毛泽东、蔡和森等人以不同程度的影响”。

上述评价见王兴国《杨昌济的生平及思想》（长沙，湖南人民出版社，1981）。

毛泽东曾说过，他独尊曾国藩一人。原文如下：

> 愚意所谓本源者，倡学而已矣。惟学如基础，今人无学，故基础不厚，时惧倾圮。愚于近人，独服曾文正。观其收拾洪杨[5]一役，完满无缺。使以今人易其位，其能如彼之完满乎？（致黎锦熙信，1917 年 8 月 23 日）

黎锦熙曾在第一师范教授历史，毛泽东常去拜访他。1915 年，黎锦熙转到北京师范大学之后，钻研语言学。其《国语语法》一书，堪称在汉语研究领域中具有开拓意义的杰作。

首次引用这封信的是李锐《毛泽东的早期革命活动》一书（长沙，湖南人民出版社，1980），该书是《毛泽东同志的初期革命活动》一书（北京，中国青年出版社，1957）的修订本。

信中说的“本源”，即“大本大源”之意，曾国藩尤为重视。

探究本源

毛泽东的最高原则是“阶级斗争”。

> 阶级斗争要年年讲，月月讲，天天讲。（《在杭州会议上的讲话》，1963 年）

不过，这并不是因为他受到阶级压迫，为反抗才有了这一概念，而是他对曾国藩的“大本大源”产生了共鸣。不断探索“大本大源”，使他走上了马克思主义之路，进而又不断探索“大本大源”，终于悟出“阶级斗争”，并且认定这是最终的“大本大源”——“本源”。也可以说，是先有“神龛”这一“本源”，而后迎来了“阶级斗争”这个神明。

他对曾国藩本人的言行大概也非常关心。

曾国藩所作的歌中有《爱民歌》、《得胜歌》、《解散歌》、《保守平安歌》等。毛泽东所作的歌是《三大纪律八项注意》。都是些军歌，教士兵歌唱。

毛泽东还在延安开展整风运动，提出了整顿作风、文风和学风。学风的口号是“实事求是”，即根据实际追求真理，这也与湖南的传统学风不无关系。写笔记、不断反思等湖南的学风，成了整风运动时批评与自我批评的原型。

毛泽东认为，所有存在着的问题都是矛盾。这种态度，正是源于曾国藩立家训的精神——将家庭内的琐事毫无遗漏地列举出来。

★第三章

革命与诗

1. 毛泽东与《共产党宣言》

赞成建“党”

经过在省立第一师范五年多（包括在第四师范时的学习时间）的学习，毛泽东大体完成了自己的思想体系。这个体系可以说就是“世界观”、“人生观”或“哲学”。毕业后，他又在这个基础上接触并接受了马克思主义。

毛泽东在毕业前后组织了新民学会。新民学会决定协助在北京发起的“勤工俭学”运动的方针，即去法国边劳动边学习。

赴法的会员们召开会议，将“改造中国与世界”定为该学会的方针，但在“采取什么样的手段”这一问题上出现了意见分歧。有人主张，要用教育的手段为全体人民谋幸福、谋利益。这是温和的改革方针。但是，也有人主张用无产阶级专政战胜资本主义，为此必须组织具有先锋队作用的共产党，以发动并宣传无产阶级专政，进而制定作战策略。持后一种主张的是蔡和森等人。蔡和森写信将不同意见告诉了毛泽东，毛泽东回信对蔡和森的主张表示赞同。时间是在 1920 年 12 月。

在此之前，毛泽东于同年 9 月在湖南省的报纸上，就俄国十月革命的原因发表了如下看法：

> ……如列宁之以百万党员，建平民革命的空前大业，扫荡反革命党，洗刷上中阶级，有主义（布尔失委克斯姆），有时机（俄国战败），有预备，有真正可靠的党众，一呼而起，下

令于流水之原，不崇朝而占全国人数十分之八九的劳农阶级，如响斯应。俄国革命的成功，全在这些处所。（《打破没有基础的大中国建设许多的中国从湖南做起》，载长沙《大公报》，1920 年 9 月 5 日）

马克思主义“阶级斗争”的下一步，是向效仿建立列宁的党迈进。

五四运动的波澜

让我们来看看毛泽东毕业后的活动。对于赴法“勤工俭学”运动，当时政府也很热心，其窗口是吴稚晖（他是接收留学生的里昂中法大学校长[6]）和蔡元培（1915 年在法国提倡这一运动，回国后，自 1917 年起任北京大学校长，对新旧思想采取兼容并蓄的态度）等人。新民学会也积极响应，毛泽东作为联系人，于 1918 年 9 月至翌年 4 月曾在北京奔走。

1919 年 4 月，毛泽东经上海回到长沙。当年 12 月，为驱逐湖南都督张敬尧向中华民国总统陈情，他再赴北京。在北京召开了大会，游行至总统府后，他在新华门前发表演讲。总统是徐世昌，与张敬尧同是军阀，只是派系不同而已。毛泽东设立平民通信社发布消息，一直在北京活动到第二年 4 月。在返回途中，他顺便去了上海。到 6 月，张敬尧被免职，后战败逃亡。

在毛泽东前后两次滞留北京的间隔里，1919 年 5 月，北京发生了重大事件。

在此之前，当中国政府接受日本政府提出的“二十一条”要求时，就已遭到来自各界的反对和声讨。而在巴黎和会上，中国政府竟然决定签约承认日本在中国拥有的既得利益，这些利益原是德国从中国取得的。第一次世界大战爆发后，日本对德国宣战，向中国出兵，并打败了德国，因此想要继承德国的权益。

承认“二十一条”的这个屈辱的日子——5 月 7 日，被定为“国耻纪念日”。北京的学生则提前在 5 月 4 日于天安门前集会，举行游行示威，高呼“废除二十一条”、“拒绝签署巴黎和约”、“还我青岛”、“外争国权，内惩国贼”等口号。游行示威的学生们，涌到签署“二十一条”的外交部次长曹汝霖的宅邸，捣毁了房舍。

北京的事件迅速扩展到全国。被称为五四运动的这种动向，伴随着接受国外新思想的文化运动，打破了沉闷的社会空气。5 月 4 日，毛泽东在长沙积极响应新的运动潮流，而且还到北京直接接受新思想的洗礼。

《共产党宣言》

根据毛泽东对斯诺的谈话，这时候，毛泽东在北京寻找并阅读了译成中文的共产主义方面的书籍。翻译过来的并不多，但有三本书给他留下深刻的印象——陈望道译的《共产党宣言》、考茨基的《阶级斗争》、柯卡普的《社会主义史》。他在举出这些书名之后又说道：“到了 1920 年夏天，在理论上，而且在某种程度的行动上，我已成为马克思主义者了，而且，从此我也认为自己是一个马克思主义者了。”

对使毛泽东变成马克思主义者的这三本书，我一直都抱有很大的兴趣。不过，《社会主义史》在日本只能找到李季的译本（铃木茂三郎先生藏书，现收藏于法政大学大原文库），该书出版于 1920 年 10 月。

幸好我在 1988 年夏天访问中共中央文献研究室时，不但亲眼看到了这三本书，还得到自新中国成立以来 16 年间一直负责管理毛泽东藏书的研究室副主任、党史研究会副会长逄先知的赐教。

我看到，在打开的《共产党宣言》上，盖有同“毛泽东”的笔迹一样的橡皮印章。据说，那是延安时代的藏书。

根据讲解，毛泽东在 1920 年夏天不可能读到《共产党宣言》，因为现存最早的中译本《共产党宣言》都是再版本，是 1920 年 9 月再版的，译者是陈佛突，与初版译者陈望道是同一人。而毛泽东是否读过初版本，还不得而知。

另外，《阶级斗争》出版于 1921 年 1 月，《社会主义史》的出版也可以确认在 1920 年。这些只是通常的说明，但我很感动。

后来，我又得知，当时在上海发行的《民国日报》上，曾登载有这样的短文：

> 你们来信问“陈译马格斯共产党宣言”的买处，因为问的人多，没工夫一一回信，所以借本栏答复你们问的话：
>
> 一、“社会主义研究社”，我不知道在哪里。我看的一本，是陈独秀先生给我的，独秀先生是到“新青年社”拿来的，新青年社在“法大马路大自鸣钟对面”。
>
> 二、这本书底的内容，《新青年》、《国民》——北京大学出版社——《晨报》都零零碎碎译出过几章或几节的……所以望道先生费了平常译书的五倍工夫，把彼全文译了出来，经陈独秀、李汉俊两先生校对。可惜还有些错误的地方，好在初版已经快完了，再版的时候，我很希望陈望道先生亲自校勘一遍！

这是一份伪装巧妙的出版广告，登载于1920年9月30日第1版。有人说是4月，也有人说是8月。如果是4月就出版的话，那么这份广告未免太迟了。

一般的说法是，陈望道于1920年3月至4月，在其家乡浙江省义乌分水塘的茅舍里将此书译出，5月持译稿到上海，经陈独秀和李汉俊的认真核对后出版发行，由又新印刷厂印刷。该印刷厂是共产国际派来的代表维经斯基出资设立的。其作为“社会主义研究小丛书”第一种出版。第二种是李汉俊翻译的《马克思资本论》，1920年9月出版。1920年7月，毛泽东回到长沙，创办了普及传播新思想的报纸、杂志、书籍的文化书社。在第二年3月的营业报告中，上述三种书籍也在销售之列。

毛泽东与陈独秀

与其说是1920年夏天，不如说是在秋天或冬天毛泽东才读到《共产党宣言》更为自然。不过，在1920年秋天以前，也不是不可能读到该书。5月5日毛泽东由北京到达上海后，马上就去拜访了陈独秀。

那时，陈望道翻译的《共产党宣言》应该已经在陈独秀手上，即使不在那里，也可能成为话题吧！当时，陈独秀在上海组织了读书会，广泛收集有关共产主义的中文书籍，包括印刷出版前的原稿。因此，陈望道的译稿在印刷之前可能会在会员之间传阅，或者已经油印成册。总之，我们可以推测，毛泽东可能读了《共产党宣言》的原稿或油印版。

毛泽东曾对斯诺说，当时正逢他一生中的转折点，陈独秀对共产主义所表现出来的坚定信念给他留下了深刻印象。陈独秀对青年毛泽东想必也寄予期望。文化书社之所以能够免付押金从上海的新青年社、泰东图书局、亚东图书馆、中华书局、群益书社、时事新报等处采购图书，也是依靠陈独秀的介绍。

毛泽东曾给湖南教育会做工作，想请陈独秀到长沙讲学，但由于陈独秀太忙，未能实现。另外，他还邀请过陈独秀出席社会主义青年团成立大会，但也未能实现。毛泽东两次请陈独秀去长沙，可见他对陈独秀的倾倒程度。

毛泽东也许看过油印版的《共产党宣言》，也许连油印版也没有看过。无论如何，毛泽东一定是通过与陈独秀接触，又聆听了陈独秀解释共产主义而获得了启示，进而受到了陈独秀的人格感召，才决定了自己今后要走的路。对毛泽东来说，当时的陈独秀就是能说话的、活着的《共产党宣言》。

亢慕义斋

在去上海之前，毛泽东也并非没有可能在北京读到《共产党宣言》。北京当时有一家叫“亢慕义斋”的小小图书馆（称图书室更妥当一些）。据罗章龙回忆说，他曾看到过毛泽东认真地读着放在那图书馆里的油印版《共产党宣言》。“亢慕义”是“Communism”（共产主义，由 Commun 的音译与 ism 的意译合成）。“斋”即书斋之意。按照罗章龙的说法，它是由在北京的新民学会会员创立的。

但也有人说，那是李大钊创办的。李大钊创立马克思学说研究会，并设立了附属于研究会的图书馆，命名为“亢慕义斋”，地点在景山东街马神庙西口北京大学第二院。

马克思学说研究会将“马克思”的中文写法依前例写做“马尔

格士”，而不使用通常的写法“马克思”。这样一来，即使受到官宪的镇压，也可以强辩说是“马尔萨斯人口论”研究会。这是李大钊想出来的主意。从在汉字字面上下工夫的办法来看，“亢慕义斋”很像是李大钊的提议。该研究会秘密成立于1920年3月。

所谓油印版《共产党宣言》，可能就是曾在前面提到的《民国日报》的记载中所说的版本。北京的杂志《每周评论》于1919年4月译载了《共产党宣言》第二章的十条纲领及前后的段落，译者在《序言》中说：“这个宣言是Marx和Engels最先、最重大的意见。……其要旨在主张阶级战争，要求各地劳工的联合，是表示新时代的文书。”（第16期，4月6日）杂志《国民》则于同年10月译载了第一章。

阶级斗争

毛泽东在别的地方也谈到这三本书，并说自己是从这些书中知道了“阶级斗争”。

> 记得我在1920年，第一次看了考茨基著的《阶级斗争》，陈望道翻译的《共产党宣言》，和一个英国人作的《社会主义史》，我才知道人类自有史以来就有阶级斗争，阶级斗争是社会发展的原动力，初步地得到认识问题的方法论。
>
> 可是这些书上，并没有中国的湖南、湖北，也没有中国的蒋介石和陈独秀。
>
> 我只取了它四个字：“阶级斗争”，老老实实地来开始研究实际的阶级斗争。

毛泽东向斯诺讲述了他的一生，五年后的1941年9月，他在延安发表了《关于农村调查》的演讲，上文便是讲稿的一部分。（《毛泽东农村调查文集》，21～22页，北京，人民出版社，1982。由于这本书的出版，一般人才能看到这份讲稿）毛泽东说，他从这三本书中只取了“阶级斗争”四个字，真可以说是实话实说。

考茨基的《阶级斗争》大概是以《社会民主党纲领解说》（即

《爱尔福特纲领解说》）的英文译本为底本的。考茨基虽然承认战斗中无产阶级的重要性，但又主张社会主义运动与工人运动合并，建立政党并通过议会进行改革。

柯卡普的《社会主义史》广泛展望了欧洲的社会主义历史，俄国革命仅占其中的一章。他认为，俄国革命的意义在于年轻人热情的行动，可另一方面又说其缺乏忍耐。他主张，“社会主义必须将博爱、同胞、互助、和平这些基督教的特色，融于其道德中”，而且否定违背法律的革命运动，反对《共产党宣言》。此外，蔡元培为其中译本写了序言，他认为，中国古代思想中就已经存在社会主义的思想。

因此，如果是这两本书的忠实读者，也许不会选择共产主义者的道路。对考茨基也好，对柯卡普也好，毛泽东都做了随意理解，对《共产党宣言》大概也是同样。

作为中共党员

1921 年 7 月，在上海召开了第一次党的全国代表大会，中国共产党从此成立。毛泽东参加了这次大会，成为党的创始人之一，开始留下一页辉煌的历史。当时，中央局书记是陈独秀，中央局由陈独秀、张国焘、李达三人组成。

毛泽东与同样代表湖南省出席会议的何叔衡，一起组织了中共湖南支部。翌年，成立了中共湘区委员会，毛泽东任书记。这时，他 28 岁。

当时，他忠实于马克思主义的正统理论，专心组织工人搞罢工运动，发动安源路矿（在江西省内，靠近湖南）的工人于 1922 年 9 月举行过罢工。

1924 年以后，国民党允许共产党员加入国民党。那时，两党处于合作关系。毛泽东加入了国民党并担任过国民党中央执行部委员，在上海一带从事活动。后来，他渐渐地关注农民运动。1924 年 10 月，他为了养病返回长沙，在家乡韶山一带组织了许多农民协会，让他们加入共产党。入党仪式就在他卧室的小阁楼上举行（1925 年 6 月）。

湖南军阀发出了逮捕令，于是，他离开韶山，在广州由国民党开设的农民运动讲习所任所长。讲习生里就有他的弟弟泽民（1926年5—10月）。

其后，他再赴湖南，考察韶山一带的农民运动，向党中央递交了一份报告，对这些农民运动做了全面评价，这就是《湖南农民运动考察报告》（1927年3月）。

武装农民

在这份报告中，虽然还没有强调农民武装起义，但那几乎就是其后不久的事。对这一事态起决定性作用的是国民革命军总司令蒋介石在上海镇压共产党。这一镇压波及全国各地，造成了工会、农会、学生等的众多牺牲者（1927年4月）。

因此，中国共产党下定决心对国民党进行武装斗争。毛泽东在江西西部集合国民革命军的士兵、安源路矿的工人和农民自卫军，发起了暴动，失败后率残兵南下，在罗霄山脉中段的井冈山建立了根据地（1927年10月），伺机向平原地带出击，袭击大地主的宅邸。

毛泽东实行实物供给制，凡是得到金钱、粮食，都平均分配，在军队内部严格禁止上级打骂下级。

在南昌反叛蒋介石（1927年8月）的国民革命军的一部分，后来到达井冈山与毛泽东会合。他们被命名为"工农红军第四军"，朱德任军长，毛泽东任党代表（1928年4月）。第四军曾两次向福建西部出击，开辟了由江西南部到福建西部一带的根据地——中央革命根据地。以此为基础，1931年11月成立了中华苏维埃共和国，首都设在江西瑞金。中央政府的中央执行委员会主席即国家主席是毛泽东。直到1937年9月与国民党进行第二次国共合作时为止，他在重要文献上的签名，都是使用"中华苏维埃共和国主席"的头衔。

毛泽东的革命目标不是城市工人，而是以农村、农民为中心；不是罢工，而是武装斗争即依靠内战。从此以后，他坚持这一革命路线，为此曾受到以在城市夺取政权为目标的上海党中央的严厉批评，还受到过"留党察看"的处分，险些被开除党籍（1934年9月）。

中华苏维埃共和国不断遭到国民党军队的“围剿”，终于在第五次“围剿”中反击未果，放弃了瑞金。在突围时，有大量的牺牲者，而且转移的目的地含糊不清，因而引起红军士兵的不满。毛泽东要求开会，于是在贵州省遵义召开了中央政治局扩大会议。会议做了正式总结，认为领导层在反“围剿”中有错误（1935 年 1 月）。

毛泽东在军事指挥上又恢复了发言权。在长征后期，进而在到达陕北之后的各种活动中，他在政治上扩大了发言权。

在延安，他终于确保了党内的最高地位。

不过，我们也应该研究一下毛泽东作为诗人的侧面。

2. 诗人毛泽东

与蒋介石会谈

现在我们所知道的毛泽东诗词作品有 50 篇，其中有词 34 篇。由此可见，他很喜欢这种形式。所谓“词”，是由长短不齐的句子构成的，最早是配合音乐咏唱的歌谣曲，逐渐地只有歌词变成了创作的对象，即按原谱换词的歌。

1945 年 8 月，毛泽东由延安飞抵重庆，与国民党委员长蒋介石会谈。日本战败以后，国共两党间内战的气氛不断升高，在美国的强烈要求下，蒋介石邀请毛泽东赴重庆。在进行了为期 43 天的会谈后，于 10 月 10 日签订了协定。第二天，毛泽东返回了延安。

毛泽东在重庆逗留期间，常去访问老朋友柳亚子。20 年前，当国共两党尚处于合作的阶段，柳亚子参加了在广州召开的国民党代表大会，并与当时担任国民党中央宣传部代部长的毛泽东相识。柳亚子是文学社南社的主持人。

毛泽东在重庆时，在柳亚子拿出来的纪念册上题过一首自己填的词。在毛泽东返回延安后，柳亚子希望将毛泽东的词与自己的唱和之作一并刊登在重庆发行的中国共产党的报纸《新华日报》上，而《新华日报》只登载了柳亚子的作品。

读了唱和之作之后，继而想要读原作，这原本是人之常情。

三天以后，《新民报》以副刊形式登出了毛的原作。这是一家只有晚报的报社。四天后，《大公报》将两首词同时刊出。这是一家在重庆发行的真正有权威的全国性报纸。又过了几天，《大公报》连续三天登载了主编王芸生所写的评论。

由延安的窑洞飞往抗战之都重庆的毛泽东，依旧是谜一样的人物。尽管他签订了和平协定，但他的本意是什么？这个人物运用传统的文学手法，留下了他的作品，飘然而去。人们狂热地读着，然后是经常对政府口诛笔伐的大记者王芸生所写的评论，自然更引起人们的强烈关注。王芸生的评论很长，笔锋极为辛辣，全市为之沸腾。

帝王思想

> 中国历史上打天下，争正统，严格讲来，皆是统治人民，杀人流血，根本与人民的意见不相干。胜利了的，为秦皇汉武，为唐宗宋祖，失败了的，为项羽……若使失败者反为胜利者，他们也一样高居皇位，凌驾万民，发号施令，作威作福，或者更甚。

王芸生评论的全篇主旨是：此词中有帝王思想，我们必须反对这一复古倾向。

毛泽东的“词”

赞同与否定的意见纷然而起，唱和之作争相披露于报端。毛泽东的这首词填于1936年2月，原文如下：

沁园春·雪

一九三六年二月

> 北国风光，千里冰封，万里雪飘。望长城内外，惟余莽莽；大河上下，顿失滔滔。山舞银蛇，原驰蜡象，欲与天公试比高。须晴日，看红装素裹，分外妖娆。

江山如此多娇，引无数英雄竞折腰。惜秦皇汉武，略输文采；唐宗宋祖，稍逊风骚。一代天骄，成吉思汗，只识弯弓射大雕。俱往矣，数风流人物，还看今朝。

作者原注：“‘原’指高原，即秦晋高原。”是吟咏横跨陕西、山西两省的黄土高原。

黄土高原海拔 1 000～1 500 米，地势平坦，几无草木，裂谷深壑。穿凿于其中的洞窟即人的住处，称为“窑洞”。

春天的季风卷起高原的土粒，在天空中形成厚厚的沙尘，大地马上暗如黄昏。冬季气温降至零下二三十摄氏度，连黄河也会结冰。无数巨大的冰块顺流而下，气势磅礴，水花四溅，澎湃之声，至远不绝，撼人肺腑。

高原居民常言道：“老天爷一日十八变。”下雪时，狂风将雪花高高卷向云空，恰似无数乱舞的银蛇。大雪停时，阳光初照，高原上下起伏，如同奔走的白色大象，在阳光的点缀下宛如女人的艳装一般。

词的上半阕是在描绘风景。这种从正面赞美中华风光（虽仅限于北方）的作品，在中国文学史上尚不多见。

中国共产党及其军队工农红军在放弃瑞金一年以后，好不容易到达陕北的小镇——吴起镇。兵员由出发时的八万余人，骤减到只有七八千人，也有人说仅有约四千人。他们与在这一地区活动多时的红第十五军汇合后，成立了红一方面军，兵力一万余人。依据毛泽东的主张，红一方面军再向东进，在山西西部、黄河东岸一带展开作战。

战斗开始于 1936 年 2 月，《沁园春·雪》就是这个时期的作品。

历史的回顾

正是词的下半阕，引起了王芸生的非难。

毛泽东列举了一般在回顾中国历史时必定谈及的人物，并断言他们都已成为过去的人物。

秦始皇统一天下，汉武帝带来王朝的兴盛，但在发展文化上尚嫌不足。各自建立起唐、宋王朝的唐太宗、宋太祖也没什么文采。至于一代天之骄子成吉思汗，虽然东征西讨，纵横一时，建立了横跨亚欧大陆的大帝国，但他仅是凭仗武力的英雄，被喻为举弓的射手，尽管能射落巨鹰，但射手毕竟只是射手而已。“俱往矣。”那么，理想的英雄，那些“风流人物”又在哪里呢？“数”一下的话，他就在历史发生巨变的今天。——“还看今朝。”

于是，产生一个疑问：所谓“风流人物”，到底是谁？不单是王芸生，很多人也都认为这无疑就是填词者本人。

但是，我们应该注意下半阕开头的那一句：“江山如此多娇，引无数英雄竞折腰。”所谓“江山”，即大自然，然而又不单指山河，而是志在留名青史的人物，在眺望眼前的山河时口中呼唤的“江山”。“江山”必须去平定，而平定的那一刻，可以称之为“打下”——光荣地“打下江山”。

山河颇具诱惑力，它对那些无名无位、贫困无力的年轻人小声说：“你应该当皇帝，因为这山河是为你而存在的。”

大陆就是摆放山河的大舞台，它宽容地听凭那些做帝王梦的人们横行无阻。不管有多少王朝兴盛衰亡，但舞台依然牢不可摧。

在这舞台上登台献技的人物数量无法知晓，但主角却是建立起王朝的人。想要概括历史，必须把他们呼唤出来。而这样的呼唤方式，无疑也是一种演技。人们认为在这里演戏的人应该是毛泽东，这一看法也绝对不过分。

作者也知道这首词受到了王芸生等人的非议。他曾将最早出版的《毛泽东诗词十九首》带在身边，在书中该词上面的空白处做了如下自注：

> 雪：反对封建主义，批判二千年封建主义的一个反动侧面。文采、风骚、大雕，只能如是，须知这是写诗啊！难道可以谩骂这一些人们吗？别的解释是错的。末三句，是指无产阶级。

毛泽东在“自注”中并没有记载：日本战败后，斯大林曾私下要求中国共产党，中国共产党应取得合法地位，和国民党组成联合政府，将工农红军改编成国防军等。

对此，毛泽东已下定决心——哪怕是一支枪，也绝不交出。斯大林所提的改编，无非是将指挥权委托给国民党。如果不那样，内战在所难免。毛泽东在柳亚子的纪念册上挥笔题词《沁园春·雪》时，肯定是更坚定了自己的决心。

3. 作为最高权力者

元首·国家主席

1949 年 10 月，在宣告新中国成立时，毛泽东已身兼数职：中国共产党中央委员会主席、中国共产党中央政治局主席、中国共产党中央书记处主席、中国共产党中央军事委员会主席。

他从 1945 年起，就已占据了上述地位。

在 1954 年的第一部《宪法》中，设有国家主席。不过，在此之前的庆祝典礼上，毛泽东就已经作为元首行事了。1949 年 9 月中旬，在北京召开的中国人民政治协商会议上，他被选为中央人民政府委员会主席。

在 1975 年的《宪法》中，没有设国家主席，直到 1982 年的《宪法》才重新设国家主席一职。在这期间，中国是一个没有元首的国家。也许毛泽东认为有党主席就足够了，党的主席就是毛泽东。

然而，具有讽刺意义的是，刘少奇下台后，位居第二的林彪期望得到这个位置。1970 年，在审议《宪法》修改草案时，原毛泽东秘书（也是“文革”中的干将）陈伯达充当林彪的代言人，图谋将审议中的《宪法》修改草案中设立国家主席，当即遭到毛泽东的反对，陈伯达随之倒台。而林彪也陷入失望的境地，以至于策划暗杀毛泽东。

毛泽东大概已经判断出，林彪不是当元首的材料。更何况除了自己以外，他决不容许任何人坐上元首的位置。由此可见，对于毛泽东来说，“元首”极为重要。

1942—1943 年间的决定

一般认为，毛泽东是在 1945 年 4 至 6 月召开的第七次党的全国代表大会上，才确立了自己在党内的最高权力者的地位。不过，在此之前，他已获得了相当大的权力。他的权力不但是党的正式决定，在制度上也得到了保证。

1942—1943 年间，中国共产党大致做出了如下决定：

（1）各根据地的党、政府、军队、民众团体，必须服从各级党委员会的领导。下级党委服从上级党委。军事政策与军事行动的大政方针，须交党委讨论，但具体军事行动由司令员、政治委员（即党委书记）决定之。

（2）在党中央机关，毛泽东为中央委员会、中央政治局、中央书记处的主席。同时，对于在书记处会议上讨论的问题，他有最终决定权。

第一项与当时抗日根据地划为几大区域并设置各自的统率机关有关系。

譬如，华北地区根据地在天津设有中共中央北方局，书记是刘少奇。在国民党统治区内，在重庆设有南方局，书记是周恩来。

战争期间，为了临机应变，必须组织好兵员、粮食、武器弹药、运输系统、后勤支援等工作，故采取了党委一元化的领导措施。

原先，党委书记个人的权力仅限于军事行动上，但不久之后，在军事行动以外，党委书记也可以发挥个人权力，于是书记的独断专行渐渐成了惯例。

第二项措施是第一项措施必然导致的结果。

最初，中央政治局每月要召开两次例会。书记处接受政治局的决定，并加以实施。但是，战争期间无法定期举行会议。于是从 1943 年 3 月起，只要是在政治局的方针范围内，书记处可以做出决定。同时决定中央书记处由毛泽东、刘少奇、任弼时三人组成。刘少奇为就任该职务，从天津返回了延安。任弼时 16 岁加入社会主义青年团，在苏联留学四年，曾活跃在江西苏区，并参加了二万五千里长征。在山西省打游击战时，他被调回延安。

值得注意的是，这三人都是湖南出身，而且刘、任均被视为毛泽东的心腹。毛泽东是三人书记处的“主席”，又是书记处上级机关政治局的“主席”。因此，不难想象中央书记处是如何开展工作的。此时，毛泽东 49 岁，刘少奇 45 岁，任弼时 39 岁。任 46 岁时去世。

以上两项，尽管是在战争的特殊条件下做出的决定，但是，党、政、军权集中于特定的个人身上，难免会滋生独断专行的弊病。于是，1948 年又做出第三项决定，即健全党的委员会、采取集体领导制的决定。

载有上述各项决定的党的文献，可列举如下：

(1)《中共中央关于统一抗日根据地党的领导及调整各组织间关系的决定》(1942 年 9 月 1 日，中共中央政治局通过)；

(2)《中共中央关于中央机构调整及精简的决定》(1943 年 3 月 20 日，中共中央政治局通过)；

(3)《关于健全党委制》(1948 年 9 月 20 日，党中央决定)。

与共产国际决裂

在毛泽东担任政治局和书记处主席两个月后，对于世界共产主义运动来说，发生了历史性的事件，那就是共产国际宣布解散(1943 年 5 月 15 日)。

中国共产党接到通知后，立即召开政治局会议，通过了支持解散的“决定”。政治局的反应如此迅速，完全是政治局主席毛泽东反应迅速的结果。

在此之前，刘少奇仿照俄国共产党内布尔什维克与孟什维克对立，将毛泽东的思想喻为前者，而将陈独秀的“托洛茨基主义”、“李立三路线”、内战期间的“左”倾机会主义（指王明）喻为后者。虽尚未使用“毛泽东思想”的提法，但文章意图十分明显。(《清算党内的孟什维主义思想》，载延安《解放日报》，1943 年 7 月 6 日)

最早使用“毛泽东思想”提法的是王稼祥的文章——《中国共产党与中国民族解放的道路》，发表时间比刘少奇的文章晚两天。

1937年，王稼祥以派驻“共产国际”的中共代表身份被派往莫斯科，一年后回国，传达了“共产国际”的决定及共产国际执委会主席季米特洛夫的意向。其中之一就是：中共中央领导机关应以毛泽东为首实行统一领导，并应拥有团结、亲密之气氛。王稼祥在遵义会议上积极支持毛泽东。由此可以想象，他在莫斯科时就中共内部的事情做了怎样的报告。

刘少奇和王稼祥的文章是为纪念中国共产党成立（7月1日）发表的。另外，秦邦宪（博古）、张平化等人也发表了文章，用语均为“毛泽东的旗帜”或“毛泽东同志的理论——中国化的马克思列宁主义”之类说法。

1943年共产国际解散前后，毛泽东不但身兼两项主席职务，又组成了书记处，而且有人在纪念建党成立的文章中提出了“毛泽东思想”。因此，对毛泽东来说，这是有两个飞跃的年份。

四项主席

1945年4月至6月召开的党的第七次全国代表大会，成了确认毛泽东的地位和权威的大会。

在大会上，他当选为中央委员会主席，在中央委员会全会上当选为中央政治局主席及中央书记处书记。在会后不到两个月成立的党中央军事委员会上，他又当选为中央军事委员会主席。

党代表大会的重要议题之一是修改《党章》。新《党章》关于“毛泽东思想”做了如下规定：

> 中国共产党，以马克思列宁主义的理论与中国革命的实践统一的思想——毛泽东思想，作为自己一切工作的指针，反对任何教条主义的或经验主义的偏向。

不言而喻，此项规定与两年前刘少奇的文章的宗旨是完全一致的。做修改《党章》报告的也是刘少奇。他在报告中说，毛泽东是“天才的、创造的马克思主义者”。

宣布大会开幕的是大会秘书长任弼时。他在简短的致词中说，毛泽东是中国共产党的领袖，他的思想抓住了人民群众，是东方各民族解放的旗帜。

毛泽东、刘少奇、任弼时三人组成的书记处，就是为“七大”做准备。

毛泽东自 1945 年 7 月至 1976 年 9 月 9 日逝世，一天也没有离开中央委员会主席这一职位。为了表示敬意，人们不再直呼他的名字，而代之以“毛主席”，或简称“主席”。

“主席”一词通常是指议长。然而，由于毛泽东长年高居此位，其渐渐演变成了具有特殊名誉的称呼。现在作为党的机关，只在中央军事委员会保留这一称呼，并为邓小平所享有。但称呼“主席”不仅指邓小平，因为作为国家机关，还有“国家主席”。

★第四章

国家建设的蓝图

1. 十大关系与人民内部矛盾

未来的国家

毛泽东成了中华人民共和国的“元首”。当时，在管理建设这个国家之际，他有什么样的构想呢？

首先，让我们来看一看，在新国家诞生之前他是怎样描绘未来新国家的。

1930 年 1 月，他曾以如下优美的文笔，讴歌中国革命高潮的到来：

> 但我所说的中国革命高潮快要到来，决不是如有些人所谓“有到来之可能”那样完全没有行动意义的、可望而不可即的一种空的东西。它是站在海岸遥望海中已经看得见桅杆尖头了的一只航船，它是立于高山之巅远看东方已见光芒四射喷薄欲出的一轮朝日，它是躁动于母腹中的快要成熟了的一个婴儿。（《星星之火，可以燎原》）

当时，他正在开展游击战，好不容易才在江西东部建立起称为“根据地”的势力范围，不过，已经出现了将要遭到国民党“讨伐”的动向。上述引文虽然充满了信心，但还是令人觉得有些茫然。

翌年，中华苏维埃共和国在江西瑞金成立，他成为这个共和国的中央政府主席。但是，包括宪法在内的政策及法律，都是由上海的中央政治局制订之后送过来的。

1937 年 8 月——

> 中国共产党……为独立自由幸福的新中国而斗争。(《为动员一切力量争取抗战胜利而斗争》)

这时，中国共产党向南京的国民政府提出了一致抗日的要求。因为日本军队已在北京近郊的卢沟桥发动攻击，而这个“新中国”并没有将国民党排除在外。

接着，1949 年 6 月——

> 中国人民将会看见，中国的命运一经操在人民自己的手里，中国就将如太阳升起在东方那样，以自己的辉煌的光焰普照大地，迅速地荡涤反动政府留下来的污泥浊水，治好战争的创伤，建设起一个崭新的强盛的名副其实的人民共和国。(《在新政治协商会议筹备会上的讲话》)

又经过三个半月，中华人民共和国终于诞生了，与国民党的作战取得了胜利。

乌托邦的原型

在现实中，国家一旦成立，就不能像以往描述的那样只是一个空想的社会。

毛泽东在谈到国家时，其基本设想里有空想的成分。那就是他主张，人应该兼做工人、农民和士兵。

他向领导人民解放军的林彪下达过如下指示。该指示发表于 5 月 7 日，故称为“五七指示”(1966 年)。

> 人民解放军应该是一个大学校。

接着又说：这个大学校“要学政治、学军事、学文化”(“学文化”指识字及学习一般常识），“又能从事农副业生产，又能办一些中小工厂，生产自己需要的若干产品和与国家等价交换的产品”。还能从事群众工作，参加“社会主义教育运动”（当时正在进行中）、文化革命斗争（不久即将开始）。“这样，军学、军农、军工、军民这几项都可以兼起来。”另一方面，工人虽然从事工业生产，但也要学军事、政治、文化，也要从事农副业生产。农民、学生、商业、服务业、党政机关工作人员也同样应兼顾多项。

对毛泽东来说，国家无非是可以称之为人类聚集的组织。尽管职业分工不同，但不能只保持分工状态，人必须集多种功能于一身才行。这样的人的集合体，才是真正的国家。这就是上面引文的宗旨。

我刚才说这些都是空想，但对毛泽东来说，这是应该做的，而且是做得到的。这个设想的直接来源，大概可以追溯到 1871 年巴黎公社发表的纲领。这就是毛泽东的乌托邦的原型。

1918 年，他从长沙师范学校毕业时，听到武者小路实笃（1885—1976）的“新村”运动，于是说服了朋友，也曾想在岳麓山上建设“新村”。农民当然不可能听他们这些身穿学生服的人的游说，既没有人提供土地，也没有人去参加，这次试验一天即告结束。

《论十大关系》

对新国家的素描，以《论十大关系》最为人所知。这是毛泽东在 1956 年 4 月发表的一篇讲话。

从 1954 年 6 月公布的《中华人民共和国宪法》中，也能够看到国家蓝图。但是，如果要研究管理经营方面的构想而非国家的基本框架，还是要看这篇讲话。

新国家诞生之际，没有马上发表这篇讲话，好像迟了，但是需要时间来治愈战争的创伤，恢复经济。而且，那期间又赶上长达三年的朝鲜战争。停战协定是在 1953 年签订的，当时第一个五年计划已开始实施。该“计划”于 1956 年完成，比预定时间提前一年。

第一个五年计划的进行方式很不正规，在立案的同时开始实施，然后边实施边调整计划。整个计划在1955年定案，也就是第一个五年计划完成的前一年。

1956年宣布完成了第一个五年计划，但需要总结的问题堆积如山。

先是由刘少奇做总结，稍后毛泽东开始逐一总结。仅仅一个半月内，就听取了34个部所做的汇报，热情高涨。这也是新中国成立以来他第一次广泛听取汇报。在中央政治局的讨论会上，毛泽东将汇报中的问题加以整理，归纳成十项，做了这次讲话——《论十大关系》。各项目都有对立的两方面，故称之为“关系”，其实叫“矛盾”或“问题”也一样。

下面就是十个问题的内容。

在对立的甲、乙两项中，画线的一项表示应该受到重视的。但实际上，甲重要，乙也值得重视。因此，没有画线的一项，并不意味着完全否定它的重要性。

（1）重工业←→轻工业、农业；

（2）内地工业←→沿海工业；

（3）国防建设←→经济建设；

（4）国家、生产单位←→个人；

（5）中央←→地方；

（6）汉族←→少数民族；

（7）党（中国共产党）←→非党（民主党派）；

（8）革命←→反革命；

（9）是←→非（犯错误者）；

（10）中国←→外国。

当时的口号是“学习苏联”。那时，一般的定式是，提到苏联，就是社会主义，提到社会主义，就是五年计划，五年计划的目标，就是实现工业化，而其中重工业得到优先重视。中国实施的五年计划也正是基于这一定式。

而毛泽东主张，不能轻视农业、轻工业的发展。虽说如此，也并不是否定对重工业的重视。他的这个主张不彻底，带有妥协性。想必在一般人对苏联模式深信不疑之时，毛泽东大概也不打算否定这种模式。然而，他提出要重视农业、轻工业的主张，确实见识高。

根据在经济落后的内地也要建立工业基地的方针，内蒙、西北等地相继出现新兴的工业城市。对此，毛泽东提议要活用沿海地区的工业，由于沿海地区的工业设施占全国的70%，因此毛泽东的提议很切合实际。在国防建设上，他又指出经济建设的发展就是最好的国防。

在社会主义建设上，往往有国家优先、生产单位优先的倾向。对此，他主张不能忽视个人的利益。在中央与地方的关系上，必须赋予地方以权限，使地方能发挥其积极性，在科学技术和企业管理上，要向资本主义国家学习。但是，这并非否定中央的统一领导，以及向苏联等社会主义国家学习的必要性。[以上第（1）～（5）、（10）项]

他又指出，在与“反革命分子”斗争时，以及处理犯过错误的人重回社会的事件时，应采取稳定宽大政策。[（8）、（9）项] 要尊重少数民族，尊重中国共产党以外的政党（民主党派）。[（6）、（7）项]

这次讲话，对当时视为绝对的苏联模式——重工业优先政策——提出了异议（虽然仍具有妥协性），从而具有划时代的意义。然而，尚不具备独立的国家建设之构想，正如他后来所说的那样：

> 前八年照抄外国的经验。但从1956年提出十大关系起，开始找到自己的一条适合中国的路线……（《十年总结》，1960年）

在不到一年的时间里，毛泽东再次发表长篇讲话《关于正确处理人民内部矛盾的问题》，进一步详细论述了这些关系（问题、矛盾）。《论十大关系》是在他逝世后才正式发表的，而《关于正确处理人民内部矛盾的问题》发表较早，是毛泽东的代表作之一。

人民内部矛盾

《关于正确处理人民内部矛盾的问题》的讲话内容由12章组成。为便于与《论十大关系》比较，在此也将每一章定为一项。由于省略了第一章和第十章，因此数字和原来的章数略有不同，标题也不同于原文。各章不分甲、乙对立两项。画线处为新论点，是《论十大关系》中没有的。内容如下：

（1）肃反问题；

（2）农业合作化问题；

（3）工商业者问题；

（4）知识分子问题；

（5）少数民族问题；

（6）统筹兼顾、适当安排；

（7）关于百花齐放、百家争鸣、长期共存、互相监督；

（8）关于少数人闹事问题；

（9）关于节约；

（10）中国工业化的道路。

在上述各项中，最引人注目的是“（10）中国工业化的道路”。

至此，我们感觉终于看出了毛泽东构想的“国家”的轮廓。“工业化”这一现代化目标虽然是一般常识，但这个未来的蓝图应该让百姓知道才行。此章内容大致如下：

——国家建设的目标在于现代化。

——现代化即工业化。关键是重工业，钢铁产量的目标是年产2 000万吨。如果速度快的话，可望在1968年第三个五年计划结束时完成。

——为发展重工业，必须发展农业和轻工业。农业不仅能提供原料，还是重工业的重要市场，并能提供资金。

——随着农业的现代化，还可加速机械、化肥、水利、电力、运输、燃料、建筑材料等部门的发展。

这里提到的“钢铁产量年产2 000万吨”的目标，在1971年达到了，晚了几年。如果中途没有受到“大跃进”运动的影响，大概可在预定时间内完成。（顺便提一下，日本的钢产量在1955年是940万吨，1968年是2 113万吨。）

当然，这并非是毛泽东第一次提倡工业化。早在1949年3月，当全国胜利在望时，他就已经预测到，在新形势下党的工作重点将由农村转向城市，认定把中国由农业国改造成工业国是一个正确的方针。

另外，在总结社会主义过渡时期整个方针的《党在过渡时期的总路线》中，也包括“国家的工业化”这一内容。后来，其又被列入了第一部《宪法》中（1954年）。

然而，列举钢铁生产量的数字作为工业化的指标，显然与单纯提倡工业化的意思不同。而且，更重要的是该报告指出了工业化的基础在于农业和轻工业。

2. “人民公社好”

农业集体化

前面已经说明，贯穿《论十大关系》、《关于正确处理人民内部矛盾的问题》两次讲话的核心，是重视农业、要发展农业的主张。

那么，如何发展农业？就是通过“集体化”，使全国农民都加入生产合作社。

农民加入合作社，并不是事先就已经有了合作社，而是农民将各自的耕地、农机具、家畜等拿出来一起出资，组成合作社，共同从事生产。每天的劳动用“工分”来记录，待秋收后从收入中扣除合作社的基金和用于福利事业的基金之后，再按“工分”进行分配。

合作社分为初级社和高级社。前者对于向合作社提供的耕地、农具、耕畜也进行分配，后者只对劳动进行分配。对耕地等进行分配等于承认剥削——这是毛泽东的理解。因而，高级合作社才是社会主义性质的，应使之在全国实现，也就是农业的社会主义化。

党内的一致意见是，在第三个五年计划实施年度内，或再延长一段时间，实现农业合作化。

但是，毛泽东对此不满，认为太浪费时间，因而大加非难。刘少奇对此非难曾反驳说：

> 他们又嫌我们的农业政策“太慢了”，他们要我们破裂同

农民的联盟。(1954 年)

这里没有说明“他们”到底是指谁。不过，毛泽东回敬了一句：

我们的某些同志却像一个小脚女人，东摇西摆地在那里走路，老是埋怨旁人说：走快了，走快了。

1955 年上半年，刘少奇和邓子恢采取措施，解散了约三分之一的合作社。进而规定，在今后五年内，参加初级合作社的农民不得超过全国总户数的三分之一。(1955 年 7 月)

这项规定纳入了第一个五年计划，该计划在全国人民代表大会上获得通过。

毛泽东的冒进

事态发展到这一步，毛泽东得意地召集全国的省、市、区党委书记开会，做了《关于农业合作化问题》的报告，其中就包括前面引用的“小脚女人”那一节。会议赞成并通过了这项报告。(1955 年 7 月)

参加会议的党委书记回到各自负责的地区，为贯彻毛泽东的意图而奋斗。

次年，全国各地党委书记的 176 篇报告，汇编成《中国农村的社会主义高潮》出版了。毛泽东不仅为该书作序，而且还给其中的 104 篇加了“按语”。

对各地党委书记来说，这是得到中央——特别是毛泽东——赏识的千载难逢的机会。当时的湖南省湘潭县委书记华国锋也写了报告，并被收录进书。毛泽东的故乡韶山就在湘潭县内。华国锋也因这份报告而得到提拔，并在毛泽东逝世后，成为党的主席。

毛泽东的这种激进主义，一般是用“急躁情绪”或“冒进”等说法。1953 年，中共中央曾下达指示，要求必须纠正“冒进”倾向。然而，毛泽东对党内这一文件毫不在意。当他无视第一个五年计划的时候（1955 年），编制该计划的周恩来恐怕是大为困惑的。

而令人惊讶的是，制定五年计划的全国人民代表大会，根本没有指责或批评这是扰乱国家计划，而党内也没有任何质疑。不仅如此，在召开省委书记会议的三个月后，又召开了中央扩大会议，追认了毛泽东的方针。（1955 年 10 月，七届六中全会）

当事者刘少奇（他对毛泽东的方针持消极或反对态度）在 1956 年 9 月召开的党的“八大”上，用平淡的口吻说了下面一段话，话中所谓的“党内的右倾保守思想”，其实是指刘少奇本人。

> 从 1955 年下半年以后，像大家所知道的，由于党中央和毛泽东同志纠正了党内抑制农民的合作化积极性的右倾保守思想，农业生产合作社开始了特别迅速的发展。

中国农村的实情

从实际情况看，是否应该合作化这一大前提，是需要慎重讨论的。

根据 1949 年的一项统计，中国农民的实际情况如下：

△每百户

耕畜（牛、马、水牛、驴）	65 头
犁（传统的旧式的）	50 架
脚踏水车	9.7 架
大板车	6.6 辆

在两千多年的封建地主制度下，地主一味地收取地租，几乎不做灌溉、施肥、耕地改良等工程，结果农业只是向土地掠夺，导致土地贫瘠，产量低下。而近代百年来，又有外国的侵略、内战、政府无能、疫病流行、饥馑、天灾等灾难。新国家的农业就建立在这样一个基础上，其状况可想而知。据统计，1953 年至 1978 年的 26 年间，生产条件虽得到极大改善，但生产水平几乎没有提高。

△生产条件

农用机械马力	（增加了）638 倍
农用电力	（增加了）505 倍
化肥使用量	（增加了）112.3 倍
灌溉面积	（增加了）1.25 倍

△生产水平

农业总产量	（增加了）1.3 倍
粮食产量	（增加了）82.6%
棉花产量	（增加了）84%
食用油产量	（增加了）35%
农村人口的平均收入	（增加了）70 元（每年增加 2.7 元）

进而，还应考虑到农民教育水平低、交通和通信不便等方面的条件。

当时，中共中央农村工作部部长邓子恢对农民的看法如下：

> 在工人阶级的领导之下，农民一定可以走向社会主义，这是必须肯定的。因为他是劳动人民，他不剥削别人，也不甘心受别人的剥削，他是靠自己的劳动为生，互助合作正是他们所需要的，只要和他们讲清楚，他们是会赞成的。……农民本身又存在着落后性、散漫性与狭隘性。……农民又是小私有者，是以家庭为单位的个体经济，他们习惯于单独经营，有个人自私心理，一听到社会主义，他们就很自然地联系到"均产"思想。误认为"一拉平"就是社会主义。如果农民对社会主义一开始就没有怀疑、没有动摇、没有误解，那才是不可理解的。（1954 年第二次全国农村工作会议的总结报告）

邓子恢的想法是，与其集体从事农业生产，不如采取生产责任制，即定下生产份额，让农民包耕。根据农活和农作物的性质，可以由作业组或农民包耕下来。期限可以用季节做单位，也可以定为一年、几年或几十年。包耕时，定下生产份额，超过定额的部分，全部或部分归农民所有。他曾多次向党、向毛泽东提出此建议。

邓子恢的建议，终于在三十多年后得到承认。其实施的效果就是人们今天亲眼看到的情况。

毛泽东排除了以刘少奇和邓子恢为代表的谨慎看法，号召农业合作化，并加以实现。1956 年底，全国农户总数的 87.8%加入了高级农业生产合作社，再加上已加入初级合作社的农户，合计有 96.3%。

农业合作社本来应该在 1968 年实现，却提前了 12 年。

不仅如此，合作化的发展势如破竹，两年后，在全国各地都出现了农村公社——“人民公社”。

“人民公社”

1958 年夏，“人民公社”突然出现在中国。这一年 12 月，农村人口的 99%，即 1.2 亿户加入了“人民公社”。

“人民公社”的英译为“People's Commune”，与合作社的性质相同，不仅是生产组织，还是行政组织。一个“人民公社”大致相当于行政单位“乡”的规模。乡党委会搬过来成了“人民公社”的党委会，乡人民政府成了“人民公社”的社务委员会。

原来的高级生产合作社，几个合并以后成为一个“人民公社”，一开始就带有大型化的倾向。全国范围内有 2.4 万个“人民公社”，占新中国成立初期全国乡的十分之一。乡的合并也齐头并进，呈现出数乡一“人民公社”的局面。后来，规模缩小，总数成为 7.4 万余个。（1963 年）

一个“人民公社”有 2 000 户左右，分成几个生产大队，一个生产大队的规模相当于以前的一个合作社。大队又分成几个生产队，一个生产队有 20～30 户，农民直接隶属于生产队。一个生产队的劳动力为 100～150 名。

“人民公社”成立之初，流行的话是“吃饭不要钱”。“人民公社”设有几个食堂，一日三餐都吃食堂，人们说，妇女从锅台上解放出来了。

不能从事重体力劳动的老人和小孩也在食堂免费用餐。由此可见，在社会福利保障方面做得很彻底，不能不说是实现了“共产主义”（按需分配）。

劳动是以生产队为单位集体劳动。每天清晨，按钟声集合，到指定地点去干农活，休息时间也有规定。

组织扩大以后，有些人被动员去参加修路、修水渠、建水库等。而中学、医院、商店、工厂等经营单位的人员，也都来自这些“人民公社”。

“人民公社”是一个小小的国家，也是军队式的组织。写信的地址一般是“××省××人民公社××大队××队□□□同志收”。其中，“人民公社”前的“××”部分多为地名，也有“红旗”、“卫星”之类名称。个人也是从上到下都被组织起来，只是军队的一员而已。

“人民公社”创办当初，并没有完整的蓝图。在前一年冬天，各地开展了大规模灌溉工程建设，水渠贯通了几个合作社。但有些合作社提供了水渠用地，却得不到灌溉，而一个合作社无力承担大型工程，合并为公社以后则增加了许多可以动员的农民。由此可知，几个有联系的合作社合并后，可以解决各合作社之间的纠纷，也便于调节劳动力。

当初，是叫“合作社联合”或“扩大合作社”。据说，最先使用“人民公社”这一名称的，是河南省遂平县的“卫星人民公社”，可也众说纷纭，难下定论。不过，至少可以确认，这一名称是毛泽东加以推广的。1958 年 8 月，他去河南省“七里营人民公社”视察，听完各种汇报后，说了一句“人民公社好”。随行的新华社记者马上记录下来，第二天报纸的头版醒目地刊登出了“人民公社好”这五个大字。

于是，全国迅速开展合并农业生产合作社、成立“人民公社”的运动。中央政治局在避暑地北戴河召开扩大会议，不仅承认“人民公社”这一组织，而且通过了决议，要大力推广。

“人民公社”的特色，与农业社会中常常幻想的“乌托邦”颇具相似之处。“人民公社”对年轻时曾在湖南尝试建设“新村”而失败的毛泽东来说，就是具有国家规模的“新村”的体现。全国出现了2.4万个“新村”，各“新村”的人们为农业生产和炼钢运动投入了极大的热情，显然也引起了毛泽东的强烈共鸣。

1958年

1958年笼罩在一片狂热的气氛中，炼钢生产飞跃般增加，道路扩建等各方面也齐头并进。所谓“炼钢”，即农民用砖头建造高炉，而后投入矿石和煤，用来冶炼矿石制成钢铁。炉子顶多有人的两倍高，必须摆上几十个炉子才行。而为提炼焦炭，便将煤铺展在地面上燃烧。

在农业方面，则鼓励小麦和水稻密植。在一块田里，密密麻麻地种满结了稻穗的水稻，小孩可以坐在上面。旱田的地里则如一座座小山，斜坡处满是密植的红薯。

单位面积产量被夸大宣传，报纸上每天都登出新的纪录。恰好，那时苏联“人造卫星”发射成功，于是新纪录的出现被形容“放卫星”，也被誉为“生产大跃进”。

“三面红旗”

1958年，全中国随处可见的景象是“三面红旗”。当时，中国共产党正致力于“社会主义建设总路线”、“大跃进”、“人民公社”等口号、政策，“三面红旗”正指这三大基本政策。在中国各地，到处都有“社会主义建设总路线万岁”、“人民公社万岁”、“大跃进万岁”这样的巨幅标语。

“社会主义建设总路线”的内容，不外乎毛泽东在《论十大关系》和《关于正确处理人民内部矛盾的问题》两次讲话中阐述过的论点。

1953年曾提出过“过渡时期总路线”，其目标是社会主义工业化和社会主义改造要在1956年大致完成。它的内容就是人们已经看到的第一个五年计划。

当时，“总路线”一词成了固定用语。而“过渡时期”结束之后，接下来意味着“社会主义建设”，所以，又提出了“社会主义建设总路线”。

“社会主义建设总路线”是一句口号，其内容又进一步口号化了。翻译成日语会稍长，汉字的说法则简洁有力——“鼓足干劲，力争上游，多快好省地建设社会主义”。

的确，1958 年的中国真可谓“干劲十足”。正好在这一年秋天，我得到了去四川、湖北、河南等地旅游参观的机会。我在湖北省麻城县参观了密植田，稻子密密地种在稻田里，像一层厚厚的地毯，小孩爬到上面也不会掉下来。

回想一下，那时在很长的参观旅行途中，应该觉察到为什么只有那一块稻田没有收割。讲解中说，收割都已经结束了，那就是说，参观的那块密植田是特意为我们保留下来的。现在，每当我回想起这件事，总觉得对不起当地的农民。

1958 年本书作者竹内实在山东泰安火车站。

第五章

思想改造

1. 开展整风运动

毛泽东的谈话

与国家建设并行，毛泽东同时着手提高人们觉悟的工作，也可以说是指人的革命，或意识的变革。

这被称为“思想改造”。如按字面意思，改造思想，就像动手改造旧房子，使之焕然一新、便于居住一样。这种改造运用到人身上，能使人面貌一新。这就是毛泽东的人性观。

我曾见到过毛泽东。

我被引进敞开着大门的屋子里时，毛泽东像一座建筑物一样站立着。握手时，他的手柔软，有点像棉花糖，令人感到意外。我本以为他在农村闹革命，手应该很粗糙的。不过，同时又觉得，他是不是刚才还在书斋里埋头读书？四周的气氛冷清、幽静而深邃。

在一间像是会议室的地方，他跟我们谈话。话题是讲他自己的生涯，说自己本来打算当小学教员的。我所做的笔记是这样的：

> 我当时一则没有钱进大学，二则也读不下去了。我读师范学校是准备当教员的。我做过小学教师，也做过校长。那时一心想当教员，并没有想当共产党员。

我是在上海租界一栋叫做“法兰西俱乐部”的建筑物里聆听毛泽东这番谈话的，时间是 1960 年。

小学教员

后来，我经常想起毛泽东那时说自己本打算当小学教员的那段话。这不正是说明他对“教育”有着特殊的感情吗？“思想改造”就是以党员为对象进行的一种教育，也称“整风运动”。

“整风”的“风”指常见的一般现象，即风俗、风潮、歪风的“风”。“整”又称“整顿”，即检查、矫正，含有教育、说服之意，也指检举揭发错误及不法行为，意即“刷新”。

“思想改造”具有“学习”运动的一面，同时也是一种启蒙运动。他在延安开始搞整风时，曾在讲话中提到“必须进行启蒙运动”。

新中国成立后，也有“整风运动”。“学习运动”、“思想改造运动”反复进行，几乎没有间断过，虽然名称各异，但宗旨并没怎么变。结果还是毛泽东教育士兵、党员和一般民众。他任何时候都是一位小学教员。

整风运动的原型

延安整风运动于 1942 年开始，1945 年结束。这是毛泽东第一次发动“整风”（工农红军中也搞过类似的活动），成了整风运动的原型。

1941 年，毛泽东发表了《改造我们的学习》（5 月19 日），这篇讲话预示着运动的开始。1942 年，他又连续发表多次讲话——《整顿党的作风》（2 月1 日）、《反对党八股》（2 月8 日），吹响了整风运动开始的号角。

口号是要整顿中国共产党工作中的歪风。他称调查研究的方式为学风，称党内及党内外关系中的做法为党风，党文献中的文体为文风。并指出，学风中存在着主观主义，党风中存在着严重的宗派主义，文风则枯燥无味。他的观点是：

（1）学风中的主观主义，表现在只知背诵马列著作中的若干词句，对中国历史及中国革命一点不懂。

（2）把个人放在第一位，把党放在第二位，闹独立性。在党内关系和党外关系上只顾个人，对别部、别地、别人漠不关心。这是宗派主义，是主观主义在党风中的表现。

(3) 文风中存在着“党八股”现象。清朝以前选考官时，答案形式呆板，采取称为“八股文”的文体。这种形式的文体在党内很流行，他称之为“党八股”，空话连篇，装腔作势，借以吓人。而且甲乙丙丁，开中药铺，内容枯燥无味。若是模仿西方，就叫“洋八股”。“党八股”里面藏的是主观主义和宗派主义的毒物。

以上是三篇讲话的要点。

延安整风运动

整风运动实际上分为下面几个阶段：

首先，是阅读指定文献、记笔记、写感想的阶段，即所谓学习。

其次，是对照文献，反省自己的思想和行动，写个人检查，在众人面前发言，即批评与自我批评。这以个人、小组的形式进行。

进而，在前面两个阶段的基础上，对党的历史、党内斗争历史进行新的认识。这也叫学习。

最有条不紊地进行过这三个阶段的是延安的中央党校。在这所学校学习的人，都是预定出席中共第七次全国代表大会的代表。也就是说，参加此次大会的人，从 1942 年 2 月起，在这所学校里接受了三年零两个月的教育。

前面说过，在党的“七大”上，确立了毛泽东在中国共产党内具有绝对的权力。因此，这次整风运动的更大目的，不仅仅是整顿“三风”，而是通过整顿“三风”，让所有党员（就当时而言，是指出席党代表大会的代表）都要接受毛泽东的教育。

在“整风”的开始阶段，是学习指定文件，指定的文献有 22 篇。除了前面列举的三篇讲话外，还有毛泽东、陈云、刘少奇、刘子久的讲话及书信，以及党的决议，列宁、斯大林、季米特洛夫的讲话与文章，还有《联共（布）党史简明教程》的“结论”部分等。后来，又补充了毛泽东的《在延安文艺座谈会上的讲话》，和刘少奇与刘子久的其他文章、书信，以及党的决议等。据说，经过这次整风运动，党内风气为之一新。

其中指定文献的部分，后来在日本翻译出版了，日文编译者这样说：

> 凡是接触过中共党员及中共政府要人的国内外人士，都异口同声地夸奖他们的清廉无私，而且有时甚至表现得过于认真。……我自己在战中、战后的中共解放区的生活过程中，也接触了许多中共干部（干部是活动家），每个人都很谦虚、质朴，不禁使我想起日本的一首俳句："越是果实累累的稻穗，越是低垂着头。"
>
> 这些中共干部和党员，都经党内教育运动"整风运动"磨炼出良好的品性。（小林信译《毛泽东、刘少奇整风文献——中共的人间革命》，译者前言，五月书房，1951）

2. 《文艺讲话》与整风运动的意图

《文艺讲话》

在整风运动过程中，其中一环是召集文学家、演员、音乐家及有关人士举行座谈会。毛泽东在座谈会开始与结束时分别做了讲话。这两次讲话被记录下来，发表时题目为《在延安文艺座谈会上的讲话》，简称《文艺讲话》，时间是1942年5月。

这是继前面三篇讲话之后为"整风"所做的另一次讲话，我们不难发现毛泽东的语调变得严厉起来。在这里出现了带有指责意味的"小资产阶级知识分子"一词。

在中国，中学毕业以上的都是"知识分子"。马克思主义的阶级观不认为有知识分子这一阶级，所以只能是"分子"。他们大都是出身于中小地主、商店主、职员家庭，故而也称"小资产阶级"。"小资产阶级"时而是革命的，站在工农一边；时而又因革命形势逆转，倒向资本家及反动军人一边，即缺乏无产阶级觉悟。

《文艺讲话》中有下面这样一段话：

小资产阶级出身的人们总是经过种种方法，也经过文学艺术的方法，顽强地表现他们自己，宣传他们自己的主张，要求人们按照小资产阶级知识分子的面貌来改造党，改造世界。在这种情形下，我们的工作，就是要向他们大喝一声，说："同志"们，你们那一套是不行的，无产阶级是不能迁就你们的，依了你们，实际上就是依了大地主大资产阶级，就有亡党亡国的危险。只能依谁呢？只能依照无产阶级先锋队的面貌改造党，改造世界。

之前还说：

我们有许多同志还不大清楚无产阶级和小资产阶级的区别。有许多党员，在组织上入了党，思想上并没有完全入党，甚至完全没有入党。这种思想上没有入党的人，头脑里还装着许多剥削阶级的脏东西，根本不知道什么是无产阶级思想，什么是共产主义，什么是党。……而为要从组织上整顿，首先需要在思想上整顿，需要展开一个无产阶级对非无产阶级的思想斗争。

"斗争"这一党内用语，包含着很严厉的内容。"整风"开始时，那些由苏联回国的人，动辄高喊且实行"残酷斗争"、"无情打击"，对这种做法，毛泽东很反感。他讲明，"整风"的目的在于"治病救人"。不过，他又补充说，敌人及敌对思想已经渗入党内，对此则需要给予残酷斗争和无情打击。

阴郁的空气

整风运动开始一年多后，因为引进"残酷斗争，无情打击"的做法，致使延安开始充满阴郁的空气。

每一个党员在进入个别审查阶段时，都多了一项任务——必须揭发潜伏在党内的国民党特务。在申报的经历中如有不明之处，马上就派调查员前往有关地点去调查，但不可能所有的事都一一调查清楚，便强迫人们进行坦白，坦白内容被视为证据。坦白后则拉去游街，强迫在大庭广众面前交待自己的罪状。

和毛泽东结婚的女演员蓝苹（婚后改名江青）也受到过审查，十分苦恼。她自己申报说是1932年入党，但审查机关不予承认，硬说是1935年。江青向丈夫诉苦，而毛泽东说不能特别照顾，于是两人发生了口角。毛泽东大声吼叫："滚出去!"江青边哭边跑到周恩来住的窑洞。毛泽东的警卫目睹了这一经过。

从早上到中午，江青向周恩来倾吐了自己的委屈，而后神情愉快地回来。十多年后，这个警卫偶然在天津遇到江青所说的活证人（江青只知道其姓），向他打听当时的情况，知道江青的话里并没有掺假。（警卫李银桥的回忆录有两种版本，书名分别是《走向神坛的毛泽东》和《走下神坛的毛泽东》，内容大同小异，中外文化出版公司1989年出版。后者的作者是笔录人权延赤。）

从这段插曲我们可以想象，当时的冤案不少。

毛泽东发现弊病后，让负责审查工作的康生立即停止。据说，在召开"七大"之际，他在某个集会上脱帽鞠躬90度向受害者谢罪。

康生曾在苏联留学。后来，"文化大革命"一开始，他便成了江青等人的"文革小组"的顾问。在延安整风时，他担任负责整风运动的中央总学习委员会副主任。主任是毛泽东。当时，康生还兼任社会部（秘密警察）部长和情报部部长。

批判王明

在整风第三阶段——路线学习中，目标是批判王明。

王明在中共党史中留下了"王明路线"一词。1931年1月，王明由莫斯科的中山大学回国，掌握了党的领导权。他指示要以城市为中心推动革命，这与当时在农村开展游击活动的毛泽东对立。所以，王明极力排斥毛泽东。

从1931年11月起，王明成为共产国际的中国代表，派驻莫斯科，在国际上有一定的知名度。他于抗日战争爆发后回国，1937年11月以后一直在延安。王明凭借共产国际权威的保护，在理论上与毛泽东对立。"反对主观主义"这一整风运动的口号，实际上就包含着批评王明之意。

批判王明的最高潮，是党的“七大”之前的中央扩大全会，即1945年4月结束的六届七中全会。在长达九天的全体会议上，发言者一个接一个地批判王明，不少人主张解除王明的中央委员职务，并要求开除党籍。

支持王明的发言受到的质问（该说是“起哄”或“追问”吧）接连不断，使得发言者在台上进退两难。王明未出席，但听说他夫人出席了，她上台发言，并叫嚷着说“毛主席，请看看我的心”，台下的听众更加群起而攻之。

此次全会通过了《关于若干历史问题的决议》，对中国共产党创建以来所经历的历史问题做了评价，而王明的现在及过去也被批判得体无完肤。

现实的理由

在延安之所以能够开展严厉的整风运动，恐怕可以认为是有现实的理由。延安是革命圣地，有许多向往革命的青年男女从国民党地区来到这里。而且，他们是大学生或高中毕业、初中毕业之类有知识的人。可以想象，他们在延安亲身体验的生活，和他们的憧憬有很大的出入。他们不但要压抑内心的不满，还要把自己培养成为中国共产党活动的人才。他们本来都是向往革命的人，所以能够自己说服自己并接受整风运动，更何况他们几乎不可能逃出延安。

由此可见，只有在封闭的世界里才能够成功地开展整风运动，鼓励自我批评，以打破“小资产阶级知识分子”的自尊心。告诉他们，只要坦白，就能解除心理上的负担，即所谓的“脱裤子”、“放下包袱”。而儒家的教诲“过勿惮改”，也使这些知识分子认为，坦白过错就是“善”。

3. 思想改造的反复

由土地改革到“三反”、“五反”

毛泽东一面致力于国家建设，一面对人进行思想改造。

延安的整风运动已经“定型”，但“整风”的对象只是“党”本身。除了“整风”，毛泽东还反复对小资产阶级知识分子及一般群众开展学习运动、思想改造运动等。一有机会，他就进行策划，反复开展这些运动，还有各种以批判为形式的运动等。反复开展的最后结果，就是“文化大革命”。

下面，让我们大致回顾一下当时的情形。

令人吃惊的是，毛泽东参与了所有这些运动。

首先，土地改革运动开始。新中国成立后第二年（1950年），在过去的国民党统治区实行土地改革，没收地主的土地、农具，分给农民。并且让文学家和大学教授也参加这项运动，见习一些“阶级斗争”。接着，又派遣人民志愿军参加朝鲜战争，同时在国内掀起抗美援朝运动，一面振奋爱国精神，一面让知识分子反省他们惯有的崇拜欧美的思想，而且还派他们去前线。

次年（1951年），又大力开展镇压反革命运动，鼓励人们揭发潜伏的反革命分子和特务，公开审判和处决，并让知识分子、文学家去参观学习。同一年，还对与意识形态有直接关系的电影开展了批判运动。《人民日报》社论严厉批判那些赞美描写清末教育家武训的传记电影的人，认为他们缺乏马克思主义观点，其笔者就是毛泽东。

在北京、天津的大学教授中，还开展过学习马克思主义的运动，以符合要用马克思主义的用语与概念来讲话的需要与要求。接着，又在1951—1952年间，开展了知识分子思想改造运动。让知识分子见习与参加土地改革、抗美援朝、镇压反革命运动等，实际上是为了发动这些运动做准备。要进行批评与自我批评，并在报纸上发表自己的心得体会。通过这场运动，接受马克思主义及毛泽东思想的人，会被评价为“进步了”。

1952年开始揭发党员、党政机关工作人员的不正之风，以及使他们腐败的不法资本家。这被称为“三反”、“五反”运动。

1953年，没有开展全国性的运动。虽然号召批判官僚主义，但仅限于机关内部。

从批判胡风到“反右”斗争

1954 年至 1955 年，也开展了一连串批判运动。多年从事清代长篇小说《红楼梦》研究的北京大学教授俞平伯，其研究方法被批判为没有“阶级观点”。因为他采取的方法是实用主义，而实用主义作为美帝国主义的哲学曾受到批判，继而，20 世纪 20 年代接受它的学者胡适（当时居住美国）也遭到批判。

接着，批判还波及对批判俞平伯持消极态度的《文艺理论》杂志主编冯雪峰，编辑部被改组。而指示要注意研究方法的批判并提出问题的也是毛泽东。

文艺评论家胡风在这些批判运动中逐渐活跃起来，甚至攻击党的文艺政策负责人。胡风一直不赞成中国共产党把《文艺讲话》视为金科玉律的文艺政策。

党的反击开始了。将胡风过去的私人信件一并公布出来，这些信是胡风的文学伙伴交给党的。胡风写了自我批评，也提出申诉。但《人民日报》将其自我批评连同过去的私人信件都刊登了出来。私人信件还被附加注释，说明他与国民党有密切关系。私人信件分两次登载，均附有按语。虽未署名，可都是毛泽东写的，一部分还收入《毛泽东选集》第五卷（后来不再公开引用此书）中。文艺界全都来批判胡风，要求判定胡风是“反革命分子”，并要求检察机关审理。胡风便从社会上消失了。当时正在开展肃清反革命运动，批判胡风又与这场运动结合了起来。

到 1956 年，形势发生了逆转，又开始奖励言论自由、创作自由和研究活动自由，口号是“百花齐放，百家争鸣”。

第二年（1957 年）整风运动开始。延安是第一次，这是第二次。鼓励人们对党“大鸣大放”，多提意见和批评，亦称为“鸣放运动”。

“鸣放运动”的势头出乎意料，许多人纷纷发表激烈的言论，致使党内一部分人产生了动摇。于是，中国共产党的态度来了个 180 度大转弯，称那些讲批评言论的人是“右派”，对他们开展斗争，即“反右”斗争，时间是在 1957 年 7 月。

在被打成“右派”的人中，有些人被逮捕入狱，多数人则在其后 20 多年的岁月里被剥夺了公民权。作家丁玲就是其中之一。她是忠实的党员，可因为当时的言论而遭殃，被下放到黑龙江的农场。学者、文学家、知识分子没有被打成“右派”的人不太多。

走向“文化大革命”之路

批判“右派”的斗争封杀了人们的言论。其后，又掀起“大跃进”运动和全国性的“人民公社”运动。由于进展不顺利，而对其加以调整。因粮食不足，曾出现饿死人现象。为了恢复经济，又采取了若干“自由化”措施。这些措施获得效果后，毛泽东对此又产生了危机感，指出要坚持社会主义道路，必须搞阶级斗争。

1962 年，在全国农村开始的“社会主义教育运动”，虽名为“教育”，实际内容也不外乎“斗争”。此次运动一直延续到“文化大革命”开始。

“人民公社”、生产队的干部、仓库、劳动工分记录等，都成为检查的对象。尽管允许私人养鸡、养猪，也允许自由买卖，但如果养的鸡和猪吃了“人民公社”田里掉落的稻穗，就被认为是“侵害公共财产”，是“走资本主义道路”，是企图复辟资本主义。

思想改造以“运动”形式反复进行，而且日趋严酷。

在这些反复不断进行的运动中，受到批判的知名人物有文学家胡风、丁玲，还有人口论学者马寅初、曾献身于农村运动的哲学家梁漱溟等人。而且，与胡风有关的其他文学家、评论家也受到了批判。甚至连仅仅是热心读者的学生，有的也被当做胡风分子进行批判，受牵连的人相当多。

具有讽刺意味的是，“文化大革命”一开始，那些总是站在批判别人立场上的人，也未能逃过被批判的命运。

★第六章

批判斯大林与“反右”斗争

1. 批判斯大林的冲击

批判斯大林

除了国家建设和思想改造以外，毛泽东还必须应付在苏联发生的批判斯大林运动。

在《论十大关系》讲话发表两个月前，苏联共产党于1956年2月在莫斯科召开了第二十次代表大会。

第一书记赫鲁晓夫在他的报告中否定了战争不可避免论，认为不同社会制度的国家可以和平共处，并暗示通往社会主义的道路是多样的。在大会上曾有否定个人崇拜的发言，而在大会结束后的秘密会议上，赫鲁晓夫向大会代表揭露斯大林的肃反工作如何如何残酷。这就是所谓的“批判斯大林”。

一直将斯大林视为“神”的各国共产党，其根基不可能不被摇撼。在波兰的工业城市波兹南发生了暴动。受波兰的刺激，匈牙利首都布达佩斯也发生了十万人的游行示威。游行队伍拉倒了巨大的斯大林像，在基座上只留下长靴，而且袭击了公共建筑。秘密警察向群众开了枪，驻扎在匈牙利的苏联军队也出动了。

当时，群情激昂，军队与游行队伍同一步调，不仅对秘密警察，对一般共产党员也施以恐怖行动，他们的尸体被倒吊在街头。曾一度被撤走的苏军再次介入，不到半天时间，就平息了布达佩斯等地的暴动。

毛泽东在1956年发生的事件中受到的冲击，可以从《论十大关系》和《关于正确处理人民内部矛盾的问题》两篇讲话中窥视到，但并不充分。另外，认为毛泽东代表了中国共产党的看法，也不尽妥当。这个时期，毛泽东发表了很多讲话。

1956 年：

4 月——在政治局扩大会议上以《论十大关系》为题发表讲话（第一次）（4 月 25 日）；

4 月——在政治局扩大会议上讲话（推测为 4 月 28 日）；

5 月——在最高国务会议上以《论十大关系》为题发表讲话（第二次）（5 月 2 日）；

8 月——与全国音乐工作者协会负责人谈话；

8 月——在第八次党代表大会预备会议上发言；

9 月——第八次党代表大会（正式名称为“全国代表大会”）；

11 月——在中央委员会全会（八届二中全会）上讲话。

1957 年：

1 月——在省、市、自治区党委书记会议上讲话（1 月 18 日）；

1 月——在省、市、自治区党委书记会议上讲话（1 月 27 日）；

2 月——在最高国务会议上做《关于正确处理人民内部矛盾的问题》讲话；

3 月——在最高国务会议上做总结讲话；

3 月——在中国共产党全国宣传工作会议上的讲话。

“百花齐放，百家争鸣”

如前所述，《论十大关系》的讲话做了两次。第一次和第二次的内容大概不太相同。第一次讲话后，又召开了中央政治局扩大会议。因此，在第二次讲话中，或许又添加了在这次会议上的讲话内容。不过，今天能看到的是第一次和第二次讲话的综合整理稿。据说，另有一篇只把第二次讲话改成文章体，于 1965 年在党内分发过，不过我们没有看到。

之所以对第一次和第二次的不同如此关心，是因为一般认为毛泽东与党的上层机关相处得未必完全和睦。如果比较一下第一、第二次讲话的内容的话，自然能了解到在中央政治局扩大会议上提出过哪些意见。

我怀疑，“百花齐放，百家争鸣”并非是毛泽东的主意，而是中央政治局（毛泽东以外的人）制定的与毛泽东不同的政策。中央政治局认为，中国共产党应该正面接受“批判斯大林”，并应采取接受这一立场的政策，那就是“百花齐放，百家争鸣”的政策。

毛泽东虽然也提倡这一政策，而且最后还发出号召，但开始是消极的，好像不是他主动提出的。

不妨回顾一下 1956 年 4 月至 5 月召开的会议。

4 月 25 日，他做了题为《论十大关系》的讲话。不难想象，当时的话题是担心学术研究僵化，因此讲话转到了学术研究的自由上，也提出了一些大胆的提议。还有人说，它们应该被写进党的方针里。毛泽东被拒于议论之外。

4 月 28 日，据推测，讨论了学术研究的指导方针。毛泽东说：“讲学术，这种学术也可以讲，那种学术也可以讲，不要拿一种学术压倒一切。你讲的如果是真理，信的人势必就会越来越多。”他也讲了“百花齐放，百家争鸣是党的方针”，可想必只是说说而已。

5 月 2 日，毛泽东在最高国务会议上又做了《论十大关系》的讲话（第二次）。在会上，他说：

> 现在春天来了嘛，一百种花都让它开放，不要只让几种花开放，还有几种花不让它开放，这就叫百花齐放。
>
> 百家争鸣是诸子百家，春秋战国时代，二千年前那个时候，有许多学说，大家自由争论，现在我们也需要这个。在宪法范围内，各种学术思想，正确的，错误的，让他们去说，不去干涉他们。

毛泽东想必不喜欢被排除在讨论之外，故而含蓄地谈到中国思想史。不过，后来改写成文章时删去了这段话，大概是认为自由也有个限度。（当时的讲话被收在中共中央文献研究室《关于建国以来党的若干历史问题的决议注释本（修改）》中，人民出版社于 1985 年首次公开出来。）

党中央宣传部部长陆定一比较性急，马上宣布这是党的政策（5月26日）。毛泽东如果将当时的讲话原原本本地发表，等于是声援陆定一。毛泽东避开了这种结果，因为他对赞同“批判斯大林”的陆定一等人是不满的。

关于冒进

以上毕竟只是我个人的推测。不过，能够证明这一点的是毛泽东和政治局（毛泽东以外的人）之间围绕《人民日报》社论稿的问题产生了矛盾。社论稿（大概是最后的校样）传阅到毛泽东那里，毛泽东批了一句“不看”，给退了回去。

在中国共产党上层部门，需要批示的文件都要一一传阅。文件上并列着批示人的名字（兼具收件人签字的作用），先用圆圈圈好自己的名字，再画上一道线至空白处，在空白处写上自己的意见。这叫“批”或“批示”，一般多用铅笔。

“不看”——老子不看，在“批示”上用这种口气是不妥的。这也许是读了一遍后大动肝火，也许是一看标题就知道了内容。引发事端的这篇社论的标题是《要反对保守主义，也要反对急躁情绪》。后来，毛泽东说：

> ……既要反右倾保守，又要反急躁冒进，好像有理三扁担，无理扁担三，实际重点是反冒进的。不是一个指头有病。这篇社论，我批了“不看”二字，骂我的我为什么看？（《在南宁会议上的讲话》，1958年1月）

毛泽东对《人民日报》社论的反击，当时鲜为人知。而且，人们无法知道，社论的主笔是王宗一，而胡乔木、陆定一做过补充，经刘少奇审查后，社论才刊登出来。似乎可以看出，当时在意识形态方面，在党中央宣传部部长陆定一下面，胡乔木和邓拓等人正推动着一股新的潮流。

党内其他潮流

党内的另外一股潮流，包括前面所说的陆定一讲话的内容和

《人民日报》社论，其主要情况如下：

1956年：

4月——《关于无产阶级专政的历史经验》，《人民日报》编辑部；

5月——《百花齐放，百家争鸣》，陆定一（中共中央宣传部部长）；

6月——《要反对保守主义，也要反对急躁情绪》，《人民日报》社论；

9月——中共第八次全国代表大会；

12月——《再论无产阶级专政的历史经验》，《人民日报》编辑部。

4月的《关于无产阶级专政的历史经验》一文，首先赞扬了苏联共产党批判斯大林是“勇敢的自我批评”，不过，又承认个人的作用，说在历史的斗争中需要领袖人物。此文认为斯大林尽管在晚年犯了错误，但就整个一生而言仍然是一位伟大的马克思主义者，应评价为“七分成绩，三分错误”。对于错误也应从历史背景上去分析，而不能把错误归到斯大林个人身上。

社论在做了上述论述之后，又警告说：领导人如果置身于党和群众之上，那么对国家大事将丧失全面的洞察力。该社论从历史观点进行分析，颇具说服力。毛泽东也不止一次地肯定这篇社论。

不谈“自由”

但是，毛泽东终究不赞成批判斯大林。在《论十大关系》中，有下面一段话：

> 苏联过去把斯大林捧得一万丈高的人，现在一下子把他贬到地下九千丈。我们国内也有人跟着转。

12月的《再论无产阶级专政的历史经验》一文，虽然表示支持匈牙利共产党，但在“八大”后的中央委员会第二次全会上，毛泽东又说：

> 关于苏共二十次代表大会，我想讲一点。我看有两把“刀子”：一把是列宁，一把是斯大林。现在，斯大林这把刀子，俄国人丢了。哥穆尔卡、匈牙利的一些人就拿起这把刀子杀苏联，反所谓斯大林主义。欧洲许多国家的共产党也批评苏联，这个领袖就是陶里亚蒂。……东欧一些国家的基本问题就是阶级斗争没有搞好，那么多反革命没有搞掉，没有在阶级斗争中训练无产阶级，分清敌我，分清是非，分清唯心论和唯物论。现在呢，自食其果，烧到自己头上来了。

陆定一的讲话从与此完全不同的见解出发，他提倡的是在“文学艺术工作和科学研究工作”范围内的自由：

> ……有独立思考的自由，有辩论的自由，有创作和批评的自由，有发表自己的意见、坚持自己的意见、保留自己的意见的自由。

这些“自由”虽与资产阶级民主主义的自由不同，但在肯定的意义上使用“自由”一词，这一点具有划时代的意义。毛泽东虽然倡导“百花齐放，百家争鸣”，但未这样说明过“自由”，而且不谈“自由”。

2.“反右”斗争与中苏对抗

“牛鬼蛇神”的解放

“反右”斗争是在提倡“百花齐放，百家争鸣”方针之后急转直下采取的措施。那些响应“百花齐放，百家争鸣”的号召、毫不隐瞒地说出自己见解的人，那些向党提出改进意见的人，都遭到严厉的反击。人们私下议论道：“这是引蛇出洞。”

毛泽东在讲话中说，“牛鬼蛇神”“有一点也可以”。后来一有什么动静，他就会很得意地说，这是为了先让人们看看“牛鬼蛇神”的真面目，然后再让人们进行批判，还说这不是阴谋，“是阳谋”。

不过，当时他的这种意见充满了宽宏的精神，对前程很乐观，很难看出其中隐藏着什么意图。现在我们可以看到的毛的讲话，是后来经过修改的，那是为了适应后来的形势，内容多少有些变化，不能把所有的内容都当做当时的资料来分析。可无论如何，在毛泽东做了《关于正确处理人民内部矛盾的问题》及在全国宣传工作会议上的两次讲话以后，社会上言论变得活跃了起来，这一点是不能否定的事实。因此，可以认为，当时毛泽东的意图主要在于开放言论。

下面，看看其经过的情形。

“百花齐放，百家争鸣”进一步发展成了“大鸣大放”，对中国共产党及党的领导人可以进行任何批评，而这种做法平常是被禁止的。进而，归为一个字——“放”，与此相对的则是“收”。毛泽东在全国宣传工作会议上的讲话中，极力主张“放”。他说：“现在还是放得不够，不是放得过多。”

当时，新的政策给戏剧方面带来了效果。一直被认为是有害而禁止上演的一些关于亡灵、鬼怪（“牛鬼蛇神”）的节目，也在各地被搬上了舞台。对此有人挑剔，主张禁止上演。毛泽东一如既往地压住了这些强硬派。

> 最近一个时期，有一些牛鬼蛇神被搬上舞台了。有些同志看到这个情况，心里很着急。我说，有一点也可以，过几十年，现在舞台上这样的牛鬼蛇神都没有了，想看也看不成了。……单靠行政命令的办法，禁止人接触不正常的现象，禁止人接触丑恶的现象，禁止人接触错误思想，禁止人看牛鬼蛇神，这是不能解决问题的。

接着，他又特别强调说：“当然我并不提倡发展牛鬼蛇神，我是说‘有一点也可以’。”整个基调很宽大，也很乐观。（《在中国共产党全国宣传工作会议上的讲话》，1957 年 3 月）

接着，《人民日报》上又发表了一篇社论，题为《继续放手，贯彻“百花齐放，百家争鸣”的方针》(4 月 10 日)。社论虽未署名，但据内部消息说是毛泽东写的。戏剧界、文学界也不断出现新的倾向。

这个时候，流行鲁迅式的讽刺性专栏文章和杂文。《文艺讲话》中曾以不应讽刺人民为由，禁止这类杂文。这次在宣传工作会议上的讲话又允许杂文创作了。

转为“反右”斗争

“整风”意在刷新党风，这已为人们所熟知，何况《人民日报》社论更提出要“大胆”。于是，以前一直受到的压抑得到释放，对党的批评意见爆发出来。

北京大学里有一个“自由论坛”，谁都可以登台演说。甚至附近大学的学生也来演说，演说中对共产党的领导提出了疑问。

农村的农民也开始流露出对党的农业政策的不满。

中国共产党突然改变方针，《人民日报》登了一篇以《这是为什么?》为题的社论，开始对这些言论展开反击。之后接二连三地刊登社论，提出了具有决定性的方向。这几篇社论都是毛泽东写的，从 6 月 8 日到 12 日连日不断，其后各篇则稍有间隔，到 7 月 1 日为止共发了八篇社论。

有些响应“大鸣大放”的方针批评中国共产党的人，作为“右派”分子成了报纸杂志每日攻击、谩骂、嘲笑的对象。

“右派”分子这顶帽子不只是骂骂而已。如果谁被戴上，那么不仅本人的社会活动受到限制，还被剥夺了“公民权”，更要株连家庭。周围的人也都给以白眼，与之断绝往来。这是新社会制造出来的歧视。

1959 年底，摘掉了一部分人的“右派”帽子，后来又摘掉了一部分。这些人被称为“摘掉帽子的右派分子”。那些被戴上了“右派”分子帽子的人，被下放到偏僻的农村，有的甚至二三十年都无法重返社会。

对党不信任

毛泽东虽然并未反对党第八次全国代表大会（1956 年 9 月），但他从“百花齐放，百家争鸣”转向“反右”斗争，进而乘“反右”斗争之势，又获得了他在第八次全国代表大会上失去的东西。

党的“八大”加进了苏联共产党批判斯大林和批判个人崇拜的内容，《党章》也删去了“毛泽东思想”这一用语。中央书记处新设总书记（总书记是邓小平），即使党主席也无法越过书记处这一关。《党章》中还新设了“名誉主席”的位置，可以说是暗中敦促毛泽东引退。

不过，批判斯大林之后的“百花齐放，百家争鸣”，现已销声匿迹了，再也没有人要求毛泽东引退。

一年零八个月以后，毛泽东在八大二次会议上（1958 年 5 月），重新提出八大一次会议上已经宣布获得解决的“无产阶级与资产阶级的矛盾”，以及“社会主义道路与资本主义道路的矛盾”，便没有人反对了。同时，曾一度遭到批评的“冒进”又得到了肯定，对曾经批评过的事物又进行了平反（内容见刘少奇当时所作的政治报告）。

1956 年 5 月的“百花齐放，百家争鸣”，以及 1957 年 4 月的第二次“整风”，都是党内其他派别提出来的。毛泽东巧妙地将二者合而为一。他借助由“整风”发展而来的“反右”斗争，一举击溃了中国国内准备开展的批判斯大林的运动。

毛泽东的想法成功了，但群众和知识分子却对党产生了失望和不信任情绪。1957 年，对于那些信任中国共产党和中华人民共和国的人们来说，这种信任要告一段落了。

与苏联决裂

通过“反右”斗争否定“右派”，就是否定中共“八大”的新潮流。否定中共“八大”，就等于否定苏共“二十大”的新潮流。而苏共“二十大”由于开展了对斯大林的批判，所以具有划时代的意义。因此，否定批判斯大林和否定批判斯大林的赫鲁晓夫，必然成为“反右”斗争后的下一个课题。

自 1960 年起，中国共产党开始对苏联共产党进行批判。中国共产党发表文章，借称赞列宁而暗中攻击赫鲁晓夫。赫鲁晓夫对此做出的反击措施，是突然撤走派驻中国的所有技术人员1 300名。阿尔巴尼亚公开反对苏联之后，中国马上与阿尔巴尼亚友好起来。

1963 年，在来往频繁的书信中，中国共产党向苏联共产党提出 25 条建议，即《关于国际共产主义运动总路线的建议》。据说，那是毛泽东和陈伯达等人起草的。对此，苏联共产党向该党各级组织和全体党员发表了公开信。于是，中国共产党马上发表了公开批判的文章。从《苏共领导同我们分歧的由来和发展》（一评）到《关于赫鲁晓夫的假共产主义及其在世界历史上的教训》（九评）共九篇，发表时间是从 1963 年 9 月到次年 7 月。（署名是《人民日报》、《红旗》杂志编辑部，也可以看成是毛泽东的意见。）

毛泽东对苏联共产党展开了多方面的批判，其主张加以整理后，即为“阶级斗争”、“无产阶级革命专政”、“继续革命”。依这些想法发展下去，毛泽东便不得不开展“无产阶级文化大革命”。

毛泽东在批判苏联共产党时，引用了马克思的一段话，这也是开展“文化大革命”时深深印刻在他脑海中的一段话：

> 这种社会主义就是宣布不断革命，就是无产阶级的阶级专政，这种专政是达到消灭一切阶级差别，达到消灭这些差别所由产生的一切生产关系，达到消灭和这些生产关系相适应的一切社会关系，达到改变由这些社会关系产生出来的一切观念的必然的过渡阶段。（马克思《1848 年至 1850 年的法兰西阶级斗争》，加着重号的字原文为黑体字）

毛泽东以马克思的这段话为依据，对曾经夸耀说在 20 年内将基本建成共产主义社会的赫鲁晓夫进行了批判，说他是骗人的，批判他所说的共产主义是美国生活方式的共产主义，是资产阶级社会主义的变种，并且抨击苏联社会中的特权阶层是由蜕化变质的领导人和资产阶级知识分子构成的，还特别攻击他们享受高薪。（《关于赫鲁晓夫的假共产主义及其在世界历史上的教训》，1964 年 7 月 14 日）

毛泽东不仅否定苏联共产党的理论，而且否定了现存的苏联社会。曾把苏联视为社会主义乐园而感叹不已并将其介绍给民众的毛泽东，终于与苏联彻底诀别。

集被人厌恶的苏联共产党及其理论（毛泽东定性为“现代修正主义”）于一身的人，是第一书记兼总理赫鲁晓夫。中文译名“赫鲁晓夫”，暗含有毛泽东的嘲讽。“赫”——显著，“鲁”——愚鲁，“晓”——觉悟，“夫”——男子，总的意思是将愚鲁昭著于天下后才能觉悟过来的人。

在“文化大革命”当中，毛泽东再度罗列这些文字，称一些人为“中国的赫鲁晓夫”[7]。

两个“赫鲁晓夫”

若以“中国的赫鲁晓夫”为思考线索，可以联想到毛泽东也许早对刘少奇有了戒心，而后才展开对赫鲁晓夫的批判。

1962年1月，在北京召开的中央工作会议上，对“三面红旗”政策做了批判性的总结报告，发言人是邓小平和刘少奇。特别是刘少奇的发言，想把“三面红旗”政策作为“历史教训”来总结。毛泽东也出席了此次会议，他说：“有了错误，一定要作自我批评……让人家批评。”（《在扩大的中央工作会议上的讲话》，1月30日）这可以当做是毛泽东所做的自我批评。这次会议，以出席的人数命名为“七千人大会”。

最先反对“三面红旗”的彭德怀，已于1959年下台。而在这次会议上，刘少奇还说可以恢复彭德怀等人的名誉。

毛泽东虽然做了自我批评，但对刘少奇等人并未心服。他分析这些人的思想根源，得出的结论是：他们的思想与赫鲁晓夫一脉相承。中苏决裂，对于毛泽东来说，也是自己与中国共产党内其他势力的决裂。

毛泽东意气高昂，竟然不惜与社会主义大本营决裂。他的意气变成了自信和自负。下一个目标就要转向国内，要发动农村的“社会主义教育运动”，再进一步发起“文化大革命”。

这个时候，毛泽东大概已察觉到自己性格中的“虎气”。中国的谚语中有一句“骑虎难下”，说的是一旦骑到老虎背上跑起来，是很难停下来的。毛泽东也是要骑到老虎累倒为止。

★第七章

“文化大革命”的风暴（上）

1.“文化大革命”爆发

红卫兵登场

“文化大革命”给人印象最深刻的是红卫兵的登场。也可以说，红卫兵登场揭开了“文化大革命”的序幕。

“红卫兵”，就是左臂上佩戴印有“红卫兵”字样的红袖章的初、高中和大学学生们。其中，有些红卫兵的臂章上还印着自己命名的战斗队名，字迹是黄色。

红卫兵登场是1966年8月18日，在北京天安门广场举行的集会。他们不分男女，都身着绿军装，佩戴红袖章，右手高举小红本子《毛主席语录》，边挥动边呼喊着口号。

毛泽东站在天安门城楼上，向人们挥手致意。

一个女中学生红卫兵跑上前去，给毛泽东戴上了红卫兵袖章。当毛泽东得知这个女学生姓宋，名字是形容君子“文质彬彬”一词的“彬彬”时，告诉她：“也需要武啊！”于是，这个女学生马上改名字叫“要武”。

自这之后到11月为止，毛泽东共八次接见（称“检阅”）红卫兵，人数合计达一千多万人。

两天后的8月20日，北京的繁华街道王府井出现了一群红卫兵，他们用眼角扫过在星期六晚上逛夜市的人群，而后架起梯子，挥舞着铁锤，开始砸商店的招牌。

橱窗上到处贴满标语和大字报。红卫兵闯进商店，将经营者和负责人拉出来批斗。在破除旧文化、建立新文化（“破旧立新”）的口号下，要求传统老店铺改名字。

他们还高喊“反对修正主义”的口号，警告那些梳着流行发式、穿着高跟鞋、身着时髦服装的来往行人，有时甚至把人撞到一边去。

接着，举着毛泽东巨大画像的红卫兵又涌到苏联大使馆，包围长达36个小时，并且封锁了为外国外交官开设的商店和邮局。

人们对红卫兵的行为很纳闷：“他们要干什么？”为了打消人们的疑虑，《人民日报》、《解放军报》马上发表了以“好得很”、“做得对，做得好”等词语赞扬红卫兵行为的社论。（8月23日）

上海、杭州、广州、南京、武汉、长沙、郑州、合肥、济南、呼和浩特、乌鲁木齐、银川等所有大小城市（只要有中学、大学的地方）都出现了红卫兵，他们大肆破坏。

辽阔的中国大陆成了红卫兵的天下，这是自8月20日起仅仅十天内发生的剧烈变化。

“一切藏在暗角里的老寄生虫，都逃不出红卫兵锐利的眼睛。”《人民日报》社论竟写出了如此“豪言壮语”。（8月29日）

在第二次检阅时，毛泽东和林彪等人一起乘车检阅淹没了天安门广场的红卫兵们。先导车后面的第一辆车，中间是毛泽东，左右站着贺龙和林彪，后排是谢富治、杨成武、关锋。（8月31日）

第二辆是周恩来、江青等人，第三辆是邓小平、刘少奇等人，第四辆是朱德、陈云等人，第五辆是叶剑英、张春桥等人。

第一辆车内的贺龙虽然党内排名第15位，却颇受毛泽东信任，是中央政治局委员、元帅。林彪也是元帅。

公安部部长谢富治负责毛泽东的安全。杨成武任解放军代总参谋长，是军队“文革”小组副组长。后来，贺龙受到林彪的迫害，死得很惨。而杨成武也因莫须有的事件受到林彪、江青的迫害。只有谢富治一人，在“文化大革命”中仍然很活跃，病死于1972年。1980年，其罪行受到审判并被开除党籍。

最初的红卫兵

红卫兵是如何兴起的？据说，5月在清华大学附中，发生了批斗党委书记兼校长的事件，一个多月下来仍未平息。他们把大字报和信送给毛泽东，得到了“我向你们表示热烈的支持”的回信。

另一种说法是，北京的八一中学是红卫兵的发祥地。正像用解放军的光辉节日“八月一日”命名的校名一样，学生家长大都是革命功臣，位居党政军的高级职位。

红卫兵迅速波及各地，北京各大学、各学校都出现了红卫兵。

他们的袖章是红底黄字，是由国旗的红色和五星的黄色衍生而来。他们似乎认为，父辈们打下的江山，自己要继承下来，这种袖章便夸耀着他们的出身。

他们先成立“革命委员会”。清华大学“革委会”主任是贺龙之子贺鹏飞，副主任是刘少奇之女刘涛。

最初，似乎是关系好的伙伴凑在一起，各自设有总部。其入口处按照民间习俗贴有对联。左右一对写些吉利话，正上方是总括之句。

上联：老子英雄儿好汉

下联：老子反动儿混蛋

横批：基本如此

另外，还有些格言式的话。如：

龙生龙，凤生凤，老鼠儿子能打洞

不久，红卫兵的资格放宽，凡是“红五类”出身的人都可以参加。“红五类”指父母是工人、农民（贫农、下中农）、军人（革命军人）、公务员或职员（参加革命者），以及因革命而失去双亲的孤儿这五类。

造反有理

红卫兵的行动称为“造反”，较之“革命”一词，老百姓更容易明白。平民百姓叛乱、儿子不听老子的话等，都叫“造反”。中国近代文学名著鲁迅的《阿Q正传》中那位被赶出来的阿Q，决心革命时就到处喊“造反，造反”。红卫兵高喊“造反有理”，即叛乱有道理的意思，与此相呼应的则是“革命无罪”的口号。

红卫兵享有以下特权：

革命大“串联”时乘火车和坐船不要钱，所到之处，当地党委都提供住处和食物；

被提供办公地点和经费，可以编辑发行报纸，还可以借汽车；

可以逮捕、审讯、批斗任何单位的领导和工作人员，可以发出废除旧单位、成立革命机关的指令；

各组织自行选举自己的领导人。

由于享有这些特权，全国在校的青少年一下子都变成了“红卫兵”。小学六年级学生也可以当“红卫兵”，六年级以下则叫“红小兵”。

所谓“红五类”，根本没有进行资格审查的部门。如果找不到关系，就自己当红卫兵。不过，有一点很清楚，没有红袖章当不成红卫兵。而红袖章街头就有卖的，谁都可以买。涂成红色的一人高的棍棒是必带的，街头也能够买到。

这种“红色孙悟空”迅速蔓延到了全国。年龄不够当红卫兵的毛头孩子，可在街头大声吆喝，卖红卫兵小报，赚些零用钱，很是得意。

不论城市或农村，红卫兵在所有墙壁上写标语和口号，大字报也随处可见。不仅如此，他们还闯进认为是“无产阶级的敌人”的人家中，翻箱倒柜，将家具、书籍、日记全都翻出来，找出非无产阶级的东西就没收或毁掉。刘少奇的孩子们最初也参加了这种行动，刘少奇在家中听到孩子们兴致勃勃地谈论时，训斥了他们。

红卫兵还把住在屋里的人揪出来，给他们戴上白色尖顶高帽，在肩、背上涂上糨糊，贴上大字报，然后把他们的手反绑在身后，强迫游街。

红卫兵手册

每个红卫兵都有一本如何行动的红卫兵手册——《破旧立新一百例》。其中若干内容如下：

一、由居民委员会负责，每条街道都要设立语录板，家家户户都要挂毛主席像和毛主席语录。

五、《毛主席语录》要做到人手一册，随身携带。时时学习，事事照办。

七、现有自行车、三轮车，要挂主席语录牌。汽车、火车要挂主席像和漆上毛主席语录。

二十四、解放后还骑在人民头上，喝人民鲜血的房产主们，我们命令你们，你们这些王八蛋们，赶快把私房全部交给国家。社会主义社会中决不许可你们这些吸血鬼存在。

五十五、资产阶级老王八蛋们，命令你们赶快把在解放前剥削来的金钱交给政府。不许你们这些吸血鬼再任意挥霍。

六十五、破除家长制，孩子可以给大人提意见。

残酷的人身迫害

红卫兵按照手册上所说的去做。在行动时，他们声称是“实行无产阶级专政”。因此，这本手册可以说是“无产阶级专政”的手册，也是“革命指南”。

红卫兵的街头行动，由外国驻北京记者向海外做过报道。然而，在记者看不到的地方，正进行着残酷的人身迫害。

中央音乐学院院长马思聪就是其中一例。他被监禁在校园里，遭到鞭打，还让他背诵《毛主席语录》，唱“我是牛鬼蛇神，我有罪，我该死”的歌，写自我批判稿。这样的场面，每天都在继续。

文化界主要人物都被集中到北京北面祭祀孔子的文庙院子里，受到鞭抽、殴打。文学家老舍也在文庙遭受凌辱，最后死于湖中。有人说是自杀，也有人说是他杀。如果他是自杀，那自杀的何止老舍一人。

马思聪偷偷离开北京，逃到美国，并在《时代》杂志上发表了亲身体验（1967 年 6 月）。文化界人士决意逃亡而获得成功的他几乎是唯一的一例。

红卫兵的斗争对象进一步扩大，被认定为稍有财产的人，马上就被抄家，没收所有的金钱和家产。一旦被定为“黑五类”分子——地主、富农、资本家、反革命分子、坏人，就被强行由城市下放到农村，从事劳动。

根据当时红卫兵大字报的说法，中共中央就运动开始后两个月内的成果做过报告，内容如下：

> 逮捕原地主、反动分子 17 263 人，由城市强行下放的原地主、原富农、原资本家 40 万人，揭发的反革命现行犯 1 788 件，其他政治事件 2 368 起。
>
> 没收的财产：金子 19 万 8 000 两，银子 30 万 6 000 两，银圆 978 万 9 000 枚，美金 355 万 8 000 元，其他外币 373 万 9 000元（是否换算为人民币，不明），现金及债券 4 820 亿元。
>
> 枪炮类：60 毫米口径迫击炮 85 门，机枪 20 挺，手枪 13 700支，手榴弹 26 700 颗，炸药 21 吨，小型弹药 13 万 6 800磅。

各地红卫兵不断涌进北京。当时，北京人口为 470 万，而平均每天有 250 万红卫兵（更多时有 300 多万人）在北京滞留。

到 12 月，红卫兵逮捕、监禁了以北京市委第一书记彭真为首的市委所有主要成员，数天后把这些人拉到工人体育馆进行批斗。中共中央宣传部部长陆定一、总参谋长罗瑞卿、中央书记处候补书记杨尚昆等，也成了批斗的对象。每个人胸前都挂着写有名字的牌子，两个红卫兵分左右站在每个人两侧，一手按着他们的头，一手将他们的手扭向后上方，强迫他们跪下，样子颇像喷气式飞机，还被拍照下来登在大字报上。

接着，又在工人体育馆召开批斗刘少奇、邓小平的集会。两人虽未被带进会场，但被定罪为“党内资产阶级反动路线、走资本主义道路当权派”的头目。显而易见，“无产阶级文化大革命”（简称“文革”）的最终目标，就是要打倒这两个人，而排在第一位的则是刘少奇。

2. 发动“文革”

“文革小组”的成立

毛泽东早想要发动一场大运动。在此之前，他先促使党的两次正式会议分别通过《五一六通知》和党中央《关于无产阶级文化大革命的决定》。前者在 1966 年 5 月 16 日的中央政治局扩大会议通过，后者在同年 8 月 8 日的八届十一中全会通过。

前者认为，无产阶级必须对资产阶级进行斗争和采取专政，并决定在政治局常务委员会下设“中央文化革命小组”。后来，这个“文革小组”的成员都很活跃。

后者提出，要动员人民群众推动“文化大革命”。实际上，“文化大革命”已远远超出这个决定的范围，变得相当残酷。

“中央文化革命小组”（简称“文革小组”）的主要成员有组长陈伯达、顾问康生、第一副组长江青及姚文元等人。

陈伯达是党的理论杂志《红旗》的主编。20 世纪 30 年代曾参加左翼文化运动，延安时期担任过毛泽东的秘书。顾问康生是中央书记处书记，关于他的一些经历，前面已介绍过。

江青在“文革”开始以前，从未抛头露面。她和毛泽东在延安结婚时，据说党中央要她宣誓“不参加政治活动”。

姚文元是上海的文艺评论家。每有批判运动，他都马上发表毫不留情的批判文章，因而很有名。前一年，他曾发表批判吴晗历史剧的文章，使得以彭真为首的北京市委视他为危险人物。

除此以外，还有张春桥（上海市委书记，陶铸下台后任中共中央宣传组副组长）、王力（中共中央宣传组副组长）、关锋（哲学研究者）、戚本禹（历史研究者）、穆欣（《光明日报》主编）等人。

北京大学的骚动

“文革小组”的陈伯达等人，在北京大学发表讲话，进行煽动。中国的大学是寄宿制，虽没有枪炮，但和士兵在军营里待机而动没有什么两样。已笼罩在骚动气氛中的北京大学，骚动更加激化。

大学里有中国共产党委员会，党委第一书记由上级党组织委派。北京大学的党委书记是由北京市委派来的。

党委在校内有办公室。党委第一书记或其他书记，比校长和教授更具有权威和权力。对教授和学生的出身、经历、行动和思想倾向等都一一加以记录，保存在办公室里。这种人事记录（称“档案”）极为机密，本人无法看到。

“文化大革命”一开始，就发生了学生冲进党委办公室烧毁人事记录（“档案”）的事件。这种“档案”向来很令人反感。党的书记的权威之所以很高，就是因为掌握着这些秘密档案的缘故。

1966年5月25日，北京大学的学生餐厅里突然贴出了大字报，其中聂元梓等七人署名的大字报尤为引人注目。

这张大字报点了北京大学党委书记兼校长陆平的名，说他采取消极态度抵抗“文革”。副书记兼北京市委大学工作部成员彭佩云，以及她的上司——大学工作部副部长宋硕的名字也上了大字报。

聂元梓是北京大学哲学系的毕业生，也是该系讲师，是党员，又是哲学系党总支书记，素与陆平不和。北京市委第一书记彭真出席大学的会议，常常表示支持陆平，使聂元梓丢尽了面子。其余5名也是哲学系毕业生，而且是该系助教，只有一名是学生。

在大字报贴出三小时之后，一些教授和学生根据陆平指示，在校内散布言论，说聂元梓是“反党大阴谋家”。于是，谩骂聂元梓是“反党”、“反革命”、“叛徒”等的大字报纷纷张贴了出来。

接着，聂元梓召开有工人、贫农、下中农参加的哲学系集会。陆平指示要把其中两个发起人（也是大字报的署名者）监禁起来，不许他们参加集会，并封锁会场出入口，将参加者关在里面，呼吁人们“不要上聂元梓的当”，对想要发言的参加者用暴力加以干涉。这件事发生在《五一六通知》发出九天后的5月25日。

到深夜，还对支持聂元梓的学生施加压力，让他们承认错误。第二天，又指示让他们到农村去，但没有学生听从。陆平还指示要召开班级讨论会，讨论的题目是："从哲学系的老太婆那里，得到什么样的教训?""老太婆"当然是指聂元梓。连日来，对聂元梓等人进行各式各样的打击。

事后才明白，聂元梓等人写的大字报暗中得到毛泽东的支持，而文章内容也是"文革小组"指示的。

6 月 1 日，新华社向全国播发了聂元梓大字报的内容。当夜，电台向全国广播。第二天，《人民日报》头版也刊登了。形势急转直下，北京市委不得不免去陆平的职务。

派与撤工作组

"文革小组"的策略，就是在大学里制造混乱，使党支部和党委的工作瘫痪，并免去校长与党委书记的职务。6 月至 9 月，在全国范围内，几乎所有的大学和中学的校长和党委书记都被打倒了。

在毛泽东外出期间，委托刘少奇主持中央政治局会议。刘少奇从北京打电话到杭州。毛泽东待在风光明媚的西湖湖畔的别墅里，没有给予任何明确的指示，就挂上了电话。刘少奇、邓小平飞抵杭州，请毛泽东回京亲临指导。但毛泽东回答说暂不回京，叫他们自行适当处理。刘少奇回到北京，召开了政治局扩大会议，决定派工作组到各大学、中学，代替已陷入瘫痪的党委，以使事态平静下来。这是 6 月初的事情。在过去，一旦有什么情况发生，中国共产党都会派工作组去解决。

派工作组有了效果，校园又恢复了平静。但在一个半月后的 7 月 18 日，返回北京的毛泽东批评刘少奇是"镇压学生，与过去的反动军阀没有什么两样"。

在决定派工作组时，刘少奇直接向毛泽东报告了。当时，毛泽东应该是同意了。

方针改变之后，进驻各大学的工作组成了有名无实。北京大学不断召开超过万人的学生集会，谴责工作组，要求他们撤走。

最后，各大学、各其他学校的学生代表集会在人民大会堂。当着学生的面，刘少奇、邓小平、周恩来对派工作组一事做了自我批评，并表示马上撤出工作组。这一天是7月29日，从派工作组到这一天共55天。

当集会快要结束时，毛泽东出现在讲坛上，会场爆发出掌声和“毛主席万岁”的欢呼声。而后，在《大海航行靠舵手》的歌声和有节奏的掌声中，毛泽东退出了会场。他一定觉得很是惬意。

刘少奇颇为丢脸。他在人民大会堂的大会议厅，当着学生的面做了自我批评。国家元首和党的副主席的权威荡然无存了。

第八章

“文化大革命”的风暴（下）

1. 刘少奇的下台与去世

清华大学的攻防

对于学生来说，命令撤销工作组的毛泽东成了他们的“救世主”。这不是没有理由的，因为工作组对学生采取了镇压手段。在北京大学，工作组让纠察队封锁校门，并在校园内巡逻，禁止各班级之间或各系之间串连，禁止张贴大字报以及游行集会。在清华大学，工作组则要求所有教职员提交参加秘密组织的人员名单（即告密）。由于采取上述措施，校园才平静下来。

但是，学生们也进行了反击。在各大学、学校里，出现了反工作组的大字报。在北京大学，工作组号召集会，学生们不但不屑一顾，还把前党委书记陆平等六十多名党内活动分子揪出来批斗。

学生们给这些人戴上三角帽，脸上涂上墨汁，肩、背糊上糨糊，贴上大字报，还揪住头发，撕破衣服，拳打脚踢迫使他们跪下，并拉着他们在校园里游街。

刘少奇的女儿刘平平所在的北京师范大学，也出现了反工作组的大字报。刘少奇召集该大学的“革委会”（推进“文化大革命”）的成员，要求他们慎重行动，还说“右派”分子贴出了大字报。

对工作组最为反感的是清华大学。带头人是化学系三年级学生蒯大富，他高呼口号：“把工作组赶出去！”与此相反，校内也发生了拥护工作组的游行，他们喊着“打倒反革命分子蒯大富”的口号。在工作组里有刘少奇的夫人王光美，据说是王光美指示游行的，并认定蒯大富是反革命分子。

刘少奇于7月3日做出了如下指示：

> 要把蒯大富当作活靶子来打。只有批判，才能加强工作组的地位。资产阶级不对我们采取民主，我们也不对他们采取民主。

清华大学两次召开批斗蒯大富的集会，其中一次是王光美直接指挥，命令刘涛揪斗蒯大富。

清华大学的这些活动，得到了接任北京市委第一书记的李雪峰的支持。刘少奇对“文革小组”陈伯达、康生等人的抗议，进行了激烈的反驳。

后来，打假电话将王光美诳到了清华大学进行批斗，并在该大学30万人集会上对王光美进行审问，这些都是蒯大富打头阵。对蒯大富而言，他有着深仇大恨。

工作组成了激烈的驱逐运动的目标。对此，工作组以“反工作组就是反党”的逻辑，认定反工作组的学生和教师是“右派”及“反革命分子”。在北京，被打成“右派”的学生有一万多名，被打成“反革命”的教师达数千人。

刘少奇陷入窘境

就在这时候，毛泽东从杭州返回了北京。（7月18日）

听说毛泽东回到北京的消息，刘少奇马上前往毛泽东的住处，打算就派工作组的成果向毛泽东汇报。

毛泽东和刘少奇都住在中南海。中南海位于紫禁城（现在的故宫）西侧，在由北海、中海、南海三个南北相接的大湖中，环绕着中海和南海。

中南海属于紫禁城的一部分，里面林立着美丽的亭榭楼阁。清朝时禁止民众入内，到中华民国曾向一般民众开放过。现在只开放毛泽东的故居，而且仅限于中国人参观。

中华人民共和国成立后，毛泽东、周恩来、刘少奇、朱德等人都在这里居住。党的总部（即中央委员会）、国务院也设在这里。

令刘少奇颇感意外的是，毛泽东的警卫说："主席累了，已经睡了。"拒绝传话。然而，周围却停放着数辆高级轿车，从窗外可以看到屋内灯火通明。

刘少奇被排除在正召开的会议之外，那是非常明显的举动。大概刘少奇也察觉到自己陷入了窘境。

深夜的会见

7月29日，刘少奇在人民大会堂做了自我批评。五个月以后，即过了新年没多久，刘少奇得到了与毛泽东单独谈话的机会。毛泽东的秘书前来接他，大概是刘少奇提出的会见请求。

那是在1967年1月23日深夜，毛泽东在人民大会堂里等着他。

刘少奇这样说：

> 一、这次路线错误的责任在我，广大干部是好的，特别是许多老干部是党的宝贵财富，主要责任由我来承担，尽快把广大干部解放出来，使党少受损失。
>
> 二、辞掉国家主席、中央常委和《毛泽东选集》编委会主任职务，和妻子儿女去延安或老家种地，以便尽早结束文化大革命，使国家少受损失。

对此请求，毛泽东"沉吟不语，只是不住地吸着烟。过了一会儿，他才建议爸爸认真读几本书"。这是刘少奇的儿女刘平平、刘源、刘亭亭联名写的回忆录中的一段话。

这天夜里，毛泽东在迎接刘少奇时，曾问道："平平的腿好了吗？"刘少奇回答说："根本没这回事，是个骗局。"原来，清华大学的学生曾散布谣言，骗刘少奇夫妇说，平平发生车祸，腿受伤了。他们赶到医院一看，才知道上当了。开始时两人的谈话都是些极普通的家常话。

分别时，毛泽东也跟迎接时一样，态度十分热情、亲切。不过，我们很想知道，在听完刘少奇请求后的那段沉思默想的时间里，毛泽东到底想了些什么呢？

我们全家焦急、热切地等待着爸爸从毛主席那里回来。爸爸回来后说：

——主席没有批评我的错误，很客气，叮咛我认真学习，保重身体。

我们听了，感到悬在心中的石头一下子落了下来，心中暗想，情况也许会好转起来的。[8]

临别时，毛泽东举出两本书名，劝刘少奇读一读，这大概也是使他们全家感到放心的一个原因。这两本书，一本是海格尔的《机械唯物主义》，另一本是狄德罗的《机械人》。

然而，情况并没有好转。

刘少奇的悲惨命运

刘少奇在党内的位置被林彪夺去，排名从第二位降到第八位。（1966 年 8 月 12 日）

开始时，提到“党内走资本主义道路的当权派”和“中国的赫鲁晓夫”等说法，到 1967 年 4 月，已公然宣告那实际上是指刘少奇，其后，便对他公开点名批判。

尽管住在中南海这个特别住宅区里，但他还是被闯进来的人（中南海里的工作人员）施以凌辱及肉体上的虐待。最后，刘少奇和王光美被分别监禁，不准与孩子们见面。

1967 年 8 月 5 日，在天安门广场上召开了批斗刘少奇、邓小平、陶铸的百万人集会。与此同时，在这三人的中南海住宅内，也分头进行了批斗。批斗刘少奇时，命令他的三个小孩也要参加。他最小的孩子——6 岁的小小看到父母受到残酷虐待，害怕至极，大声哭起来，爬着要向外跑。但是，批斗的人们不允许她退场。这一天，刘少奇回到监禁自己的办公室，叫他的秘书来，然后手持《中华人民共和国宪法》抗议道：

> 我是中华人民共和国主席。我个人遇到什么都没关系。但是，我必须捍卫国家主席的尊严。……

而后，他又向毛泽东提出辞呈，抗议给他戴上的“反党、反社会主义”的帽子，并写道：“我失去自由了。”

不久，他的孩子们被赶出中南海，王光美则被逮捕入狱。

刘少奇一个人被拘留在中南海里，对他的虐待变本加厉。他的身体衰弱下去，连步行都很困难。

在70岁生日那天，他被开除了党籍。得到消息之后，他浑身颤抖，继而呕吐，发高烧，血压上升到260/130。（1968年11月24日）

第二年10月，他被脱光衣服抬到担架上，鼻孔里塞着橡皮管，喉咙里插着吸痰器，打着生理盐水点滴，被用飞机运到开封的一所医院。27天后，他去世了。（1969年11月12日）

据说，向医院移送、入住医院病房、死后火化等，都是在森严戒备中极其秘密地进行的。火化完后，一直监视刘少奇的特别随从小组威胁与火化有关的人说，一切都不得泄露，并摆了酒宴。

《机械人》

刘少奇的死是不是毛泽东下的命令？中国的党史研究者说，并没有这样的命令。

刘少奇在人民大会堂与毛泽东见最后一面的那天夜里，毛泽东劝他读两本书，也许书中含有毛泽东的寓意。

海格尔是动物学及哲学学者，是信奉机械唯物论的人物。毛泽东所举的《机械唯物主义》一书，不见于其著作中。毛泽东的藏书中有他的《宇宙自然史》、《宇宙之谜》、《自然创造史》。其中，《宇宙之谜》又有20世纪30年代的旧译本和50年代的新译本两种。另一本即德·拉·麦托里的《机械人》，是一部论述人的精神来自大脑这一物质的运动的著作。刘少奇儿女们写的回忆录，记错了《机械人》的作者。我在中共中央文献研究室副主任逄先知的指教下，参照毛泽东的藏书情况，才知道该书为德·拉·麦托里所著。

综合考虑，毛泽东推荐的这两本书，不外乎是唯物论的浅易入门书，难以认为是作为死期预告而推荐给刘少奇的。如果毛泽东想到了书中的一段而推荐给刘少奇的话，倒不如说毛泽东的目的在于激励刘少奇。

> 人体自身是一个上紧发条的机器，是永久运动的活标本。食物补充热所消耗的东西，如果没有食物，灵魂就要衰竭，就要跳跃，就要力尽而亡。就如蜡烛行将熄灭，反而增大火苗一样。反之，要给肉体以营养，要向喉咙里灌入力量的汁液、强烈的烧酒，这样，灵魂就如酒一样变得强壮充实，为伟大的勇气所武装。(《机械人》，杉捷夫译，岩波书店，52 页)

我认为，这是在激励刘少奇。但是，毛泽东究竟对事态认识到什么程度，依然是一个谜。

赫鲁晓夫式的人物

据说，当时林彪要求处死王光美，而毛泽东则说“刀下留人”。王光美得以免于死刑，儿女们写的回忆录充满了对毛泽东的感激。

由此可以想象，是毛泽东命令监禁刘少奇夫妇，并由林彪负责执行的。将刘少奇带出中南海是违反了命令。当然，刘少奇的死也不能让毛泽东知道。因此，一切都是在极端秘密中进行的。

“文化大革命”，到底是什么样的“革命”？刘少奇猜不出来。

在做自我批评表明要撤走工作组时，刘少奇这样说：

> 至于怎么样进行无产阶级文化大革命，你们不大清楚，不大知道，你们问我们怎么革，我老实回答你们，我也不晓得，我想党中央其他许多同志、工作组的成员也不晓得。(1966 年 7 月 29 日)

在此之前，《五一六通知》警告说：“混进党里、政府里、军队里和各种文化界的资产阶级代表人物，是一批反革命的修正主义分子，一旦时机成熟，他们就会要夺取政权。”并指出：“这些人物，有些已被我们识破了，有些则还没有被识破，有些正在受到我们信用，被培养为我们的接班人，例如赫鲁晓夫那样的人物，他们现正睡在我们的身旁，各级党委必须充分注意这一点。”（1966 年）

难道刘少奇当时没有察觉到，所谓的“赫鲁晓夫式的人物”，正是指自己吗？

就在两年前，毛泽东贬斥过苏联共产党领导人尼基塔·赫鲁晓夫是修正主义者，是假共产主义者。

2. 毛泽东对知识分子的批判与斗争哲学

对知识分子的批判

毛泽东并不是不承认知识分子的革命性，但他的理解是，那是由于怀才不遇才转而接近革命的。在“文化大革命”以前，他曾经说，现在的知识分子，穿得好、吃得好、住得好，受到无微不至的优待。身体病了，思想也病了。必须参加阶级斗争。

依他的判断，生活一旦好起来，他们就会变成资产阶级，因而思想也必然资产阶级化。

他曾反复说，知识分子自以为很有知识，其实是最无知的。工人、农民要比他们更有知识。“文化大革命”期间流行的格言“卑贱者最聪明，高贵者最愚蠢”，就是他的创造。

可以说，这是对知识分子，特别是高级知识分子（我们所说的知识人）的一种蔑视，也是前面说的思想改造运动的内在含义。

毛泽东与梁漱溟

有人指出，毛泽东年轻时在北京的短暂体验，使他对知识分子产生了不信任和憎恶。从长沙师范学校毕业那年，他来到了北京。自 1918 年 9 月至次年 4 月，他在北京大学图书馆工作，月薪八元，而教授的月薪是一百至二百元。

毛泽东寄宿在师范学校时代的恩师——北京大学哲学系教授杨

昌济——家中。晚上，有客人来时，他要去开门，请客人进来。

当时，梁漱溟每天晚上都会来访。梁漱溟已是北京大学的讲师，同属哲学系。杨昌济多次向梁漱溟赞赏过毛泽东，但梁漱溟连名字都没有记住，也许根本就不在意。当时，梁漱溟与毛泽东同龄，都是25岁，不过，梁漱溟比毛泽东大70来天。

20年后，梁漱溟赴延安去见毛泽东。毛泽东第一句话就是："梁先生，我们见过面啊！民国七年，北京大学，你是大学讲师，我是小小图书馆员。你常到豆腐池胡同的杨怀中先生家来聊天，每次总是我开门。后来杨先生病逝，我就成了杨家的女婿。"梁漱溟诚惶诚恐地只是一个劲儿地点头，不断重复说："对，有那件事。"

1953年9月，在政府会议上，毛泽东对梁漱溟的发言十分恼怒，大声嚷道：

> 而你却把自己描写成了不起的天下第一美人，比西施还美，比王昭君还美，还比得上杨贵妃。依我看，你是又臭又脏。

接着，他又不断地申斥"臭不可闻"。

毛泽东的讲话，收在《毛泽东选集》第五卷中，但上面有些痛骂被删掉了。收在《毛泽东选集》第五卷里的讲话中，有下面这样一段话：

> 你说工人在"九天之上"，那你梁漱溟在那一天之上呢？你在十天之上、十一天之上、十二天、十三天之上，因为你的薪水比工人的工资多得多嘛！

两人相隔二十多年后在延安重逢，也许是令人怀念的。然而，后来在这种场合下如此激动，恐怕也正道出了延安时的回忆并非令人愉快。

北京时期的遭遇

毛泽东在北京大学工作期间，北京大学里大名鼎鼎的教授利用

《新青年》杂志发起了新文化运动。

毛泽东在来北京的前一年，也在那里发表了一篇文章《体育之研究》，用的是笔名“二十八画生”。

杂志的其他撰稿人对“二十八画生”没有产生任何兴趣，教授们对这位 25 岁、湖南口音极重的年轻人也不曾特别打过招呼。

校长蔡元培、文科学长陈独秀、提倡文学革命的教授胡适、已使用“鲁迅”这一笔名并任特别讲师的周树人等，都应该利用过图书馆。而图书馆馆长李大钊可谓独具慧眼，介绍他加入了青年的自发组织——少年中国学会。

“放臭屁”

前面曾谈到红卫兵的革命手册。他们按照手册来活动，特别是将对所谓“黑五类”进行的惩罚称为“实行无产阶级专政”。知识分子更是他们的眼中钉，被蔑称为“臭老九”。

所以是“老九”，是因为他们排在坏人名单中的第九位。第一是叛徒，其次是特务，接下去是走资本主义道路的人、地主、富农、反革命分子、坏分子、右派分子，最后是知识分子。这种解释登在 1968 年 10 月 4 日的《人民日报》上，那是从《四川日报》转载的。

元朝时，曾把人分成十等，当时的知识分子——儒生就排在第九等。第一等是高级官僚（所谓“官”），其次是下级官吏（吏）、僧侣（佛教）、道士（道教僧侣）、医师、工匠、猎人、娼妓（或“民”），接下去是儒生，最下等是乞丐。“老九”这一排序，暗含有“排在娼妓的后面”这一意思。并且用“臭”这一字眼来形容，与毛泽东怀有憎恶与轻蔑的“臭不可闻”的骂人话如出一辙。

在“文化大革命”期间，有知识是一种罪恶。知识分子的社会地位最低，“九”表示数字的穷极。

共产主义生活

毛泽东的头脑里有乌托邦式的、精神上的、幸福的社会，那是谁都可以得到自己想要的东西即实物供给的社会。他认为，支付工

资并把工资分成几等，是资产阶级的做法，而实物供给才是共产主义生活。（《对实物供给制的意见》，1958 年）

在设有食堂并免费供应三餐的“人民公社”广泛成立时，毛泽东在党的决议中添了一句：

共产主义在我国的实现，已经不是什么遥远将来的事情了。

然而，这带来了粮食的浪费。又由于推行“大跃进”、“大炼钢铁运动”，使农业生产不振，发生了饥荒。1959 年至 1961 年的三年时间，情况很严重。

不久前，一位中国留学生来到我的研究室，看到摊在桌子上的《人民日报》，马上用手指着说：“老师，不能相信那些报道。”当时，他是该报的记者，去过农村采访，一上路看到的就是饿死的人的尸体。那是长江中游的农村。他送给报社的是违反事实的报道。

这种情况得以好转，是在采取了调整政策以后。毛泽东是政策的制定者，刘少奇推进这一改策。后来，他主张在农村允许实行包产到户。

对此，毛泽东指责说，“包产到户……是搞资本主义”，并主张在“整个社会主义阶段，存在着阶级和阶级斗争”（《关于哲学问题的讲话》，1964 年；《在扩大的中央工作会议上的讲话》，1962 年）。

阶级斗争的哲学

毛泽东有原理、原则，最高的原理是阶级斗争。

人的正确思想，只能从社会实践中来，只能从社会的生产斗争、阶级斗争和科学实验这三项实践中来。（《人的正确思想是从哪里来的?》，1963 年）

他认为，知识分子虽然有从科学实验中得到的知识，但来自生产斗争及阶级斗争的知识等于零。这成了发动思想改造运动的依据。“投入到火一样的斗争中去”、“参加生产”等号召，便由此而来。

然而，斗争是对敌人采取的手段。在中华人民共和国内（尽管有以前残存下来的敌人，可除此之外）存在着敌人的说法，没有道理。于是，他又想出了“人民内部矛盾”这一概念。

他在延安的讲稿《矛盾论》的结尾处引用了列宁的话：“对抗和矛盾断然不同。在社会主义下，对抗消灭了，矛盾存在着。”

毛泽东将列宁的“对抗”改为对抗性矛盾，将“矛盾”改为非对抗性矛盾，并加以说明——在社会主义下，虽然对抗性矛盾没有了，所有的“矛盾”都是非对抗性矛盾，但人民内部的非对抗性矛盾也有可能转化为对抗性矛盾。

而要解决对抗性矛盾，必须采取严厉的手段，那只有斗争。

动员中学生、大学生，有时甚至是小学生，就是为了让他们参加阶级斗争，使他们掌握正确的思想。

在“文化大革命”以前，在农村掀起过“社会主义教育运动”，推动农村的阶级斗争。那是自1962年到“文化大革命”的前夜一直在做的事情。

乌托邦的矛盾

毛泽东对“人民公社”这个容器、乌托邦的外箱基本满意。他对容器内的人却不能满意。人，因为有思想才是人，而思想必须正确。想要具有正确的思想，必须进行思想改造。思想改造是一种斗争，这一斗争必须反复多次地发动与实行。他对8341部队的战士说，文化大革命不是搞一两次，还要搞多次。

这就是毛泽东的原则。

在乌托邦中生活，但又要开展斗争，这是一种矛盾。但在毛泽东看来，由于有矛盾，所以必须斗争。

“文化大革命”结束

“文化大革命”开始的信号是姚文元批判历史剧的文章，而写历史剧脚本的吴晗是北京市副市长，市长彭真是支持刘少奇的，所以，这一批判在刘少奇的阵营中打进了一个楔子。（姚文元《评新

编历史剧〈海瑞罢官〉》，载上海《文汇报》，1965 年 11 月 10 日）

毛泽东为了动用实力，进而动员红卫兵。而为了使之更加强有力，又动用人民解放军支持“革命左派”。（1967 年 1 月）红卫兵一扫过去的党组织，并且首先在上海成立“上海公社”（2 月），但毛泽东未予承认。不久，各地成立起“革命委员会”来。（4 月以后）

“革命委员会”中也有解放军代表参加，但对林彪及“文革小组”抱有反感的军队元老、军区司令员、政治委员也不少，终于爆发了“武汉事件”。武汉军区司令员陈再道动员号称“百万雄师”的工人组织，袭击拘禁了到武汉的谢富治和王力，特别是王力还受到了殴打。当时，毛泽东正在武汉。（“武汉事件”，7 月）在此之前，军队元老异口同声极力谴责“文革小组”。毛泽东接到这些报告后大为恼怒，从而演出了红卫兵揪斗元老的一幕。（“二月逆流”，1967 年 2 月）

不久，毛泽东又对红卫兵绝望了。先从清华大学开始，继而北京的所有大学都在清除红卫兵。（1968 年 7—8 月）通过召开第九次党代表大会，大致终结了“文革”。（1969 年 4 月）然而，江青夫人周围一帮人，即所谓“四人帮”的活动不减。毛泽东逝世以后，叶剑英等说服华国锋，逮捕了江青等人，“文革”才算结束。（1976 年 10 月）

“文化大革命”的空白

“文化大革命”持续了十年。（1966 年 5 月—1976 年 10 月）在这期间，在政治上被扣上不当“帽子”而遭受迫害的人不计其数。仅就正式发表的结果来看，党和国家领导人 38 名，其他党、政、军、共产党以外的政党、各界知名人士 382 名，公务员、职员、民间人士 70 余万名，死者 34 000 名，被冤枉、误解、诬告而受到迫害的人以及受到株连者计有一亿人以上（据《对林彪、江青反革命集团的起诉书》）。仅刘少奇的冤案就有 26 000 余例，被株连进去的人有28 000余名（最高人民法院，1980 年 9 月前的统计）。受到迫害而健康受损、缩短寿命者也很多。

由于陷入内乱、内战状态，本应获得的国民收入大大减少，总额约有 5 000 亿人民币，相当于自 1949 年新中国成立至“文化大革命”前国民收入的总和。

“文化大革命”一开始，自小学到大学全部停课。第二年 9 月，尽管指示要复课，但又提倡学习与生产劳动相结合，因而教育内容十分贫乏。大学在五年内没有采取任何招生措施。1972 年终于恢复招生，但采取的是推荐制，入学人员仅限于从事过两年以上劳动和兵役的工人、农民和士兵。

废除推荐制，正式恢复入学考试是在 1977 年。在这 11 年中，大学教育呈空白状态。在“文化大革命”带来的损失中，此可谓最大。

如果以 1965 年全国大学的招生人数 164 000 人、高中毕业生 36 万人为基础来计算，那么就有大学毕业程度者 164 万人、高中毕业程度者 360 万人，合计 524 万人才丧失了接受高一级教育的机会，或者仅能接受不完整的教育。

根据 1982 年全国人口调查结果，文盲或半文盲尚有 2.36 亿人。我认为，实际上要比这一数字还多。

整个社会充满了对他人的戒心和不信任，特别是对政治的不信任很难恢复。

毛泽东逝世以后，如何评价这场“文化大革命”，如何评价毛泽东，成了无法回避的问题。

继任党主席的华国锋，想借着维护毛泽东的权威建立自己的威信，但不久就下台了。1981 年 6 月，中国共产党通过了《关于建国以来党的若干历史问题的决议》，对新中国成立后 32 年，特别是“文化大革命”的十年做出了评价，认为后者即“文化大革命”是毫无可取之处的错误，毛泽东对此负有主要责任，但全部责任不该由他一人承担。

第九章

晚年毛泽东

1. 毛泽东的失败

林彪之死

1971 年 9 月 13 日凌晨 2 时 30 分许，一架中国军用飞机在蒙古人民共和国境内坠毁，机上九人全部死亡，其中包括林彪在内。

红卫兵右手挥动的《毛主席语录》，是林彪为解放军战士选编的，红卫兵穿的衣服是解放军的军装。虽然不那么明显，但实际上指导和管理红卫兵的正是解放军，而统率解放军的则是林彪。

在 1969 年通过的《党章》中，写进了毛泽东的接班人林彪的名字。虽然没有公开宣布，但实际上当时正计划修改《宪法》。在拟定的《宪法（草案）》中，已写明："林彪副主席是毛主席的亲密战友和接班人，是全国全军的副统帅。"（1970 年）

林彪的地位被确定了下来。可是，毛泽东反对把设置国家主席的问题写进这个《宪法（草案）》中。林彪似乎对只给他中国共产党副主席这个名誉而没有给什么实权表示不满，于是指使陈伯达策划设"国家主席"。

然而，毛泽东否定了这种意见，批评了陈伯达。毛泽东知道在陈的后面有林彪，林彪也清楚毛泽东发现了自己的企图。由于受到等下来恐怕要挨整这种无路可走的心情的支配，他制订了暗杀毛泽东的计划，但是未能得逞，便逃亡了。

在"文化大革命"开始不久，林彪说，所以能够发动那场革命，"一是靠毛泽东思想和毛主席的威望，二是靠解放军的力量"

（《在军以上干部会议上的讲话》，1967 年）。

今天回头来冷静地想一想，林彪的意思是说，毛泽东光靠毛泽东思想和他的威望，并不足以发动“文化大革命”，还要利用我来动员军队。这是一个计算巧妙的如意算盘，那等于在说：你总得给我好处吧！这里丝毫没有对毛泽东思想的狂热。

林彪 18 岁入党，历任师长、军长，日本投降后，把军队开到东北，那以后他就未曾露面。在彭德怀下台后，他接任国防部长，令人感到很意外。

林彪的秘书在回忆录中写道，林彪爱出汗，因为这个，他谢绝会客，闭门不出。（张云生《毛家湾纪实》，春秋出版社，1988；日译本《林彪秘书回忆录》，德冈仁译，苍苍社）

据说，他坐汽车也要在室内上车，车库与室内相通，上车坐好后，才让打开车库的铁帘式铁门，让汽车驶出来。有人说，林彪患有麻醉药中毒症。（高皋、严家其《文化大革命十年史，1966—1976》，天津人民出版社，1986）

出汗可能是犯瘾症状或是注射药剂后出现的症状。也许是在战争中负伤打止痛针使他上了瘾。我觉得，他那消瘦的脸和身体，好像证实了传闻。受到毛泽东宠爱的他，其所做所为就是排挤那些同自己对立的人，以及同自己竞争的对手。

据说，在得到林彪乘飞机逃跑的报告之后，毛泽东说了句：“天要下雨，娘要嫁人，随他去吧。”

举荐刘少奇，接着又把他打倒。毛泽东对于自己亲手提拔的林彪的下场也丝毫不动感情，接着就要对“文化大革命”期间孜孜不倦工作的周恩来进行批判。

毛泽东与周恩来

确实，毛泽东和周恩来是一对搭档。这也表现在“文化大革命”期间，同时，它是一个时代的象征。

周恩来在 1976 年 1 月逝世的时候，群众深切怀念他。虽然没有公开灵车行走的路线和时间，可是群众早已等候在马路两旁为他送行。

按照民间习俗，“清明节”这一天是扫墓的日子。那是周恩来逝世三个月之后的事，人们纷纷到天安门广场的人民英雄纪念碑前献上悼念的花圈。在纪念碑四周摆满了花圈，到处挂着白花，还贴有讽刺诗，人们在那里高声地朗读讽刺诗词。讽刺的对象，是“文革小组”的主要成员。

清明节深夜，花圈都被撤走了。翌日，来到天安门广场上的人们提出抗议，而且发生了骚乱。群众遭到镇压，流了血。(4 月 5 日)

这就是所谓“天安门事件”。

党中央政治局立即开会，邓小平被免职。然而，这件事成了毛泽东逝世后他的亲信集团“四人帮”被逮捕的前兆。“四人帮”是指毛泽东夫人江青、张春桥、姚文元和王洪文。1981 年 1 月，他们同林彪集团一起被审判。江青和张春桥被判处死刑，缓期两年执行。第三年，把死刑减成无期徒刑。

新中国成立前的毛与周

毛泽东达到君主般的地位，是在延安时期。他在党的主要权力机关（中央委员会、中央政治局、中央书记处）设置主席职务，自己独占主席，而且拥有最后决定权。

毛泽东掌握绝对权力的这种做法，并不是他的发明。在莫斯科召开的中共“六大”上，工人出身的向忠发兼任中央政治局和中央政治局常务委员会的主席职务（1928 年），后者在后来变成中央书记处（1934 年）。

说到最后决定权，以前周恩来也曾经掌握过这一权力。

遵义会议是在放弃江西瑞金之后于第一次得以充裕休息的遵义城召开的。虽然承认了毛泽东的作战方针是正确的，但是他的地位还限于政治局常务委员会之内。

在军事上，依然由朱德和周恩来指挥。一般公认，这两个人是中央军事委员会的主要负责人，而且做出决定；受党内委托，周恩来在军事指挥上有最后下决定的权力。

遵义会议之后，在行军途中成立了“三人军事指挥小组”，由毛泽东、周恩来、王稼祥三人组成，还设置了前敌司令部，朱德任司令，毛泽东任政委。

有人回忆说，指挥实际作战的是周恩来，也有人回忆说是毛泽东。到达陕北后不久，成立了西北革命军事委员会，毛泽东任主席。（1936 年 11 月）从实际所起的作用看，这个委员会等于中央军事委员会。

长征开始以前，在党内不得志的毛泽东在行军途中再一次崭露头角，通过指挥实际的战斗，以明确的形式确立了自己的权力。与此相反，周恩来逐渐甘愿扮演辅佐毛泽东的角色。

瑞金时期怀才不遇

中华苏维埃共和国于 1931 年以江西瑞金为首都宣告成立，毛泽东虽然担任中华苏维埃共和国主席，但是他仍遭到冷遇。[9]

据说，毛泽东同朋友饮酒时发过感叹："我三次被中央机关清洗，八次受严重警告处分，这又来一次处分。"

因而，放弃瑞金以后，在行军路上，周恩来的内心也许动摇了。人们认为他是故意把实权让给毛泽东的。

在日本全面侵略中国的时候，中国共产党与国民党实现了第二次合作。以后，周恩来就作为中共代表常驻武汉。随着国民党政府向内地转移，他也跟着转到重庆，担任中央南方局书记。

延安整风开始后，周恩来为了参加这场运动，从重庆回到延安（1943 年）。他分析了共产国际的指示与自己的关系，又分析了青年时代从欧洲回国以后自己的革命活动。他认为："毛泽东的方向是中国共产党的方向。……毛泽东同志的路线是中国布尔什维克的路线。"

宰相型权力

"文化大革命"一开始，毛泽东的攻击目标指向刘少奇和邓小平。刘少奇在党内的顺序降到第八位时，周恩来是第三位，在林彪之下。可是，根本没有毛泽东直言不讳地把自己的真心话讲给周恩来的迹象。在人民大会堂工作的周恩来，曾被红卫兵围困一个昼夜。（1967 年）

林彪暗害毛泽东失败并企图逃往国外的时候，妥善处理此事的是周恩来。可是，那以后的第三年，在批判林彪的同时，又开始了“批林批孔运动”，实际上，是指桑骂槐针对周恩来。(1973 年以后)

最卖力地推动那场运动的是江青和姚文元。自那以后，他们又开始批判《水浒传》中的人物宋江的投降主义。(1975 年以后)

这是对 1973 年恢复工作、1975 年后代替住院的周恩来主持党中央日常工作的邓小平的指桑骂槐的批判，但也把周恩来当做瞄准的方向。

毛泽东在多大程度上了解夫人江青和姚文元的意图，这是一个谜。不过，毛泽东与周恩来的谈话内容都限于工作，没有一次谈及属于个人感情上的事（原毛泽东警卫员的证词）。

在中美接近、尼克松访华、同日本邦交正常化等工作中，周恩来的作用是突出的。但是，他掌握的权力是“宰相型权力”，一旦毛泽东行使“皇帝型权力”，周恩来就显得十分脆弱了。

2. 毛泽东之死

看书靠人读

毛泽东当年在滴水洞冥想的时候，可能是在追寻自己的“本源”。那时，他显得十分孤独。尽管在 72 岁时，他身上的虎气犹存。

十年以后，他逝世了。那是 1976 年 9 月 9 日零时 10 分，再过三个月就将迎来他 83 岁的生日。

在“文化大革命”前后，他已开始为老年性疾病所困扰。在视力减退之后，专门配一个女秘书为他朗读。当这位女秘书自报姓名时，毛泽东立即背诵出与她名字有关的典故——唐代诗人刘禹锡的诗。他能准确地指定要朗读的地方，当她读错时，毛泽东一一给予纠正。（见女秘书芦荻的口述回忆，杨建业《在毛主席身边读书》，载《光明日报》，1978 年 12 月 29 日）

这位女秘书亲眼见到护士把贺龙遗孀的报告读给他听之后，毛泽东把报告放在胸前，仰望着天花板，流出了眼泪。

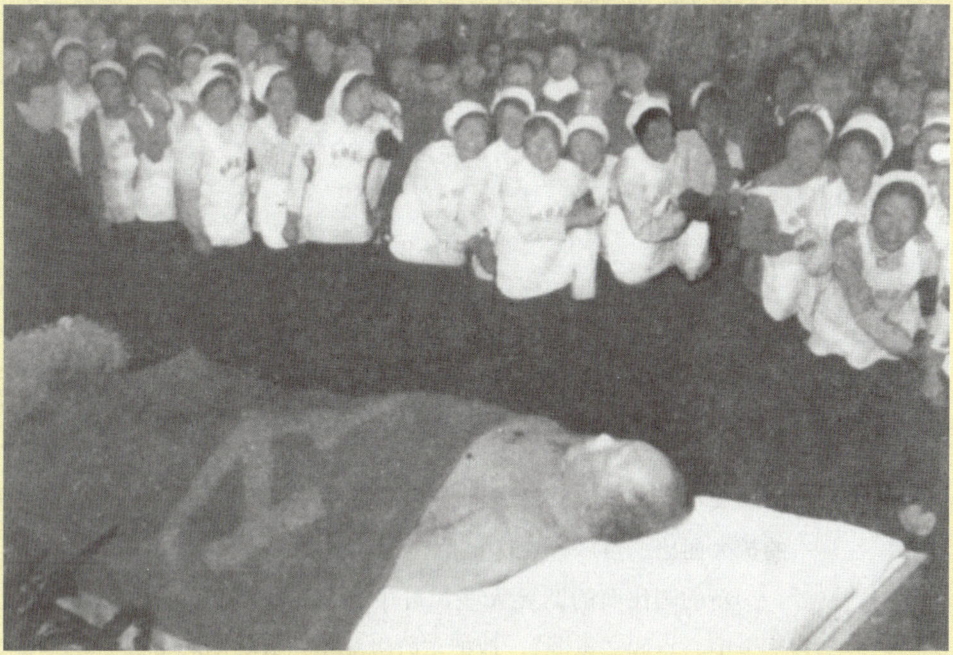

首都各界和全国各地代表向毛泽东遗体告别。

读了这段回忆文章，我不禁想象出毛泽东的衰老姿态。从1974年恢复贺龙名誉这件事来看，毛泽东生前是采取了措施的。不管身体怎样衰老，头脑还是清醒的。

他让护士读的那份报告，可能是贺龙夫人薛明的手笔。她开始执笔是在林彪摔死之后不久，因为周恩来曾派人请她如实写报告给党中央。(1971年11月)

因而，在恢复贺龙名誉的问题上，实际上恐怕周恩来起了推动作用。但是没有毛泽东的批准，也是实现不了的。

作为红卫兵曾十分活跃的贺鹏飞，遭到江青的迫害，一时陷入悲惨的境地。但在贺龙恢复名誉之后，他又回到了母亲的身边。

最后一个春节

1976年春节，毛泽东的手已经不能动了。他的住处没有客人，家属也不在。负责在身边照顾他的人，把祝贺新年的米饭和武昌鱼送到嘴边。他吞咽东西已经很困难，吃上两三口就不吃了。饭后，他在沙发上休息，当听到远处传来爆竹声时，用嘶哑的声音低声说，出去放鞭炮吧，年轻人过年应该热闹一些。于是，屋外开始响起噼里啪啦的爆竹声，他消瘦的脸上泛起了一丝笑容。

3. 毛泽东的性格

同心圆的扩大

综观毛泽东一生，可以说他从未左右摇摆过。从“百花齐放，百家争鸣”，到急转直下的“反右”斗争等，在政策上虽然有急剧的变化，但这对于他来说，并不意味着改变了方向。他的一生宛如用圆规不断地画着圆圈。即使看上去向左摇摆，那也不过是同心圆的扩大而已。

新的圆比旧的圆要大些，可中心点不变。借用他自己的话说，这个中心点叫“本源”。他把“阶级斗争”放在圆心上。

圆规的脚在逐渐扩大，从长沙市内的工人运动扩大到农民运动、游击战、土地改革、苏区建设、整风运动、新中国建设、与苏联论战和决裂，最后到“文化大革命”，这个立脚点的针尖牢牢地扎在那里不动。

按照毛泽东的说法，“阶级斗争”就是运用“暴力”。从延安时代起，他就把中译本《共产党宣言》放在身边，爱不释手。在那书的末尾，确实有“运用暴力消灭……”的字样。一般译成日文是：“无产阶级……作为统治阶级如果强有力地废除旧的生产关系的话。……”

运用暴力消灭也好，强有力地废除也好，作为实际上的措施，恐怕都是一样。不过，汉语的说法比汉字反映在人们头脑中的内容，更能让人铭记在心。

毛泽东那不动不变的“本源”，在实践范围中无限扩大。而支持产生这种扩大的是他那不愿休息的性格。他在写文章时，不写完不睡觉，好像进入一种兴奋状态而一发不可收拾似的。

毛泽东每天工作之后难于入睡，总要吃些安眠药才行。睡着后一旦被吵醒就再也睡不着了。所以，人们知道他在睡觉时，总是特别注意，绝对不出任何声响。

有几句恰到好处地赞美毛泽东的诗："我是海/我要大/大到能够环抱世界/大到能够流贯永远。"

这诗的作者是胡风。胡风大概连做梦也不会想到几年之后自己被批判的命运。这一段诗恰好是喜欢不断拓展的毛泽东的最好写照。

无法无天

毛泽东会见美国记者斯诺，同他进行了最后一次谈话（当时，毛表示欢迎尼克松访华）。毛泽东在谈话结束后，边送客人边小声说："我是'和尚打伞'哟！"

这是湖南农民常说的一句歇后语。后半句他故意不讲出来，那应该是"无法无天"。和尚是光头，撑起伞后见不到天空，而"发"可以换成同音字"法"，就是"不怕法、不怕天、无法无天的人"的意思。当时的翻译给译错了，所以"孤独的修行僧"的形象曾传遍全世界。

在北京机场的墙壁上，装饰着毛泽东《沁园春·雪》的手迹。[10]不过，字迹的布局做了调整，因为这首词是在稿纸上随便写的。本来应该整面墙都是字，而不必加框。

无限制扩大的结果，便是毫无约束，无法收拾，顽固不化。话一出口，就不改变。他曾跳进波涛汹涌的大海中，被巨浪冲回沙滩。在避暑地北戴河，他不管天气如何坏，也说要游泳，警卫们只好前呼后拥，一起到海边去。

在"文化大革命"期间，被胡来的红卫兵气恼了的军队首长们，在一次会议上痛斥了林彪和江青等人。拍桌子大骂的叶剑英，把右手掌骨都震裂了。（1967 年 2 月）而长年同生死共患难的军队元老，也只能间接对毛泽东发发牢骚，而得到的回答却是 10 万人集会批斗 47 位军队的首长们。（同年 3 月）

据在延安时代便担任毛泽东警卫的人讲，甚至毛泽东的同事和上层人物在会见他之前都很紧张，不敢随便陈述自己的意见。大概人们都了解毛泽东那种听不进别人劝告的性格，也或许是对古典知识丰富、读过大量书籍的他表示尊敬。

然而，他无法无天，群众却遭殃了。受害者也波及作为同志一起创建共产党的人们。他们本来应该向毛泽东进言，可是，对晚年毛泽东，劝告已经不顶用了。

“残阳如血”，革命过程中常伴有严酷的现实，毛泽东却没有把这些放在眼里。后来，又迎来了更加严酷的挑战，其中丝毫也没有浪漫色彩。不过，也可以说他曾有过超越感伤之情的浪漫主义。

毛泽东填过一首词，叫《忆秦娥·娄山关》（1935 年作）。唐代诗人李白也曾填过《忆秦娥》之类的作品（据说，实际上可能是无名作者之作）。李白站在女人的立场吟咏男女离别之情，但毛泽东吟咏的则是紧张、激烈的战斗场面。

娄山关是贵州省北部的一个关口，它被宛如利剑般的三座山峰环绕着。进入四川的工农红军改变了方向，原路返回并经过此关。他们不穿越峡谷，却攻击了山顶上的敌人，因此词中有一句“从头越”。第二句仿造李白的“秦娥梦断秦楼月”一句，不否认前途多艰难，而歌咏出了“苍山如海，残阳如血”。李白有“西风残照，汉家陵阙”，“残照”是指落日余晖。

> 西风烈，长空雁叫霜晨月。霜晨月，马蹄声碎，喇叭声咽。
>
> 雄关漫道真如铁，而今迈步从头越。从头越，苍山如海，残阳如血。

虽然吟咏悲伤，但又不为悲伤所沉溺。

当占领南京时，他颂扬人民解放军穷追无处可逃的敌人，可在诗（《七律》）中也有“天若有情天亦老”的句子（1949 年）。

说起“残阳如血”，实际上毛泽东怕见到真正的血。

毛泽东曾在北京西郊的避暑地香山小住，当时南方还在继续同国民党军队战斗。警卫人员为了消愁解闷，跑到山中打麻雀。一天，警卫员拎着打来的麻雀大声说笑着从林中出来。碰巧毛泽东从外面回来站在门口，他们报告干什么去了，并交出了刚打来的麻雀。血还在滴着。毛泽东显得很害怕，向后退了半步，捂着脸喊叫起来：“快拿走！收起来！我不要看！”然后，他皱着眉头斥责他们说：“麻雀有什么错？麻雀也有生命，以后不许再打了。”

如果问毛泽东最怕什么，他的警卫员说第一怕眼泪，第二怕血。第二怕的例子就是这次打麻雀的故事。警卫员举了一些例子之后归结出："他也是个情感丰富的人。意志坚如钢而心也善良，这两者都很鲜明，很强烈。"

（译自《毛泽东》，岩波书店，1989年9月20日）

下　篇

毛泽东研究文选

［日］　竹内实　著

★ “牛鬼蛇神”及其他

假如连续几年有这样的情况：我们街上的书店或车站的书报摊里的杂志全都消失了，学术刊物也不准发行，著名的小说则变成了“毒草”，那么，人们的精神一定会觉得异常“饥渴”。当然，这并非是说，所有可读的东西全都无影无踪了，或者想说的话丝毫也无法讲。我只是说，要是当真出现这样的状态，而且这种状态持续上几年，那么无疑称得上所谓“知识生活”被封锁了，并受到了致命的打击。毋庸讳言，我在这里所说的，显然是指目前中国的情况。现在在那里，“知识生活”已经变成了一片空白。实际上，要是能够意识到这是一种空白，恐怕还算不上真正所谓的“空白”。想象起来，无论如何，大约日常生活总归显得有些阴郁和暗淡。

然而，无可怀疑的事实是，中国却恰好处于与阴郁和暗淡截然相反的另一个极端，即显现出明朗、高昂的情绪。例如，为批判“修正主义”和打倒“资产阶级当权派”，持续不断地开展情绪亢奋的政治运动。由于其间也要观赏“反动”影片，所以不好断言那里的“知识生活”连一点都没有。不过，我怀疑的是，这种明朗、高昂的精神状态，其背后是由阴郁、暗淡的空虚生活来衬托的。自身的明暗形成了如此反差，那么，所谓的“批判”，怕也未必能够真正有什么效果。

1957 年访问过中国的意大利作家莫拉维亚[1]，近来又发表了他对中国的印象，以及他与中国作家交谈的内容。我在香港发行的《明报月刊》杂志上读到过它，译自伦敦的杂志《文汇》与意大利的文学报纸。

莫拉维亚已记不得他会见的那位中国作家的名字，而据《明报月刊》编者推测，那可能是胡万春。他 39 岁，工人出身，可以接受外国人采访，著有两本畅销书。我估计，这就是胡万春无疑。1960 年，我在上海见过他。据说，他在回答莫拉维亚的提问时，仰着脸看天井。我记得，他确实是那样一种举止。

胡万春为写自己的一本畅销书，曾经在军队里生活过六个月，莫拉维亚并未漏掉胡万春的这些介绍。但他也谈了自己的不同看法：好的作品应该是自然生成的，那样的创作方法过于刻意了。

受到如此非难的胡万春，开始引用起《毛主席语录》来，于是双方打起了一场引用语录的论战。胡万春翻开《语录》的某一页，告诉了对方页数，“高声地”（他的声音确实很高）读起来：“一切真知都是从直接经验发源的。”

而莫拉维亚也自己动手打开《语录》，然后翻到某一页，念道：“事物发展的根本原因，不是在事物的外部而是在事物的内部，在于事物内部的矛盾性。”

胡似乎不怎么高兴。他又打开《语录》，说明页数并读了起来：“我们不但否认抽象的绝对不变的政治标准，也否认抽象的绝对不变的艺术标准。各个阶级社会中的各个阶级都有不同的政治标准和不同的艺术标准，但是任何阶级社会中的任何阶级，总是以政治标准放在第一位，以艺术标准放在第二位的。”

莫拉维亚再念：“缺乏艺术性的艺术品，无论政治上怎样进步，也是没有力量的。”胡（据莫拉维亚说）“浮现出满含仇视的笑意，大声宣读”：“我们的文学艺术都是为人民大众的，首先是为工农兵的。”

莫拉维亚又念道：“利用行政力量，强制推行一种风格，一种学派，禁止另一种风格，另一种学派，我们认为会有害于艺术和科学的发展。”

胡万春（莫拉维亚这样说）“残忍地笑起来”：“革命文化，对于人民大众，是革命的有力武器。革命文化，在革命前，是革命的思想准备；在革命中，是革命总战线中的一条必要和重要的战线。”

莫拉维亚（冷静地）读道：“艺术和科学中的是非问题，应该通过艺术界科学界的自由讨论去解决，通过艺术和科学的实践去解决，而不应当采取简单的方法去解决。”

胡万春觉察出了莫拉维亚无意继续这样的引用论战，便瞧着莫拉维亚。……然后，以一问一答的方式，莫拉维亚让胡万春谈了他对卢卡奇、萨特、肖洛霍夫等人的看法。另外还有几项问答，在此省略。

他们俩能够如此引用《语录》进行论战，对莫拉维亚来说，固然是因为《语录》中有可供其援引的话，但在今天看来，重要的并非是莫拉维亚确实那样读过，而是胡万春那种运用《语录》的观念。莫拉维亚与胡万春的区别，不仅仅是他们从同一本读物中竟能引用出不同的部分，更值得重视的是他们在读这本红色“圣经”方法上的差异。目前中国高昂的革命精神，究竟是怎样一种状态，通过他们这件事，应该说已经明显反映出来了。其实，眼下在中国，并非只是可以阅读《毛主席语录》，对《语录》实际上也未必就一定是那种读法。以上情况只是表明了，那里人们的精神已经陷入一种无意识的戒律：即使是面对自己要援引的文章，也必须慎重地选择。当然不必讳言，那种种顾虑并非是书中就有的，而是书外的现实逼迫着人们那样去做。现实若是改变了，也许还会有其他的忌讳。也就是说，说不定一夜之间，为了替中国文学辩护，又要强调莫拉维亚所读过的那些条文了。目前中国内地的学术，与其说是开展“大批判”，不如说是为了进行“教育”更确切一些。这是指：无论是对经典的选择，还是对被选择的经典加以解释，那里都有一定之规。这一中国的学术传统，即使在当今中国最顶尖的著作如《毛主席语录》中，也可以看得出来。

莫拉维亚对中国的印象是：那里仿佛是一座巨大的教室。那里面的教师，只有一个人。里面的人们，都在入迷似的想记住教师教给他们的每一句话。

莫氏敏锐地觉察出了这种迹象，尽管目前中国的“学习”运动那么重视实践，但其本质并非是“批判”，而是“教学”型的。当然，这也许只是旅行者的一种印象而已。显而易见，把一种“印象”囫囵吞枣地理解为现实，大约未必准确。而且，他对与之直接对话的胡万春，恐怕也不无误解。

例如，不知道莫氏是否了解，胡曾发表过名为《大立毛泽东文艺思想的绝对权威》（《人民日报》，1967年5月10日）的文章。其中，胡万春这样谈论过巴金的事（胡文中以××代表上海作家，那显然是指巴金）：

> 在这次无产阶级文化大革命中还揭发出：过去被周扬、夏衍等人捧为“五四以来有国际影响的大作家”、“一贯靠近党的左派老知识分子”××，是最典型的资产阶级精神“贵族”。他光是钱就有将近三十万元之巨，大大小小各种各样的半导体收音机就有十多只，住的是三上三下的花园洋房，大草坪、大客厅、大书房，富丽堂皇。他过着寄生虫、吸血鬼的生活，写的却是反党反社会主义的大毒草，甚至不惜写毒草文章为美联社、台湾《中央日报》提供炮弹，攻击无产阶级专政，反对毛泽东思想。

如果胡万春是在风平浪静的时代，文责自负地批评巴金，我的感受会有所不同。面对着一个已被暴力直接击垮了的人，自己处于绝对安全的地位，竟对之施以如此激烈的责难，其效果是不言而喻的。我曾拜访过巴金，当时也曾问过他，在中国文坛上是否会有新、旧两代对立的情况。他的回答是：不会。我当然也不完全相信他这样的估计，但又觉得，他确实对充满着活力的上海文坛抱有好感。而一个在这样的土壤上成长起来的新晋作家，竟如此非难这样的巴金先生，我对此实在感到很悲哀。当然，胡文里并没明点巴金的名字，似乎还算客气。我在这里介绍此文，竟实指其人，也许确有一些冒昧。不过，已经被这样提到的巴金，能否在“红卫兵旋风”中安然无恙，甚至在文学上东山再起，是很令人担忧的。所谓巴金被美联社和中国台湾“《中央日报》”利用的文章，那大约是指他对美国作家霍华德·法斯特[2]脱离共产党表示同情的短文。如果真是那样，恐怕红卫兵是不会宽恕他的。巴金受到严厉批判这件事，也使人联想起了同在上海、翻译罗曼·罗兰[3]的傅雷夫妻双双自杀的事。

傅雷是现住在伦敦的钢琴家傅聪的父亲。据傅聪说，从其与双亲已经断绝通信而且父亲两次透露过自杀的念头来看，自杀可能是真的，大约是服了毒药。又听说，红卫兵曾攻击傅雷工作怠惰，说他每天只译 1 000 字，其实主要还是因为他翻译了罗曼・罗兰的作品。然而，那与其算得上“怠惰”，倒不如说是很值得赞扬的。老舍的自杀，也差不多被认定了，可又众说纷纭。有的说是因为跳楼，有的说是在自家院里槐树上吊的，也有人说是在受到红卫兵殴打时因出手反击而被打死了。在这当中，当然会有极力渲染“文化大革命”“残酷”的报道成分在内。在“文化大革命”初期，香港报纸就报道过在当地很红的女演员红线女已经在广州跳楼的消息。可不久，她那微笑着、很健康的照片，却在观点对立的另一家报纸上登了出来，以至于前边那冒昧的报道竟成了笑柄。我也不喜欢那些搞无聊报道的家伙，可要是如有人所写的那样，真能让我再见到巴金、老舍和赵树理等人健康的样子（即使是看照片），恐怕没有比那再高兴的事了。

关于女作家和诗人谢冰心，也有传闻说她自杀了，据说是因为受到中央民族学院红卫兵的非难。她的丈夫、人类学家吴文藻是中央民族学院的教授，他们应该住在学院的宿舍里。说民族学院的红卫兵闯进了家，应该是不离谱的。在几年前，我与某个政党闹僵[4]之后（当时该党与中国共产党关系密切），曾出席过一次欢迎中国代表团的宴会（因为接到了通知）。在那代表团里，也有对我态度依然如故的人。不过，谢冰心先生在跟我握手时，看得出来是稍微有些犹豫的。那意思是仿佛觉得，这种政治上的麻烦，碰不得，碰不得。她的文章在红卫兵来看，无疑是应该批判的对象。若当真遭到攻击的话，她那敏锐的政治神经，一定会受到致命的刺激。谢先生在战后曾来过日本，任东京大学的讲师，讲授老舍的作品。在新中国成立两三年后，她回到了北京，听说在北京站曾受到过盛大的欢迎。在回国前，她对我们说是去美国。而最后一次讲课，她曾以陶渊明及现代诗人与学者闻一多为例，谈到诗人无法脱离政治。后来想想，那其实是她“参与政治”的宣言。当时，她也明确表示过，反对美国在日本的军事基地。1957 年“百家争鸣”时，她似乎赞成“右派”提出的建立议会制度的要求。可听说，接着她又在“反右派”斗争中发表了对此反省的文章，后来才得以回归在中国文坛上的地位。她回国以后，大女儿当上了共青团干部，经常对她进行批判，说“妈妈的文学”如何如何，这在当时已经够她受的了。而这一次，难道果真竟是最后的批评么？她在美国应该是有许多朋友的。当时从美军占领下的日本回到新中国的举动，其中既有困难，也会有危险与紧张的心情。她敢于那样做，绝非出于一时的投机心理。她这一行为，比上百次的讲课更令我深受感动。记得她在日本的时候，曾经笑谈战争期间关于传言自己已经去世的消息，并说报纸还为此登载过读者的悼文。而这一次，我猜测也一定是误传。我从心底里希望，但愿真是那样。

莫拉维亚关于七亿人“教室”的印象，其实只是一种“假象”。在这个“教室”里，曾经发生过什么样的事情？那些已不见踪影的人都怎么了？这在“教室”里是没法看到的。但我觉得，当时中国的情况，大体上还是像他看到的那样。即使他所写的并不是全部，至少也反映了其中一个侧面。那就是：在这个“教室”中，大约“学生们”只能那样读书，尽管不否认也会有个别的例外。

其实，如傅聪所讲他父亲自杀的情况，说不准那些被红卫兵逼迫寻了短见的人，原本就有过自杀的念头。可就革命大局而言，如果大多数人都忍不住想自杀，那无疑意味着有些“过火”了。这种“忍不住”，显然有十分无奈的实情。这些人以自己宝贵的生命证明了鲁迅所说的话：“所以巨大的革命，以前的所谓革命文学者还须灭亡”（《三闲集·现今的新文学的概观》）。他们以实例向外界表明了，这种革命，是真正的革命。因为这些死者，是真正面对着革命，并使革命闪现出光彩的人。他们是不写书的革命作家。

> 在革命时代有大叫“活不下去了”的勇气，才可以做革命文学。（鲁迅《而已集·革命文学》）

历史必将证明这一点。

当然，这并非意味着，能够忍受住人们的攻击便不是革命作家。而那些由红卫兵实施的围攻或游街，由于其背后有人在指使，是非常惨无人道的。遭受那种无法忍耐的屈辱，而且在众目睽睽之下受到那样的屈辱，无异于不动的“行尸走肉”。即使忍耐着不自杀，其人格也已经丧失殆尽。中国人一向看重“面子”，而这些人的社会地位又都是在大学教授以上。让这些人戴上最使人忌讳的“高帽子”，并像以前对付土匪那样牵着他们游街，这显然是比致死还严厉的惩罚。如果这些事是关起门来干，那另当别论，却又通过外国人或记者将照片传到国外去。要是受到如此刑罚仍然还想活着，那若不是甘心停止思索，便必定是发誓将来要复仇，即使只能是“文学式”的复仇。

我想，在“文化大革命”初期，外国记者采访还有相当的自由度，那是由于造反派想使“走资派”在海外丢尽“面子”，彻底丧失权威。而后来采访受到了限制，大约是为拉旧“走资派”加入自己的阵营所做的让步。这些可能就是“走资派”派虽然受到了批判却让人觉得难以满意的地方，或者说，让人不快的症结，尽在于此。

可是，无论怎么说，丧失掉的“面子”，是永远无法挽回的。有些比较也许相当愚蠢，譬如有人讲，与斯大林的“肃反”相比，现在还算是“人道”的。其实，这无异于对人的侮辱。在一定意义上说，为使旧社会的人在新社会得到新生，也许需要剥夺他们在旧社会公认的“面子”，并加以改造。但有时候，还有比生命更重要的东西。比如，在有些情况下，枪杀一个人，不是也意味着承认他还算是一个人么？

红卫兵确实很嚣张，然而令我怀疑的是，如果没有军队在背后撑腰，他们还会那么旁若无人么？红卫兵公然挺身而出，实际上，他们是在部分“代替”军队行事。不知道“创建”红卫兵是不是接受匈牙利动乱时因苏联军队介入而引起过摩擦与反感的教训才有的做法？自然，红卫兵有自己的行为方式，并不能与军队相提并论。但他们如果有了使用“批判的武器”的经验，说不定也会意识到作为新一代中国人的使命。这些人从毛泽东那里领教了“继续革命”的教导以后，要以摧毁军队和官僚制度、废除国家的巴黎公社精神自命时，如果真要面对以人民解放军作后盾来“结束”“文化大革命”的局面，他们也许会进行反抗，而并非只是服从。

王力、关锋、林杰、戚本禹等人的失势，固然与被称为“五一六”兵团的红卫兵组织有关系，但据说也是由于他们提出了打倒“军内一小撮当权派”的口号，仿佛是针对林彪的。那些曾在建立“上海公社”时出谋划策的《红旗》杂志编辑部里的人，有军人夺权与武装红卫兵（取代工人阶级）的计划，并非不可思议。可这必然要引起稳健派军人的反感。于是，为平息军人的反感，由他们的代表陈伯达（“中央文化革命小组”组长）向“群众代表”做了自我批评。为此，“中央文化革命小组”的主要成员几乎全部倒霉，失去了权力，只有江青以及出身上海的张春桥和姚文元勉强未伤元气。陈伯达的自我批评，后来获得了代表军队的谢富治的谅解，得到了承认。尽管我觉得参与历史斗争的人无论胜负总比旁观者要好，但从刘少奇那里夺来的权力到了林彪一人或是林彪与周恩来两人的手里，他们的政治观念是否会被新一代中国人接受，恐怕并不能太乐观。

除有以上这些保留意见之外，我还想谈一下“牛鬼蛇神”这个词。它称得上是初期红卫兵降魔的“利剑”，也是工厂出身的造反派的有力武器。正是因为有了这样一种说法，才使得他们义愤填膺。

这一成语，在被视为“小型作家与诗人百科全书”的宋人魏庆之编的《诗人玉屑》里，从杜牧批评李贺的诗中可以看得到。另外，清人曹雪芹（也有说是别人所写）《红楼梦》里的主人公贾宝玉，也说过这个词。

27岁便夭折了的怪才李贺，是8世纪初中唐的著名诗人。他的诗常歌咏亡魂和鬼怪，所以被批评为“世亦以贺为蛇魅牛妖”、“牛鬼蛇神之甚”。9世纪的晚唐诗人杜牧也说：“鲸呿鳌掷，牛鬼蛇神，不足为其虚荒诞幻也。”这是说，即使鲸、鳌暴乱，妖怪出世，也未必赶得上李贺那虚构的景象。读杜牧为李贺诗集所写的序言，即便不看《诗人玉屑》也可以明白，那个词不过是对李贺的批判。毛泽东的词《念奴娇·昆仑》里有仿照《诗人玉屑》的诗句[5]，也许他曾从该书中得到过一些灵感。其诗《七律·人民解放军占领南京》里“天若有情天亦老”一句，便出自李贺。还有词《浣溪沙·

和柳亚子先生》中的“一唱雄鸡天下白”，同样是从李贺那借来的句子，不过颠倒了语序，更是人们爱读的名句。可见“牛鬼蛇神”在毛泽东熟悉的诗词里本是常见的词。其中所谓“牛鬼”，在传说里指秦代在四川平原地区开挖水渠至今仍被供奉的李冰曾变成牛与河神搏斗的故事。而“蛇神”，则是说人面蛇身的古代帝王羲皇，即伏羲。他是教会人们渔猎和畜牧的古人，据说还创造了文字和八卦。当然，此词也有贬义，比如有一个故事，说有一个喜欢煮牛头吃的男人，曾被“牛鬼”责骂。另外，像《白蛇传》里，也有变成人的漂亮“蛇神”等等。不过，总的说来，即使为求神奇，用这一成语来比喻“坏”作家或学者，终归并不怎么合适。

毛泽东也爱读《红楼梦》，这从1957年11月17日他在莫斯科对中国留学生的讲话里可以知道。在那次谈话中，他说了那有名的警句：“现在不是西风压倒东风，而是东风压倒西风。”这句话本是林黛玉评说中国旧式家庭里妻妾同堂闹风波的情形，原话是：“凡家庭之事，不是东风压了西风，就是西风压了东风。”（《红楼梦》第八十二回“老学究讲义警顽心，病潇湘痴魂惊恶梦”）另外，贾宝玉在这一章里还说：

> 还提什么念书，我最厌这些道学话。更可笑的是八股文章，拿他诓功名混饭吃也罢了，还要说代圣贤立言。好些的，不过拿些经书凑搭凑搭还罢了；更有一种可笑的，肚子里原没有什么，东拉西扯，弄的牛鬼蛇神，还自以为博奥。

自古以来一般都认为，文章素养贮存在腹。因此，贾宝玉才骂“肚子里原没有什么”，那不外是鲁迅所说的“空头的文学家或艺术家”。而贾宝玉痛骂的“八股文章”，后来在毛泽东那里，又演化成了“党八股”，或是修正主义见解的意思，用来指称那些显示资产阶级式博学的学术论文。到此地步，“牛鬼蛇神”破天荒地变成了应该被“打倒”的作家、艺术家与知识分子的一顶帽子了。

不过，毛泽东在文章里开始使用“牛鬼蛇神”时，意思大体接近于杜牧对李贺的评价，即相当于“妖魔鬼怪”。他说：

> 最近一个时期，有一些牛鬼蛇神被搬上舞台了。有些同志看到这个情况，心里很着急。我说，有一点也可以，过几十年，现在舞台上这样的牛鬼蛇神都没有了，想看也看不成了。我们要提倡正确的东西，反对错误的东西，但是不要害怕人们接触错误的东西。单靠行政命令的办法，禁止人接触不正常的现象，禁止人接触丑恶的现象，禁止人接触错误思想，禁止人看牛鬼蛇神，这是不能解决问题的。当然我并不提倡发展牛鬼蛇神，我是说“有一点也可以”。

接着，他又说：

> 凡是错误思想，凡是毒草，凡是牛鬼蛇神，都应该进行批判，决不能让它们自由泛滥。但是，这种批判，应该是充分说理的，有分析的，有说服力的，而不应该是粗暴的、官僚主义的，或者是形而上学的、教条主义的。（《在中国共产党全国宣传工作会议上的讲话》，1957 年 3 月 12 日）

以上两段话引自同一篇文章，它们可以从多方面去理解，也许确实需要“辩证”地解释。比如，毛说“有一点也可以”，又讲“不能让它们自由泛滥”。这对从来惯于一板一眼的官僚来说，恐怕会感到手足无措。因为这似乎意味着，说不定到什么时候，领导的意图就会变卦。（实际上，到“文化大革命”开始时，前一段话便不再被引用了，“牛鬼蛇神”也从舞台上一扫而光。《毛主席语录》便只收了后一段话。）

到了 1963 年，“牛鬼蛇神”这一词语已经与“地主、富农、反革命分子”相提并论了。第二年，其又被引入《关于赫鲁晓夫的假共产主义及其在世界历史上的教训》一文。它被视为一种社会势力，而不再仅指舞台上的形象。但尽管如此，当时所指的内涵仍不怎么明确。到了“文化大革命”，邓拓、吴晗和翦伯赞遭到批判，那报纸上的头条标题如同道路上挂着的标语一样醒目——《批判一切牛鬼蛇神，决不能让它们自由泛滥》，已经是转指贾宝玉所说的那种意思了。1966年6月1日，《人民日报》社论《横扫一切牛鬼蛇神》里说："横扫盘踞在思想文化阵地上的大量牛鬼蛇神。"如此文学性的比喻，其实内含着严酷的政治意图。显而易见，人们无论对政策条文，还是对其解释或注解，都必须十分警觉才行。

在"无产阶级文化大革命"那种狂热的政治气氛中，文学性的比喻当然并非只是单纯的比喻而已，修辞也可能转变为政治性的判决。这其中固然有为政者的恣意妄为，但在中国"历史"里，这种陋习一直存在于政治结构中，并非只是个别的例子。

鲁迅曾这样写道：

> 中国究竟是文明最古的地方，也是素重人道的国度，对于人，是一向非常重视的。至于偶有凌辱诛戮，那是因为这些东西并不是人的缘故。皇帝所诛者，"逆"也，官军所剿者，"匪"也，刽子手所杀者，"犯"也，满洲人"入主中夏"，不久也就染了这样的淳风，雍正皇帝要除掉他的弟兄，就先行御赐改称为"阿其那"与"塞思黑"，我不懂满洲话，译不明白，大约是"猪"和"狗"罢。黄巢造反，以人为粮，但若说他吃人，是不对的，他所吃的物事，叫作"两脚羊"。(《准风月谈·"抄靶子"》)

还有：

> ……我们中国人对于不是自己的东西，或者将不为自己所有的东西，总要破坏了才快活的。(《华盖集续编·记谈话》)

另外，他又说：

> 十龄上下的孩子会造反，本来也难免觉得滑稽的。但我们中国是常出神童的地方，一岁能画，两岁能诗，七龄童做戏，十龄童从军，十几龄童做委员，原是常有的事实……(《准风月谈·冲》)

以上这些话，实在已经道破了1967年中国出现的事态的内在意味了。

在“文化大革命”中，“牛鬼蛇神”一词的功用，如同古代中国的“逆”、“匪”、“犯”，或者是模仿“狗”与“猪”。不知是不是如法炮制，日本人在占领中国东北（“满洲”），“讨伐”抵抗的抗日游击队时，也称其为“匪徒”。法国在阿尔及利亚实施种族歧视与屠杀时则把对象叫做“鼠”，是同样的意思。当然，将为了纯洁社会主义而发起的改革运动中严肃的意识形态概念，同日本与法国殖民主义曾使用的“词汇”相提并论，也许有点不太对头。但就无视正常的语言规范却仰仗暴力和权力这一点来看，二者不是如出一辙么？在这种异常的严酷状态中，使用如此偏颇和武断的“称呼”，只会使异常的严酷状态进一步恶化。就“牛鬼蛇神”这一名词而言，其本身的民族色彩真实暴露了中国的“历史”与“传统”的一个侧面。

“无产阶级文化大革命”高呼破“四旧”、立“四新”，其目标是想在思想、文化、风俗和习惯上，破除一切旧的、反动的、反社会主义的东西，并树立起全新的、进步的、社会主义的东西。就此而言，应该说这也许称得上是全人类共同的课题。但是，若冷静地远观那里的事态，毋庸讳言，在这一“破旧”的过程中，竟暴露出了中国文化里病态的一面。这一幕使人们看到了，那已与历史血肉交融的“旧”的东西，有着多么顽强的生命力；而且也暴露出了，那要打破“旧”事物的所谓“新”，实际上并非是其所自称、自以为是或者自我标榜的那种“新”。当然，我在这里并非嘲笑他们的理想。我认为，在一般情况下，所谓“新”的事物，无非是在极端痛苦的状态下，从“旧”东西身上孕育出来的。因此，在改革进程中出现的残酷或是笑料，在某种意义上，毋宁也是赋予改革者的一种“光荣”。如果对这种“光荣”感到踌躇而不敢于改革，便配不上改革者之名。然而，历史经验也昭示人们，愚昧的行为不应该再行重演。而由于在20世纪60年代，这些旧中国的愚昧现象重演并且再现的时候是在无产阶级的名义之下，它们只会让人们丧失对无产阶级的期望。虽然目前还看不太清楚这一运动会有什么样的结

1966年8月1日至12日，中共八届十一中全会在北京举行，通过了《关于无产阶级文化大革命的决定》。

果，但显然，它并非是无产阶级的改革行为。据说，此时的“无产阶级文化大革命”实践，是贯彻了无产阶级的立场、方法与意志。如果是纸上谈兵，那自当别论，若就实际过程来看，则绝非如此。至少在那里，看不到以“阶级”的身份行动的无产阶级。

毛泽东使用了“牛鬼蛇神”一词，红卫兵和造反派则从中获得了力量。在这其中，不太好说毛泽东应负有多大的责任。1966年7月的某一天，他在一个会议上曾这样说：

> 现在总是“怕”字当头，总是怕乱。现在停课不管吃饭，吃了饭要发热，要闹事，不叫闹事干什么？

在同年8月23日，他又在中央工作会议上讲：

> 我的意见，乱它几个月，坚决相信大多数是好的，坏的是少数……我看北京乱得不厉害。……北京太文明了……他上街就上街，写大字报上街有什么要紧？外国人照相就照相，无非是照我们的落后面，让帝国主义讲我们的坏话有什么要紧？

众所周知，北京街头出现这些情况是在8月20日。

在10月份某一天同样性质的会议上，当说及红卫兵到北京交流经验的交通问题时，周恩来说应该做充分准备，而毛泽东却讲：

要什么准备，走到哪里没饭吃？

虽然不知道毛了解多少实情，但就他的革命观点来说，从总体上支持红卫兵的“乱”与“闹”，是不言而喻的。1967年他发出的一项指示，就是针对那些被批判干部们的心情的：

戴过高帽子，被涂黑了脸，可以摘下帽子、洗洗脸，重新出来工作。……牛鬼蛇神、地、富、反、坏、右，只是少数。

所谓“戴高帽子”，是指被打成“牛鬼蛇神”，实际受到批判。“摘下帽子”、“洗脸”，也许是意味着取消政治批判。曾经被定为“右派”的人，有的后来又被“摘掉了右派的帽子”。其实，“右派”并非是真戴着什么特别的帽子，而是指在本人工作的地方宣布他是政治上有“问题”的人。所谓“摘帽子”，则是自本日起不再称其为“右派”了。说到那些比法律更严厉地限制某人的公民权利的规定，常常用“戴帽子”或是“涂黑脸”之类带有文学色彩的比喻来表示。如在后面的引文中将看到的那样，所谓“牛鬼蛇神”的政治性质，与“右派”大体相同。

当涉及限制公民的权利时，以文学性比喻来打比方，实际上是“现代”以前的社会现象。那时，基本的人权概念尚未确立。从心理上说，这种办法所以能够行得通，是由于当时人们视某种思想至高无上，并以其判断什么是所谓的异端，大家并不觉得这种做法有什么奇怪。对日本人来说，过去的“天皇思想”便是如此。

在这次“文化大革命”中，毛泽东思想已公开树立起自身的绝对权威。但在实际上，毛泽东想使自己的理论“放之四海”，并置于万众公认的绝对真理的地位，这一心理冲动并非是从这次“文化大革命”才开始产生的。而且，曾有过如此心理冲动的，也不止他一个人。不过，就在一个国家（即使说不到国家的层次，在解放区也差不多）来说，把关于政策的文章冠以“真理”之名，毛泽东的《在延安文艺座谈会上的讲话》称得上是一个例子。这说不定可以被视为“文化大革命”的一个远因。

众所周知，使“关于文艺的讲话”得以出现的延安文艺座谈会，召开于1942年。过了近一年，这篇讲话在1943年10月19日的延安《解放日报》上全文发表。紧接着，在11月8日又发表了《关于执行党的文艺政策的决定》（中共中央宣传部，1943年11月7日）。这一决定的第一段说这一“关于文艺的讲话”是“党对于现阶段中国文艺运动的基本方针”，将其限定于特定的历史时期，但在第二段中却又这样说道：

> 这个真理已为各根据地的无数事实所证实。因此各根据地党的文艺工作者，都应该把毛泽东同志所提出的问题，看成是有普遍原则性的，而非仅适用于某一特殊地区或若干特殊个人的问题。

当然，这里所说的“这个真理”，并非就作为通篇讲话的文学理论框架而言，主要指在上面引用的那第二段文字之前有这样的说法：

> 小资产阶级出身并在地主资产阶级教养下成长的文艺工作者，在其走向与人民群众结合的过程中，发生各种程度的脱离群众并妨害群众斗争的偏向是有历史必然性的，这些偏向，不经过深刻的检讨反省与长期的实际斗争，不可能彻底克服，也是有历史必然性的。

这显然意味着，所谓“这个真理”，是讲为什么文艺工作者必须到群众中去接受改造。而“关于文艺的讲话”对思想改造的要求也以此为依据。不过，在第四段里边，还有下面这样一些话。从总体上看，这一说法已经表露出了把《讲话》作为“普遍真理”的强烈意图：

> 毛泽东同志讲话的全部精神，同样适用于一切文化部门，也同样适用于党的一切工作部门。全党应该认识这个文件不但是解决文艺观文化观问题的教育材料，并且也是一般的解决人生观与方法论问题的教育材料，中央总学委对此已有明确指示。（着重号为引用者加）

尽管这段话并未明确把《在延安文艺座谈会上的讲话》当做文学理论或文艺论的普遍真理来看待，但从不限于以其解决具体的问题、推而广之地要求作为"方法论"来学习的说法来看，已带有"放之四海"的意味了。至于将《讲话》作为文艺方面的"普遍真理"，那是将其经过删改并编入《毛泽东选集》之后凸现出来的。下面这段话，无论怎么看，原本都是关于"群众文艺"的议论。仅就文章本身来考虑，人们可能以为，作者大约会另外在别的什么地方谈到一般的"文艺"问题。可由于这段话在收入《毛泽东选集》时，其中的"群众"二字全都被删去了，于是，它后来便变成了一段针对普遍性的"文艺"问题的议论。（引用者以着重号标识收入《毛泽东选集》时被删掉的文字。此外，还有把原来的"文学艺术"改成"文艺"以及把"低级"改为"初级"等变动。括号里的文字是收入《毛泽东选集》时的字句。）

> 总起来说，人民生活中的文学艺术的原料，经过革命作家的加工（创造性的劳动）而形成观念形态上的为人民大众的文学艺术。在这中间，既有从低级（初级）程度的群众文学群众艺术（文艺）基础上发展起来的、为被提高了的群众所需要、或首先为群众中的干部所需要的比较高级程度的群众文学群众艺术（文艺），又有反转来在这种高级程度的群众文学群众艺术（文艺）指导（之）下的、（往往）为今日最广大群众所最先需要的比较低级（初级）程度的群众文学群众艺术（文艺），而后一种文艺不是所谓低级趣味。无论高级的或低级（初级）的，我们（的）文学艺术都是为人民大众的，首先是为工农兵的，为工农兵而创作，为工农兵所利用的。

实际上，这次改订已经突破了前面提到的将《在延安文艺座谈会上的讲话》限定为“现阶段”“党的基本方针”（即在任何新的历史阶段都适用）的说法，而且还并非仅限于涉及一般的“人生观、方法论”等心理问题，而将其视为在文学艺术这一特殊与具体领域中普遍有用的“真理”了。另外，似乎只以中宣部的名义宣布其为“真理”尚嫌不够，在中宣部的《决定》公布之后不久，还由“执行党中央的文艺政策”的平剧院创作了新的戏曲，并由延安各剧团“为贯彻毛泽东的文艺方向”到农村去演出。在延安的中央党校则上演了自编的新平剧剧目。这确如前述那个《决定》所说，《在延安文艺座谈会上的讲话》已经“有普遍原则性”，而不再是局限于“若干特殊个人”。进而在《讲话》发表25周年的时候，中国人民解放军总政治部发出指示，认为这一讲话“是无产阶级文化革命的纲领性文件，是在无产阶级革命的历史上第一次提出的最完整、最彻底、最正确的马克思列宁主义文艺路线，是战胜现代修正主义和形形色色的资产阶级思想最有力的武器”（《人民日报》，1962年5月21日）。

按作者的原意，《在延安文艺座谈会上的讲话》本应一开始就进入从“真理”到“实践”这一循环过程。然而，原本属于在“群众文艺”范围里的看法，由于删掉了“群众”二字，使同一篇讲话变成了进入一般“文艺”范围里的从“真理”到“实践”的循环进程。不太知道在修改原文时曾发生过什么样的争论意见。可毫无疑问，显然是希望通过改订原文，使其具有更广泛的普遍性意义。至于在那些已经无法修改的定型文章中，通过对诸如应该是“政治”第一还是“业务”第一之类问题的解释，同样可以看出彼此态度上的一些差异。

这种关于“政治”与“业务”关系的争论，乍一看来，仿佛有点经院哲学的味道。关于这一问题，在1958年提出的《工作方法六十条（草案）》中，说二者“是对立的统一”。后来，《解放军报》主张的“政治”挂帅的说法并没有得到公认。我觉得，这也许是因为毛泽东以前并非是那样主张，或者虽然那样主张却受到了刘少奇的反对，而这两者中当以前者为主。后来，作为“文化大革命”爆发前的准备，当《人民日报》终于屈服于《解放军报》、“业务”被否定了以后，那些主要以“业务”为立足点的知识分子的权威也无法不被否定。于是，他们就有了成为“牛鬼蛇神”的可能，同时也从反面证明了“毛泽东思想”的绝对权威。从这样的立场来看，所谓各种社会分工（即“业务”）中的具体理论，都是不必要的。这也使得“卖西瓜的哲学”、“打乒乓球的哲学”等，应运而出。如果不是这样的发展趋势，恐怕谁也不会再去关注《在延安文艺座谈会上的讲话》里还有这样一段话：

> 马克思主义只能包括而不能代替文艺创作中的现实主义，正如它只能包括而不能代替物理科学中的原子论、电子论一样。

如果将上面这段话里的“马克思主义”换成“毛泽东思想”，那当然是没有问题的，因为“毛泽东思想”是当今马克思列宁主义的顶峰。不过，现在谁也不愿意去触及无法以“毛泽东思想”代替文艺创作或文艺理论的问题。这无非是因为，人们身处于否定“业务”的气氛当中。因此，这几行文字同样只能用黑粗线将其抹去。胡万春无法像莫拉维亚那样来阅读《毛主席语录》，其根本原因就在于此。

1966年6月至9月，《解放军报》发表学习毛泽东主要论文的辅导材料，其中便包括含有“牛鬼蛇神”一词的《在中国共产党全国宣传工作会议上的讲话》。在这个被强调为专门横扫“牛鬼蛇神”的文件中，在1957年3月显得很重要的《在全国宣传工作会议上的讲话》中原有的“牛鬼蛇神，有一点也可以”的说法并没有被删去。可是，同样不可无视的是那《讲话》里还有这样一段话：

> 知识分子的问题首先是思想问题，对于思想问题采取粗暴的办法、压制的办法，那是有害无益的。知识分子的改造，特别是他们的世界观的改变，要有一个长时期的过程。我们的同志一定要懂得，思想改造的工作是长期的、耐心的、细致的工作，不能企图上几次课，开几次会，就把人家在几十年生活中

> 间形成的思想意识改变过来。要人家服，只能说服，不能压服。压服的结果总是压而不服。以力服人是不行的。对付敌人可以这样，对付同志，对付朋友，绝不能用这个办法。不会说服怎么办？这就要学习。我们一定要学会通过辩论的方法、说理的方法，来克服各种错误思想。

我认为，在一场新的“革命”即将到来之际，说话如此通情达理难免会使人有点“故作镇静”的感觉。不过，能从这样循循善诱的文字中透露出“革命”的味道，确也算得上是一种谋求权威与普遍性真理地位的“政治策略”。实际上，还是应该把写作论文当时的政治界限说得坦率一些比较好。这篇《在全国宣传工作会议上的讲话》，是毛泽东在最高国务会议上以“关于正确处理人民内部矛盾的问题”为题的讲演一个月之后所谈。其实，某些不符合历史真实的猜测或解释，随意说出来人们也未必真会相信。另外，《在中国共产党全国宣传工作会议上的讲话》与《在延安文艺座谈会上的讲话》不同的是，关于人民内部矛盾，前者说不妨使用鲁迅风格的杂文（接着又说到“但是”）。可是目前对这一点已经讳莫如深了。每当提及鲁迅的时候，现在只是强调，他在 20 世纪 30 年代与毛泽东的路线完全一致，而批判 30 年代文艺的江青则是继承了鲁迅的传统，等等。

实际上，这种断章取义的方法并非始自“文化大革命”。按姚文元所说，在“反右”斗争时期发表的《〈文汇报〉的资产阶级方向应当批判》一文（1957 年 7 月 1 日），就是毛泽东的手笔。现在重新来读它，从那篇文章的语气与内容看，大体上确实是他所写。不过，其中重要的并不在于他所说的那句“不是东风压倒西风……”的名言比目前大家公认的时间要早一些，最引人注目的还是针对人们对于先是按照《关于正确处理人民内部矛盾的问题》的讲演提倡“大鸣大放”，后来来了个 180 度的大转变，开始“反右派”斗争这种变化的不满情绪。文中有这样一段话：

> 有人说，这是阴谋。我们说，这是阳谋。因为事先告诉了敌人：牛鬼蛇神只有让它们出笼，才好歼灭它们，毒草只有让它们出土，才便于锄掉。

另外，这篇《人民日报》社论在谈到实行“大鸣大放”时，还指出：

> 其目的是让魑魅魍魉、牛鬼蛇神“大鸣大放”，让毒草大长特长，使人民看见，大吃一惊，原来世界上还有这些东西，以便动手歼灭这些丑类。

如果说这就是所谓“阳谋”，那么在“文化大革命”中，对《在中国共产党全国宣传工作会议上的讲话》做出那样冠冕堂皇的解读，是并不奇怪的。但在我看来，这篇社论对当时形势的估计显然是错误的。作为政治家，对“敌人”进行哄骗未必光彩。当然，尽管如此，在这篇社论里，毕竟还保留着前面提到的《讲话》里的那种从容的情怀，承认“保存这样一小批人……不会有什么害处”。

将“毛泽东思想加以绝对化”，是从延安时代开始露出端倪的。新中国成立以后，经过以文艺界为主的多次批判斗争，这种趋势发展成了全国性的规模。这主要指：1951 年对电影《武训传》的批判、1954 年对俞平伯《红楼梦研究》及对胡适的批判、1954 至 1955 年对胡风集团的批判、1957 年对“资产阶级右派”（其中丁玲、冯雪峰失势）的批判。与这些批判斗争相交错，还分别在 1942、1948、1950 和 1957 年，进行了旨在整顿党风的整风运动，而在工厂和部队中“小整风”也接连不断。

由于这些批判斗争与整风运动曾刷新了中国的社会风气，也许应该从正面来加以肯定。然而，要是站在当今“文化大革命”的视角上进行审视，它们也可以被看做是一些树立“毛泽东思想”绝对权威的运动。据姚文元说，所有这些批判斗争都是在毛泽东本人指导下进行的。那么对整风运动似乎也可以同样看待。

虽说是旨在树立“毛泽东思想”绝对权威的运动，但如果没有毛泽东的权威，这些运动也无法着手进行，所以到头来这些运动全都笼罩在毛泽东的巨大阴影之中。如果把对丁玲或胡风的批判归根到底看做是毛泽东权威的表现，那么以前一些令人摸不着头脑的地方也就没有什么难以琢磨的了。那些参加批判的人，当然愿意服从毛泽东的权威与党的领导。可是，由于推进这些批判运动的力量并非主要来自那些外在说辞的理论魅力，因此，这反而会使他们在心理上形成某种压力。也就是说，我觉得他们在内心里不会感到有多愉快。

对以前的论敌或是平常看不上眼的家伙进行“批判”，当然可以是痛快淋漓的。不过，如果形成这种“批判”场面的并非是出于自身的某种理论力量，而首先是出自一定的政治需要，然后自己再“加入”其中，并认为如此仍能够使个人获得道德满足的话，那肯定是过于天真烂漫了。具有政治嗅觉的中国人，不会意识不到这一点。而果真意识到了，那就意味着真有某种程度的“阳奉阴违”。在“文革”狂热之际逃离了中国内地的音乐家马思聪说，他对中国共产党明确感到失望是在1951年，也就是新中国成立后第一次搞文艺整风运动即批判电影《武训传》肇始之时。

马思聪的“失望”，恐怕并非个别的例子，而是普遍隐含在一般中国知识分子、作家或艺术家的心里。尽管程度不同，但他们多少都有反感那种“绝对权威”的倾向。在我看来，中国知识分子或作家所以形成这种心理倾向，不外乎来自那些为树立毛泽东思想的绝对权威而推行的批判斗争和整风运动，尤其是那些运动的主要形式，即所谓“思想坦白”活动。这种“坦白”说是出自自愿的检查或是交待，实则带有“强制”的性质。其所“坦白”的内容也并非只是指自己的事情，还包括本人见到或听说的“敌人”，以及被视为敌对势力的情况。而对所揭发与坦白的事实，要进行查证和追究。如果是在别人揭发之前坦白的，则会给予宽大处理。

当初在延安那样的时代里，所有的人几乎都是来自外面（即国民党统治区）。在当时没有丝毫片言只字可以证明个人身份的情况下，为了巩固同志之间的团结而采用这样的方法乃是出于“被迫无奈”。靠着这种办法，也确实能够使人们对对方加深了解。由于周围是被敌人严密封锁着，聚拢到一起来的人们都怀有强烈的民族与爱国热情，既然来了就不可能再返回去。即使开始时曾三缄其口，而一旦开口做了坦白，当时就有那种可以使人洗涤罪过的宗教气氛。然而，新中国成立，来自延安的人们重新返回到城市生活之后，那些没有“奔赴”延安的经历的人，同样要置身于这种批判或是整风运动当中，便难免出现某种程度的不习惯。与延安不同的是，后来已经有了可以逃避这种运动的广大空间（尽管逃避也相当困难）。当人们觉得个人受到束缚时，他们不再认为这种“坦白”还会有什么大的乐趣。从政治上来看，谁能够掌握那些“坦白”运动中的材料，谁就掌握了党内的领导权。由于那些能够指导“坦白”运动的人都是一些党内主流人物，于是，领导权也与个人的“私”生活有了联系。在 1944 年，中国共产党内曾出现过由一个所谓“非常委员会”提出的“材料”。其中指责说，整风运动使干部里出现了派阀对立的现象，“坦白”运动使党内弥漫着恐怖感，结果只能丧失党内民主，形成家长制式的“集中领导”，等等。总体来看，这很像是属于所谓“留苏学生派”即“王明路线”的产物。他们想与毛泽东路线相抗衡，自然要否定整风运动。整风运动或坦白运动迫使他们这样做，说明这些运动确实是一种党内的政治斗争，而并非仅仅是对于人的道德校正。

写到这里，我想起了自己在胡风被批判时曾著文介绍过的一首诗里的几句话。这首诗曾被认为是胡风的恶劣作品之一。每当远眺中国的“文化大革命”时，这首诗总浮现在我的脑海里。因此，我把它记录了下来。已经在批判后销声匿迹的胡风，曾经（在 1949 年 11 月）写道：

> 毛泽东
> 他屹然地站在那最高峰上
> 好像他在向着自己
> 也就是向着全世界宣布：
> …………
> 我是海

我要大
大到能够
环抱世界
大到能够
流贯永远

关于这首诗，我曾经解释说，这并非是在写教导“要做人民的小学生”或是“为人民服务”的毛泽东，而是显现出了处处想要“自我扩张”的胡风的形象。[6]这些描写，也许确实反映了胡风的“自我扩张”。但是，当时的我却没能够理解，实际上它也勾画出了毛泽东的某一侧面。文学作品可能是无法完全解说透彻的，可其中未必不包含着些微“真实”。我是从何其芳批判胡风的论文中知道这首诗的。大约何其芳多少了解毛泽东的意图，才涉及了它。而反过来看，在那些被批判的作家当中，虽置身于共产党之外，却足以凭个人文学理论或描写毛泽东的文学作品来与毛泽东相抗衡的，恐怕只有胡风一人。因此，对毛泽东来说，在那些被其批判过的作家里，也许胡风是最值得憎恶的“敌人”。可看那些被视为“反革命材料”的胡风私人信件，从中却发现不了什么想拿起武器来推翻毛泽东政权的征兆。在这些分类编排的每一组信件前面，都有出自毛泽东之手的无署名“按语”。它们极力说明写信人是如何“反革命”的，仿佛“反革命”这一词已经代替了“他妈的”之类的骂人用语似的。果真如此的话，那么鲁迅所说的国粹即“国骂”，似乎至今仍在继续生存并发展着。

然而，令人难以理解的是，中国的知识分子或是党员，面对着这样的局面竟然毫无反抗。难道在他们中间当真连哼一声的人都没有么？中国的共产党员，在1964年已达1 900万人，其中有近两成是知识分子。这些人面对如此人为推崇“普遍真理”而出现的思想僵化状况，为什么竟无人能够进行有效的“阻止”呢？这也许是因为，如前所述，那些运动已经从外到内束缚住了他们。偶尔有人想要挣破这种束缚，也因屡次批判以及这次“文化大革命”而遭到扼杀，受到了打击。当然，中国的作家或知识分子未必都会心甘情愿受摆布，但其能够在中国一天天地酿成如此负面的恶果，他们并非一点责任也没有。这主要是因为，中国作家与知识分子的民族主义和爱国热情使他们对新中国寄予期待。而一部分人当了官员，因掌握权力而堕落为官僚主义分子。在多次批判运动当中，若是对权力的关注或警戒稍有懈怠，很有可能由批判者变成被批判者，而成为所谓的“绊脚石”。当一个人处于这样的地位时，那等于已经用自己的手“解除”了原来用以自卫的主要逻辑依据“武装”。

更重要的原因还在于中国作家和知识分子大都有意或无意地觉得，人（这里指知识分子）的主要价值是表现为在青史上留“名”。他们的人生观认为，在青史上所留之“名”，最大者乃是“开国元勋”，即开创新的国家。而自古以来的伦理道德又崇尚从善如流。尽管他们也时有反感，但在内心里仍然承认，毛泽东毕竟是伟大的创业英雄。

毛泽东喜欢写诗或词。曾听说作家赵树理的罪名之一，是对毛泽东诗词胡乱解释。那似乎是在其被赞扬大写“中间人物”的1962年大连短篇小说创作会议期间的事情。可能是受会议气氛的感染，他讲了一些本来不该说的话。而在“文化大革命”中失去了双亲的音乐家傅聪，据说同样喜欢用毛泽东诗词集来装饰自己的书斋。傅聪愿意乱翻父亲书斋里的东西，从小就爱好“词”。他父亲在文章里写过，他曾背诵女词人李清照的词给自己的弟弟听。而傅聪对毛泽东的诗词评价很高。他对毛泽东的看法是：“他不被人理解，很孤独。”他的毛泽东诗词集，便是前面提到的那位马思聪赠送的。

这两位艺术家都不太懂得毛泽东的“政治”，却不约而同地称许毛泽东的作品。这反映了中国文学的传统根基确实深厚。由于在这一传统里创作的优秀作品谁都无法否定，作为作者的毛泽东自然也是相当自信的。不过这样说来，难道不是与他所坚持的无论谁都是“把政治标准放在第一位”的文学原则互相矛盾么?

而在我看来，这并非有什么矛盾。毛泽东的工人阶级色彩并不那么明显。若划分政治阶段的话，其主要的革命活动还是在新民主主义革命时期。而马思聪和傅聪所生活的政治时代的历史特点是与其相通的。即使作为流亡的艺术家，在结束了中国受屈辱的历史这一点上，他们也不会否认毛泽东的功绩。更何况，艺术的感受力本来就沉潜于深厚的历史传统中。在“诗的境界”中，彼此是很容易沟通的。

然而，尽管毛泽东是中国传统文化人的代表，但他的父亲是劳动农民，所以他并不怎么崇拜书本。在“文化大革命”即将启动时的1965年11月，他在杭州的讲话里说：“我本来也没有读过军事书。读过《左传》、《资治通鉴》，还有《三国演义》。这些书上都讲过打仗，但是打起仗来，一点印象也没有了。我们打仗一本书也不带，只是分析敌我斗争形势，分析具体情况。”因此，他也不是那种典型的传统文化人。

毛泽东称得上是中国最后的革命家和“造反派”。在这一历史阶段上，反复无常的“造反”革命无疑是天经地义的事。但我相当怀疑，今后在中国是否还会出现敢于“造反”的英雄。如被指定为其接班人的林彪，便没有他那样足以动员广大民众的力量。当然，中国的“历史”毕竟仍不失为中国的历史。不好说今后绝不会再有“革命”（造反）了。很可能仍会不断有人“造反”，不断有阿Q出现在我们的眼前。不过，我相信当更年轻的一代人掀起全新的思想运动，而无产阶级也有了更切实符合自身阶级责任的组织形式以后，那时新的“革命”必将去“革”以往那种“造反”的“命”。到那时，将不会再以个人权威来代替“政治”，不必如同“神话”一样，把“人民”摆在“神”的位置上。也许只有在那样的历史阶段，人们对毛泽东的评价才会作为历史性结论而被确认下来。如果自己果真能有幸活到那时候，我将对他受到后人的这种挑战感到十分庆幸，并很想再一次来凭吊他。

（译自《群像》，第23卷8号，1968年8月1日）

关于《矛盾论》的原型

一、前 言

《矛盾论》的原型究竟是什么样子呢？《实践论》和《矛盾论》分别是毛泽东1937年7月、8月间在延安抗日军政大学的讲义，但关于讲义的内容，当时没有公开。不知道在讲课的时候，毛泽东是否有过提纲，或者学生曾有过记录没有。目前，这两篇文章都收录在《毛泽东选集》第一卷的“第二次国内革命战争时期”部分中。从《毛泽东选集》的编者注可以知道，它们并非是原来的样子。关于《实践论》，编者说：“毛泽东同志曾以这篇论文的观点在延安的抗日军事政治大学作过讲演。”（《毛泽东选集》，1版，第一卷，259页，北京，人民出版社，1952；着重号为引用者加，下同）而关于《矛盾论》，编者则说：“是毛泽东同志继《实践论》之后，为了同

1937年春,毛泽东、朱德等和中国人民抗日军政大学部分人员合影。

一的目的……而写的，曾在延安的抗日军事政治大学作过讲演。在收入本书的时候，作者作了部分的补充、删节和修改。”（《毛泽东选集》，1版，第一卷，274页）

初版时，《实践论》收在《毛泽东选集》第一卷，而《矛盾论》却不得不被安排在第二卷的末尾。第二卷的扉页上有中共中央毛泽东选集出版委员会的说明：“本卷所载的《矛盾论》一文，按著作时间排列，应该收入第一卷，现暂刊于此，拟待再版时移入第一卷。”由此可以知道，将该文收入《毛泽东选集》的时候，工作似乎并不顺利。我想，这样的安排大约并非属于原来预定的设想。关于《毛泽东选集》的出版，第一卷是在1951年10月，第二卷是在1952年3月，前后仅仅隔了五六个月时间。[1]而《人民日报》发表《实践论》和《矛盾论》，前者在1950年12月29日，后者却是在1952年4月1日，前后竟间隔了一年又三个月左右。另外，《实践论》在《毛泽东选集》出版以前很早就发表了，而《矛盾论》却与此相反，给人以最终完稿比较曲折的印象。（这是《毛泽东选集》的情况。看1951年4月10日《人民日报》上关于《毛泽东选集》即将发行的报道可知，报纸上早就提到了《矛盾论》。这同样使人想到，其中可能发生过什么事情。）根据前面引用过的《毛泽东选集》编者注，关于《实践论》只是说“曾以这篇论文的观点……作过讲演”，可见似乎其最初并非是以论文的形式写成。而与此不同的是，对《矛盾论》则说明是将“写的”东西“作了部分的补充、删节和修改”。如果编者的话切实可信，那么，所谓后者的发表并不很顺利，也许是指其确曾有过手稿或是已经印刷过，而最终完稿却经过了相当长的时间。

我知道《矛盾论》可能是根据《辩证法唯物论讲授提纲》写成的，是在看到陈志让的《毛泽东著作系年》（1968年3月4日，以下略称为《系年》）的原稿以后。[2]文中提到，此书资料来源于张如心的《学习和掌握毛泽东的理论和策略》（《解放日报》，1942年2月18、19日）。再看张如心论文中的有关部分，知道《实践论》曾是八路军出版的《辩证法唯物论讲授提纲》（以下略称为《讲授提纲》）中的一章。[3]但正如《系年》原稿所说，还没有见到关于《矛盾论》是根据这个《讲授提纲》写成的分析文章。不过，由于我觉得类似的分析未必一定就没有，所以在《系年》的译文中附了一条注文，认为在作者看法的基础上应该从《实践论》与《矛盾论》的关系的角度去注意《讲授提纲》的问题。[4]

目前我们感到遗憾的是，关于这一《讲授提纲》的内容，张如心并没有详细介绍，他仅仅从该书第 41 页上引用了如下部分：

> 唯物辩证法本身是一种科学（一种哲理的科学）。它是一切科学的出发点，也是方法论。我们的革命实践也是一种科学，叫社会科学或政治科学。如果不懂得辩证法则，我们的事情是办不成的。革命中间的错误无一不是违反辩证法。而如果懂得了它，那就能产生绝大的效果。一切做对了的事，考究起来，都符合辩证法则。因此，一切革命的同志们，首先是干部应该用心研究辩证法。

张如心谈到这个《讲授提纲》的出版时，曾说过“八路军杂志社出版”，但没有说明出版的年月。其后稍晚，我在由张静庐辑注的《中国现代出版史料》丁编上册的卷首照片插图中，看见过其与《论持久战》（解放社版）并列在一起，标题是“延安出版的毛主席初版本封面书影”[5]（此书收录卷首插图照片共四页）。

再后来整理过期的日语杂志《人民中国》时，我在 1967 年 1、2 期合刊号上，也见到过有关这本书的照片。也许以前就曾看见，但当时似乎没有注意，等到读了其中的报道，才对所说的情况产生了兴趣。

《人民中国》是发行量相当大的杂志，有的读者可能已经注意到它。不过，为了说清楚本篇论文的观点，还是应该大体介绍一下那期杂志中的报道。

该期《人民中国》的报道并没有署名，其题目为《中国教育革命的样板——来自抗日军事政治大学校史展览会》（62～67 页）。照片穿插在报道中间（66 页），旁边的说明文字是：“抗大（抗日军事政治大学的简称——引用者）学生学习过的毛泽东同志著作，曾是当时抗大的基本教材。”从照片上可以看清楚的书名有：《中国革命和中国共产党》、《新民主主义论》、《抗日游击战争的战略问题》和《论持久战》的合订本、《辩证法唯物论讲授提纲》、《中国革命战争的战略问题》，即一共有五册（书中插图共收录了四页）。报道中对杂志的插图照片有如下说明：

> 在抗大校史展览大厅的中央，摆着一个玻璃箱子，上面有“以毛主席著作为指针，把毛主席著作作为基本教材”的金色题字，其下方庄重陈列着毛主席在第二次革命战争时期和抗日战争时期所写的《论反对日本帝国主义的策略》、《中国革命战争的战略问题》、《实践论》、《矛盾论》、《论持久战》、《中国革命和中国共产党》、《新民主主义论》和《改造我们的学习》等数十种光辉著作。（64 页）

照片中共有五本书（其中一册为两篇论文的合订本），而其中有两本书，即《抗日游击战争的战略问题》[6]和《辩证法唯物论讲授提纲》，报道却没有提到。对于其他三种，前者提及《论反对日本帝国主义的策略》[7]，后二者则说到了《实践论》和《矛盾论》。关于前者，目前已没有什么问题。至于后两本书，我觉得恐怕并非是写这篇报道的记者的偶然失误，或者是文字的说法与照片的事实不一致的问题。也就是说，目前的《实践论》与《矛盾论》（单本著作），在当时就是《讲授提纲》那个样子。

在这五本书当中，发表最迟的是《新民主主义论》。它曾经在《中国文化》杂志上以另外的题目发表过[8]，后来又发表于《解放》第 98、99 期合刊号，题目改为《新民主主义论》。其作为单行本出版是在 1940 年[9]，一般认为当时已经有《讲授提纲》了。

《讲授提纲》也许未必仅仅是一种讲义。看《中国现代出版史料》与《人民中国》里的照片，二者封面的设计有所不同。前者的书名很像受昭和十年（1935 年）前后日本左翼出版物的影响，字体自左向右横向排列，封面下方括号内的“讲授提纲”，也是从左向右横写。在中间横写有“毛泽东著”四个字，从字距不太匀称及其字体来看，让人觉得似乎是后来用笔写上去的。另外，能够看到仿佛是收藏者的横向签名“辛民”。这两字写得有点像“華民”，其人好像有收藏的爱好，因为在其他插图页（17 页）的照片上也能够看到写有“辛民存”的图书封面，由此可知写的应该是“辛”字。而在《讲授提纲》的封面上，还盖有两方藏书印。也许是头一次印得不很清晰，觉得并不怎么满意，接着还以如同日本古代武将花押式签字的罗马字手写体将 S 和 M 合成一体，与后面的 in 连起来，大约意在把“辛”与“民”同后面的 in 连起来读两遍。印有这种藏书章的图书在其他插图页（16、17、23 页）上也可以看得到，它们的出版年月都是在 1930—1937 年之间。我猜想，这位“辛民”同志是这些图书的最初主人，在买书的时候就盖上了自己的印章。因此，购买这些图书的时间与它们的出版日期距离不会太远。这样看来，《讲授提纲》的出版年月可能就是在那前后。

此书最早可能是在 1937 年（讲授的年份）出版。不过，根据前面提到的《人民中国》的报道，《中国革命战争的战略问题》在 1937 年出版时是誊写印刷本的，看那照片也确实像誊写印刷的样子。但是，报道并没有说《讲授提纲》同样是誊写印刷的，看那照片也并不怎么像。

据作者毛泽东本人证实说，《实践论》和《矛盾论》最初类似于笔记，是在 1938 年印刷的。[10]然而，如果出版社确为八路军军政杂志社（张如心说是“八路军杂志社”）的话，那么其出版一定是在 1939 年以后。因为毛泽东有《〈八路军军政杂志〉发刊辞》一文，显然是发表在该杂志创刊号上，而创刊号的发行时间是在 1939 年 1 月 15 日。[11]

当然，在杂志社发行创刊号前出版单行本，也并非完全没有可能，因为印刷设备也许至少半年以前会准备到位，所以，对作者的证言还是应该加以关注。不过，就我见到的关于马克思主义中文出版物的两种年表来看，八路军军政杂志社出版单行本还是 1939 年以后的事情。[12]

关于《讲授提纲》出版日期的猜测与毛泽东所写论文《辩证法唯物论》的可信性有些关系。这里暂且放下《讲授提纲》，再来谈谈《辩证法唯物论》的问题。

好像有过毛泽东的著作《辩证法唯物论》曾于1938年在上海出版的“传说”。斯诺忍不住就这个问题问过毛泽东。

> 他说倒想反过来问我，这本书是在哪里出版的，并且说从来没有出版过这种内容与名字的书，那一定是另外姓毛的人写的。[13]

所谓“一定是另外姓毛的人写的”，很像是让人不得要领的高人的答话。

实际上，《辩证法唯物论》的第一章曾以“毛泽东”的署名在上海民主社发行的《民主》第一卷第1、2期上连载过。第一卷第1期的发行日期为1940年3月5日，第2期则发行于3月20日。第二章以后没有连载。发现这篇论文的是华盛顿大学的卡尔·威特福格尔及其助手。[14]

《辩证法唯物论》第一章内容如下：

> 第一章　唯心论与唯物论
>
> （一）哲学中的两军对战
>
> （二）唯心论与唯物论的区别
>
> （三）唯心论发生与发展的根源
>
> （四）唯物论发生与发展的根源

在我看来，也许这篇《辩证法唯物论》与《讲授提纲》并非一点关系也没有。正因为如此，在推测《讲授提纲》的出版年月时，基于怀疑二者是否为同一内容，是不应该忽视前者的。按照威特福格尔的说法，《辩证法唯物论》与艾思奇翻译、出版的一些中文版苏联哲学著作（有两种），无论在内容还是在时间上，都有着密切的关系。

这两本著作是：

(1) 艾思奇、郑易里译：《新哲学大纲》，北平，1936年1月初版，1937年4月第4版，译自《苏联大百科辞典》（1935年出版）。[15]

（2）艾思奇编：《哲学选辑》，上海辰光书店，1939 年 9 月初版，同年 12 月再版，译自米定监修、苏联科学院哲学研究所共著的《辩证法唯物论》（1933 年出版）。[16]

由于《辩证法唯物论》并非全文都是用活字排印，所以必须仔细断句。而就阅读以活字印刷的第一章的印象来看，与其说那是一种展开分析的文体，毋宁是摘录的比重更多一些。按照威特福格尔的实际调查，他认为其中不少部分与艾思奇的译本一致（我打算在另外的文章里尝试进行二者的对照）。

无论威特福格尔、斯诺还是霍尔布尼钦（参照注文 13），都只专注于《辩证法唯物论》的问题，而没有触及《讲授提纲》。目前，还没有决定性的证据能够证明这两篇东西究竟是不是完全一样。而且，似乎谁都没有觉察到这是一个问题。不过，一个人难道有可能在几乎同一时间里以同样的主题写出无论内容还是观点都有差异的两类文字吗？尤其是像《讲授提纲》，尽管其与《实践论》和《矛盾论》有着密切的内在关联，但要是仅仅像张如心的论文或《人民中国》报道的那样笼统地加以肯定，首先很难让人相信，作者会搁置如此重要的论文去写作其他的文章。也许《辩证法唯物论》只是分批发表《讲授提纲》的一个尝试。

我在前面曾经说过，《讲授提纲》的出版时间是在 1939 年以后。如果注意到《民主》杂志刊登《辩证法唯物论》是在 1940 年 3 月，那么，《讲授提纲》的出版最迟应该是在这之前。

请看下面这样一些材料，虽然其未必能够即刻证明以上推断。

首先是艾思奇的问题。他在《怎样研究辩证唯物论?》（《解放》，第 82 期，1939 年 8 月 30 日）一文中，曾谈到过应该阅读的 11 本书[17]，而其中并没有《讲授提纲》。另外，在 1940 年 2 月 20 日发行的《解放》（第 88、89 期合刊号）上，刊登过罕见的书籍广告，其中也没有提到《讲授提纲》。[18]从作者的权威性来看，恐怕不会有了解这本著作却加以忽视的道理。

若从这一点来考虑，便会产生一个疑问：《讲授提纲》是否是在 1940 年 3 月（上述广告之后）至 1942 年 2 月（张如心论文以前）之间印刷的？

要是果真如此的话，那么就应该重新考虑其与《民主》上刊登的《辩证法唯物论》之间的关系。如前所述，威特福格尔没有谈及《讲授提纲》，可他又说，《辩证法唯物论》在连载的时候评价并不怎么好（威特福格尔的猜测可能来自克里姆林宫或者是以克里姆林宫为背景的哲学专家的意见），连载便中止了，“原稿并没有完成”[19]。如果此文的情况恰如威特福格尔想象的这样，并考虑到确实存在着《讲授提纲》并且出版过，则可以认为，毛泽东写完了《辩证法唯物论》第一章后便中止了，并再次起草写完了新文章。要是不存在《讲授提纲》的话，很难想象它的影响曾经有那么大。如此看来，它的出版一定是在1940年3月以后的几个月里。

不过，即使认定《讲授提纲》的出版时间可能会推后一些时日，也仍然存在着某些问题。例如，假若关于此书的广告后来曾经有过，但直至目前还没有看到。另外，《讲授提纲》中的论文，除了上面所说的张如心之外，谁也没有见过。

之所以会出现这些情况，也许是出于某些原因，《讲授提纲》没有在解放区以外出版过（因此，也就没有必要在杂志上刊登广告）。中国共产党的出版物管理得相当严格，正如我们知道的那样，即使在新中国成立以后，国外也很难搞到中国的地方报纸。如果想让来自国外的旅客了解地方报纸的消息，则会把有关部分的剪报拿给他们看。而且，国外要想得到地方出版社的出版物或者出版的内部资料，也是相当困难的。如果《讲授提纲》曾经是延安抗日军政大学的教科书，就不难理解其不会像其他普通出版物一样刊登广告并被引用等等。不妨考虑这些情况，去尝试推测一下《讲授提纲》的出版时间。

归纳以上看法，可以认为：

（1）其最早并非是以《实践论》、《矛盾论》为书名出版的，在讲演那一年即1937年没有出版过。

（2）从出版社的实际情况来推测，其出版于1938年的说法不太合理。另外，即使从其他与之内容有关的出版物的出版时间来考虑，也难以确信这一点。不过，由于有作者自己的唯一证言，也许今后还会有讨论这一问题的机会。

(3) 所谓《辩证法唯物论讲授提纲》与《辩证法唯物论》，尽管后者可能有若干补充，但二者大约是同一本书。果真如此的话，前者的出版时间是在1940年3月以前。而如果其与艾思奇的译著有关系（后面将谈到这一问题），则可能是在1939年3月以后出版的。

(4)《辩证法唯物论》在《民主》杂志上连载中止与《讲授提纲》没有列入整风文献差不多是同时发生的事。果真如此的话，二者有可能就是同一本书。

不过，因受威特福格尔论文的启示，我拜读过艾思奇的《哲学选辑》一书，发现其中已经论述到了《实践论》与《矛盾论》所论述的观点。

有人指出过，毛泽东的《实践论》和《矛盾论》曾受到过米定时期苏联哲学的影响。[20]至于《哲学选辑》是米定监修的《辩证法唯物论》和希罗科夫《辩证法唯物论教程》两书的翻译（并非是分别翻译两书，而是将二者进行编译），已不是什么特别新的发现。我所关注的主要是下面这一点，即《哲学选辑》第二个附录（第一个附录为斯大林的《辩证唯物论和历史唯物论》，译者为博古）注明为"艾思奇拟"的《研究提纲》，其中详细论述了《矛盾论》一书中的观点。而且，里面所论述的观点是《哲学选辑》的正文即翻译米定著作的部分所没有的。因此，这一《研究提纲》与《矛盾论》有相互对应的关系，至于与《实践论》的关系却并非如此。这一点似乎特别令人感兴趣。关于这一问题，以前的论述者都没有谈到过。本文拟在下一节将《研究提纲》与《矛盾论》加以比较。[21]

再回到前面说过的《讲授提纲》上来。我对《讲授提纲》的探讨可能并不深入，便单刀直入地把注意力转向了《研究提纲》。关于《讲授提纲》和《辩证法唯物论》，大约由别人来分析会更好一些。而以《研究提纲》为附录的《哲学选辑》，其正文部分与《辩证法唯物论》有密切的关系。在我看来，《辩证法唯物论》无非就是《讲授提纲》。而且，这个《讲授提纲》还是《实践论》和《矛盾论》最早的问世形态。威特福格尔已经指出，《辩证法唯物论》和《哲学选辑》一书的正文部分有一致的方面。不过，据我调查，其与《研究提纲》也有联系。因此，开始固然应该触及《讲授提纲》，而接下来就不能不谈论《辩证法唯物论》了。

二、《研究提纲》与《矛盾论》的对应关系

将《研究提纲》中的“对立统一法则”一节取出来与现在的《矛盾论》加以比较，是为了认识二者究竟是什么样的关系。而要这样做，首先应该弄清楚《矛盾论》的原有内容。不过，目前的困难在于，还没有什么理由可以把原来的《矛盾论》看做现在的《矛盾论》是来自《研究提纲》的证据。不错，二者之间的比较确实能够凸显出毛泽东不同于艾思奇的观点，但追溯毛泽东自身思想变化踪迹的难处在于还不知道其所受《研究提纲》的影响究竟是在写作《讲授提纲》时，还是在《矛盾论》收入《毛泽东选集》时。如果不了解《矛盾论》进行过重要修订的幅度、内容与时间，却将目前已经过重大修订的《矛盾论》与《研究提纲》进行对比，并最终确定其在文献史上的地位，确实有相当大的难度。

要是按照后一种比较的方法，即除掉目前《矛盾论》中与《研究提纲》一致的部分内容，那么剩下来的就等于《讲授提纲》，也就是说那一种讲义。但这样一来，势必会得出使人难以同意的结论，即在1939年时曾对《论持久战》（写于1938年5—6月）等进行过修改，而《矛盾论》却是直到1952年也没有什么改动。我想，如果按照自己的假设，即《讲授提纲》与《研究提纲》二者内容类似得像是同一本书，那么尽管将现在的《矛盾论》与《研究提纲》加以比较会有某些困难或者不当，但在某种程度上毕竟还是很有这种必要。也就是说，假如能够比较出二者的不同之处，即使并不知道它们究竟是属于1952年增补的（1952年作者增加的观点）还是属于1939年删除掉的部分（原《矛盾论》即讲演稿受《研究提纲》影响的痕迹），那也可能看得出毛泽东是如何与艾思奇拉开距离的。而这也许会有助于了解原来的《矛盾论》到底是什么模样。当然，在毛泽东的思想里，也有与艾思奇一致的观点，即他并不反对后者的内容，关于这一点也必须考虑。（不过，我不得不自我反问：这样做是不是一种能够从整体的毛泽东着眼并确实具有思想意义的根

本性方法？因此，首先还是应该以“文献学”作为立足的基础。）

《研究提纲》的论述相当简单。因此，很难设想对其进行大幅度的补充会变成像《矛盾论》那种样子，在风格以及所举事例或引文方面与后者完全一致。考虑到《讲授提纲》的文体与《研究提纲》差不太多，似乎可以认为二者是比较接近的。

《矛盾论》的结构如下：

（一）两种宇宙观
（二）矛盾的普遍性
（三）矛盾的特殊性
（四）主要的矛盾和主要的矛盾方面
（五）矛盾诸方面的同一性和斗争性
（六）对抗在矛盾中的地位
（七）结论

以下就各章与《研究提纲》加以比较。

（一）两种宇宙观

《矛盾论》的这一章述说事物的运动与发展源于事物内部的矛盾性。《研究提纲》里“对立统一法则”一节中的“一”与其对应，但其中并没有“矛盾”一词，而在“二”里则说到了“矛盾”。另外，《矛盾论》里曾说，形而上学的宇宙观把事物的变化看成只是“数量的增减”（a）与“场所的变更”（b）（《毛泽东选集》，1版，第一卷，275页；日译本，岩波书店，34页。——以下版本同）。而在《研究提纲》的“一、甲”中，只说了“数量的增加和减少”（a），后在“四、丙”里才谈到“量的增减”（a）与“位置移动”（b）。《研究提纲》中并没有《矛盾论》里的那些话。

（二）矛盾的普遍性

《研究提纲》里与这一部分相对应的是“四、矛盾的普遍性”。

在《矛盾论》这一章中，有一段经常被引用的话："矛盾的普遍性或绝对性这个问题有两方面的意义。其一是说，矛盾存在于一切事物的发展过程中；其二是说，每一事物的发展过程中存在着自始至终的矛盾运动。"（《毛泽东选集》，280页；日译本，40页）而《研究提纲》里的文字则是："四、戊、矛盾普遍性不但表现在一切事物上，而且表现在同一事物的发展过程中自始至终的矛盾存在上。"其说法非常相似。至于《矛盾论》的"差异就是矛盾"（《毛泽东选集》，282页；日译本，43页）的观点，《研究提纲》则在"己"中说："表面上只看见差别性的东西，更深地加以理解时，""差别也在一定的条件下可以看出它的矛盾"。由于没有像《矛盾论》那样突然以实例来说明"差异就是矛盾"，其解释显得比较简单。《矛盾论》中提到过"新过程的发生是什么"的问题（《毛泽东选集》，282页；日译本，43页），而《研究提纲》里没有与之对应的章节（"五、甲"中有的话可以视为与其相对应）。

（三）矛盾的特殊性

与《矛盾论》其他章节比较起来，这一章更长一些。在置于前面的一段（第1段，以及紧接着它的一行也归入第1段）之后，开始介绍其内容。关于开始的一段（应称之为第2段），即"首先是各种物质运动形式中的矛盾，都带特殊性"（《毛泽东选集》，283页；日译本，45页），不妨说《研究提纲》只是在"五、矛盾的特殊性"的标题下以两行文字一带而过。接下来的一段（第3段），则与《研究提纲》"四、矛盾的普遍性"中的"乙"项对应。再下面的一段（第4段），《研究提纲》里没有与之对应的文字。其首先说，人的认识总是从认识个别和特殊的到认识一般，又说，还有反过来的从一般到特殊的认识过程，以上两个过程循环往复，才能使认识加以深化。以此来批判"我们的教条主义者"，是这一段的特色。

下面一段，也就是强调应注意研究一个大系统中所包含的"每一个过程的特殊的矛盾及其本质"一段话（第5段），称得上是其后三段（第6、7、8段）的前言。

其中所谓“不同质的矛盾，只有用不同质的方法才能解决”（《毛泽东选集》，286页；日译本，48页），可以看做是对《研究提纲》“五、乙”中仅仅两行文字的精神的发挥。与原来“不同的事物里有不同的矛盾，在研究问题的时候，不能把事物的矛盾机械地套在其他事物上”的说法相比较，《矛盾论》将其改成了“矛盾的解决”，并且增补了“过程变化，旧过程和旧矛盾消灭，新过程和新矛盾发生，解决矛盾的方法也因之而不同”（《毛泽东选集》，286页；日译本，48页）的观点。

在《矛盾论》的下面一段（第7段）中，《毛泽东选集》里的三行文字与《研究提纲》“五、乙”开头“各种特殊的矛盾是互相关联的”说法相对应。

接着，开头为“一个大的事物，在其发展过程中，包含着许多的矛盾”的一段（第8段），与《研究提纲》的“五、丙”里“一个事物本身，也包含着各种的矛盾”的说法相对应。前者说到各种各样的例子，后者则以“中国内部……”一语，同样简单概括了中国的事例。在这一段中还说：“我们从事中国革命的人，不但要在各个矛盾的总体上，即矛盾的相互联结上，了解其特殊性，而且只有从矛盾的各个方面着手研究，才有可能了解其总体。”（《毛泽东选集》，287页；日译本，49页）这段说法可以与《研究提纲》的“二、甲”相对应。这一段中同样包含有对教条主义的批评。关于这一点，下面一段（第9段）也是一样。不过，这两个段落（第8、9段）主要意在说明，应该将矛盾的“两方面”联系起来加以研究。在后一段里，还引用了魏徵的“兼听则明，偏信则暗”的话以及《水浒传》中宋江三打祝家庄的故事等具体事例，给读者以深刻的印象。然而，这里所说的“两方面”一词，在《研究提纲》没有看到，也没有着力阐述。作为思想方法，《研究提纲》只是在“二、甲”部分里同样说道：“对立统一法则就是要求我们不单只看同一事物的正面，而且要看到它的反面的否定要素。”而在《矛盾论》的这两节里，却没有像加有着重号那样的词。《矛盾论》里的用语是“两方面”，在不那样说的时候，则使用“片面性”、“表面性”

等类似的词语加以分析，没有“反面”或“否定”之类的用语。也就是说，《矛盾论》没有采用“正—反”的思维方式。这可以说是《矛盾论》中列举两个对立侧面的一种方法。[22]

在下面的段落（第 10 段）以及紧接着的两段（第 11、12 段）中，也能够看到很有特色的思考方法。

首先，“不但事物发展的全过程中的矛盾运动，在其相互联结上，在其各方情况上，我们必须注意其特点”（a），“而且在过程发展的各个阶段中，也有其特点，也必须注意”（b）（《毛泽东选集》，289 页；日译本，52～53 页）。这一节的三行原文，与《研究提纲》“五、丁”中“但一过程的各阶段也有质的变化”的说法相对应。而下面连续三个段落（第 11、12、13 段）关于“根本矛盾”（《毛泽东选集》，289 页；日译本，53 页）的阐述，总体上是与“丁”相对应的。《研究提纲》里使用“基本矛盾”与“基本的矛盾”的用语，而《矛盾论》则改为“根本矛盾”的说法，与之对称的还有“主要矛盾”的用语。应该说，它们所说的概念内容是一样的，《矛盾论》既遵照《研究提纲》的意思，又增添了事例。

《矛盾论》中的下面三段（第 14、15、16 段）（《毛泽东选集》，290～292 页；日译本，55～58 页）是由前面引用过的“五、丁”第二段话里的“但一过程的各阶段也有质的变化”，与已经提到的毛泽东强调“两方面”的重要性结合而成。应该说，《矛盾论》里提到的许多事例，如“但在现在的抗日时期，由于国民党表示抗日，它对国民党和国内封建势力，也就采取了缓和的政策”（《毛泽东选集》，292 页；日译本，57 页），只是从《研究提纲》“五、丁”第二段里精心挑选的一个。

接着，《矛盾论》认为应该把马克思、恩格斯的具体分析方法看做典范。另外，像下面这样一些话，在《研究提纲》的有关章节里是看不到的。

> 由于事物范围的极其广大，发展的无限性，所以，在一定场合为普遍性的东西，而在另一一定场合则变为特殊性。反之，在一定场合为特殊性的东西，而在另一一定场合则变为普

遍性。(《毛泽东选集》,293 页;日译本,58~59 页)

> 由于特殊的事物是和普遍的事物联结的,由于每一个事物内部不但包含了矛盾的特殊性,而且包含了矛盾的普遍性,普遍性即存在于特殊性之中,所以,当着我们研究一定事物的时候,就应当去发现这两方面及其互相联结,发现一事物内部的特殊性和普遍性的两方面及其互相联结,发现一事物和它以外的许多事物的互相联结。(《毛泽东选集》,293 页;日译本,59 页)

在这之后,又把矛盾的普遍性与特殊性改用“共性”和“个性”加以解释(《毛泽东选集》,294 页;日译本,60~61 页),这可以看做是与《研究提纲》的“四、戊”相对应,但后者没有使用“共性”与“个性”的用语。另外,《研究提纲》里也没有像“矛盾即是运动,即是事物,即是过程,也即是思想”(同上)之类的简洁格言,并没有出现“是思想”的字样。

(四)主要的矛盾和主要的矛盾方面

《矛盾论》的这一章与《研究提纲》中“五”的“丁”、“戊”部分有惊人的一致,其不同点仅仅是《矛盾论》里说的是“主要”,而《研究提纲》说的是“主导”。我觉得,除此之外,二者几乎完全相同。

《矛盾论》这一章的开头说:“在矛盾特殊性的问题中,还有两种情形必须特别地提出来加以分析,这就是主要的矛盾和主要的矛盾方面。”(《毛泽东选集》,295 页;日译本,61 页)而《研究提纲》中“五”关于“矛盾的特殊性”的论述,与其基本上一致。如果把不同的举例方式与这种一致加以比较,差不多并不值得重视。

然而,当进入主题以后,二者又有如下不同。《矛盾论》在前面引用的那段话之后,紧接着另起一行说:“在复杂的事物的发展过程中，有许多的矛盾存在（a)，其中必有一种是主要的矛盾（b）……”（同上）而《研究提纲》里“丁”则说：“一事物（或过程）虽包含着不同的许多矛盾（a)，然而决定这一事物（或过程）的根本的性质的东西，是那基本的矛盾（b）。”在(a) → (b)的叙述中，条件（a）都是相同的，可是（b）却不太一样。

这让人觉得，《矛盾论》的分析不太充分。《研究提纲》在“丁”的第二节里说：“但一过程的各阶段也有质的变化，其运动形态不同，决定于各阶段的主导的矛盾。例如中国目前的革命采取了抗日的形式，这是由于对日的矛盾在目前阶段上成了主导的矛盾的缘故。”这些话清楚地区分了“过程”与“基本矛盾”和“阶段”与“主导矛盾”的不同，而《矛盾论》里却没有进行这样的解释。

之所以会有这样的缺欠，是因为《矛盾论》已经把对“根本矛盾”（《研究提纲》里叫做“基本矛盾”）的论述放在了前边的“三、矛盾的特殊性”中。或者说，“主要的矛盾和主要的矛盾方面”已在第三章里提了出来，再在第四章中独立加以论述，如此安排章节的方法也许并不错。然而，这样虽然也分别解释了“根本矛盾”和“主要的矛盾”，却忽略了二者之间的相互关系。没有能够阐述这一点，不能不说是较大的失误。例如，在第三章中，尽管也分别涉及了“根本矛盾”、“过程”与“阶段”等概念，但其说明的思路是：“事物发展过程的根本矛盾的性质和过程的本质虽然没有变化”，“如果人们不去注意事物发展过程中的阶段性，人们就不能适当地处理事物的矛盾”（《毛泽东选集》，289 页；日译本，53 页）。其中所说的“阶段性”，是指“矛盾的激化”（同上），或者说是矛盾“暂时地或局部地解决”以及重新出现（《毛泽东选集》，289 页；日译本，55 页）。当然，《矛盾论》中也谈到了必须“研究事物发展过程中的各个发展阶段上的矛盾的特殊性”。按照第三章里的说法，就是“从各个阶段中矛盾的各个方面去看”（《毛泽东选集》，290 页；日译本，55 页）。也就是说，对所谓“主导矛盾”的问题，毕竟是在第四章里进行论述的：

> 然而不管怎样，过程发展的各个阶段中，只有一种主要的矛盾起着领导的作用，是完全没有疑义的。（《毛泽东选集》，296页；日译本，63页）

不过，在第四章的这节文字里，并没有关于“过程”与“根本矛盾”的说明。这种忽视不可小看，从紧接着的段落中关于“过程”里“主要的矛盾”的阐述同样能够看得出来。从逻辑上说，似乎“过程”与“根本矛盾”和“阶段”与“主要矛盾”的区别并不怎么重要。因此，像松村一人下面这样的分析，无论如何都显得非常必要，它反映了《研究提纲》的规范与完整。

> 这里应该用一句话来概括经常提及的一个问题，那就是“主要矛盾”与“根本矛盾”或“基本矛盾”的关系。……第一，这三者都具有“占据支配地位的矛盾”的相同性质；第二，当把“根本的”或“基本的”与“主要的”这三个词一起使用时，前者是用于整个“过程”，而后者则用于“过程”中的某一阶段。因此，应该懂得，在使用“主要”或“基本”的时候，不能够只着眼于其词汇，还必须知道到底说的是“过程”，还是讲的是“阶段”。（《〈实践论·矛盾论〉解说》，见《实践论·矛盾论》，岩波书店，1977年5月6日，106～107页）

紧接着上面的话，松村一人进而指出，由于随便使用“主要”与“基本”的用语，读者“会被搞得莫衷一是”（同上书，107页）。

关于这一点，或许可以说毛泽东的想法比较随意。如果觉得说“随意”不太好的话，则不妨说是这一种风格。毛泽东没有像艾思奇那样，把“过程”与“基本矛盾”同“阶段”与“主导矛盾”的对应模式固定化，从中不难发现其思想方法的特点。例如，《矛盾论》中说：“事物的性质，主要地是由取得支配地位的矛盾的主要方面所规定的。”（《毛泽东选集》，297页；日译本，65页）所谓

"性质"＝"取得支配地位的矛盾的主要方面"这样的结论，似乎反映了不愿将"事物"＝"过程"＝"基本矛盾"的讲法说得过于死板的态度。这与《研究提纲》中关于"质是由各侧面中的基本侧面决定的"这一说法是一样的。但作为概念来说，显然后者更清晰一些。确实，"质"＝"基本方面"是一个无法撼动的法则。不过，在某一个阶段上，也有"质"＝"主导方面"的情况。因此，《研究提纲》中"戊"里的第二段说"基本的方面不一定就是发展的主导方面"，是采取了否定的表述方法。然而，如果考虑到艾思奇认为"质"＝"基本方面"，把"主导方面"看得比"基本矛盾"更为重要，那么，他所说的"质"也许是一个具有特别含义的概念，即是与"过程"的"本质"并不相同的"阶段"的"质"。之所以这样说，是因为除了刚才引用的那些话之外，其中还写道：

> 物质决定精神，然而在一定条件下，精神的作用有主导地推进发展的力量，如，社会运动中的文化运动之类，主导的方面决定一定发展阶段的质，正如主导的矛盾一样。

《矛盾论》里是说"事物的性质"，其中的"事物"当然应该被视为限定于某一"阶段"。若不限定于一定的"阶段"，"矛盾的基本方面"即决定"过程"的"质"的方面，本来是应该被包括在"根本矛盾"之中的。而且，只有在特殊情况下，才会称之为"主要的方面"。因此，如果把上面《研究提纲》中的说法换成与《矛盾论》类似的风格，则应该说：根本矛盾的主要方面不一定就是发展的主导方面。

我觉得有意思的是紧接着"物质决定精神，然而……"之后那种列举事例的方式。当"精神"推动"事物"发展的时候，其无疑为"主导方面"。然而，在《实践论》中，尽管也强调"精神"的作用，可并没有将其称为"主导的方面"的说法。在我看来，《研究提纲》的这些片言只语，恰好提示了《实践论》与《矛盾论》之间的逻辑联系。这令人感到，正像《矛盾论》的第三、四章之间在逻辑上有些不太连贯一样，《实践论》与《矛盾论》之间的逻辑联系同样不太清晰。

《矛盾论》与《研究提纲》的差异在于前者（其显然接受了斯大林“矛盾的连结点”的概念）所说的“要用全力找出它的主要矛盾”（《毛泽东选集》，297页；日译本，64页）这一点。另外，在其最后段落中所说的也应该研究“非主要的矛盾”以及“非主要的矛盾方面”（《毛泽东选集》，301页；日译本，69～70页），《研究提纲》里并没有提到。我想，在这里提到的两点里面，在毛泽东把《矛盾论》的思路确定下来时，可能认为后者并不怎么重要。尤其令人感兴趣的是，毛泽东在文章中，与“主要的矛盾”相对，提出了“非主要的矛盾”，针对“矛盾的主要方面”则提出了“非主要的方面”之类说法。这样的想法是《研究提纲》里所没有的。[23]

（五）矛盾诸方面的同一性和斗争性

这一章与《研究提纲》的“三、同一性和斗争性的意义”差不多是对应的。“三”里面有从“甲”到“己”等节，其中“丙”的内容被安排在《矛盾论》第六章，而“丁”则被放在前面第四章中加以论述（《毛泽东选集》，297～298页；日译本，64页）。

这一章由于与《研究提纲》的相关部分几乎完全对应，这里不打算就每段都进行比较。作为二者的不同点，首先应该指出的是，《研究提纲》就“同一性的意义”举出了三点，而《矛盾论》只说到两点。也就是说，前者（在“甲”部分里）谈到了（一）互相依赖、（二）互相渗透、（三）互相推移或互相转化这样三点，其中的（一）与（三）被确认为（二）的前提。而与之相对，后者则将（一）与（二）并列（文字相同，另外，并没有“互相推移”的说法）。

这也许就是使人觉得后者比前者的概念更为缜密的一个原因。

第二个不同点比第一个更为重要。这是指，二者关于前面说到的三点中的第三项“互相转化”的概念内涵有根本性的差异。说得极端一些，《矛盾论》里所说的“转化”，把“转”作为主要内容，如其文字所表示的那样，将其具体理解为翻转、转圈的意思。看其中所说“事物内部矛盾着的两方面，因为一定的条件而各向着和自己相反的方向转化了去，向着它的对立面所处的地位转化了去”（《毛泽东选集》，303 页；日译本，72 页）的话，便是这样的意思。里面“转化了去”一语中的“去”字，并非指具体的“去”，大约仅是抽象的含义。然而即使如此，也不会完全不给人以具体行动的印象。而与之相对，《研究提纲》的解释却是：“在一种条件下发生正面作用的东西，另一条件下同一事物则可以成为反面作用的东西。”

上面引文中的“正面”与“反面”，可以译为日语的“肯定”、“否定”或者“积极”与“消极”。但如果那样翻译的话，总会带有道德的意味或形成褒贬判断。尽管它们与这样的意味完全无关，而仅仅是一对反映事物关系的词汇，但看其中所列举的事物，还是能够大体觉察出那样的意思来。

《研究提纲》中列举的事例是速决战与防御退却。它们在不同的条件下，既“成为”“正面的作用”，也可以是“反面的作用”。

二者在解释这一点时，一个用了“去”字，而另一个用的是“成为”，这恐怕未必出于偶然。正如已经看到的那样，《研究提纲》里的事例速决战和防御退却，意在将其放在不同条件下加以观察。而《矛盾论》则说“中国的内战现在也停止了，出现了国内的和平”（《毛泽东选集》，304 页；日译本，74 页），是作为战争与和平相互“转化”的例子。也就是说，《矛盾论》将其视为事物在非常具体的、连续时间中变化与变迁的证据，并没有像《研究提纲》里那样，细致论述“渗透”和“依存”之类关系，即并非将一个事物视为既是自己又与自身完全相反，或者一个事物在自我发展的过程中会衍生出与自己截然不同的东西来。所谓“矛盾的互相转化也是现实的、具体的”（《毛泽东选集》，305 页；日译本，75 页）中“现实的、具体的”这一说法，实际上就是指现实的具体事物。其“现实的、具体的”“转化”，只能反映在连续的时间过程当中。

本章结尾的“有条件的相对的同一性和无条件的绝对的斗争性相结合，构成了一切事物的矛盾运动”（《毛泽东选集》，307 页；日译本，79 页）这一概括，在《研究提纲》中是没有的。这句话具有非常重要的意义。而“相反相成”一词，在《研究提纲》里也没有看到。

《研究提纲》的“五、甲”论述从量到质的变化。“五”的内容本来属于“矛盾的特殊性”，但“甲”却放在了《矛盾论》的这一章中。（《毛泽东选集》，306 页；日译本，77～78 页）

（六）对抗在矛盾中的地位

本章的要点，主要在最初一段话里：“在矛盾的斗争性的问题中，包含着对抗是什么的问题。我们回答道：对抗是矛盾斗争的一种形式，而不是矛盾斗争的一切形式。”（《毛泽东选集》，308 页；日译本，79 页）正如前面曾经说过的那样，其与《研究提纲》里的“三、丙”大体一致。另外，关于其受“五、乙”的观点的影响，与其说主要表现在“对抗”上，毋宁说更着重对于“非对抗”的理解。对于这一点，似乎可以与前面说过的呼吁注意“非主要矛盾”与“矛盾的非主要方面”的观点结合起来思考。

《矛盾论》的这一章，本来应该阐述所谓从量向质的转化，而其中却没有触及，这大约是因为前一章里已经提到了。

至于《矛盾论》最后的“结论”一章，这里不想特别加以对比。

三、结语（一）

以上考察了《研究提纲》与《矛盾论》相互对应部分中的一致或不一致的地方。当然，重要的在于了解其作为整个思想体系的特点，而并非只是想找出两个相似的文献在字句上的异同。

不过，这里基本上是从《研究提纲》的角度去考察前述《矛盾论》与《研究提纲》之间的关系。而为了使二者的关系更加清晰，我打乱了《矛盾论》各章原来的顺序。请看下图。

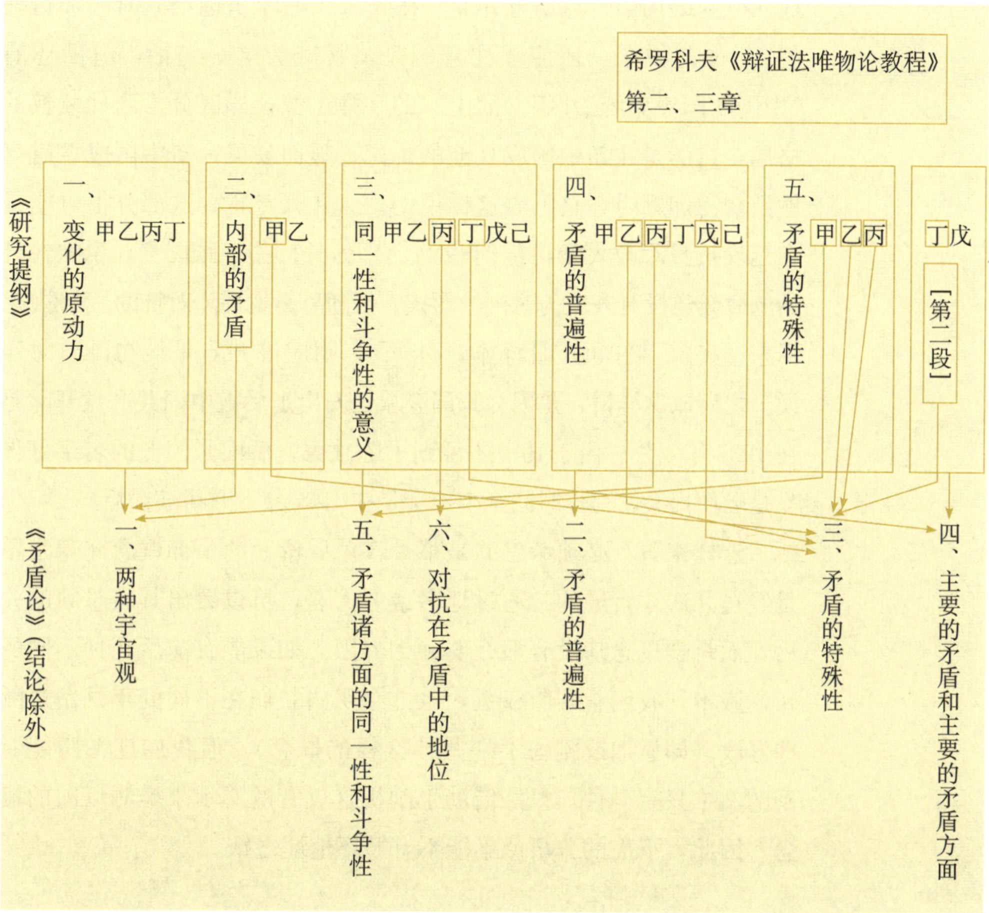

如从上图看到的那样，且不说具体概念在内容上的异同，各章节的关系是非常相似与密切的。那么，这究竟说明了什么呢？

无论如何，上表中的上、下两栏是不可以调换的，否则，将看不到《矛盾论》各章所反映出来的思想特色，充其量只能变成相当平淡的条文式写法。艾思奇（与毛泽东不同）似乎就是那么写的。

确实应该承认，《研究提纲》与《矛盾论》之间有着无法摆脱的相互关联。然而，如果就此再前进一步，思考二者是否具有继承关系时，首先觉得困难的是《矛盾论》并非在某个时候一气呵成，全书内容曾经写过多次，尽管还难以马上断定究竟写了几次才最终完成。

霍尔布尼钦指出，在《矛盾论》里面，像“我们的革命根据地”（《毛泽东选集》，310 页；日译本，82 页）的说法，是新中国成立以前的用语，这部分并非是在收入《毛泽东选集》时添加进去的。[24]如此说来，还应该注意的是，紧接着这一句话，前面还有“中国的国民党统治区”（同上）的字样。像这样区分为两种政权的格局，自然是在新中国成立前的中国。显而易见，新中国成立后当触及台湾问题时，是不会这样说的。这让人觉得，这部分很可能是在延安抗日军政大学讲演时说的话。另外，关于张国焘，说“在开始的时候还没有表现为对抗的形式，但随后就发展为对抗的了”（《毛泽东选集》，309 页；日译本，81 页），则应该并非是最初讲演时所说。之所以这样讲，是因为张国焘从延安出走后被中国共产党开除是在 1938 年 4 月。由于其中还说到了陈独秀，后面张国焘的名字好像只是顺便提及，写作时间至少不会是在 1937 年 8 月讲演前后。

这样来看，必须考虑的是整个《矛盾论》的全部概念究竟是不是经过几次才合成的。通过地名或者人名，可以看出其有时间的先后，而哲学概念却没有那么明确的界限。如果能有前后几种不同的印刷版本，我们看其版权页，也许会明白它们在不同的年月做过哪些修改（即添加或删去了一些什么样的概念）。但我们现在所能看到的文本只有一种，只好借助于剖析这仅有的文本来推测以前的概念。因此，下面的分析便不能不有循环论证之嫌。

★

首先来考察一下《矛盾论》的特色之一，即“根本矛盾”与“主要矛盾”这两个概念。

观察前面的图表，不难发现《矛盾论》与《研究提纲》之间有继承的关系。然而，正如已知的那样，《中国共产党在抗日时期的任务》（收入《毛泽东选集》第一卷）也曾以这两个概念来分析过形势。在《毛泽东选集》中，该篇的编者注说：“这是毛泽东同志一九三七年五月在延安召集的中国共产党全国代表会议上的报告。”标题下的日期是“一九三七年五月三日”。不过，在开始发表该文的《解放》杂志（1937 年 5 月 1 日发行）上，其题目为《中国抗日民族统一战线在目前阶段的任务》，副标题则是“四月十日，在延安共产党活动分子会议上的报告提纲”。与原文相比，编者注意味着后来曾做过修订，而至今这一问题仍未引起关注。这些修改使收入《毛泽东选集》的文字与在杂志上发表时有所不同，可论点并没有什么改变。特别是“根本矛盾”与“主要矛盾”这一对概念的提法没有变化。也就是说，在1937年4月或5月，毛泽东确实有那样一种哲学见解。

下面试看一下《毛泽东选集》中有关部分的文字。

> （一）由于中日矛盾成为主要的矛盾、国内矛盾降到次要和服从的地位、而产生的国际关系和国内阶级关系的变化，形成了目前形势的新的发展阶段。[25]

> （二）中国很久以来就是处在两种剧烈的基本的矛盾中——帝国主义和中国之间的矛盾，封建制度和人民大众之间的矛盾。一九二七年以国民党为代表的资产阶级叛变革命，出卖民族利益于帝国主义，造成了工农政权和国民党政权尖锐对立，以及民族和民主革命的任务不能不由中国共产党单独负担的局面。

从（一）和（二）中所举的例证可以看出来，（一）的“主要的矛盾”与（二）的“基本的矛盾”，并非是作为同一个词来使用的。在接下来的（三）里，从甲到戊等项分别剖析了国内外的各种矛盾关系。在下面引用的乙节文字里，“中日矛盾”显然就是“主要的矛盾”，这同《矛盾论》里所用的概念完全一样。

> 乙、中日矛盾变动了国内的阶级关系，使资产阶级甚至军阀都遇到了存亡的问题，在他们及其政党内部逐渐发生了改变政治态度的过程。

当时，中国共产党正在呼吁与国民党结成民族统一战线，必须将昨天的敌人视为今天的朋友。这种政策的转变在思想原理上的依据便是所谓“主要的矛盾”与“基本的矛盾”。因此，这两个概念与该篇论文的整体架构有内在的深刻联系，而论文又与写作时的政治形势紧密相连。尽管这一点的重要性大大超过了某些用语的一致与否，但我认为，在另一方面，具体用语毕竟也显示出了特有的含义。

如此看来，毛泽东在这篇论文之后三四个月于抗日军政大学所作的讲演《矛盾论》，显然也应该涉及“主要的矛盾”与“基本的矛盾”这两个概念。

可是，《矛盾论》的架构虽然和艾思奇的《研究提纲》大体上完全一致，其中却没有谈到这些概念。

在前面已经引用的乙节末尾出现了“过程”这一词，其实不如说“阶段”更为准确一些。实际上，在该论文个别地方，也确实是那样讲的。

此外，在《中国革命和中国共产党》（1939 年 12 月执笔）里，也曾有过对“最主要的矛盾”之类加以强调的说法。

> 帝国主义和中华民族的矛盾，封建主义和人民大众的矛盾，这些就是近代中国社会的主要的矛盾。当然还有别的矛盾，例如资产阶级和无产阶级的矛盾，反动统治阶级内部的矛盾。而帝国主义和中华民族的矛盾，乃是各种矛盾中的最主要的矛盾。这些矛盾的斗争及其尖锐化，就不能不造成日益发展的革命运动。伟大的近代和现代的中国革命，是在这些基本矛盾的基础之上发生和发展起来的。（《毛泽东选集》，1 版，第二卷，594 页）

在上面这节文字中，“主要的矛盾”与“基本矛盾”的意思差不太多。因此，在原本应该说“主要的矛盾”的地方，使用了“最主要的矛盾”的说法。从用语的角度来看，似乎 1937 年的说法倒显得比 1939 年更准确一点。

从写作时间上看，在上面这两篇文章之间，还有《论持久战》（1938 年 5 月）一文。不过，其中并没有使用“主要的矛盾”与

“基本矛盾”这两个概念。而关于“过程”与“阶段”的说法，也曾经阐述了应该严密区分“过程”中的不同“阶段”，可在谈及“过程”时却没有提及“根本的矛盾”，在论述“阶段”时也没说到“主要的矛盾”，只是说了“互相矛盾着的基本特点”（《毛泽东选集》，1版，第二卷，418页）。这使人觉得有些不可思议。

当然，我觉得这些不够严密的说法，好像也可以视为反映个人思想特点的某些痕迹。例如，《研究提纲》的纲目是清晰的，这种清晰与其说反映了创造者和开拓者的特色，毋宁是转述者与整理者身份的表现。那种不太严密的风格，恰恰反映了毛泽东无论是实践还是思考，都是身处重重困难，在不断艰苦奋斗与实际斗争的过程中进行的。[26]

当然，如果从文献资料的角度来加以观察，问题也并非那么简单。

要是其整理过《研究提纲》却又不仅限于《研究提纲》，那么艾思奇在《哲学选辑》的“编前”中未必会这样写道：

> 第二个附录是编者自己做的提纲，目的在帮助读者更有系统地了解辩证法唯物论的全部基本理论，可以作研究的参考，因限于篇幅，不能充实以现实的具体材料，只在必要时在某些问题上举简单的例子说明。详细的发挥，当另写成专书出版。[27]

如果该作者已经清楚了解毛泽东著作的大体情况，肯定不会在“编前”里如此明确地谈论将来的写作计划。不过，如果当真《讲授提纲》初版的封面是用笔来签署作者姓名的（仅看照片而未能确证），那么，也有可能艾思奇并没有意识到其为毛泽东的著作借鉴过。

可是，这样一来，我们又将面临一个难以把握的问题，即《讲授提纲》到底是不是毛泽东的著作。如果真像毛泽东所说的那样，《辩证法唯物论》（刊于《民主》杂志）是“另一位姓毛的”所写，那么，此书是否也为“另一位姓毛的”所写，尽管如今似乎大都把

《讲授提纲》视为毛泽东的著作？

确实无法否认《研究提纲》与《矛盾论》之间的密切对应关系。但是，那毕竟是指其与现行《矛盾论》的关系，而问题的关键在于《讲授提纲》和《研究提纲》之间的关系。即使肯定毛泽东在1937年已经有了足以架构《矛盾论》的思想，也并非意味着就可以认为《讲授提纲》在当时出版了。在有证据表明《讲授提纲》曾在1938年出版过以前，我仍有其可能是在1939年3月以后问世的“质疑”。

虽然如此，也许还存在着与“我的质疑”有关或无关的其他可能性。比如说，可能还有与《研究提纲》和《矛盾论》两者无关的著作。如果是那样的话，因为二者竟然如此相似，它们一定还会有共同的底本。

实际上，我在产生以上的“质疑”之后，曾经看到过苏联党校及共产主义高等学校的教科书、西洛可夫（希罗科夫）和爱森堡（艾森贝格）等共著的《辩证法唯物论教程》（以下简称《教程》）的日译本[28]，因此才想到了这种可能性。

关于从该书中看到的证据，我在前面已经谈到过，这里没有什么补充。不过，为了使本文的思路能够更深入一点，还有必要涉及几个问题。这是指此书中谈到的如下概念：

(1)“主要矛盾”和“根本的主要矛盾”。其并非一定是指“主要矛盾”与“根本矛盾”之间的关系。例句为：

> 这种辩证法唯物论从内部矛盾里，去认识包括资本主义在内的所有事物的发展的根本原因。辩证法唯物论在这些内部矛盾中，主要寻找那些构成根本的主要矛盾的东西，认为其他矛盾最终都依存于这一主要矛盾。例如，在资本主义社会中，除了以上所说的矛盾之外，还有许多矛盾，像经济与政治的矛盾、宗教与科学的矛盾、唯心论与唯物论的矛盾。不过，所有这些矛盾都依存于资本主义社会中构成主要阶级间矛盾的根本的主要矛盾。(42～43页)

马克思主义通过揭露资本主义社会生产方式的主要矛盾，解释了资本主义的发展规律。(215 页)

马克思主义在社会化生产与私有制日益尖锐的矛盾中，发现了使资本主义制度一次次反复出现周期性恐惧的主要矛盾。在今天，这一主要矛盾引起了目前在资本主义社会反映出来的普遍危机。马克思主义认为，资本主义社会的其他矛盾都产生于这一根本的主要矛盾。(215～216 页)

以上所说的“根本的主要矛盾”，在《研究提纲》里叫做“基本矛盾”，而在《矛盾论》中被称为“根本矛盾”。

另外，还可以举出一些例证，为了避免繁琐，这里省略。

(2)“主要矛盾”与“过程”的对应关系。关于这一点，书中说得相当清楚。

一个过程的内在矛盾与其他过程有本质的区别。由于社会主义××[29]而被××的资本主义的主要矛盾和过渡型经济的主要矛盾之间互不相同。(218 页)

不同质的矛盾应该以不同的方法去解决。(同上)

(3)“矛盾的主导方面”。与汉语的说法可能不太一样，《研究提纲》里说的是“主导方面”。

除了要确认过程的内在矛盾以及过程中各个对立方面之间互相依存的联系之外，还必须发现其矛盾的主导方面。在《资本论》中，马克思曾指出过商品价值与使用价值这一对立的两个侧面之间无法分割的联系，而价值具有主导的作用。他又指出，在生产力与生产关系这一对矛盾中，生产力具有主导的作用。(225 页)

普列汉诺夫曾经认为，并不需要揭露过程的主要矛盾。至于矛盾的主导方面，其甚至连一次也没有谈论过。(226 页)

(4)“过程”与“阶段”的区别。其中同样说得相当清晰：

具体研究任何一个过程，不仅要研究整个过程的本质，还应该进而研究这一过程中不同阶段上彼此本质上的差异。例如，苏联经济的发展经历了三个阶段，即通过战时共产主义、新经济政策复兴期与重建期，目前我们进入了社会主义时代。这些不同的阶段曾经极大地巩固了苏维埃制度的根本特征，但与此同时，它们又有质的差别。(196 页)

总括以上四个方面，非常引人注目的是，该书在说到“过程”的时候是使用“主要矛盾”的概念，而《研究提纲》里则是说“基本矛盾”，至于《矛盾论》却说“根本矛盾”。还应该注意到，《教程》中提到的“矛盾的主导方面”，在《研究提纲》里是说“主导矛盾”，而《矛盾论》论述的“主要矛盾”在该书并没有看到。由此可见，在这本《教程》里，并没有特别关注“过程”—“根本矛盾”与“阶段”—“主导矛盾”之类的对应。这与毛泽东的论文《中国革命和中国共产党》中关于“矛盾”关系的用语最为接近。至于在《论持久战》一文中，几乎没有自身特有的用语。不过，前面说到的“互相矛盾着的基本特点”一语，似乎与《教程》里“所谓挖掘过程的本质，是……最根本的要求……”(195 页）的说法有些相近。从所有这些中不难看出，在写作这批文章的 1938 年 5 月至 1939 年 12 月期间，作者可能受到过《教程》一书的影响，而在写《中国共产党在抗日时期的任务》时还尚未受到过这种影响。因此，如果在以上说到的三种假设中首肯第三种，那么还必须在《教程》以外再寻觅其“原本”。

★

作为最终结论，我并不想放弃自己的“质疑”，觉得仍旧应该继续“质疑”并寻觅《矛盾论》的“原本”。而在《讲授提纲》的内容被公开以前，也许我以上推论未必有什么价值。从文献的总体状况来分析，认定《矛盾论》大约来源于《研究提纲》、《讲授提纲》、《辩证法唯物论》和艾思奇的两种译书（及其他著作）这一范围，可能与事实比较符合。

四、结语（二）

在写完以上文字以后，我结识了 1968 年夏天以前曾在北京滞留过的 A 君。

A 君说，他在“文化大革命”时期的北京读到过红卫兵发行的几厚册资料集，其中包括毛泽东未发表的论文。不过，过了一段时间，它们又被收回去了。他还推测说，之所以被收回，可能是觉得应该以公开发表的为准。

据 A 君讲，毛泽东在 1957—1962 年之间写过不少哲学论文的片断。（A 君说，好像毛泽东向 1960 年访问中国的日本文学代表团提及过。当时，毛确实讲过，很想从哲学的角度总结中国革命的经验。）在红卫兵发行的资料里，也包括这些文章，A 君读过它们，其中有一篇是谈论“综合”的。据说，毛泽东在国事之余，曾与康生、陈伯达等人讨论哲学问题，还就“综合”的问题质疑过艾思奇，而艾思奇没有明确回答上来。而按照毛泽东的说法，所谓“综合”就是“一个个吃掉”。……

听着 A 君的这些回忆，我想到在以延安为中心的解放区出版的报道或小说里面，经常能够看到意思与之相近的“解决”一词。八路军打败了日本兵和国民党军队，便说成是“解决”或者“解决了”。

在上面提到的毛泽东在 1937 年 5 月所写的论文《中国共产党在抗日时期的任务》里面，目前《毛泽东选集》（1 版，第一卷，234 页）中的“必须调整的矛盾”的说法，当初在《解放》杂志上发表时便写做“必须解决的矛盾”。现在文中的动词“调整”，原来写的一定是“解决”。因为在 1937 年，使用“解决”一词就意味着完全消灭掉。这是一个与毛泽东在1957—1962年间所关心的“综合”有联系的概念。（另外，在那篇论文中，在《毛泽东选集》第238、239、241、243页上写成“敌对”的地方，当时都写做“对立”。也就是说，当时毛泽东似乎认为，国共两党是“对立”而非“敌对”，但好像却没有注意“敌对的矛盾”与“非敌对的矛盾”之间的区别。[30]在当时，因为并非是“敌对”，大约才有了写成“对立”的想法。自然，国共内战时期的状况也可以说是“对立”，但其与这里所说的“对立”并不是一个意思。）

A君还说，毛泽东也写过《一分为二》。[31]当时，我曾问他，其中是否有《矛盾论》的初稿，他竟意外地回答说“有”，并说那是摘引马克思和列宁的话写成的，非常难懂。……后来才有了《矛盾论》、《实践论》。……

我记得又问过他，他的记忆是否确切，自己写作本文时想继续谈论这一问题，最好能够知道那书名。他回答道，似乎知道，已经记下了章节，放在家里了。过了几天，他打来了电话。我记录着他所说的章节名称，心中禁不住感慨万分。电话里的声音证明，我关于《讲授提纲》和《辩证法唯物论》应该为同一内容的推测并不正确。不过，其出版的时间并非是我说的那种，书名也不太一样。A君说，因为红卫兵是从革命博物馆或共产党的资料室里抄写出来的，大约有抄错的地方。但我想，关于出版年月可能并不准确，也许本来是指讲演的日期，却被看成了出版时间。当然，书名的差异还是应该注意的。

以下是A君的笔记：

辩证法唯物论提纲[32] 1937·7·8[33]

第一章　唯心论与唯物论

（一）哲学中的两军对战

（二）唯心论与唯物论的区别

（三）唯心论发生与发展的根源

（四）唯物论发生与发展的根源

第二章　辩证法与唯物论

（一）无产阶级的武器辩证法唯物论

（二）过去哲学遗产同辩证法唯物论的关系

（三）在辩证法唯物论中宇宙观和方法论的一致

（四）哲学对象问题

（五）物质论

（六）运动论

（七）时空论

（八）意识论

（九）反映论

（十）真理论

（十一）实践论[34]

第三章　唯物辩证法[35]

（首先，第一、二章大体简述了“世界观”和“唯物论的目的”，然后说：“因为没有好的参考书，辩证法被说得很难。[36]所谓善于讲解的书，在于以通俗的语言讲亲切的经验，这种书将来总要弄出来的。”在这之后是：“以下为《矛盾论》的内容，略。”[37]）

我想，也许《讲授提纲》的内容比能够想象到的还有意思（特别是第二章第七节）。但也应该考虑到，大约当时是把译成中文的哲学著作的各章节做过重新编排，才有了上面那个样子。以后在什么时候，也许《讲授提纲》将会公开。本文只是在那以前的一种小小的推测。

（译自《思想》，第538号，1969年4月5日）

认识中国的关键：《矛盾论》

——理解面纱后神秘现象的诀窍

一夜之间变友为敌

近些年来，中国动荡得相当厉害。被视为毛泽东的继承人的刘少奇已经倒台。据说，中国这个世界大国的国家主席竟是“国民党的特务”。在1960年会见英国蒙哥马利元帅的时候，毛泽东曾经断定他就是自己的继承人。而现在却由红卫兵揭发他甚至其私生活，并宣布永远开除出意味着其政治生命的中国共产党。

在国际上，目前中国同曾经与之缔结军事同盟条约、被称为“苏联老大哥”的友好国家苏联之间，也在国境上发生了冲突。中国甚至使用“社会帝国主义”之类的词语去谴责苏联。最近，中国民众还喊出了“打倒新沙皇”的口号。

中国变化的幅度如此之大，价值尺度的转换令人吃惊，确实称得上翻天覆地。实际上，也并非只是对待刘少奇和苏联，即使是对日本，中国同样发生了如下所说的转变。

1960年，承蒙中国的好意，我曾经与几位前辈和朋友一起会见过毛泽东。他的肩膀会使人联想起老虎，但谈话的声音却很轻。其中他说到，与日本打仗的时候，我们的目标是打倒日本帝国主义，现在则是针对美帝国主义。在日本与中华人民共和国这两个国家之间，出现了相互合作的可能性与必要性。

中国的民众嘴上不说，可他们对日本人在战争中的那些行径是不会忘记的。虽然我也曾经那样认为，可听了毛泽东的解释，总觉得从远处看来，仿佛历史就像剧场里那暗中转动的“旋转舞台”一样。

这样的转变，自然并非仅限于中国。苏联也曾“批判斯大林”。

日本在战败以后，人们对此也有过同样深刻的体验。

然而，在中国现代史上，人们还多次经历过比日本人战败更加深刻的激烈变动。

现在，国民党正踞守着台湾。其实，它也曾与中国共产党合作过，如从第一次合作到 1927 年北伐期间。而当取得节节胜利的时候，因为国民党从上海开始下手，大肆镇压共产党员及受其影响的工人、农民，合作遭到了破坏。后来，毛泽东对国民党完全失去了信任，固守井冈山，开始了游击战争。

昨天是朋友，如今却成了敌人。不过，以后又出现了再把敌人视为朋友的必要性。那是由于日本猎取了“满洲”（中国东北）以后，又把手伸向中国其他地区。当日本人在太平洋战争中失败，被从中国赶走以后，朋友再次变成了敌人，于是又开始了内战。

如此说来，对中国人来说，所谓“敌”与“友”，究竟意味着什么呢？

至于刘少奇，在某一时期曾经有过毛泽东似乎与其妥协的说法。据日本记者报道，在“文化大革命”期间，受到严厉批判的一方有时候也适用于毛泽东写的论文《关于正确处理人民内部矛盾的问题》，因此，刘少奇也许会被作为“人民内部矛盾”来处理。而如果被置于“人民”的“外部”，那便意味着是“敌人”了。大约在那时，刘少奇还有被温和处理的征兆。如在“文化大革命”中的某一时期，毛泽东曾和刘少奇并肩站在天安门上，在群众集会上露面。据说，当时两人还亲热地交谈了 30 分钟左右。不过，到后来，那结果大家已经都知道了。

新中国成立的时候，如果国民党将军表示积极协助新政府，就会不咎既往并对之欢迎，其中有的还当了“部长”（相当于日本的“大臣”）。连曾经暂时位于蒋介石之下、后来流亡海外的李宗仁，在几年前回到北京时，也受到了热烈欢迎。他是在“文化大革命”期间逝世的，在生命结束以前，并没有像刘少奇那样受到批判。

作为中国共产党的核心，刘少奇最终努力的结果不言自明。而像李宗仁那样与共产党敌对的人，曾经夺走过许多人的生命，却受到了优厚的待遇。二者的差别实在太大了。那么，这种变化的机理究竟是什么呢?

而且我觉得，恐怕很难保证今后的中国一定不会再次出现这样剧烈的变化。

那么，为什么竟会发生这样的转变呢?

每当观察中国，尤其是中国政治的时候，我们的感觉总会有些不同。这不能不让人疑惑，究竟是什么因素在其中发挥着作用。

中国特有的认识方法与思维方式

关于这种变动的原因，当然可以列举出不少。而为了预测未来，最好能够了解，在中国这些特有的现象背后，俨然潜藏着某种中国独有的认识方法和思维方式。说到这种中国式的认识方法与思维方式，我认为阐述得最为系统的是毛泽东的《矛盾论》一文。

实际上，不好说《矛盾论》便是地道的中国式见解与思考方法，而是毛泽东把马克思主义哲学唯物辩证法针对中国的情况进行了改造。因此，其在很大程度上受到了马克思主义尤其是苏联哲学家的认识论的影响。另外，由于日本曾大量翻译过苏联的马克思主义读物，毛泽东也原样借用了日本翻译者使用的词语。就此说来，从本世纪初到昭和初年（1926），日本称得上是沟通苏联与中国的渠道。

从题目上看，所谓《矛盾论》，是就“矛盾”这一概念所写的著作。当然，其中并非仅仅是解释概念，与其说是讲解处理矛盾的方法，毋宁是阐述对处理方法的认识及思考方式。换句话说，即解释如何去认识事物与思维方法的原理。由于所谓唯物论哲学的认识方法与思维方式是事物及其本质在人们头脑里的反映，因此，认识方法与思维方式实际上也等同于我们对周围外界事物的规律的理解。

不妨把它比喻为汽车的样品。这种样品不必列举各种各样型号的汽车的照片，只要提供一种最基本的样式就可以了。其中关于驾驶技术和交通规则写得非常清楚。因此，只要很好地熟悉这个样品，无论什么样的汽车都能够驾驶。至少个人可以明白应该怎样去驾驭它，然后再去实际操练。关于这种实际的操练，是毛泽东在《实践论》一书中阐述的问题，这里省略。

没有矛盾就没有发展

《矛盾论》首先谈到的，是所谓“对立统一法则”。

其中认为，任何事物都是由互相对立的两种因素（或者力量）构成的。这两种因素既彼此对立与斗争，反过来又互以对方为存在条件。这种对立的因素，便称为“矛盾”，而“矛盾”又是运动的。为此，事物总是在运动着。如果停止了运动，事物便会死亡。运动便等于斗争，事物由于斗争而不断发展。如果斗争因为一方胜利而终结，事物的发展也就停止了。要是没有“矛盾”的话，这世界也就不存在了。……

这被叫做“对立统一法则”。在马克思主义哲学唯物辩证法里，还有“否定之否定法则”和“量变与质变法则”，但毛泽东似乎对后二者并不怎么感兴趣。《矛盾论》中的论述，主要强调的是“对立统一法则”。

另外，虽然内容没有公开，据说毛泽东在1938—1939年间，还曾写过《辩证法唯物论讲授提纲》一书。所谓“讲授提纲”，意思是“讲课要点”，那是林彪（中共中央副主席、毛泽东的接班人）任校长的延安抗日军政大学使用的哲学教科书。

在那本书中，有一章的题目是“对立统一法则”。后来将其独立抽出来，冠以《矛盾论》的名字。

此外，在“文化大革命”中，红卫兵曾出版过各种各样关于毛泽东思想的资料。据看到过这些资料的人说，在毛泽东关于哲学的论述里，唯物辩证法的规律只能归结为一条，即“对立统一法则”，认为归根到底就是这一条。

由此可见，在毛泽东看来，《矛盾论》应该是哲学中最重要的部分。

所谓“矛盾”，本是源于中国寓言里的一个故事。是讲从前有一个商人同时出卖矛与盾。他把矛拿给客人看，说这矛什么样的盾都能够刺穿；接着又让人家看盾，说这盾什么样的矛也穿不透。于是，客人便问，如果用你的矛去刺你的盾，那会怎么样呢？那商人便哑口无言了。

实际上，这个寓言讲的就是所谓“矛盾”。如果像客人那样质疑，无论谁都无法回答。因为如商人所说的那种“矛”与“盾”，其实并不存在。

恩格斯和列宁所讲的“矛盾”，指的是数字上的正与负，以及物理学里的阳极和阴极之类。其中任何一方，都谈不上是胜还是败。

不过，如果把“矛盾”引进社会科学，便会产生胜与败的问题。拿资本主义社会来说，无产阶级和资产阶级的“矛盾”就是那样。

虽说都是“矛盾”，但商人的矛与盾与自然科学中的矛盾以及社会科学里的矛盾，实质上各不相同。尽管我们在日常生活中经常使用“矛盾”这个词语，但它们究竟相当于哪一种“矛盾”是必须加以区别的。

无论对谁来说，把日常生活里经常使用和古代寓言中众所周知的“矛盾”一词作为论文的题目，都会使民众觉得唯物辩证法相当亲切。

不过，这种“矛盾”究竟是怎样存在于我们周围世界中的呢？怎样才能把握住它们呢？

实际上，毛泽东以简明的语言回答了这个问题，那就是“一分为二”的说法。

在六七年以前，这句话经常在中国报纸杂志上被引用。这可能是他尚未写作《矛盾论》以前，经过长期思考得出的一个结论。

那么，所谓“一分为二”，究竟是什么意思呢？

在“文化大革命”以前，毛泽东思想在中国已经具有极大的威望。在某一时期，报纸和杂志上曾刊登过普通人所写的学习毛泽东思想的笔记。其中，有一位农民写过这样的事情：

在一个村子里，人们几乎都姓范。为此，原来的地主说，咱们都是同一祖先的一家人，应该和平相处。但是，贫下中农却忘不了过去的情形。虽然都是姓范，可地主过着奢侈腐化的生活，而打短工的和雇农却是穷人，有不少人被冻死和饿死了，实际上并不是一家。

于是，这个农民领悟到，同一个姓的人也应该区分为剥削阶级和被剥削阶级两部分。

由此可以归纳出，世界同样是“一分为二”的，即帝国主义、修正主义和反动派是一方，被压迫、被剥削的人民是另一方。

当然，这并非仅仅局限于社会问题。一个解放军战士在笔记中写道，对自己本身也要采取“一分为二”的思考方法。不应该只是对自己的进步感到自豪，还必须看到有落后的地方。

另外，还有一位女教师写道，她觉得讨厌学习的儿童很难对付，但在访问家长时，从其父亲那里知道，他有爱护弟妹的长处，应该使其发扬这个长处。这也是将儿童分为长处与短处两个方面。

什么样的矛盾最重要？

但是，虽然“矛盾”像以上那样是由两种对立的因素构成的，可在这个世界上也并非只有一组矛盾，而是存在着很多矛盾。如果一个一个地去解决它们，将会徒劳无益。应该更好地分析这些矛盾的关系，找出最重要的矛盾来。

毛泽东把这个最重要的矛盾叫做“主要矛盾”。它自然并非是孤立的，其他矛盾都会受它的影响。例如，在资本主义社会，无产阶级与资产阶级的矛盾就是主要矛盾。无论资本家之间怎样竞争与对立，它们在同与无产阶级的矛盾相比时始终都是第二位的，有时候甚至并不存在。

这种“主要矛盾”的理论，在于其并非固定不变，而是在不同时期有所变动。所谓“时期”，则是指事物的某一过程或阶段。

在《矛盾论》中，把某一事物具有一定性质的时期定名为“过程”，贯穿于这一“过程”始终的矛盾被称为“根本矛盾”。如果把这一“过程”加以区别的话，其中可分为好几个“阶段”。在各个阶段上都存在的矛盾，便是前面所说的“主要矛盾”。

不妨以家庭为例子，来通俗地解释一下。

首先，一般家庭最重要的构成，无疑是夫与妻这一对组合。此外，在家庭中还会有小姑和妻子、小姑同丈夫、儿子与父亲、女儿和父亲、儿子同母亲、兄弟与姐妹等关系。不过，其中最重要的恐怕还是工作的丈夫和掌管家务的妻子之间的关系。也就是说，这一对矛盾与其他矛盾相比最主要，是否能够处理得好这对矛盾与家庭气氛的好坏直接相关。

当然，要是碰上儿子面临升学考试必须努力学习，妻子便不能不把儿子看得比丈夫更重要一些。即使是丈夫，大约也会是同样的看法。这样一来，在考试以前的时期里，家庭各种矛盾便会发生变化。然而，这样说并非是要否认那个家庭。因此，夫妻组合是所谓“根本矛盾”，而妻子与儿子的组合则是“主要矛盾”。

对于妻子来说，最好能够专心妥善处理好在升学考试前这一段时期（阶段）内的“主要矛盾”。而到了考试结束，也许其与丈夫的关系又会变成最重要的问题，或者又出现了其他问题。

显然，在某一时期，如果能够根据该时期（阶段）里的情况去处理问题，家庭（过程）便能够维持得相当好，妻子与丈夫的关系也不会不和谐。

我并不完全相信，只要把《矛盾论》用于家庭，就会卓有成效。不过，看在中国发表的体会与论文，人们确实曾经以其来解决实际问题。我想，《矛盾论》的特点之一是其中提到了“主要矛盾”这样的概念。而这个概念之所以具有吸引力，在于它强调了“转换”这样一种思维的方式。

本文开头曾说到中国目前的激烈变化。在毛泽东的眼中，也许那就是活生生的“主要矛盾”的例证，无非是证明《矛盾论》正确性的事例。

在日常生活当中，我们为了乘坐电车或汽车，经常必须向与目的地相反的方向走去。如果像清规戒律一样拘泥于目的地方向的话，有时候恐怕到天黑也未必能够走到。

抓住“主要矛盾”的思维方法，真正把处理这些问题时的现实主义观念升华到了规律的高度。不断解决各阶段的“主要矛盾”，最终可以解决一个长期过程中的“根本矛盾”。

据说，中国人具有现实性的特色，也可以称之为从长计议或善于忍耐。正因为如此，他们才懂得那样恰如其分地去解决“主要矛盾”。

反对行政命令与金钱挂帅

其实，所谓“一分为二”的观点，也可以用来处理“主要矛盾”和“根本矛盾”之间的关系。（毫无疑问，所有存在矛盾的地方都可以这样来解决。）如果能够在区分开的两个方面之间找到一方是重要的而另一方是不太重要的，那么前一方面就是矛盾的“主要方面”，后一方面则是“非主要方面”。

在上面说到的家庭例子中，如果要用奖金去买什么东西，便是依据丈夫与妻子哪一个是矛盾的“主要方面”来决定的。而事物的本质是由其矛盾的主要方面来决定的。

曾经发表过的一篇名为《谈谈大城市卖西瓜的哲学问题》的文章，就是运用这种“主要矛盾”与“矛盾的主要方面”的理论来解决实际问题的例子之一。这篇文章的作者并非哲学家，而是上海果品杂货公司一家商店的经理（也许其地位更高一些）。这篇论文1966年在报刊上发表以后广为人知，去年又刊登到了学术杂志上。在中苏对立的影响下，苏联曾经以“卖西瓜的哲学”为题批判过这篇文章。我虽然讨厌把哲学庸俗化，并且觉得这篇论文有把一切都归功于毛泽东思想的不良倾向，但其中确实真正反映了中国人对事物的看法及其思维方式，能够从中发现他们是怎样在生活中学习《矛盾论》的，因此，我对这篇文章很感兴趣。如同前面提到的那篇关于姓范问题的分析文章一样，我想在这里也说说这篇论文。

1964年夏天，就像滚滚洪水似的，上海市区到处堆满了西瓜。这大约是因为近郊农村的西瓜增产了。这种超产的责任，无疑应该归咎为对农村“人民公社”农作物的指导工作有失误。问题在于，不断送到仓库和商店来的西瓜销售不出去，而且处理腐烂的西瓜非常困难。

上海某区一个蔬菜商店的经理，当时根据《矛盾论》研究了这些情况，调查了各商店的实际状况。最后，他认为，当前卖西瓜工作的“主要矛盾”有两点：一是销售能力差，二是供给过剩。

无论让谁来考虑，也许都会得出这样的结论。关键在于，人们

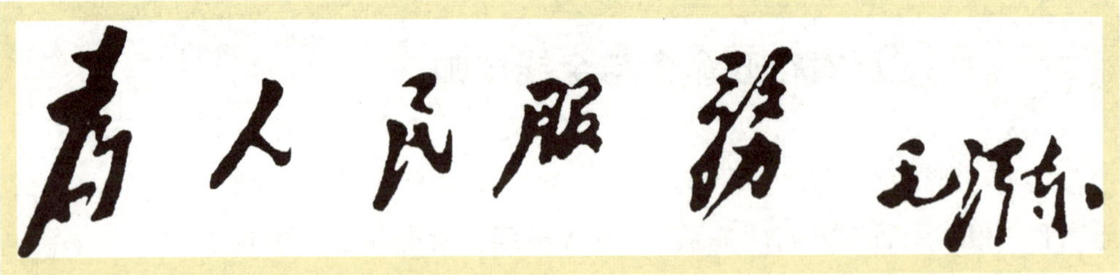

毛泽东题词："为人民服务"。

能够明确地把这两点看法作为问题提出来，并强调必须解决它们。在社会主义制度下，商店并非只是为了赚钱。而且谁都认为，要把如同洪水一般的西瓜卖掉是非常困难的。于是，他的部下便发起了牢骚和抱怨，说什么"西瓜少点就好了"，或者说"怎么能不坏并都卖出去呢"。

为了驱散这种消极的气氛，他觉得应该首先明确地提出来："主要矛盾是什么?"接着，这位经理和同事们一起学习毛泽东的《愚公移山》和《为人民服务》。据说，过去有一个名叫愚公的老人，因为不愿意再绕道走路，想把家前面的一座大山搬走。有人笑话他愚蠢，他却回答说：有儿子、孙子、重孙子不断地挖，总有一天山会被挖走。此事感动了上帝，便在一夜之间把大山移到了其他地方。毛泽东曾经引用这个寓言来号召同志们，说我们也要挖掉帝国主义和封建主义这两座大山。如果决心坚定，也会感动我们的上帝即中国人民，并使他们和我们一起奋斗。这就是"愚公移山"的故事。

而在《为人民服务》里，毛泽东则引述了在八路军中从事烧炭工作的中国共产党党员张思德的事迹，说应该"彻底为人民服务"。

他们读了这些文章之后认为：

> "服务"这个词一般翻译成"奉仕"，我觉得"奉仕"就应该是"毫不利己，专门利人"。开商店，即使"自己损失也要卖"。所谓"服务"，意味着"无条件地做应该做的事"，而"应该的工作"意味着人们的关系是平等的。

后来，读了毛泽东的文章，这个蔬菜商店的人们明白了，要是自己不努力销售西瓜，消费者便吃不到好西瓜，也不可能促进生产。毛泽东用“愚公移山”来比喻推翻帝国主义和封建主义两座大山，自己作为卖西瓜的人，眼前同样堆积着即将腐烂的西瓜大山。于是，人们便有了“干劲”。这位经理写道，所以会有“干劲”，是因为“解决了思想上的矛盾”。

如此一个个具体地分析问题，是贯穿于整个《矛盾论》的思想方法。但是，“思想上解决了问题”，并不等于反过来现实中的矛盾就能够解决。

为此，他们又读了毛泽东的《集中优势兵力，各个歼灭敌人》（1946 年）一文，并且思考是否可以把毛泽东所说的打仗方法运用到卖西瓜上去。当回顾蔬菜商店的情况时，他们发现那里不仅卖西瓜，而且配备有销售各种水果、蔬菜、杂货、酒和烟的柜台，它们分别需要人员去销售。于是，他们便减少了其他柜台上的人，增加销售西瓜的人员，将集中起来的人编成几个班，开始到工厂和街头去切西瓜卖。而用船运来的西瓜由于台风无法卸货，可能要腐烂，他们便在暴风雨中装卸并送到各零售站点去。将卡车换成小型三轮车，零售点从 29 个增设为 118 个，售货员也增加了 100 多人。这样一来，零售额比去年增长了 78%，而成本却降低了 5.15%，耗损率下降了 2.67%，利润提高了 7.36%，利润达到 1.9 万余元（1 元约等于 180 日元）。

关于经济方面，我看这些数字并不太理解究竟意味着有多少价值。另外，为了销售西瓜而投入这么大的精力，到底对社会主义建设是有益还是无益，也难以判断。那位写学习《矛盾论》的体会的蔬菜销售部门经理，可能确实称得上是真正的聪明人，但也许他没有阅读毛泽东的《矛盾论》等文章，便想到了这些主意。

然而，无论如何，在中国毕竟是反对行政命令和金钱挂帅的。人们在工作中时时能够以这种观点或思想方式相互协调，即使未必都是同样的情况，多少还是有好处的。

与结论相比更强调过程

实际上，对于中国民众来说，如果把“主要矛盾”和“矛盾的主要方面”等概念改成阴与阳之类的说法，可能更容易理解一些。因为传统的中国人认为，宇宙是由阴、阳两种要素构成的。像天与地、男与女、昼与夜、春与秋、表与里等等，都是阴阳对立的多种表现。这众多对立物的构成，归根到底都是阴与阳的对立。

自然，阴与阳也并非固定不变，其自有荣枯消长。任何一方发展到极端，都会向相反的方面转化。因此，从长远着眼，他们把阴与阳视为交替着“主宰世界”。当然，它们也会向相反的方面转化。

这种现象与“矛盾”非常相似。所谓“一分为二”，也可以说就是阴、阳之理，而“主要矛盾”或“矛盾的主要方面”之间的转换，同样可以以阴阳循环的道理来加以解释。对于中国民众而言，《矛盾论》并非意味着是什么由西洋传入的深奥哲学。

显而易见，传统的思维方式没有像马克思主义所说的如同阶级斗争一样激烈的、非妥协的倾向，也缺乏历史进步的观念。不过，马克思主义能够被中国人接受，中国人这种古已有之的对于事物的见解与思考方法，起了相当大的作用。

毛泽东的《矛盾论》能够被中国民众接受，同样是因为其与民众的思维习惯一脉相承，其影响力今后一定能够继续反映出来。

如前所述，虽然刘少奇暂时是作为“人民内部矛盾”来处理的，可最终还是会被推到“人民”的“外部”，作为“敌人”来对待，成为“对抗性矛盾”或者是“敌我矛盾”。

关于这种“人民内部矛盾”与“敌我矛盾”的说法，林彪在今年4月举行的中国共产党第九次全国代表大会上的“政治报告”中再次提了出来。他强调，由于这是两种性质不同的矛盾，必须采取不同的处理方法。

这大约是指，对于前者可以宽大，对于后者则要采取严厉的措施。据说，被红卫兵批斗的一些学者，便是将“敌我矛盾”作为“人民内部矛盾”来处理。也就是说，尽管属于“敌人”，但采取了宽大的处理方法。

另外，林彪的“政治报告”还说，苏联和其他一些社会主义国家的矛盾并非是“主要矛盾”。不过，由于“矛盾”运动是事物的根本属性，尽管人们希望安静与和平，但并不惧怕斗争，只能够选择揭露“矛盾”并使之激化的道路。应该把今后的世界看做是包括社会主义阵营在内的重新组合即大变动的时期。

据中国人的看法，“日本人对结论过于性急”。如果我们对变动中的中国急于下结论，恐怕不能不陷入“思维的矛盾”。而要想不至于像售卖矛与盾的人那样在全新的事态面前陷入窘境，便不该仅仅满足追踪表面现象与经常变动的政策，还应该力求理解对方深处那些定型的看法与思维方式。

在某种意义上，《矛盾论》是理解中国人如何思考以及他们怎样观察世界形势的一条线索，甚至称得上是唯一的关键。

（译自《现代》，1969年7月号）

★谈毛泽东思想

毛泽东的思想的基础或者核心，可以归结为“自觉的能动性”（也可称之为“主观能动性”）的观念，或者具有“自觉的能动性”的特色。为了下这样的断语，必须了解他的思想的整体，以及其根本观念与整体思想之间的关系。这里想谈的，是从他思想当中剔除了那些关于政策以及对现实问题的具体意见、指示或命令之类内容之后，最终剩下的根本性的实质，或者说即使不剔除那些具体的东西，也应该透视思想的整体以发现其内部的结构[1]，也可以说是指其所具有的个人特性，即当他接受某种思想体系并展示其创造性的时候，这与其说是思想方法，毋宁说是与个人特点密切相关的观念与信条。总之，从种种意义上看，毛泽东思想的基础正是所谓“自觉的能动性”。正如人们都知道的那样，在《论持久战》中已经论述到了这一点。[2]《论持久战》是1938年5月26日至6月3日他在延安抗日战争研究会上的讲演。

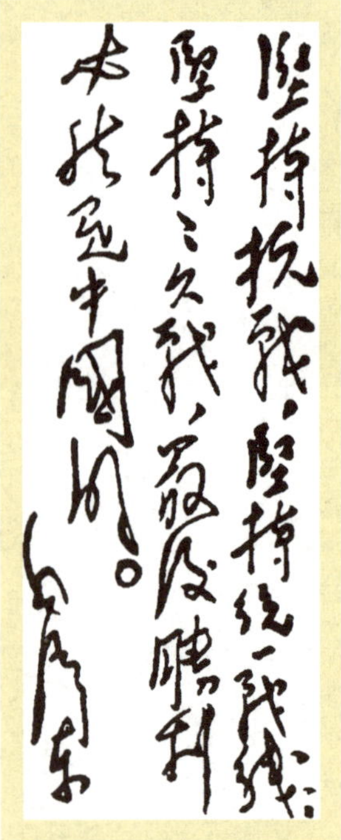

毛泽东题词：“坚持抗战，坚持统一战线，坚持持久战，最后胜利必然是中国的。”

不过，该文在新中国成立后出版发行的《毛泽东选集》中，有若干文字与过去最初发表时不太一样。所说以前发表的时候，指的是延安《解放》第43和44期合刊（1938年7月1日）、《译报时论丛刊》[3]（1939年4月）和《毛泽东选集》1944年版等。下面，以前者为新版，后者为旧版，将二者加以对照（双栏排是为了对照的方便）。

[例文 1]

新版（《毛泽东选集》，1952 年 8 月印）	旧版（《解放》第 43、44 期，1938 年 7 月印）
我们反对主观地看问题，说的是一个人的思想，不根据和不符合客观事实，是空想，是假道理，如果照了去做，就要失败，故须反对它。但是一切事情是要人做的，持久战和最后胜利没有人做就不会出现。	同左。
做就必须先有人根据客观事实，引出思想、道理、意见，提出计划、方针、政策、战略、战术，方能做得好。	要做就必须先有思想，有道理，有意见，有计划、方针、政策、战略、战术，方能做得好。
思想等等是主观的东西，做或行动是主观见之于客观的东西，都是人类特殊的能动性。这种能动性，我们名之曰“自觉的能动性”，是人之所以区别于物的特点。	同左。

接下来的一节，也有如下差异：

[例文 2]

自觉的能动性是人类的特点。人类在战争中强烈地表现出这样的特点。	自觉的能动性，是人的类特点，更是人类在战争中的特点。人类任何的行动中表现的能动性，没有比在战争中更加强烈的。

战争的胜负，固然决定于双方军事、政治、经济、地理、战争性质、国际援助诸条件，然而不仅仅决定于这些；仅有这些，还只是有了胜负的可能性，它本身没有分胜负。要分胜负，还须加上主观的努力，这就是指导战争和实行战争，这就是战争中的自觉的能动性。	战争的胜负，一方面……（以下同左） 然而不仅仅如此……（以下同左）还只是包含着胜负的可能性……（以下同左）

在我看来，与新版本相比较，旧版本似乎更能够清晰地反映出毛泽东的思想轮廓。如在［例文 1］中，新版本中增加了“做就必须先有人根据客观事实”的字样，实际上这并没有什么必要。因为正像在引文中看到的那样，所谓“必须根据客观事实”这样的补充，已经在前面以差不多同样的字句说过了。这样一来，从文字表达上看，旧版并不啰唆，显得很明快。毛泽东想说的意思，无非是强调主体意识。而所谓主体意识，在这里就是指自己的意愿、自觉性、奋发向上及其行动。如果没有这些，所谓理论、预测等等都是无法实现的。

我觉得，这里所说的“自觉的能动性”这一概念，就强调对于现实的强烈意愿这一点而言，与恩格斯下面这段话的意思相互吻合。

社会发展史却有一点是和自然发展史根本不相同的。在自然界中……没有任何事情是作为预期的自觉的目的发生的。反之，在社会历史领域内进行活动的，全是具有意识的、经过思虑或凭激情行动的、追求某种目的的人；任何事情的发生都不是没有自觉的意图，没有预期的目的的。（佐野文夫译《论费尔巴哈》，岩波文库，82 页）

是否因为二者相符合，毛泽东就称得上是马克思主义者呢？彼此的想法相通，当然不该视之为有什么抵触，但就恩格斯的思路来说，恐怕还是不太一样。在恩格斯看来，所谓“意愿”未必就能够在历史中实现。值得注意的是，在前面引用的那段话之后，恩格斯还这样说道：

> 但是，不管这个差别对历史研究，尤其是对个别时代和个别事变的历史研究如何重要，它丝毫不能改变这样一个事实：历史进程是受内在的一般规律支配的。……人们所期望的东西很少如愿以偿，许多预期的目的在大多数场合都彼此冲突，互相矛盾，或者是这些目的本身一开始就是实现不了的，或者是缺乏实现的手段的。……行动的目的是预期的，但是行动实际产生的结果并不是预期的，或者这种结果起初似乎还和预期的目的相符合，而到了最后却完全不是预期的结果。（《论费尔巴哈》，83页）

在指出历史的讽刺之后，恩格斯进而说到了种种“意识”、“激情”、“思虑”，即“创造历史”的“杠杆”是“各式各样”的，它们中有“可能是外界的事物”、“可能是精神方面的动机”，如“功名心”、“个人的**憎恶**”、“纯粹个人的怪癖”等等。（同上书，83～84页）而毛泽东所说的“做就首先要有思想”的“思想”，尽管并非是以狭小的范围去否定像恩格斯那样广泛的含义，但所谓“思想”→“做”→“做得好”（＝实现）这一毛泽东式的循环，还是与恩格斯的意思不太一样。其属于先验的东西，是存在于事实之外的。

恩格斯还曾批判旧唯物主义说：“它认为在历史领域中起作用的**精神**的动力是最终原因，而不去研究隐藏在这些动力后面的是什么，这些动力的动力是什么。”[4]（同上书，85页）

如果将上面恩格斯这一批判性的立场称为“马克思主义”的话，那么毛泽东所说的“自觉的能动性”则并非是这样的“马克思主义”。大体说来，所谓“自觉的能动性”也就是恩格斯所说的

“动力”，但在毛泽东的文章中并没有谈及“动力”的问题。他是以客观的观点看待“历史”的，可并没有客观地将“自己”的“主观”置于客观“历史”的地位。

关于恩格斯的“动力”，可以有两种解释：一是指人类的内在精神，另一种则可以指物质生产力。

列宁曾经说过：“既然唯物主义总是用存在解释意识而不是相反，那么应用于人类社会生活时，唯物主义就要求用社会存在解释社会意识。”（《卡尔·马克思》，见村田阳一译《马克思、恩格斯和马克思主义》，国民文库版，第1册，23页）他又认为：“以往的历史理论至多只是考察了人们历史活动的思想动机，而没有研究产生这些动机的原因，没有探索社会关系体系发展的客观规律性，没有把物质生产的发展程度看作这种关系的根源”（同上书，25页）。考虑到这些论述，应该说还是第二种解释比较正确。（对我来说，似乎愿意摆脱恩格斯的本意，对第一种解释更感兴趣。）

那么，从思维的角度说，究竟应该肯定从物质指向人（思想、精神）的路线（这是自物到人的思路），还是应该走以动机去支配物质生产力的路线（这是以人来影响物质的思路），或者是采取从物质指向人（思想、动机）再支配物质（物质生产力）的路线（这是既追溯思想来源再进而影响物质的思路）呢？

毛泽东在《论持久战》中所展示的思路无疑是指第一条路线。其与第二种即恩格斯和列宁的路线似乎不完全一样。如果当真如此的话，那么若立足于第三种即最合理的思路，则可能更会指责毛泽东的思想中缺少物质生产力的概念，它是不彻底和不完整的。就这一点来说，也许要认为毛泽东还算不上马克思主义者。

不过，正因为毛泽东在这篇文章中没有谈及作为马克思主义常识的最后一种概念，只说到了物质与人（思想）之间的关系，反倒与列宁的观念有些接近。列宁并非把客观存在看得比意识更重要。

例如，列宁有过下面这样一段话：

> 马克思主义和其他一切社会主义理论的不同之处在于，它出色地把以下两方面结合起来：既以完全科学的冷静态度去分

析客观形势和演进的客观进程，又非常坚决地承认群众（当然，还有善于摸索到并建立起同某些阶级的联系的个人、团体、组织、政党）的革命毅力、革命创造力、革命首创精神的意义。（《反对抵制》，1907 年 6 月执笔，见《列宁全集》，大月书店，第 13 卷上，23 页）

这里所说的“革命毅力”、“革命创造力”以及“革命的首创精神”等，确实与毛泽东所说的“自觉的能动性”差不太多。接着，列宁还强调应该“对人类发展的革命时期作高度的评价”。尽管不能断言其所说的“革命时期”就等于毛泽东所说的“战争时期”，但也应该看到，在承认人（思想）在特定情况下具有积极作用的重要性这一点上，二者是一样的。列宁在每一个名词前面都附加了“革命”二字，毛泽东却没有这样做，关于这一问题仍有待于进一步思考（列宁附加了定语而毛泽东却未加以限定，这无疑显示了毛泽东思想带有的启蒙与人生格言的特点[5]）。为了避免议论节外生枝，这里主要想强调二者的一致性。

如此说来，是否可以这样看：当毛泽东在《论持久战》中谈论“自觉的能动性”的时候，他并没有考虑到自己的想法在作为一种学说的整个马克思主义体系中究竟占有什么样的地位。或者说，虽然他已经是马克思主义学说的信徒，但还没有充分阅读有关的文献，也许当时的文献确实不很充足。如果说他并没有从学说的整体上去考虑，那是因为他还不太熟悉马克思主义说过的话。因此，不妨认为，他在当时还称不上是一个“标准”的马克思主义者，或者是并非“完全”的马克思主义者。

然而，因为毛泽东重视“自觉的能动性”，并且自己想保持这样一种精神，这一点又与列宁关于革命的“毅力、创造力、首创精神”相一致。所以，就这方面来说，他又是马克思主义者。虽然在学说方面他还是一个有缺欠的马克思主义者，可是在实践方面即就实践冲动而言，他毕竟是一个典型的马克思主义者。

显而易见，以这种着眼于“自觉的能动性”的视角来分析毛泽东，在某些程度上有将其割裂的毛病。不过，这种视角是立足于这样一种立场，即不应该仅仅凭借这一点去简单地判定毛泽东是不是马克思主义者。而且，即使推而广之地谈论中国现代的思想，可能同样必须注意到这一点。

我觉得，大体来说，这正是成为马克思主义者以前的毛泽东向马克思主义突进的一个关键点。[6]在思想史上，这似乎可以看做是他做出的一个具体贡献。

即使立足于马克思主义这一学说框架之外来看毛泽东，那也应该说，他是一位具有独创性即具有思想个性和相当独特的人物。

那么，毛泽东是如何理解自己这种思想的独创性即独特个性的呢？我想，他可能令人意外地对此并不怎么介意，仿佛只是脱口而出似的。从前面说到的新版对旧版的改订，不难发现他对此未必那么在意。

我们在他的其他论文中，同样能够看到如新版改订后所说的"根据客观事实，引出思想、道理、意见"之类的话。其中之一，是他在1941年所写的《改造我们的学习》（旧版指1944年版《毛泽东选集》，以及1942年3月27日《解放日报》等），从中可以看到：

> 马克思、恩格斯、列宁、斯大林教导我们说：应当从客观存在着的实际事物出发，从其中引出规律，作为我们行动的向导。（在旧版中，"向导"原为"基础"。）

紧接着的这句话，让人觉得很像是前面提到的列宁所讲的"科学的冷静"的意思：

> 为此目的，就要像马克思所说的详细地（旧版为"像马克思曾说的详细地"）占有材料，加以科学的分析和综合研究。

虽然这篇《改造我们的学习》也说要"从客观存在着的实际事物出发"，但考虑到这句话是在上下文中指出"主观主义的态度"并加以批判的时候所说的，不难想象，在1941年5月前后，其与写作《论持久战》（1938年5月）时的思想状况是有些不同的，即那时尊重客观存在的看法已经占有优势。根据文献来看，对《论持久战》的订正最初出现在1952年的《毛泽东选集》中。而改订时的思想状况则与1941年5月写作《改造我们的学习》时差不太多。

或者可以说，实际情况确实就是如此。在《改造我们的学习》中，毛泽东在论及“主观主义的态度”之后，紧接着提到了“马克思主义、列宁主义的态度”，其中提倡“革命气概和实际精神结合起来”。不好说到了1941年5月，像旧版《论持久战》时那样的思想气氛就完全消失了。然而，尽管并没有真正消失，可毕竟人们谈论的已经是尊重“客观存在的事实”。在这种情况下，他自己确认，以前像在旧版《论持久战》中那样提倡“自觉的能动性”，仍旧是一种独创性即独特的个性。而到后来，当《毛泽东选集》出版的时候，像所谓“自觉的能动性”之类的情况已经有所改变，在《目前形势和我们的任务》（1947年12月的报告，收入《毛泽东选集》，1版，第四卷，1139～1158页）中，便出现了“努力”、“力量”等字眼。

显然，这与已经出版的《毛泽东选集》有关系。[7]说到《毛泽东选集》，我们必须看到，就字面（即暂不考虑具体的情况）来看，虽然在学说方面毛泽东的思想并非像马克思主义者那样令人注目，但与之相反，在实践的激情上，其作为马克思主义者的特点却相当突出。这表明，他的独创性即独特个性具有总体性质的特点。即使是从前马克思主义者向马克思主义者突破以后，他的这种特点也没有削弱。在这种意义上，那些文字的改动称得上是与马克思主义“相反”的修订。在文章方面，作为科学的马克思主义，自然应当成为没有疏忽、没有缺点的学说，可那样的观念与毛泽东相距甚远。这称得上是想使“毛泽东思想”成为权威理论的一个难点。我觉得，与其将其解释再解释，修改再修改（与想使其成为权威理论的修订做法相反），还不如追溯其原来的形态，并凭借原来的形态去理解他的思想。这样一来，反倒更能够对现代中国思想产生积极的作用。实际上，所谓“思想”，不都是如此么？

★

在上一节中，我曾把最初具有“自觉的能动性”观念的毛泽东称为“前马克思主义者”。为了说明这一点，必须追溯其观念的旧有形态。

所谓“自觉的能动性”的原型，在《体育之研究》（《新青年》，第3卷第2号，1917年4月）中已经能够看得到：

> 欲图体育之有效，非动其主观，促其对于体育之自觉不可。……
>
> …………
>
> ……学校之设备，教师之教训，乃外的客观的也，吾人盖尚有内的主观的也。夫内断于心，百体从令……苟自之不振，虽使外的客观的尽善尽美，亦犹之乎不能受益也。故讲体育必自自动始。（着重号为引用者加）

正如在这段文字中看到的那样，所谓“自觉的能动性”，也可以改说成通俗的“自振”或“自动”等等。我觉得，这里所说的“自己”或“自我”，与个人能够实现道德完善的中国传统观念之间有联系，即所谓“修身，齐家，治国，平天下”。作为知识分子应走的道路的第一阶段，其基础就是这里所说的“主观”。

那么，毛泽东的这种“主观”论即“自觉的能动性”的原型，直接源流来自何处呢？对此，我还无法完全回答。不过，根据目前的考虑，且看以下两个根源。

首先，恐怕谁都会想到的是长沙第一师范学校教师杨昌济。据说，他继承了宋学（理学）传统，并经常谈论康德、斯宾塞和卢梭等，其伦理观非常重视实践。学校的讲义是摘编《论语》，一边解说《论语》原本，一边叙述自己的世界观和人生观。其中第一篇的题目为《立志》，曾就孔子所说“三军可夺帅也，匹夫不可夺其志也”的话，这样讲解道：

意志之强者，对于己身，则能抑制情欲之横恣；对于社会，则能抵抗权势之压迫。道德者克己之连续，人生者不断之竞争。有不可夺之志，则无不成矣。[8]

据毛泽东传记的作者萧三说，杨昌济的哲学立足于唯心论，曾给当时的毛泽东以很大的影响。遗憾的是杨昌济死后，其文集并没有印行，我们见到的只能限于他的论文。在上面的引文中，所谓“不可夺之志”，与毛泽东所说“内的主观的”是相通的。仅就这二者的比较可以看出，由于其曾被置于《立志》篇的开头，可见对于“主观”的重视已经师徒相沿，传给了毛泽东。

其次使人想到的是船山学社活动的影响。毛泽东在第一师范读书期间，经常去那里听讲。毕业后，曾借用那座建筑物开设过自修大学（1921—1923），还在那里住宿过（1921）。

这个船山学社是由谭嗣同的老师、被称为“浏阳三先生”之一的刘人熙于1914年开设的，其中自然也有湖南文人学者的帮助。船山学社每周举行一次公开讲学，并通过发行《船山学报》（1915年8月—1917年8月，共八册）、出版补遗的《船山遗书》等活动，来普及王船山的学说。[9]1923年，其因被反动政府军占据而停止了活动，到1927年又恢复，但到1931年又遭到了反动军阀的干涉。

就旨趣来说，船山学社的思想无非就是王船山的思想。不过，其在1914年开设，应该还有其他一些原因。这些其他原因无非是指当时开办它的湖南文人们的危机意识。

刘人熙执笔的《船山学报》[10]发刊词即《船山学报叙意》，多少透露出了这种危机意识。试看这一节：

船山学报何为而作也？忧中华民国而作也。

下文说，中国是地球东部文明最古老的国家，一治一乱之世连续不断。接着又讲：

迨欧西物质文明势力满溢，劬关请吏，带甲通商。因势利导，固自有策，而中外隔阂，非谄则骄，深闭固拒，卒归失败。愤政府之昏暗，悲列强之侵陵，人人有亡国灭种之惧。惧则思，思则变，变则通。

这是说，怒对清政府的无能，悲愤于帝国主义的侵略，每人心中都充斥着“亡国灭种”的强烈危机感。所谓“惧则思，思则变，变则通”，与后来（1958年）《红旗》杂志上发表的毛泽东的《介绍一个合作社》一文里“穷则思变，要干，要革命”的说法，风格非常相似。这一说法可以在《周易·系辞传》中找得到。在毛泽东少年时代爱读的郑观应《盛世危言》的自序里，也有“穷则变，变则通，通则久”的说法。他们引用《易经》中的话，似乎是为了展示变革期的精神力量而使用传统的语言。

众人不忧而圣人忧之。有圣人之忧而火尽薪传，得多数之志士仁人以分其忧，而因以导众人之忧，令国家危而不亡。

其中有“圣人”的说法，但应该认为那赋予了全新的意味。紧接着又说：

假令泄泄沓沓，舍饮食男女之外不知有忧而欲免奴隶、牛马之厄运，盖亦难矣。

其意思是，如果民众没有危机感，等待他们的只有奴隶的命运。尽管其中对民众不无歧视，但毕竟又是着眼于启蒙民众。

下面还说了“王船山”之号的由来、其人抵抗清军并殉明的经过，以及关于作者的传说。说他“忧天下与后世至矣”，其“非一国（湖南）之士，盖天下之士也”，认为其学问“通天人，一事理，而独来独往之精神，足以廉顽而立懦”。

独立之国，不可无独立之教育。独立之教育，不可无独立之学术。独立之学术，不可无独立之精神。

且不论这里所说的“独立之国”是否真正是想使湖南省独立，其志趣确实相当高远。下面又说到了地方意识：

> 不佞湘（湖南）产也。在湘言湘。愿与湘人昌明正学以新吾湘。又民国一分子也。愿广船山于天下以新天下。学报之作，窃比桃李之报，投侨札之缟紵，诚不知其德薄。年衰力小任重，以为世之君子倘亦不鄙弃于斯，赓续于斯者也。

上述发刊词就其并非仅仅感叹时世，更想“以新天下”这一纲领来看，从中可以窥视出当时湖南省知识分子的思想态度。所谓“忧”、“惧”以及“思”、“变”、“通”等这些试图打开时局的不同思想阶段，归根到底还是说的精神，反映了立足于“独立之精神”积极改革的言论方向。“亡国灭种”是一种基于历史大趋势而形成的危机感，其与个人状况所确立的思想志向并不矛盾。在这里面，除与杨昌济的“立志”说有共同点之外，也与毛泽东的“主观”概念有联系。

《船山学报》的内容分为“师说”、“讲演”、“广师”、“通论”、“专论”、“文苑”、“说苑”、“附篇”等各个栏目，是一本主要介绍船山思想的正规综合杂志。在“讲演”栏中，曾记载毛泽东听过讲演，其中反映的当时知识分子的思想动态非常引人注目。

第一次公开讲演是在民国三年（1914）6月14日。尽管人数不算多，但热心者聚集在“临水之楼”，听了刘人熙的报告。关于这次讲演，杂志没有刊登刘人熙的执笔原稿，而是在《湖南公报》中进行了报道。据说，刘人熙的发言中有这样一句话：

> 国体既更，未堪多难。深思其故，唯在人心陷溺，道德堕落。

值得注意的是，其中说应该明确学术以正人心为唯一的方法。而关于危机的根源，不该向外来或国内的社会势力去寻找，而是在于所谓“人心、道德”，即主体的与自己的“主观”。

刘人熙第二讲说的是“学”，第三讲谈的是“立志”。从儒教的观点来说，从“学”到“立志”是很自然的。他说：“志为万事之本。”而在第四讲里，则涉及了“天赋人权”。其中这样说道：

> 所谓天赋人权，既已赋之，则为仁由己，天亦不能限量。……
>
> 芸芸众生与草木同腐者，盖不知几千万亿也。天赋人权而人放弃其权，奈之何哉！
>
> 本社宗旨主张人权，非欲与人竞长短。要而言之，上策莫如自治。彼丈夫也，我丈夫也，吾何畏彼哉？则愧奋之心生，而精神为之振。

这里所说的“心”或“精神”，只有人才会具备。刘人熙接着讲：

> 自俗士误读进化论及天演之说，以人为脊椎之动物，上祖猨狙，吾人失其自尊自重之心，视先圣位育参赞之说为虚诞，于是……仅与翾毛蠕动者同为肉体生活之竞争，弱肉强食，浸致有今，兹社会凶惨现象。……苟能阐（船山）先生之遗说，知吾人受命于天，畀以完全之性灵，应负完全之责任，小之基于洒扫应对，大之极于位育参赞，不外尽吾性中所固有。

这里所说的“人”，与其指与物质相对立，毋宁说是与动物对立并比其优越的方面。而其根据便在于“天”，即自己“天”生“固有”的“性与灵性”。毛泽东讲“自觉的能动性是人类的特点”，其所说的“人类”，无疑含有与物质相对立的意思，与上面这些话中的“人”有共同之处。这种“人”的概念，不会使人深思其背后的所谓“动力”，即历史与社会的原因。[11]

在前一节中，我曾认为毛泽东作为“前马克思主义者”，是基于“自觉的能动性”观念。正如以上所说，这与杨昌济、刘人熙的言论有极密切的关系。而在这里，我则将写作《论持久战》时的毛泽东，看做是名副其实的马克思主义组织中国共产党的领导人。

毫无疑问，说到这两个问题，有几点是不能不加以注意的，比如：在追溯革命家的思想形成的过程中，对文献的依赖究竟应该把握到什么程度？在觉得应该被其读过的著作中去寻找片言只语，到底是否真正有用？通过杨昌济、刘人熙这一渠道，毛泽东所受到的影响究竟是康德还是王船山？……

考虑到这样一些分寸，即使应承认毛泽东受当时思想界状况的影响相当复杂，我仍然愿意在这里坚持上面所说的那两个侧面。这是因为，所谓“主观”的概念，原本是关于人性、人格与人生的教训。它是从活着的人与人群集体中耳濡目染学来的。这确实是思想的本真状况。

这里再强调一下以上说过的两个侧面，那就是：(1) 如果强调实践的特点，毛泽东的“自觉的能动性”观念是与马克思主义一致的；(2) 不过，这种观念来自与作为学说体系的马克思主义并无关联的源流。

★

从《体育之研究》到《论持久战》，实际经过了22年的时间。毫无疑问，这期间的革命实践与学习马克思主义，确实改变了毛泽东的思想。因此，要把出现在《体育之研究》中的“自觉”、“主观”与《论持久战》里的“自觉的能动性”简单地视为同样的东西，自然难免出现偏差。但是，像已经看到的那样，新、旧两种版本《论持久战》中的不同说法，显然反映了毛泽东本人或《毛泽东选集》的编者（改动文字要经毛泽东同意，虽然这与毛本人并无大的差异，但还是有区别）对其原有思想观念的否定性修订。同时，这从反面说明了，在从《体育之研究》到《论持久战》的22年间，他对自己原有的某种思想观念那种持之以恒的态度。

这里的疑问在于，毛泽东曾对斯诺说过，自己在1920年冬读了马克思主义文献以后才成为一名马克思主义者（斯诺《中国的红星》，筑摩书房，114页）。那么，当时他的理论立足于什么呢？

按常识来说，在很短的时间里是不可能把“马克思主义”完全学好的。虽然毛泽东没有谈及与以前的“思想”诀别时的心理矛盾或反复的情形，但在他的谈话中，似乎也能够觉察出那一历史过程。

不难想象，说到曾经给予过自己以影响的著作，他的语气绝不会轻描淡写。[12]例如，要是在读了克卡朴（柯卡普）的《社会主义史》一书以后才成了马克思主义者，那么，若不同时说明究竟是怎样阅读的，仍然难以知道得很具体。[13]

这本书在第 16 章中是这样描述社会主义的：

> 社会主义仍然是不十分纯粹的，他因过于株守马克思的学说，所以受害之处颇多；马克思的学说本是由一种时代造成的，到了现在已经是时过境迁，情形大变了。在早前 40 年之间，马克思的学说正在形成之际，当时唯心论衰歇，于是一种尚未成熟的和武断的唯物论遂乘机而起，大占势力。……（中译本，255 页）
>
> 马克思在《共产党宣言》中曾说，无产阶级，除掉锁链子以外，再不致失去丝毫的东西。不幸马克思和他那一派竟替工界造出好些新的锁链子，就是指他那种固定的唯物论，抽象的集产主义，和极端的革命观，因此工人阶级在解放之中又被缚束了。（同上书，256 页）
>
> 他们（指马克思的后继者——引用者注）对于婚姻和家庭两桩事的宣言，使工人阶级受害不浅……（同上书，257 页）
>
> 博爱，平等，互助，及和平，是耶苏教义中最显著的特点。（同上书，258 页）
>
> 我们于一种合理的社会主义之中，可以看见一条长而且广之进取的道路，人类可以沿着这条道路用一种和平的，渐进的，而又最安稳，最有希望的，最有效验的方法，去求进步。……就将和狄爱森所说的一样——
>
> 各人以公众的幸福为幸福。
>
> 大家都通力合作异常和睦。
>
> 我们岂不能够和圣西门一样，希望黄金时代，不在过去而在将来么？（同上书，276～277 页）

如果以上这些论述能够调动社会主义者的精神动力，那么应该说，还是因为他们本来就有的“自觉的能动性”发挥了作用。正如从蔡元培的序言中看到的那样，必须充分认识到，当时包括毛泽东在内的青年或知识分子大都有相当强烈的自信。凭借着它，他们能够高瞻远瞩地接触与吸收新的思想。毛泽东所说的“自觉的能动性”，就是当时文化气氛中的现象之一。前面曾经谈到这种“自觉的能动性”是否属于马克思主义范畴的问题，而与其谈论这一点，毋宁更要注意在马克思主义思想被介绍到中国以前，那些以毛泽东为代表的先进人物已有的具体思想基础。正像前面说过的，即使在接受了马克思主义理论以后，毛泽东及其他一些人也没有改变这种根本性的思想基础，它们就是毛泽东思想的特点与独创性。

★

为了毛泽东思想的规范化与普及，当然应该将旧论著加以订正或补充。然而，由于这种规范化和普及会受到当时对马克思主义教条主义理解的制约，反倒会使毛泽东及其思想的轨迹变得模糊不清。在他的思想轨迹与规范化思想之间，显然存在一定的距离。然而尽管如此，还是必须看到，事实上规范化还是必要的。这种规范化同样是其思想轨迹中的一种现象。也就是说，对目前所谓“毛泽东思想”的看法，将来也会因对其理解角度的差异有所改变。那么，作为毛泽东本身，是否也曾高瞻远瞩地想到过对其思想解释的这种变化呢？所谓思想，毕竟应该从产生的主体去进行认识。不能够按照其行为的状况去认识理解其思想，而必须从主体的思想状况去了解其行为或行为观念。只有搞清楚一个人的思想，才能够理解他的行为。而借助于其思想形成的逻辑进程，则可以认识其思想的轨迹。正因为毛泽东自身处在这样一种地位，他才不断在历史中塑造出了现在的自己。

（译自《毛泽东语录》，角川书店，1971 年 10 月 25 日）

《毛泽东语录》译后记

过去，也就是我幼年全家在中国生活的时候，隔壁邻居那边有一个私塾。在讲课时，经常从中传出朗朗的读书声，虽然显得有些吵嚷，但因带着某种韵味，听起来很给人以快感。邻居是一个大家族，请了一位老先生来教孩子。孩子们的年龄大小不一，各人按着自己的学习进度，背诵着教科书。后来我才真正明白，中国话说的"念书"，在私塾和在学校里并不一样。

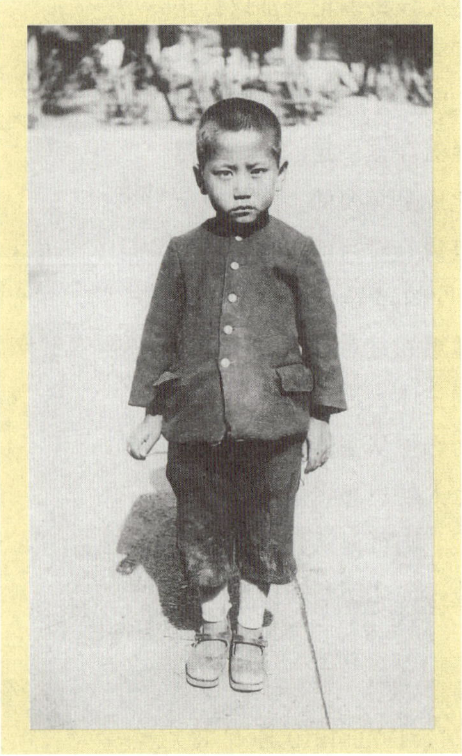

本书作者竹内实五六岁时在山东张店。

在前者，其中有除了学习学问，还要放声朗读这样两种意思。像私塾先生那样，按着活字印刷的教材，一边小声抑扬顿挫地读着，一边配合着自己的声音，上身像被风吹动似的前后摇晃着，仿佛沉浸在课文情景中的样子，那才叫真正的"念书"。在近一个时期，有将中国人郑重其事齐声朗读《毛泽东语录》[1]作为一种新风尚来报道的，但弄不清那是一种仪式还是习惯。而在我看来，这种事情在中国，其实从很普通的"念书"开始，很早就有了。

我从私塾里听到的那"念书"的声音，读的是什么呢？大约是读《三字经》，那是按意思将汉字三字一句地排列起来，读起来很押韵的一种教科书，或者也许是《论语》。至于《毛泽东语录》，我认为可视为“现代《论语》”。在很长时期里，《论语》曾是中国思想的基础。以后《毛泽东语录》能不能像《论语》那样，长久地维持其权威性，当然不好轻易断定。不过，当进入20世纪，中国新一代人高呼打倒孔子即儒教以后，《论语》所占据的位置一直空缺着。在中国民众和知识分子的潜在意识里，能够替代它的东西恐怕还得是“语录”。正像把孔子对弟子的谈话整理成《论语》那样，《毛泽东语录》也是由毛泽东对党员和干部的讲话编辑而成的。确实，毛泽东也对中国的民众讲话。不过，编这本《毛泽东语录》主要是面向党员或干部。最初它是发给士兵的，因此不妨认为也有面向士兵的意思。这就是说，广大民众（按中国话叫“老百姓”）读它当然也有益处，但是，其编选内容的重点既然是工作态度或方法之类，因此，主要还是给与广大民众相对而言的党员、干部和士兵阅读的。可以说，它是“治者”之书，而并非是“被治者”的书。而《论语》也是一样。

领导者和被领导者之间，当然会有矛盾。因此在中国，领导者的品德必须比被领导者优秀才行。而政治和道德也不好截然分开，

1966年8月18日，毛泽东在天安门城楼上接见红卫兵代表。

老百姓受领导者的影响，品德有了提高，会被看做是“治者”的成绩。长期以来，《论语》在中国思想界受人推崇，就是因为其中贯穿着政治与道德一致的观念。老百姓同样肯定这种观念，所以，《论语》也是被领导的民众爱读的书。在中国，所谓“道德”，具体而言是来规范人与人之间关系的。重视人与人之间的关系的民众日常生活，正与《论语》相吻合。我觉得，透过《毛泽东语录》里关于马克思主义、党或军队的那些庄重论述的表面，可以觉察出贯穿其中的那种重视人与人之间关系的中国式传统观念。

在中国传统思想里，有一种向往纯朴、自然、非现实世界的情趣。与中国半殖民地半封建社会的现实有关，这其实是人们安于停滞和失败的社会风气的反映。不难理解，《毛泽东语录》强调人的意志、勤奋和持续而不停顿的革命精神，是想要改变这样的风气。也就是说，与其将《毛泽东语录》视为老庄和道教的思想，毋宁说它更是儒家和儒教的，或者还含有墨家质朴艰苦的精神。我认为，中国思想的结构是：民众（内在）是道教的，而为政者——知识人（外在）则是儒家的。如果承认这一点，便可以发现，《毛泽东语录》是想改造中国的这种思想结构。它通过全面普及自己的思想，试图从外在的社会规范中凝聚那些内在的东西，进而将外在规范变为人们内心自愿的东西。就此而言，不妨说它是反传统的。

然而即使如此，从中也可以看出源自传统思想的那些成分。如同以往的“治者”即知识人信奉《论语》的教诲一样，即使中国的党员、干部和士兵信奉《毛泽东语录》（并表里一致），现在中国的民众似乎也仍旧与过去的老百姓一样，思想深处还是神往道教的、超越现实政治的生活境界。对于这一问题，大概只能根据今后《毛泽东语录》在中国历史发展中的命运来回答了。

“语录”的好处是从哪里开始阅读都可以。因为从哪里读起并没有关系。于是，对某些部分、某些话，可以依据个人在某一环境里的心情去加以体味。现在来看第 24 节第 15 条：

> 一个人做点好事并不难，难的是一辈子做好事，不做坏事……几十年如一日，这才是最难最难的呵！[2]

在这本小书中，这段话是最引人深思的。毛泽东所说的“好事”的内容，是指“有益于大众、青年和革命”。所谓“有益”，就是说“艰苦奋斗”。至于我，并没有怎么拘泥于这些，在译为日文时有点改动。改动后的文句也许与作者的意思稍有出入，不过读起来会更感觉出毛泽东的彻底性，或者说是竭力追求那种彻底性的坚定不移的态度。然而，要人们做到这一点，几乎是不可能的。虽然这样说有点伪善，但我觉得，毛泽东能说出这样的话，确实有点令人惊异。在翻译这样的句子的时候，我会情不自禁地感叹起来。虽说如此，这些话仍然萦绕在我的心中，因为它们是平凡的真理。这种真理，并不像哲学或是国际问题那样玄奥，老百姓也完全能够明白。如同老百姓一样，能极平凡、朴素地说出这种话来的人，可以想象得到，反过来一定也能够宽容和体谅别人的缺点。无论如何，我对前面提到的毛泽东所说的那些话，对他那种令人惊异的彻底性，以及平凡、朴素地讲出了平凡朴素的真理这一点，毕竟很是喜欢。

本书是受角川书店之托翻译的。在这本语录开始被介绍到日本的时候，曾出版过几种译本，后来又有河出书房和北京外文出版社的日文译本。我在翻译时曾参考过它们，在此特表谢意。但遗憾的是，直到此次翻译完毕，也未看到《毛主席语录》的1969年增补版，只好有待来日了。

（译自《毛泽东语录》，角川书店，1971年10月25日）

★毛泽东和中国共产党（节选）

1. “造反有理”

在毛泽东心目里，“党”究竟意味着什么呢？所谓“党”，除了指作为具体组织存在的中国共产党之外，当然还应该包括“中国共产党50年历程”。只有这些，才是他心目里真正的“党”。因此，在中国共产党第九次全国代表大会通过党章时，毛泽东认为必须指明“党”今后应该努力的方向。（当然，这种指明主要是从基本方向上说的。）至于如何向这样的方向来努力，我觉得不妨看看毛泽东在延安的集会上谈到共产国际解散时的一段话：

> 按照马列主义的原则，革命的组织形式应该服从于革命斗争的需要，如果组织形式已经与斗争的需要不相适合时，则应取消这个组织形式。（《关于解散共产国际问题的报告》，1943年5月26日）

解散共产国际，是在第二次世界大战最残酷的时期，根据苏联的实际情况采取的措施。当时，由于受到纳粹德国的进攻，苏联希望在欧洲形成一个新的反法西斯联盟。此外，正像共产国际刚刚解散后不久斯大林在回答路透社记者提问时所说的那样，“希特勒一伙无中生有地扬言，莫斯科干涉其他国家的生活，企图将它们布尔什维克化”，“工人运动中共产主义的敌对势力，则中伤国家共产党和不能为本民族的利益去行动，他们似乎给人以完全按照外来指令工作的印象”。正是为了对这些说法进行“揭露”，消除那些“爱好自由的人们”的疑虑，共产国际才决定解散。当然，另一方面，这一决定无疑也与其内部情况有些关系，即“共产国际这一世界上单一的共产党组织形态，已经与各国政治的实际完全脱离”（《现代共产主义史》）。关于这一点，共产国际在以电报形式发出的《决定》中讲得很清楚。毛泽东就是根据这一《决定》的意思进行解释的。不过，他的说明没有仅仅拘泥于对当时形势的分析，而是同时提出了“革命的组织形式应该服从革命斗争的需要”这样一个基本原理。换句话说就是“党”必须服从“革命”，即“党”是为“革命”服务的，而并非是“革命”来为“党”服务。

那么，在毛泽东看来，“革命”究竟指什么呢？那自然首先是指“中国共产党50年历程”。在1939年时，他曾经这样简要地归纳过这一历程：

> 我们党的历史，从一九二一年第一次全国代表大会那个时候起，到现在，已经整整十八年了。十八年中，党经历了许多伟大的斗争。党员、党的干部、党的组织，在这些伟大斗争中，锻炼了自己。他们经历过伟大的革命胜利，也经历过严重的革命失败。同资产阶级建立过民族统一战线，又由于这种统一战线的破裂，同大资产阶级及其同盟者进行过严重的武装斗争。最近三年，则又处于同资产阶级建立民族统一战线的时期中。中国革命和中国共产党的发展道路，是在这样同中国资产阶级的复杂关联中走过的。这是一个历史的特点，殖民地半殖民地革命过程中的特点，而为任何资本主义国家的革命史中所没有的。再则，由于中国是半殖民地半封建的国家，政治、经济、文化各方面发展不平衡的国家，半封建经济占优势而又土地广大的国家，这就不但规定了中国现阶段革命的性质是资产阶级民主革命的性质，革命的主要对象是帝国主义和封建主义，基本的革命的动力是无产阶级、农民阶级和城市小资产阶级，而在一定的时期中，一定的程度上，还有民族资产阶级的参加；并且规定了中国革命斗争的主要形式是武装斗争。我们党的历史，可以说就是武装斗争的历史。斯大林同志说过：“在中国，是武装的革命反对武装的反革命。这是中国革命的特点之一，也是中国革命的优点之一。”这是说得非常之对的。

这一特点，这一半殖民地的中国的特点，也是各个资本主义国家的共产党领导的革命史中所没有的，或是同那些国家不相同的。这样：（一）无产阶级同资产阶级建立或被迫分裂革命的民族统一战线，（二）主要的革命形式是武装斗争，——就成了中国资产阶级民主革命过程中的两个基本特点。这里，我们没有把党同农民阶级和党同城市小资产阶级的关系作为基本特点，这是因为：第一，这种关系，世界各国的共产党原则上都是一样的；第二，在中国，只要一提到武装斗争，实质上即是农民战争，党同农民战争的密切关系即是党同农民的关系。（《〈共产党人〉发刊词》）

这是当时对“革命历程”的总结。那时候，“新民主主义革命的伟大斗争”（见中共第九次全国代表大会通过的《中国共产党章程》总纲部分）还没有结束。后来又有了“社会主义革命和社会主义建设的伟大斗争”，其与“当代国际共产主义运动反对帝国主义、反对现代修正主义、反对各国反动派的伟大斗争”，是同时并行的。

当然，不应该遗漏的是，在并非这样具体概括历史而是从原理上来解释“什么是革命”的问题时，毛泽东还大体这样解答过：

马克思主义的道理千条万绪，归根结底，就是一句话：“造反有理。”几千年来总是说：压迫有理，剥削有理，造反无理。自从马克思主义出来，就把这个旧案翻过来了。这是一个大功劳。这个道理是无产阶级从斗争中得来的，而马克思作了结论。根据这个道理，于是就反抗，就斗争，就干社会主义。（《在延安各界庆祝斯大林六十寿辰大会上的讲话》，1939 年 12 月 21 日）

“文化大革命”开始后，毛泽东在给清华大学附属中学红卫兵的信里，同样说过中学红卫兵的大字报“对反动派造反有理”的话，向他们表示支持。为此，红卫兵逐渐经常使用起“造反有理，革命无罪”的对联来。这种说法后来在日本也很流行。尽管不太知道红卫兵为什么会写出这副对联，但由于他们写大字报可能得到了党中央“文革”小组有关说法的纵容，所以人们猜测，这副对联也许是“文革”小组根据毛泽东在延安时代的讲演编撰出来的。不过，归根到底，这句格言的首创还是应该归功于毛泽东。我之所以这样推测，是因为“造反有理”这句话显得非常简洁明快，无疑最典型地反映了毛的思想。而“对反动派造反有理”的说法由于带有附带条件，则更使人觉得具有分寸感。由此可见，后一句话与前一句话并不完全一样。后者除了显得有分寸，原本还带有某种在政治上被动自卫的意思。

这副对联的创作人的心中原来大约不会不明白其应有的分寸感。红卫兵身处社会主义中国，他们是向握有权力的中国共产党发起攻击。如果社会主义或中国共产党全都属于“革命”一边，那么红卫兵便会成为“反革命”。而反过来看，要是红卫兵的行为被称为“革命”的，那革命的对象则会成为“反革命”的。可是无论如何，在社会主义中国，中国共产党总不会成为“反革命”的。因此，对联的创作者（们）只是采取了“造反”一词中最基本的反抗之意。由于支持一切人“造反”会被看做是反抗社会主义中国，即容忍其破坏，所以毛泽东对其附加了限制语。

当初毛泽东开始使用“造反有理”这句话的时候，也许连做梦也不会想到，这种造反竟然会同样出现在社会主义社会，或者是针对共产党。

如果在延安开始使用“造反有理”这个新词的时候，向毛泽东询问：在社会主义社会发生了反抗斗争，那应该叫什么呢？他大概会毫不犹豫地回答说“反革命”。反抗共产党，无疑也同样会是“反革命”。实际上，当一个人被问到应该把马克思主义归结为一句什么话的时候，他不是回答“革命”却用了“造反”这样一个词，似乎总让人觉得，他认定，推动历史前进的革命主要是基于方向不明、脱离历史条件和缺乏理论的原始性反抗。毛泽东可能同样是凭着一种并未上升为理论规律的本能感觉，选用了“造反”这样一个词。

“造反有理”这句话，确实是毛泽东的创造。其中，他选用

"造反"这个词的理由之一在于，以前的统治者即有权力的人都是斥责、处罚与抵制被统治阶级即民众的反抗。而毛泽东却拾起这些已经被玷污了的词汇，公开把它们写在自己的旗帜上。按理说，当统治者与被统治者的地位相互颠倒之后，词语上附带的褒贬色彩同样也应该被颠倒过来。由于"造反"一词原来意味着犯罪，所以，在新中国成立后，中国共产党仍旧不使用这个词。斯大林被批判以后，在匈牙利叛乱等国际动荡的环境中，当中国共产党提出"百家争鸣，百花齐放"的政策时，曾经出现过批判共产党的言论。发表这些言论的人们作为"资产阶级右派"受到了批判。在批判这些人的言论时，陆定一（中共中央宣传部部长）曾使用过"造反"一词。关于当时陆定一的讲话，有过下面这样的报道：

> 他说，在政权问题已经解决，经济战线上的社会主义革命也基本完成之后，资产阶级还要造反。领导这种造反的是资产阶级知识分子。这种资产阶级造反在苏联是失败了，在匈牙利却一度推翻过工人阶级的政权。中国现在也有资产阶级造反的问题，以章伯钧、罗隆基联盟为中心的资产阶级右派的猖狂进攻，就是要想对社会主义的造反。陆定一同志说，不论在苏联，在匈牙利，在中国，资产阶级造反的目的，都是推翻社会主义制度，恢复反革命的反动统治。（《文艺报》，1957 年第 25 期）

新中国成立后，中国共产党领导人在一段时间里，没有使用"造反"一词。由于在这里仅限于指"资产阶级造反"，所以，这一"造反"的意思是被否定的。比如，要是问陆定一："无产阶级造反"是否也应该肯定呢？他一定会回答说，在中国共产党体制之下是不允许那样做的。因为对于获得政权的中国共产党来说，"造反"大体上是贬义的。毛泽东曾经说过："在为旧中国服务的时候，知识分子中的左翼是反抗的，中间派是摇摆的，只有右翼是坚定的。现在转到为新社会服务，就反过来了。左翼是坚定的，中间派是摇摆的……右翼是反抗的。"（《在中国共产党全国宣传工作会议上的讲话》）因此，当清华大学附属中学的红卫兵高喊"造反有理"的时候，毛泽东特意为他们加上了“对反动派”这样的限定语。显然，在这个基本为否定性的词语里，值得肯定的东西其实并不太多。

即使把毛泽东的这些说法与北京市委的彭真或者是刘少奇联系起来，也不能不使人觉得，“造反”的一般正义性未必意味着其一定“有理”。因为人们不难发现，就原本意义而言，真正的革命派其实是应该否定“造反”的。如果有人立足于肯定“造反”的立场，并把“造反”的对象确定为中国共产党内的“当权派”，那他很可能意味着是“反革命”。从这样的关系看，要说毛泽东自1939年以来从马克思主义中总结出来的“造反有理”观念中的“造反”精神至今仍旧有效的话，那只能认为，现在的中国共产党变质了，即曾经是“造反”主体的中国共产党，如今已经变成了被“造反”的客体。当然也不妨反驳说，这并不等于中国共产党全都变了质，变质的不过只是一部分“当权派”。然而问题的关键在于，这些“当权派”原本是执党之“牛耳”的。如果这样的“当权派”能够飞扬跋扈，其实说明中国共产党已在相当程度上变了质。

在毛泽东看来，“当权派”这个叫法，其实是一种应该批判的东西。“当权派”的本义是指握有权力的一伙人。中国共产党通过夺取政权和建立政权成为执权者，原本是天经地义的事情。毛泽东确实曾经以“造反”的观念来激发革命，把它们视为中国共产党能量的源泉；但另一方面，他也清醒地意识到，在“造反”之后，必须巩固作为权力基础的干部体制。

“造反”的精神不变，而主体却变成了客体，这实际上是由处于历史进程中的中国共产党自身矛盾演变的结果。按毛泽东的理想，中国共产党应该永远不忘最初的“造反”精神，然而在其成长的过程中，却逐渐形成了一种独特的官僚体制。他想反抗这种体制，可又兼任着领导人的身份。大约正是为了与已经演变成为官僚集团的中国共产党拉开距离，并且破坏中国共产党这种顽固的官僚体制，毛泽东又一次“造反”了。毛泽东的理想与做法这两个侧面是彼此矛盾的。也就是说，在他身上反映出既是该党的领导人又是其反抗者的矛盾。

企图通过“造反”来打破或者抑制党内的官僚体制，也许只是一种梦想。在分析为实现这一目的发动的“文化大革命”以及红卫兵运动出现与终结的过程之前，让我们首先大体看一看中国共产党的“官僚体制”，也就是党的干部体制。

2. 党的干部体制

中国共产党的历史，可以大致划分成1949年10月以前与以后两个时期。毫无疑问，这是以革命胜利，即建立全新国家作为分水岭的，也就是指夺取政权、建立政权的之前和之后。按照这样的划分方法，中国共产党在1949年以前其实已经有过夺取政权和建设政权的经验。这是指1931年11月中华苏维埃共和国的成立。也就是说，中国共产党在开展夺取政权的斗争十年之后，已经在中国的一部分土地上着手积累维护政权的政治经验了。作为世界革命政党来说，这显然是没有先例的。

这实际上意味着，中国共产党同时肩负着破坏秩序和维持秩序这样两方面的责任。在这种情况下，应该破坏的秩序与必须维护的秩序不相同。作为秩序的维护者，当然不能不对反抗者进行镇压。不过，镇压的对象虽说可能是逆历史而动的反革命行为，但也不好完全判断，对自己的反抗就一定意味着全是反革命。这显然是因为，从理论上说，作为建立政权和维护秩序的革命家代表着国家权力，而“只要国家存在，便无所谓自由”。因此，他们不得不致力于对自由进行控制的局面。从而也就不难明白，为什么执掌着国家权力的革命家，在一定情况下会变成官僚。关于这种革命家以官僚身份存在的矛盾，尽管可以从理论的角度进行某种解释，但在实际上，这种实际的矛盾是不可能消失的。就像毛泽东在全国解放前夕指出的那样，尽管党已经准备着手培养优秀的政府官僚，但其大部分还是革命家。他在《中共中央关于九月会议的通知》（1948年10月10日）中这样说道：

夺取全国政权的任务，要求我党迅速地有计划地训练大批的能够管理军事、政治、经济、党务、文化教育等项工作的干部。战争的第三年内，必须准备好三万至四万下级、中级和高级干部，以便第四年内军队前进的时候，这些干部能够随军前进，能够有秩序地管理大约五千万至一万万人口的新开辟的解放区。中国地方甚大，人口甚多，革命战争发展甚快，而我们的干部供应甚感不足，这是一个很大的困难。第三年内干部的准备，虽然大部分应当依靠老的解放区，但是必须同时注意从国民党统治的大城市中去吸收。国民党区大城市中有许多工人和知识分子能够参加我们的工作，他们的文化水准较之老解放区的工农分子的文化水准一般要高些。国民党经济、财政、文化、教育机构中的工作人员，除去反动分子外，我们应当大批地利用。解放区的学校教育工作，必须恢复和发展。

这里所讲的“干部”，实际上相当于目前日本的地方公务员或国家公务员，即所谓政府官僚。说到“准备干部”，其实作为革命主体的中国共产党，原来不想使之成为官僚或是官僚机构。而中国共产党里后来竟有了官僚，有一些机关也变成了官僚式机构，那是源于夺取政权和建立政权的某些必然的负面效应。从下面一些文件中可以看出来，中国共产党自身早已意识到了这一问题的严重性，比如：《关于增强党性的决定》（1941 年 7 月 1 日）、《关于统一抗日根据地党的领导及调整各组织间关系的决定》（1942 年 9 月 1 日）、《关于领导方法的若干问题》（1943 年 6 月 1 日）、《关于建立报告制度》（1948 年 1 月 7 日）、《一九四八年的土地改革工作和整党工作》（1948 年 5 月 25 日）第六项、《中共中央关于九月会议的通知》（1948 年 10 月 10 日）第四项、《关于健全党委制》（1948 年 9 月 20 日），以及毛泽东在七届二中全会上的报告的结论部分（即《党委会的工作方法》，1949 年 3 月 13 日）等等。其中除最后一文，其他都是党中央的决定。由于这些文件大都是毛泽东起草的，因此，所谓中国共产党对官僚或官僚机构问题的认识，主要就是指毛泽东对这一问题的看法。

总括这些文件，其中有两点很值得注意：（1）中国共产党既是维护秩序的主体，同时又是被审视的客体；（2）在这样的政权机构里，中国共产党党员怎样才能发挥其领导作用。对第一点，曾有过如下规定：

> 党是无产阶级的先锋队和无产阶级组织的最高形式，他应该领导一切其他组织，如军队、政府与民众团体……（《关于统一抗日根据地党的领导及调整各组织间关系的决定》，1942年9月1日）

这自然是就中国共产党作为维护秩序的主体性质而言的。按照这一定义，在当时的抗日根据地，党便等于国家权力。此外，下面还讲到另一方面，即指共产党（包括党员）作为被维护的秩序客体的性质。

> 党的领导的一元化，一方面表现在同级党政民各组织的相互关系上，又一方面则表现在上下级关系上。在这里，下级服从上级，全党服从中央的原则之严格执行，对于党的统一领导，是有决定意义的。各根据地领导机关在实行政策及制度时，必须依照中央的指示。在决定含有全国全党全军普遍性的新问题时，必须请示中央，不得标新立异，自作决定，危害全党领导的统一（凡带地方性质的不违犯上级及中央决定的不在此例）。下级党政军民组织对上级及中央之决议、决定、命令、指示，不坚决执行，阳奉阴违，或在解决新的原则问题及按其性质不应独断的问题时，不向上级和中央请示，都是党性不纯与破坏统一的表现。（同上）

接着，也谈到了作为被维护的客体秩序的党（包括党员），应该遵守如下相当严格的规定：

> 在这里，应当再一次的提醒各根据地党政军民领导同志注意，各级党委及政府军队民众团体中的党员负责同志，不得中央许可，不得发表带有全国意义和全党全军意义的宣言谈话及

> 广播，各级领导同志的文章应经过同级党委或党团适当人员的审阅。分局委员以上师以上负责人的文章，凡带有全国及全党意义的，应事先将主要内容报告或电告中央。各地不应再直接对外广播，应统一于延安新华社。应当深刻认识，一个党的负责高级干部，不经过同级或上级一定组织的同意，而擅自发表政见，是何等违犯党的组织原则，何等妨碍党的统一的恶劣行为！（同上）

从以上这些规定不难看出，党员在坚决贯彻党（中央或者上级）的决议、决定、命令和指示时，他是代表党的，而从其并不能随意代表党这一点上来说，他又不等于党。就像上面引用的话所说的那样，即使是“负责高级干部”也是如此。由于一切党外组织都是服从党的领导的，所以，党员在面对党外组织时，必须立足于维护秩序的主体（即领导者）的立场。而另一方面，他只有在贯彻党的决议、决定、命令和指示的情况下，那些组织才称得上是能够维护其纪律的客体。这二者之间是领导与被领导的关系。在一般情况下，“在彻底实行行政官僚制度的时候，人们实际上会形成一种几乎难以触动的上下级领导关系的结构。每一个官僚都很难摆脱约束他们的机构。……职业官僚（多数是如此）身处于不断提升的机构当中，但只相当于承担着某一专门任务的齿轮。他的提升，从根本上说受制于机构。能够使机构停止或者是运转的，并非是他本人，而是那最高级的干部。”（韦伯《官僚制度》）

毛泽东还进一步建立起了向党中央和党中央主席（即毛泽东）报告的制度。管辖着数省地方的中央局和分局书记，有责任每隔两个月提交一千字（若译为日语，有近两千字）的报告。各野战军首长、军区首长同样要每隔两个月提交政策报告（这当然并非意味着罗列战斗记录）。（《关于建立报告制度》）不难想象，这无疑是为了防止各中央局唯我独尊的措施。而具有这一义务的各中央局与野战军首长，也一定会要求下级机关向他们提交报告。姑且不论军队，在行政系统中，这样的要求会沿着中央局→省党委→县党委→支部的线索，一直贯彻到最基层的党支部组织。通过这样的组织机构，由党支部提交的报告也许可以经过整理成为材料，如同虹吸管一样地向上直达党中央和党中央主席。

这种鼓励下级向上级报告的制度，是中国共产党活动的一大特色。用中国话说，这叫做“反映情况”。所谓“反映”，本来是列宁所用的哲学名词。当其成为关于党的组织术语之后，每个党员（即普通党员）都有了向党报告群众的政治、思想状况的责任。在《党章》规定的党员义务中，就有“了解并及时反映人民群众的需要”（中共七大通过的《党章》第二条第三项）或者“虚心地听取并且及时地向党反映人民群众的要求和意见”（八大通过的《党章》第二条第六项）。（但在“九大”通过的《党章》中，并没有写明这种“反映”的义务。）当“反映”时，所谓“报告”不叫“报告”，而称为“汇报”。按照收录有新词汇的《农民词典》（1959年版）里的解释，“汇报”是指“工作人员向领导、下级机关向上级机关报告工作情况”。“报告”大约原来也是同样的意思，可是由于后来实际变成了专指上级领导向下级所做的演说，为与之相区别，便把下级向上级的报告改用“汇报”这一专门用语了。

我想，在中国共产党内部，对党员必须承担这种“反映”即“汇报”情况的义务的要求是相当严格的。到后来，如果知道党员不认真“汇报”，便会非常怀疑他们的政治与思想立场。不过，究竟这种“汇报”应该如何去做，并没有什么明文规定。在党支部里，由于党员是向党支部书记个别“汇报”，也许人们都会担心自己成为被“汇报”的对象。然而，党支部书记并没有向党员说明自己所了解的全部情况的义务。在党支部书记的工作中，听取下属党员的“汇报”的时间应该占有相当大的比重。这也是显示党支部书记权威的过程。

不了解到底是谁奠定了这些不成文的党内生活规范，显而易见，党员作为“每个齿轮”，都肩负有“反映”即“汇报”情况的义务。如前面说过的，在“九大”通过的《党章》里，没有继续使用“反映”这样的用语，不知道这是有意删除了，还是因为在长时期内已经成了一种不成文的规定。

在某些情况下，下级服从上级也会使人变成一种毫无个性的工具。尽管强调上级应该对下级传达清楚党内外的情况，而在实际上，不可能所有情况都由上级来进行判断。把全部权限集中于党中央和党中央主席，恐怕会有妨碍全党积极思考的负面作用，因此，必须委托各级党组织自主地解决问题，于是，各级党委机关的工作就显得相当重要。大体说来，党组织的工作如同金字塔一样，从基层党支部一级一级地对上级负责（以下所说的“党委会”，主要指省、区、县的党委会，并非是支部委员会）。

在《毛泽东选集》中收录的《关于健全党委制》和《党委会的工作方法》等文章里，都强调党委会的重要性。尤其在后一文中，对党委书记如何掌握党委会的工作，规定了12种方法。这其实是回答前面提到的第二个问题，即在这样的政权机构里，中国共产党党员怎样才能发挥其领导作用。而《毛主席语录》中第十部分“党委领导”的主要内容，便是以这两篇文章为基础编纂的。

从中不难想象出党委会的工作过程：首先，由党支部的领导者即委员们把党支部周围或内部的情况集中起来，然后，由党支部书记有效地组织党支部的工作，成功地处理党支部周围的问题。可以理解，在实际工作中，所谓党的机构，也就是指“党支部—党委会”之间的上下互动。领导人的工作能力则是指上级机关指导下级的工作，所以，这些领导人就是管理机关的干部。（在《毛主席语录》中，在“党委领导”之后，有“十一、群众路线”、“十二、政治工作”、“十六、教育和训练”和“二十二、思想方法和工作方法”等，似乎就是按照“领导干部的工作方法”的顺序编排的。）

干部既然是政权责任人，其职责便是必须做好服务工作。对党委会工作的12条要求，都是立足于这样的立场来加以总结与提炼的。它们是：（一）党委书记要善于当“班长”；（二）要把问题摆到桌面上来；（三）“互通情报”；（四）不要轻易表示赞成或反对；（五）学会“弹钢琴”；（六）要“抓紧”；（七）胸中有“数”；（八）“安民告示”；（九）“精兵简政”；（十）注意团结那些和自己意见不同的同志；（十一）力戒骄傲；（十二）划清两种界限（第一，革命和反革命的界限；第二，革命队伍内部正确与错误、成绩与缺点、主要与次要的界限）。在上面的第十二项中，“划清革命与反革命的界限”的忠告，对反革命组织来说也许并不适用，但是说到对下级组织的绝对领导关系，为了成功地开展党委会的工作，这项要求无疑可以称得上是超越意识形态的有效方法。

另外，在《关于领导方法的若干问题》一文中，毛泽东还提出：领导者不能只进行一般号召，必须亲自进行具体的指导；必须集中群众的意见以形成正确的指示；在上级机关指导下级机关时，不能只与下级机关的个别干部联系，应该让下级机关所有干部都知道；在几个工作中，应该选择最重要的工作去做，等等。

这些“领导方法”，其实只是上下级关系（即领导与被领导的关系）中初步的、基本的规范。真正领导得好坏与否，当然无法事先预料，但做到了以上这些，确实是使上下级关系或是机关得以维持的前提。中国共产党正是这样一种制度与结构。尽管不好轻易下结论，称之为所谓“官僚制度”，不过，依靠这样的关系得以活动的中国共产党党员，作为维护秩序的主体与客体，他们是不能不学习这些领导方法的。就此而言，他们当然也会受到“官僚”作风的感染。因为要想进入这样的机构并成为管理机构的领导人，必须学会如上这些领导手段，其地位才有可能得到提升。

作为一个中国共产党的干部，并不需要多么丰富的知识，或是熟练的文字写作技巧。（在旧中国的官府里，上级给下级、下级给上级以及同级之间往来的公文，用语曾经各不相同。但在解放区，虽然也要用公文，但形式已被简化了，即由使用文言改成使用白话文。而且，尽管没有明说，实

毛泽东一生留下了许多著述。

质上是鼓励使用口头语的。见周文《谈公文改革》，载《解放日报》，1943年10月30日、31日。）上面说到的12项要求，几乎是足以调动党委会成员积极性的全部技巧。比如，党委书记要“力戒骄傲”，是为了促进团结。这之所以很重要，是因为依靠这一点，党委会的政治功能可以更加有成效。也就是说，在一定程度上这是继承了旧中国那种从政者必须“善于处理人们之间的关系，是具有政治统治方法的专家的文人官僚”（巴拉修《中国文明与官僚制度》）的传统观念。

在旧中国，政治曾被称为“牧民”。这是指像放牛或放羊一样，人民同样是被“放牧”的对象。毛泽东曾说：“……如果只有广大群众的积极性，而无有力的领导骨干去恰当地组织群众的积极性，则群众积极性既不可能持久，也不可能走向正确的方向和提到高级的程度。”（着重号为引用者所加）这无疑是肯定所谓“牧民”的说法具有合理的成分。接着，他又说：“任何有群众的地方，大致都有比较积极的、中间状态的和比较落后的三部分人。这三部分人的比例，大体是两头小中间大。”（《关于领导方法的若干问题》，字下画线的部分在收入《毛泽东选集》时被删掉了）虽然毛泽东曾对人民给予很高的评价，如说过“人民，只有人民，才是创造世界历史的动力”（《论联合政府》），又说“群众是真正的英雄，而我们自己则往往是幼稚可笑的”（《〈农村调查〉的序言和跋》），但这并不妨碍他把“从数量上掌握人民（在任何场合都关注群众的状况）”作为领导方法之一。

显而易见，也会有个别干部变成官僚或者是沾染上官僚主义。在国家存在的情况下，由官僚演变成官僚制度是并不为怪的。官僚主义之所以屡遭谴责，是因为官僚和官僚制度不能充分负起责任来。而批判官僚主义则是为了使官僚和官僚制度重新恢复活力并获得人们的信任。好的官僚是指“不像官僚的官僚”，而只有不像官僚的官僚，才是最官僚（即优秀的官僚）的官僚。因此，中国共产党反复进行的“整风运动”，本是旨在校正感染有官僚制度的党组织，而并非是为了完全破坏自身的干部结构。

由于有官僚制度存在和官僚主义无法避免，确实会滋生出一些堕落的官僚来。不过，这些官僚在沾染上官僚主义以前，确实也曾发挥过作用。例如，凡是官僚主义没有不受到指责的，但在另一方面，官僚主义所以受到批判，也是因为对一般官僚怀有期望。无论如何，只要存在官僚和官僚制度，便有必要对官僚主义进行批评。

> 即使是在今天，不必特别费力气也可以从新政权高级官员们所讲的话里，普遍感受到中国古代官吏的那种风貌。不难理解，确实应该对官僚主义的毒害进行公开攻击，即批判与指责那种虚伪、腐败、“封建”观念、机会主义、墨守成规、繁琐主义和形式主义（还可以举出更多一些）等等毛病。像这样的官僚制度，仍旧在所有领域里普遍存在着。（巴拉修《中国文明与官僚制度》）

其实，即使官僚制度不“在所有领域普遍存在”，也必须对之加以批评。官僚特有的自我僵化，显而易见是应该否定的东西，至少从道理上讲它们应该被否定。

> 在多数情形下，一个伟大的斗争过程，其开始阶段、中间阶段和最后阶段的领导骨干，不应该是也不可能是完全同一的；必须不断地提拔在斗争中产生的积极分子，来替换原有骨干中相形见绌的分子，或腐化了的分子。（《关于领导方法的若干问题》）

这段话后来被收进了《毛主席语录》（二十九、干部）中。应该讲，这种对选拔干部问题的认识是相当深刻的。不过，对党的高级领导人来说，要具体实施选拔方法以实现干部的交替，毕竟又是相当困难的事情。

毛泽东曾屡次发出指示，要让中国共产党成为一个具有活力的组织。他这样做，当然是想使中国共产党形成健康的干部制度，使其能够真正领导起群众来。在“文化大革命”以前，中国行政（政府）部门的干部大体划分为30级，分为高级干部、中级干部与基层干部。虽然不太知道详细的情况，但基本可以想象，每个干部都是顺着这样的阶梯，一步步被提拔起来的。

这样做的目的无非是要通过激发活力并形成制度化，来促进党组织的统一与规范。为此，毛泽东多次强调党的统一和规范。然而，在实际上未必都做得那么好。比如，他曾召集的会议，有的就不太符合《党章》规范（自作主张）。像在1955年7月，他召开各省、市、自治区党委书记会议并报告《关于农业合作化问题》，随意批评邓子恢保守，便是一个例子。后来到10月，召开了扩大的中共中央七届六中全会。在这次会议上，陈伯达受中央政治局委托，以党中央农村工作部的名义，对《关于农业合作化问题的决议（草案）》进行了说明。这个《决议（草案）》是根据毛泽东在7月会议上的报告做出的。这使人怀疑，7月的那次党委书记会议，也许是毛泽东为了让全党面对农业合作化的既成事实而召集的。按陈伯达的说法，那次会议是“党中央召开”的。然而，如果当真由党中央来召集，应该通过中央委员会才对。毛泽东强调说要由“党委”集体领导，然而在那一次，他可能忽视了自己所属的中央政治局，在省、市、自治区党委书记会议之后搞了那个《决议（草案）》。另外，像他关于批判电影《清宫秘史》的意见，也没有通过中央政治局，就让夫人江青在其担任委员的一个电影工作会议上代表自己发了言。（我在这里指出类似的事例，当然并非加以责难，只是想指出：虽然在《党章》和毛泽东的其他论文中有过关于组织关系的明确规定，可在实际上，也有过与那些明确规定不太相符的情况。）

毫无疑问，难免会出现这样的状况，即当政党组织走向制度化以后，该组织的一元化或组织规范会显得至高无上，与该政党组织最初的宗旨相比变得尾大不掉。由于党内不断地强调一元化与组织规范，结果在1956年，中国共产党党内正式安排了毛泽东在退居二线（意在劝其退休）后的职位。1959年，毛泽东辞去国家主席职位以后，占据这一位置的刘少奇和邓小平，开始改变以前实行的某些政策，有点“要埋葬长辈”的意思。于是，毛泽东觉得必须向这样的组织即向党发起反击。

在第七次全国代表大会以后，中国共产党基本显现出了“独特的官僚制度”的轮廓。在毛泽东看来，这种干部制度必须由“独特的思想”即毛泽东思想来指导。随着中国共产党“干部制度”的成熟，毛泽东思想体系也大体成熟了。已经形成体系的毛泽东思想要想不沉湎于众多吹捧并防止成为自我封闭的神秘主义观念，除了应该借助传统文化的资源之外，归根结底还必须贯穿在政治实践当中。如果这一思想被偏激者利用，很有可能走向极端，而且脱离现实的生活。

实际上，毛泽东思想确实能够被干部运用到施政的实践当中。干部对这一思想掌握得越熟练，其施政就会越成功。当然，很难说任何人都可以运用毛泽东思想去面对复杂多变的现实问题，或是解决某一具体的困难。尽管有人讲，“我依靠毛泽东思想克服了难题”，但归根到底，起决定作用的恐怕还是人的素质（见拙文《学习毛泽东思想运动分析》，收入《中国——当今的知识分子》一书）。

另外，也可能有这样的实际情况，即干部为了维护自身权威会引用毛泽东著作中的话，可是其内心未必真正相信毛泽东思想。还有的人，因为现实政治有太多的失败与缺欠，便会对虚张声势宣传毛泽东和毛泽东思想感到失望。诸如此类，都会使干部中出现一些只是为了树立个人威信而利用领袖的名义，暗地里却未必真正崇拜之类现象。对于这些现象，作为被领导的群众，当然绝对不会顺从他们。有的小说就描写和非议过有这种毛病的党政机关（见拙著《现代中国的文学》，第五章“批判主义的小说”）。

针对这种种所谓“打着红旗反红旗”的现象，毛泽东曾在某些论述里明确和严厉批评过“党内官僚主义作风”，并在“文化大革命”中要求干部必须忠诚。其具体表现便是在 1966 年 8 月出现了“四忠于”（忠于党、毛主席、毛泽东思想、人民的革命事业）的说法；到 1968 年，又提出了“三忠于”（忠于毛主席、毛泽东思想、毛主席的革命路线）的口号，其目的都是要把形式上的崇拜转变为真正在内心树立起毛泽东思想的权威（其实这也是一种形式）（见拙文《从“孝”到“忠”——“文化大革命”中的思想》，收入

《毛泽东札记》一书)。

在“文化大革命”中，红卫兵对党和国家干部、著名文化人的冲击，就是以上面提到的“四忠于”或“三忠于”为标准，来批判被冲击对象缺乏对革命事业的忠诚精神。这不难让人想起毛泽东以前对“党内官僚主义作风”的说法，那也是要求干部具有忠诚精神。这多少会使人们联想起，在中国共产党第七次全国代表大会前后，毛泽东与中国共产党之间存在着某种并非十分协调，甚至是矛盾的状况。

通过多次发动整风运动以及学习毛泽东思想的运动，毛泽东似乎填平了以前其与中国共产党之间曾有的某些隔阂（只有消除隔阂才会给人以统一的印象)。不过，我觉得目前发动的“文化大革命”，并没有取得什么显著的效果。之所以如此，据我的看法，一是源于官僚主义顽固与持久的特点（即所谓“阳奉阴违”的毛病)，二是像前面提到的七千人大会，实际上有刘少奇等人的不同意见。毛泽东固然了解前一个问题，至于对后一方面的情况，他知道得更清楚。于是，他采取了发动红卫兵的方法。另外，在文艺界，中国共产党在新中国成立后曾反复进行思想斗争和政治运动。在这当中也可以看到毛泽东在政治运动中的特色，其与反对“党内官僚主义作风”有着一脉相承的关系。

3. 红卫兵的出现

这一次，毛泽东之所以考虑必须对党内这些问题发起反击，既是源于前些年在逆境中的愤懑情绪，也是基于要把“无产阶级革命”进行到底的想法。此外最令人注目的还是作为一个平民革命家，他具有那种调动党内外人们进行所谓“造反”的能量。因此，他才能决定开展“文化大革命”。

作为这种“造反”的能量，毛泽东首先关注的是解放军以及大、中（高中）学校里的学生们。解放军具备武装力量，而且绝对听从命令。大、中学校的学生以前经常被动员参加国家活动和体力劳动，他们早有走出校门从事社会运动的习惯。中国的大学生是住宿制，饮食、学费和参考书全部由国家提供。解放军和大、中学校学生与国家的生产计划或真正的社会生活基本上是隔离的，比较容易在各自的领域脱离正常秩序。这两部分人结合起来，很有可能形成群起“造反”的局面。（单单调动解放军，像是动用军事力量，会引起一般民众的质疑与反感；而如果只动员学生，则显得势单力薄。）

众所周知，1966 年 8 月 18 日，在天安门广场举行的百万人“庆祝无产阶级文化大革命大会”上，毛泽东第一次戴上了“红卫兵”袖章。隔一天，在北京繁华的王府井大街便出现了暴力行为。据目击当时现场的日本记者报道说：

> 那是名副其实的暴动。在北京最繁华的商业街王府井，开始是星期六晚上有些轻微的不安，接着则陷入了暴力与混乱中。人们登着梯子，挥动榔头，向窗户上张贴字迹潦草的大字报。在店铺里面，则贴有针对经营者的“最后通告”。以前中国青年那常见的平静、温和的表情，再也看不到了。
>
> 少女们戴着没有红星的军帽，穿着没有红领章的军服，指挥着纠察队，一边说着刺耳的话，一边推搡着拥挤的行人们。（高田富佐雄《七亿人的林彪》）

《每日新闻》记者高田富佐雄早在 11 天前，已经偶然看到过这些人在北京东郊的工业大学举行的大会。他所在的新闻记者站位于面对建国门外大街的外交大楼里。那里有从东郊机场到天安门广场的大路，是静观重要人物与车辆往来动向最方便的地方。

> 一天早晨，我听说了学生们要集会的消息，便在这里观看。只见窗下的大街上满是拥挤的人群，不断地向东边走去。马路上到处是自行车，被挤满了乘客的公共汽车和卡车驱赶着。两侧的人行道上，步行的游行队伍连续着看不到头，一看就知道都是学生和年轻人。
>
> 他们到哪里去干什么呢？我开着记者站的汽车追逐着人

群。随着往前走，人群越来越多，学生们像洪水似的从北边和东边汇集而来。我猜测，这次大集会不止 10 万或 20 万人，大约能有 50 万人左右。

在这中间，我注意到大群的学生洪流跟着“红袖章”，秩序井然地向预定的方向前进。在公共汽车、卡车、自行车与徒步的人们当中，每 100 人中有五六个戴着红袖章的男女学生率领着，他们在人群之间往来穿梭，调动着整个人流。袖章上以不同的字体写着“红卫”两个字，大半还写有学校的名字。也有不少袖章什么字也没有写，只是一块红布。几天以后，才知道他们是新的学生运动的组织者，被叫做“红卫兵”，是由工人、农民、士兵和革命干部的子女等所谓“阶级优秀分子”组成的。……他们那有力的组织能量，给人以强烈的印象。

完全到郊外以后向南拐，在田地里可以看到北京工业大学的校门。学生人流穿过那座门，被吸引进了有 100 多米深的树林里。在校门旁边的告示板上贴着的纸，上面用大字写有“交流经验闹革命”的字样，那便是这次集会的名称。（同上）

当时，中共八届十一中全会正在召开。人们发现，中央委员会里的刘少奇在党内的位置已经排到了第八位，而林彪则被选为毛泽东的继承人。红卫兵知道这些情况后，在 9 日举行了这样的集会，当然是非同寻常的。

其实，早在 1964 年，红卫兵组织已经露出了苗头。1964 年秋天，广州第四中学高中二年级的语文教材里曾选有吴晗的随笔《关于骨气》一文。一个班级在示范教学这篇课文时，有的学生提出意见说“其中所写的不是无产阶级骨气”。后来还曾以批判吴晗的讨论会来进行公开教学。率先批判吴晗的是“毛主席著作学习小组”的学生们。此外，在河南省许昌第一中学也发生过类似的事件。（新华社，1966 年 5 月 27 日、6 月 19 日电讯稿）

根据自己看到的情况以及后来的报道，高田富佐雄认为，被称为“红卫兵”的组织“最迟在 1964 年，已经在全国开始酝酿。到

1966年春天，则发展得含苞待放了。……林彪统率的人民解放军，曾经参与过扶持这一全国学生组织的过程。”这种说法大致不错。至今耐人寻味的，还有高田关于其“并非是仓促出现的‘应急’组织”的说法。正如人们所知道的，毛泽东的领导方法的精髓之一，是所谓“一般号召与个别指导相结合”。也许红卫兵这种“并非‘应急’的组织”，就是这一领导方法的产物。

所谓“一般号召”，是指号召成立“毛主席著作学习小组”。响应这一号召，无疑会在全国出现一些相应的组织。随着这些群众组织的热情不断高涨，人们有针对示范教学的“造反”行动是并不奇怪的。不过一般来说，当党、团和少年先锋队尚未真正发动起来时，所谓高中学生小团体的“造反”与其说是自发的，毋宁说是作为“试验田”，即个别指导的结果。所谓吴晗的随笔成为被批判的对象，只是一个恰当的事例。毫无疑问，在响应这一号召学习毛泽东思想的过程中，很可能提高了关注那些被批判对象的意识，以及想要展开批判的热情。如此说来，在这样的号召之下，发生这样的事情，应该并非只是个别现象。

1966年，在红卫兵出现以后不久，有日本记者访问过最早使用“红卫兵”名称的清华大学附中，并这样写道：

> 在北京西北郊外的文化教育地区，该校的校门上挂着写有“红卫兵战校”的牌子，在校园里则可以看见来北京学习经验的外地学生。自从“文化大革命”开始以后，已经有6个月没有上课了，走廊里到处贴着大字报。这令人觉得，学校里已经完全被红卫兵控制了。
>
> 我去了二楼的一间教室。那里面都是身着像解放军的前身即红军旧军服的高中学生。他们全戴着军帽，很像天真烂漫的小孩子。……这些十八九岁的人，都是高中二三年级的“文化革命委员会”领导委员。据说，身上的军服曾是他们的父母穿过的。……
>
> 红卫兵运动已经有两个多月，他们对学生的家庭出身非常重视。据介绍，清华附中可划分为：解放后不少富裕家庭的学

> 生，这些“黑五类”（地主、富农、反革命分子、坏分子、右派分子）子弟约占40%；而在全校1 300名学生中，以“红五类”（工人、贫下中农、解放军、革命干部、革命烈士）子弟为主，共有红卫兵265人。这里所说的出身，并不意味着目前还存在按经济基础来区分的阶级，像刚解放时的阶级成分。但令人惊异的是，社会主义虽然已有18年历史，以前的阶级划分并没有变化，仍旧在继续使用，红卫兵对此却没有什么质疑。
>
> 在3个半小时的时间里，对于我提出的问题，红卫兵不是通过自己的头脑来回答，答复像一种公式，显得极其呆板，尤其喜欢从《毛主席语录》里找到一些话并读给人听，让人觉得他们对毛泽东思想非常忠诚。……后来，与天津、广州的大学红卫兵会面时，也都是这样。（伊藤喜久藏、柴田穗《“文革”三年》，着重号为引用者加）

尽管红卫兵以“红五类”子弟为主是后来才有的事，但各地都实行如此相同的原则，显然并非是自然形成的。按记者的说法，学校中全校性的“红卫兵”组织，是在1966年5月29日出现的。北京的大学和中学都是如此。“这显然意味着，当时毛泽东不在北京，而由负责党中央工作的刘少奇、邓小平和李雪峰向北京的学校与政府机关派遣的工作组，同红卫兵组织发生了冲突。”（同上）

红卫兵对采访的记者们则“强调这些革命组织是各学校自发形成的”，“为联络学校的组织，已成立了总部。它是红卫兵的领导机构，在北京有几个这样的总部。各总部之间并没有联系，与党中央‘文革’小组也没有关系”。不过另一方面又说：“到地方城市去的交通费和生活费，全都由国家支付。”最后，当被问到“以毛泽东思想为核心是什么意思”时，一个红卫兵思考了一下回答说：“那就是造反有理。”（同上）

在北京的红卫兵运动中，不久以后出现了早期红卫兵组织（被称为“联动”）与后来的红卫兵（被称为“三司”）之间相互对立的局面。当红卫兵运动的目标由原来的街头“破四旧”（摧毁陈旧的思想、文化、习惯、风俗）活动，转变为集中直接攻击党、政、军高级干部以后，在所谓的“红五类”即由于出身好而具有特权的第二代人里面出现了质疑和不安。他们对中央“文革”小组将“红五类”以外的人也组织成红卫兵表示不满和反对，甚至发生了攻击江青和中央“文革”、逮捕其成员的事件。不仅早期与后来的红卫兵组织之间出现过“武斗”，当北京的红卫兵被派遣到地方去领导各地的红卫兵并指挥“夺权”斗争时，各地的党组织还曾动员工人与军队与之相对抗，多次发生过“武斗”，造成了很多人死伤。

集中反映这种混乱局面的，是1967年7月的“武汉事件”，当时的副总理谢富治（兼任公安部部长和北京市“革命委员会”主任）和中共中央宣传组组长王力（兼任中央“文革”小组成员）在武汉遭到逮捕和监禁。在武汉这个工人很多的城市里，对中央“文革”小组的抵触竟会如此强烈，据说这一事件是武汉的“保守”组织所为，实际上恐怕未必仅仅是这样。“武汉事件”发生在王力从推进“文化大革命”的“中央文革小组”里消失到1968年5月在北京闹市区贴出要求陈伯达进行自我批评的大字报这一时期。“文革”小组掌握的《红旗》杂志，在1967年11月至第二年7月间停止了发行。到其复刊时，不仅是北京，全国的红卫兵造反组织都已经被解散了，“首都工人、解放军毛泽东思想宣传队”开始进驻以清华大学为首的各大、中、小学校与文化机关。从姚文元的《工人阶级必须领导一切》（《红旗》，1968年第2期，8月）一文看，红卫兵活动似乎已没有了余地。工人宣传队在各学校里不断说服继续对立的红卫兵。不久之后，红卫兵便“下乡”到农村去了。从公开出现在民众面前到工人宣传队进驻学校，红卫兵运动在整整经过了两年时间之后终止了。红卫兵作为“文化大革命”的主要力量实际活跃的时期大约是在1967年以前的五个月里。

无法否认的事实是，中央“文革”小组确实曾把红卫兵作为自己的工具并操纵过他们。不过在我看来，一些大学里的红卫兵之所以会攻击党委办公室，抢夺文件，大概也是因为他们不满大学党委掌握着个人从学习成绩到思想倾向的全部情况而酿成的。红卫兵确实具有这种自发的能量，不过，当毛泽东最初支持这一运动的时候，其初衷却并非是让人们产生“自由”进行类似活动的想法。

不妨说，作为“文化大革命”的一部分，红卫兵的思想来自于中央“文革”小组的指导观念。这种思想观念早在“文革”以前两三年已经左右着《哲学研究》杂志的编辑方向，为“文革”做了某种准备。虽然是在毛泽东的领导之下，但红卫兵们毕竟想尽力推动自己所设想的“文化大革命”进程。这主要是指 1967 年 2 月成立的“上海公社”所反映的政治方向，即主张废除常备军以及原有的国家干部制度。这种观念最极端的表现是攻击位于国务院最高领导地位的周恩来，意在解散当时已经瘫痪的党组织、国家和干部制度。传说红卫兵们曾从解放军那里抢夺武器，还阻劫过支援越南的武器。所有这些现象，当然不能不称之为“暴行”。

从当时的实际状况考虑，“文革小组—红卫兵”之间相互活跃的配合，主要目的无非是想使周恩来与林彪彼此分离。显而易见，这种企图必定要失败。幸好国家和军队都比较牢固，才使这一做法碰了壁。

那么，红卫兵“造反”的结果，究竟留下了些什么呢?

这些红卫兵冲击了受到中央“文革”小组排挤的高级干部之后，最终消失在了农村。在中国共产党第九次全国代表大会重组的中央委员会里，军队的力量占绝对优势。然而由于林彪垮台，这一力量对比也许还会有某些改变。为了减弱军队的作用，改组“文革”小组的人员构成，确实应该把红卫兵这股势力疏散到农村去。他们若想形成新的组织，无疑需要相当长的准备过程。而群众希望改善生活，这只能依靠那些能够维持秩序的原有官僚即旧的干部。也许还需要一段相当长的时间才会知道借助于传统的“造反”观念，试图重新返回到运动中的红卫兵们，究竟在农村的现实里会怎样总结自身的运动经验，是否能够形成全新的思想观念。目前能够说的是，“造反”之火并没有烧毁中国共产党的“干部”或“官僚制度”。确实应该重新认真检讨一下，像红卫兵这样的运动形式，为什么不足以切实否定“官僚制度”（至于个别人沾染上官僚主义作风则另当别论）。虽然人们未必情愿，可是我想，要想清除“官僚主义”，恐怕最终只能走那种使“官僚制度”逐步完善的路子。

不过，很难想象红卫兵们关于运动的记忆会轻易地从脑海中消失掉。在农村，那每天都会迎来的黎明，不会不引导他们把已经接受过洗礼的红卫兵思想转向拓展新思想的思考。

（译自《毛泽东和中国共产党》，中央公论社，1972 年 4 月 25 日）

《毛泽东的生涯——调动八亿人民的魅力源泉》前言

毛泽东是一位兼有政治家、思想家、军事指挥家、文学家和教育家等多种身份的伟大人物。要想理解他，无疑也应该综合把握以上各个侧面才行。在这本书里，虽然也触及了他的不同方面，可主要还是就其本人即毛泽东如何走过他的人生道路，进行尽可能具体的追溯。

我记得自己是在日本战败后的 1947 年，从自中国东北（过去叫“满洲”）回到国内的母亲嘴里，最初听到“毛泽东”这个名字的。

我出生于中国山东省。少年时代的后半段时间，曾在战前被称为“满洲”的中国东北生活过。所以，这一次是与母亲分别多年之后的再会。忘了是在谈起什么话题的时候，母亲压低了声音讲道：“中国人说，以后是毛泽东的天下了。”她像在中国夸耀一个人那样，边握着拳头伸出大拇指，边说着。

长期生活在中国的母亲，懂得的中国话并不怎么标准。与她会话的人，只限于卖菜的、卖面包的、修鞋的、在市内赶马车的、附近饺子馆里的人之类，都不是什么大人物或有教养的人。

母亲大概是听了他们中间的人的话，才那样猜测，而且还不止是某一个人。

在中国的长期生活里，母亲懂得了认识中国的方法。那是指，在仿佛反映着中国民意的传言中，隐含着聪颖的智慧。我自己也颇受这种影响。

母亲和我都相信，既然普通民众都那么讲，虽然里面难免有夸大其词的成分，但大体上不会错。

1949 年 10 月 1 日下午 3 时，中华人民共和国开国大典在北京天安门广场隆重举行。这是在天安门城楼上的毛泽东。

过了两年，在中国诞生了新的国家——中华人民共和国。说得直白一些，也就是那里真正成了“毛泽东的天下”。

我禁不住想道：果然不出所料。

从此以后，我也多次有机会教中国语、写介绍或研究中国文学与中国的文章。

回过头来看，在我的那些文章里，关于毛的内容曾经占了不小的比重。不过，有时我也会不无愧疚地扪心自问：我到底是怎样认识毛泽东的呢？果真像能使母亲做出正确预测的中国普通民众那样去理解他么？

当然不好说中国就是毛泽东的中国。可是，如果不听到一般民众对毛泽东的评价，自己恐怕不会对他那样关注。

孔子曾说过：事看两面。如果没有普通的中国民众做基础，毛泽东现在不会被全世界知道；而没有毛泽东，中国民众也不可能有今天这样的生活。

我并不想在这本书里写尽毛泽东的一切，而且所写的未必全都正确。但我要把这本小书，作为自己对毛泽东的理解的基础。我想在有限的纸页里，融进自己对中国以及对中国人民的无限感受。

如果读者能够通过这本书，对中国、中国历史与风土人情产生更浓厚的兴趣，那将是作者为之高兴的事。

（译自《毛泽东的生涯——调动八亿人民的魅力源泉》，
光文社，1972 年 6 月 25 日）

★《毛泽东谈文化大革命》编者后记

看过构成本书[1]的主要部分，即《毛泽东思想万岁》（在本书中称为丁本[2]），我对其颇有“久违了的从容”的感觉，因为自己曾经评论过它（《赞〈毛泽东思想万岁〉——精神活力的表现》，载《现代之眼》15 卷 9 号，1974 年 9 月 1 日）。我在那文章里这样写道：

> 其中贯穿着一种整体基调。这种基调，任何作伪者都无法模仿。所以这样说，是因为那本是精神活力的反映。我完全同意斯图尔特·施拉姆[3]关于这是货真价实的毛泽东的看法。所以称其为精神活力的反映，是因为给人的印象之一，是毛泽东讲的那些话，会很容易让人想到那是他在接见别人时的记录。以前的《毛泽东选集》里并非没有这样的谈话记录，但这些印刷品确实显示出了这样的特点。有一位中国台湾研究家评价其“最容易读”，也是由于通过这些谈话能够看得出来，毛泽东既有才华横溢的智慧，又很从容。

当时，我还从《毛泽东思想万岁》一书里，译出了与“文化大革命”问题有关的毛泽东讲话[4]。而现在，自己仿佛重新体验到了那时的心境。在 1960 年，我曾有过在上海见到毛泽东的机会。那是隔着一张大桌子，我们这边的一些人，与他谈了约一个半钟头的话——按中国的说法是听其“讲话”。自己在翻译毛的这些文章时，也曾回顾当时的印象。我曾想，要是在翻译中碰到疑问或是不明白的地方，最好还能像那时隔着桌子向他请教。然而，我立即又在内心提醒自己，那只是个梦想而已，真可谓得陇望蜀。确实，无论是

1960 年 6 月 21 日，毛泽东和周恩来会见日本文学家代表团，前排左二为竹内实。

在开始还是在结尾，哪怕能再有一次那样的机会或者经验，对于我翻译这本书都是非常重要的帮助。可实际上，我的这一想法只能落空。例如，毛泽东的真实声音，当时自己确实想听得更真切一些。不过，那声音在传到我的耳朵里之前，似乎在隔着我们两个人的空间里，逐渐变得越来越微弱，竟没有听到。毛泽东像是只跟紧坐在他旁边担任翻译的赵安博说话。只有一次，当说“美国”一词的时候，那声音飞进了我的耳朵里。他的发音不是像北方人那样说“meiguo”，而是说“maiguo。”而且那个“mai”与北方语音的“mei”相比，中间变得有些低，重音也不一样，是一种从上向下降低的声调。

当时，我看着近在眼前的毛泽东，却听不到他的声音。那种焦急的程度，在翻译这本书时仿佛又重新出现了。因为这是谈话，而且是面对面地讲，所以应该很简洁。对于当时的听者来说，这是不言而喻的。然而在实际上，虽然自己能够明白其中每一句话的明确内容与含义——这是作为谈话体毛泽东著作的译文的魅力之所在——但对它们的针对性，还是不太容易理解。其实，即使能够理解，怎样才能把它们转换成让日本人能够明白的说法，也是很困难的。本书在付梓之后，我已将其中两三篇译文重新改译了。可令人汗颜的是，后来还是有一两处觉得需要再进行订正。

我想，这些讲话之所以难于理解，原因之一是读者对实际情况不怎么了解。从这一点来说，《毛泽东思想万岁》丁本其实给了我们很多新知识。应该读丁本自不待言，其实结合读丁本，有时也可以理解甲、乙、丙三种版本。或者是相反，靠甲、乙、丙本，同样能够明白丁本。确实，我现在更加能够感受到知识本就是互相联系的这一平凡的道理。正因为如此，如果本书收录的内容能够使我们增加新的知识，那么，它便不愧具有特别的价值。

本书也让我们觉察到“文化大革命”中那些未太受到关注的侧面。实际上，像在收入本书的毛泽东《给林、周及中央文革的信》里反对赋予毛泽东思想以特别权威的事，若不看《毛泽东思想万岁》丁本（即只看甲、乙、丙本），便不会明白其中的原因。我曾抱着如同从清水寺的舞台上跳下去[5]的胆量，写过《质疑毛泽东》[6]一文，发表在《群像》1968 年 8 月号上（收入《毛泽东札记》，新泉社，1971 年 12 月 1 日）。实际上，早在一年半之前，毛泽东已经在采取纠正“文化大革命”副作用的措施了。可见，毛泽东确有我们所不及的远见。相比之下，我禁不住为自己的杞人忧天感到无地自容。从此以后，自己再有新的疑问，就不只是不经意地自然流露出来，而是更愿意认真琢磨了。

作为本书主要翻译底本的《毛泽东思想万岁》丁本，它的编辑出版显然容易反映出，“文化大革命”即将进入结束期。其例证由于前面说到的《赞〈毛泽东思想万岁〉》一文已经提及，此处不再重复。本书译出的文章与信件，有一些虽然被收入了《毛泽东思想万岁》甲本，丁本却省略了。我想，读者看过本书的“题解”便不难明白，原来书名虽然都是《毛泽东思想万岁》，可各种版本的选编意图却在不断变化。仅仅从 1967 年到 1969 年这两年的时间，就竟有如此大的变迁。谁都不难理解，《毛泽东思想万岁》一书从甲本到丁本，连《毛主席文选》[7]也包括在内，它们并没有把毛泽东在“文化大革命”期间发表的批示、交谈、所写的书信和论文全都收集起来。

譬如，《毛泽东思想万岁》丁本收录的与毛远新、王海蓉的谈话，本是所谓“家里话”。若所谓“家里话”是如此，那与夫人江青的谈话也是应该收入的，因为江青在“文化大革命”中起的作用非常之大。

即使是另外不太重要的人物，也同样耐人寻味。像《在召集和接见首都红代会负责人时的谈话》[8]里提到红卫兵领导人彭小蒙，对其有批评的味道（见本书第 206 页[9]）。可当初他的名字在《给清华大学附属中学红卫兵的信》[10]中被提及，则是赞扬的口吻（见本书第 113 页[11]）。而后来，关于他的名字就完全没有消息了。其在“文化大革命”过程中的思想及境遇的变化，也不再为人所知。如果能够认真追索这种人物后来的出路，也许会使我们更好地了解毛泽东的书信和谈话与现实的关系。

尽管如此，通过本书收录的文字，毕竟可以多少反映“惊天动地”的“文化大革命”中那些栩栩如生的画面。我们面对着这些活生生的内容，一定会触及“文化大革命”究竟是什么的问题。而要想回答这一问题，则需要在不同程度上依靠毛泽东那些收录在本书里的谈话。不过，即使我们确实能够回答这些问题，那些曾使人感到模糊的疑问里难以理解的部分——例如，像毛泽东常说的“大快人心”，便会都无影无踪了么？——我觉得恐怕还很难说。之所以这么讲，一个重要的原因，像前面所提到的，在于我们对有关事实还无法完全了解，另外还有一点就是我们有些人对“文化大革命”被剥去“神话”的外衣并不怎么习惯。在我的印象里，对“文化大革命”的评价，在中国似乎已经大体确定。起码从表面上看来，自“批林批孔”以后是这样。然而，同时也应看到，直至 1971 年，在《红旗》杂志发表的文章里尚有“刘少奇一类的假马克思主义者……时常装出马克思主义的面孔，欺骗和吓唬工农干部和天真烂漫的青年”这样的话。那篇文章中所讲的“天真烂漫的青年”，显然是指红卫兵。也就是说，红卫兵被“假马克思主义”者欺骗了。而所谓“刘少奇之类的假马克思主义者”，则指陈伯达。中共北京市委写的那篇文章（中国共产党北京市委员会写作小组《批判唯心论的锐利武器——学习〈《农村调查》的序言和跋〉》，载《红旗》

1971年第4期），即使不能代表对“文化大革命”的评价，也能说明在中国共产党内一些人的见解。根据毛泽东《给江青的信》[12]，不难理解他也有包括类似见解在内的思想倾向。

（译自《毛泽东谈文化大革命》，现代评论社，1974年12月5日）

★《关于〈矛盾论〉的原型》的补充说明

1. 新发现的两种讲义

在写完《关于〈矛盾论〉的原型》一年多以后，我看到了两种《辩证法唯物论讲授提纲》（以下略称为《讲授提纲》）的讲义，一种被收录在红卫兵出版的文献《毛主席文选》中，另一种连载于《抗战大学》杂志上，前者几乎是全文。借助于这两种资料的发现，我在《关于〈矛盾论〉的原型》一文中的推测，除了关于出版年月的问题尚有讨论的余地之外，大体上已经比较清晰了。

我觉得，《毛主席文选》中收录的就是我在前一篇论文里说的A君抄写的内容。由于是誊写印刷，其中有不少错字和看不清楚的字。

1966年8月18日，毛泽东在天安门城楼上第一次检阅来自全国各地的群众和红卫兵。

不过，标题、章节结构以及一部分文字与A君的记录一样，甚至连让人觉得遗憾的被删节的相当于《实践论》与《矛盾论》的部分也完全相同。另外也明白了，A君见到的那份材料上的日期“1937·7·8”，实际上是在目录部分。可以断定，这份资料是在延安出版的教材《讲授提纲》的原件。[1]而与目前的另一种资料即刊载在《抗战大学》杂志上的内容相对照，其中之所以缺少了一部分，是因为那部分保留在了《毛主席文选》当中。看起来，这缺少的部分是基于抗日战争统一战线的立场故意删除的。[2]

关于这一点，《抗战大学》杂志在连载该文时，显然已知道了《讲授提纲》大体成型。所谓“大体成型”，是指还不太了解写成的原稿究竟是已作为内部资料誊写印刷还是以活字印刷公开出版了，以及是由八路军军政杂志社出版的还是尚处于原稿或誊写印刷的阶段等情况。而且，如果尊重作者（毛泽东）关于该书曾在1938年出版过的证言[3]，那么不妨认定，该文在《抗战大学》杂志于1938年4月连载前后，确已出过誊写印刷版。因此，本人在《关于〈矛盾论〉的原型》一文中推测该文出版于1939年3月的说法，晚了一年左右。至于说到其与《研究提纲》的关系，以推断《研究提纲》成型（原稿或誊写印刷）是在1938年或1937年为宜。

然而，《讲授提纲》果真是在1938年出版的么?

张如心在《在毛泽东同志的旗帜下前进》（《解放》第127期，1941年4月30日发行，4月15日执笔）一文中，有如下一段引人注目的话[4]：

> 上面简略地介绍了毛泽东同志创造性马克思主义的几个主要的显著的例证。这里还要特别指出，毛泽东同志之所以能够到达这种成功，除了其他的原因以外，最重要的是他能够真正唯物地具体地理解我国的情形，真正掌握创造性马克思主义的灵魂——唯物辩证法。从毛泽东同志手编的《辩证法唯物论讲授提纲》（按：该提纲只编了一部分）中，我们可以清楚看到他如何深刻地透彻地理解唯物辩证法的本质……（着重号为引用者加）

究竟应该怎样理解文中所说的“只编了一部分”的话呢？

我在这里想起了红卫兵在所印资料《毛主席文选》中删去《实践论》与《矛盾论》的情况。红卫兵之所以删节它们，大约基于以下两个理由，即（1）在编辑时为了省力而避免重复，（2）向红卫兵提供资料的有关方面曾有过指示。

第一项与第二项都有可能，若从政治或思想的角度推测，似乎第二项原因的可能性更大一些。也就是说，在提出“指示”的方面看来，《毛主席文选》之所以不收入《实践论》和《矛盾论》，与其说是由于它们与现行的《实践论》、《矛盾论》完全一样而没有必要重新印刷，毋宁说是因为有的地方不太一样而想避免引起不必要的混乱。我觉得恐怕这样的解释更为合理。

这里应该提到的另一个问题是，如果《讲授提纲》中确实有相当于《实践论》和《矛盾论》的内容（无论相同还是有些出入），那么张如心的论文为什么会特别指出“只编了一部分”？目前看到的《讲授提纲》是否就是全部呢？这里应该考虑的是：在如下两种情况中究竟属于哪一种？

（1）《讲授提纲》中原本就欠缺《实践论》和《矛盾论》的部分；

（2）《讲授提纲》本来是想继续扩充的。

我觉得，按常识来看，很有可能是第二种情况，这与张文中“一部分”的说法正相吻合。

不过，作为第一种情况，即几年以后又补写了其中欠缺的部分，也并非没有可能。张如心在 1942 年 2 月 18、19 日《解放日报》上刊载的《学习和掌握毛泽东的理论和策略》一文中特别谈到过《实践论》的名字，也许是因为毛泽东刚刚在《讲授提纲》中加写了该部分的内容，他才故意说了那句话。……然而，如果这样来推测，并不能够解释红卫兵在资料中为什么不加印后来补写的部分，以及是否是以原本就欠缺该部分的讲义作为印刷底本的问题。要是这样来反复分析，那不能不使人感觉到，印刷的讲义之所以与现行的东西有些不同，与其说是基于政治意图，毋宁说是想要回避暴露原本就缺少相当于《实践论》与《矛盾论》的部分的事实。这就是说，《讲授提纲》的全文至今尚未大白于天下。

当然，这样说来，也不妨认为《讲授提纲》是出版于1938年。如果不拘泥于张如心所说的八路军杂志出版社（仍然存在1939年由“八路军杂志社”即“八路军军政杂志”出版的可能性），那么《讲授提纲》大约在1938年4月前后出版。由于看到了以上两种新的资料（尤其是在《抗战大学》上连载的东西），我认为应该对《关于〈矛盾论〉的原型》一文中的看法做某些补充。

当时出版的恐怕是誊写印刷品。《毛主席文选》中收录的讲义有许多错误。而不可思议的是，许多字句并非是底稿原有的错误（如誊写印刷常见的那样）。但不管怎么说，《讲授提纲》毕竟在1938年已经成型了。《毛主席文选》就是以其为蓝本的。

但是，将另一种资料遗留给我们的《抗战大学》杂志的编辑与出版者，却不知道是些什么人。[5]在1935—1936年间，当时上海进步势力发行过《平民大学》杂志，曾连载几种“讲座”，很有特色。在其中的“新哲学讲座”中，能够看到《抗战大学》杂志连载的《讲授提纲》（题目为《辩证法唯物论》，省略了“讲授提纲”四字），将署名“毛泽东主讲”改为“毛泽东”）。在第1期上部，还曾有“大学讲座”的字样。可能是在“大学讲座”的总题目下，除了“新哲学讲座”之外，还列有“新历史……”、“新社会学……”等各种讲座。由于杂志的样式、题目和方向非常类似，也许是《平民大学》杂志后来被改称为《抗战大学》了。

因为日本军队的轰炸与侵略，杂志无法继续在上海印刷，连载只好停止。由于《抗战大学》无法发行，以《平民大学》即后来的《抗战大学》为据点之一的哲学家、评论家小组也许便去了延安。《抗战大学》上连载的最后一期是在1938年5月，而在延安成立新哲学会（猜测可能是“讲座”沿用了“新哲学”的名称）是在同年9月，其间仅仅相隔4个月。这种猜测恐怕是有道理的。[6]当然，此事并非意味着新哲学会所有成员都是同时从上海去延安的，也并非是一两个人，而可能是权威人士或者是团体到延安后才成立了新哲学会。此外，也有可能延安早就有了相当于新哲学会的团体，发行《抗战大学》似乎就是为了担任起指导它的任务。也就是说，在不太了解实际情况的人看来，新哲学会成立之前的延安，哲学方面好像是空白。就此而言，1938年出版《讲授提纲》（即使是誊写印刷）似乎意味着推动了这种状况的改变。无论如何，在延安，1938年是哲学气氛相当活跃的时期。

在同一年出版了《讲授提纲》并成立了新哲学会，这恐怕反映了两件事情之间有密切联系。也可以认为，或许是新哲学会中若干成员向毛泽东提出了编写《讲授提纲》的纲目即基本框架。因此，有可能纲目即基本框架是作者本人写成的（由此也可以明白《研究提纲》为什么注明“艾思奇拟”），而《讲授提纲》则是当时由集体编写的。至于纲目即基本框架的选择，则委托给了毛泽东。《抗战大学》上的连载，第一次即第6期上的署名是“毛泽东主讲”，第二次即第7期的署名改为“毛泽东”，到第三次即第8期又恢复成了“毛泽东主讲”。这可能反映了集体写作与主要负责人之间的关系。关于断定毛泽东究竟写了《讲授提纲》全文中哪一部分的问题，确实还需要探讨。考虑到第三章“唯物辩证法”的文风具有一气呵成的特点，其恐怕并非集体写作或属于纲目的性质，而是个人写成的。若从整体风格以及出现过“我”的自称来判断，那个人一定是毛泽东。另一方面，第一章“唯心论和唯物论”、第二章“辩证法和唯物论”尽管文体不完全像毛泽东的，可是，其内容应该经毛泽东推敲过。那些与作为参考的苏联哲学著作不太一样的地方，似乎可以视为反映了毛泽东的见解。如此说来，不妨就把《讲授提纲》看做毛泽东的著作。当然也可以称其为集体写作，但那样说的时候，仍旧能够判断，前面提到的第三章显然是由毛泽东执笔写成的。

当然，也不好因此轻易断定，《讲授提纲》完全体现了毛泽东的思想。因为如上所述，实际上《讲授提纲》毕竟参考了苏联的哲学著作（其中文译本），而且未加批判地将其作为基本的观点，除了个别地方以外，连文字都没有变动。

我在《关于〈矛盾论〉的原型》一文中已经考察过，《讲授提纲》使用的材料确实来自《研究提纲》。这里把《研究提纲》各章节（各“部分”）附录的参考书列举如下：

《大众哲学》（艾思奇著，“读书生活丛书”，李公朴主编，上海读书生活出版社，1937 年 1 月，初版）[7]

《哲学》（米定著，张仲实译）[8]

《社会学大纲》（李达著，笔耕堂书店，1939 年 4 月，第 4 版）[9]

《现代哲学读本》（“新青年百科丛书”）[10]

《形式逻辑》（“百科小译丛”，沈志远译）[11]

《辩证法唯物论教程》[12]

《辩证法唯物论与历史唯物论》[13]

《新哲学大纲》[14]

另外，艾思奇没有提到的还有自己的《哲学选辑》（米定的《辩证法唯物论》与希罗科夫《辩证法唯物论教程》的编译）。

当然，还应该做如下说明：

由于尚未找到以上全部参考书并加以对比，因而无法说清楚它们是如何衍生出《讲授提纲》的，但可以大体看出来，其中所提的问题、逻辑与命题反映了当时的气氛和水平，从文风上就能够看出这一点。

例如，《讲授提纲》中第二章第九节“意识论”，除了最后两段，差不多都是李达《社会学大纲》的“意识生成的概括”一节（303～305 页）的照录。我们看到的《讲授提纲》中的错字、缺字与无法读懂的字句，都可以借助于后者来加以补充修正。即使是该节文字中的最后两段，无论从文体还是从内容上看，也无法肯定为毛泽东所补写（新写），其同样是从苏联哲学著作（中译本）中摘编的。

当全部材料对比结束的时候（也不妨说并没有结束），不难看出，《讲授提纲》无非是由前面提到的众多参考书编纂而成的。特别是其中那些由毛泽东补写并反映了毛泽东的思想的部分，作为值得思考的问题，显然应该继续探讨下去。[15]

2. 从“自觉的能动性”到“主观能动性”

可以将毛泽东在 1938 年 5 月所写《论持久战》中的“自觉的能

动性”视为其思想的核心。在《论持久战》里，还可以看到“主观”、“主观的努力”和“主观作用”等词语。而在《讲授提纲》里，除了“主观能动性”之外，又能够发现“思维认识中的能动性”、“思维的能动性”与“意识的能动性”等说法。由此不难看出，毛泽东的用语曾有过从“自觉的能动性”向“主观能动性”的变化。这种用语的变化，也许称得上是毛泽东为新哲学增加的命题。尤其在《讲授提纲》第一章的“（三）唯心论的发生和发展的根源”的最后一段中，关于思维与社会实践的关系的论述相当引人瞩目。

思维产生于实践，同时又能动地指导实践。

高田求曾多次反复引用张如心推测《实践论》原型的论文，认为所谓“认识是实践的反映”的说法，反映了“毛泽东的独特思想”。而《讲授提纲》里的上面这句话，尽管将“认识”换成了“思维”，同样称得上是“毛泽东的独特思想”的例证。关于这一点，我并没有什么不同的观点。不过，高田的文章还讲，所谓“认识是实践的反映”的说法“在《研究提纲》及‘希罗科夫教程’中都没有看到”。事实究竟是什么呢？在苏联百科大辞典版《辩证法唯物论》中，可以发现这样的解释：

另一方面，人的头脑具有的能动性，决非是观念本身产生的，其不过是人的实践物质能动性观念的反映形式。（349 页）

实际上，虽然如高田求所说的那样，现行《实践论》最后定稿以后删除了“认识是实践的反映”的话，可从总体来看，《实践论》的逻辑无非是真正地反映了这句话的思想。[16]

将苏联百科大辞典版《辩证法唯物论》里的论述与《实践论》的一段话相互比较，显然能够觉察出毛泽东从前者受到的影响：

头脑的作用并非是搜集或清除记忆中对对象的残存感觉。

毋宁说倒是借助于客观实在的表象，反映人的头脑里最初的本来意义上的创造力。不过，从头脑认识中的表象开始的内在能动性，在表象阶段并没有完成，其只有在思维中才能得到充分的发展。也就是说，概念、判断、推理的运动，只存在于作为对客观世界的最高认识形态的理性认识当中。（日译本，349页；着重号为引用者加）

这与《实践论》中的一段话有对应的关系（尽管只是一段话，也可以看出其中的思想）：

认识的能动作用，不但表现于从感性的认识到理性的认识之能动的飞跃……（《毛泽东选集》，1版，第一卷，269页；日译“岩波文库”本，22页）

毛泽东思想的特色，并非表现为集苏联百科大辞典版《辩证法唯物论》及其他著作之大成，而反映在从苏联哲学著作中抽取了“能动性即飞跃”的观点，并与个人思想核心的“能动性”观念结合起来（尽管作为马克思主义的正统继承者，也许会由于这一说法特色不太明显、意思比较暧昧而没有被《毛泽东选集》收入而耿耿于怀）。《实践论》中认为：

从感性认识而能动地发展到理性认识，又从理性认识而能动地指导革命实践，改造主观世界和客观世界。（《毛泽东选集》，1版，第一卷，273页；日译“岩波文库”本，28页）

后来，在《人的正确思想是从哪里来的?》（1963年5月）一文中，这一说法被归纳为“认识过程的第一阶段”和“认识过程的第二阶段”。

也许是借助于编写《讲授提纲》，才使“能动性即飞跃”的观点成了毛泽东个人思想（认为是正确的辩证法唯物论）的核心。可能是看了新哲学会成员写的纲目，并通过自己的直接阅读，他才有了了解列宁有关观点的“际遇”，这件事似乎相当于其思想上的“顿悟”。他大约是在关于“从感觉到思维”的段落部分首次读到“能动性即飞跃”的观点的。从《讲授提纲》的第二章第九节“反映论”的最后一段里带有引号的这些话，不难看出他已经相信这一观点确实是列宁所说：

> 同时列宁又指出：“从感觉到达思维的认识过程是飞跃型的行为。”……

实际上，这段话并非列宁的原话。其原本是在艾思奇的《哲学选辑》中，这些话并没有加上引号作为原话来引用，而是这样写道：

> 同时列宁指出，认识过程和认识由感觉到思想的运动，是突跃式地进行着的。在这一点上，他异常精确地阐明了认识中的经验元素和理性元素相互关系底辩证唯物论的见解。许多哲学家都不了解认识底运动过程中——从感觉到思想、从印象到概念的运动过程中所发生的突变。理解这一转变，这一突跃式的转变，因矛盾而产生的转变，理解感觉和思维底一致为辩证的一致——这就是表明列宁反映论底本质的异常重要的元素。（185～186 页）

《哲学选辑》从米定主编的《辩证法唯物论》一书中摘录的上面这段话，与该书的广岛定吉日译本（177 页）一致。[17]在我看来，米定转述的列宁这一说法，来自列宁的《哲学笔记》（“黑格尔《哲学史讲演录》中亚里士多德哲学”部分）一书。下面这段话广为人知：

> 不仅从物质到意识的过渡是辩证的，而且从感觉到思想的过渡等等也是辩证的。（松村一人译，岩波文库本，第 2 册，99 页）

关于这里所说的“辩证”究竟是指什么，列宁紧接着这样写道：

> 辩证的过渡与非辩证的过渡区别何在？在于飞跃，在于矛盾性，在于渐进过程的中断，在于存在和非存在的统一。[18]（松村一人译，岩波文库本，第2册，99页）

然而，米定就是这样借助列宁的话写成了其解释性的文字。《讲授提纲》把开头一句话加了引号，将其认定为列宁的言论，而这样做的“理论基础”则源于米定。由于米定的解释性文字是就列宁的话总体来说的，那也算不上什么错误。至于《讲授提纲》，却主要着眼于“飞跃”，而舍弃了内在于“飞跃”的种种“矛盾”的内容。如前所述，这显然与毛泽东的哲学架构有关系。应该指出的是，其后他的哲学观念的发展就是以此为中心的。

总括以上分析，结论如下：

（1）《讲授提纲》中被视为列宁的言论并加了引号的“从感觉到达思维的认识过程是飞跃型的行为”的说法，在列宁的文献中并不存在。

（2）上面的列宁的说法的原型在《哲学笔记》中。

（3）米定在自己的解释文字里使用了这段话。其被使用时，米定把原文按照自己的意思进行了归纳。

（4）艾思奇翻译了米定的这些话。

（5）将以上中译文收入《讲授提纲》的作者，认为这段话是列宁在某处所讲，便加上了引号。

最重要的是以上文献的演变过程在思想方面的含义，尤其是在最后一点上。

不妨说，由于把这段话视为列宁的思想而加上了引号并作为列宁的言论来看待，毛泽东的哲学有了更稳固的根基。不过，这样意味着其根据自己的意思升华了这一观点的地位。

毛泽东的《讲授提纲》是以苏联哲学著作为素材并进行了归纳与汲取的结果。但毛泽东从青年时代的论文《体育之研究》开始，便保持着一贯的思想方向与核心，因此当注意到毛泽东曾将那些素材进行变动的时候，那些变动正好能够显露出其根本性的特点。[19] 从中能够很明显看出来，他究竟汲取了些什么样的观点。

在这一毛泽东的思想轨迹当中，《讲授提纲》具有的价值当然是无法否认的。也许其未公开的部分将会在某个时候展示在我们眼前。

［译自《毛泽东札记》（增补本），新泉社，1978 年 10 月 16 日］

★我与毛泽东

我见过毛泽东一次，而且握了手。[1]握手时，他的手实在太柔软了，我的内心很是一惊。因为革命家的手持枪握镐，想必是粗糙的。而我觉得他的手却很软和，像是被他的手掌包住了似的。有一种叫棉花糖的糖果，很软很轻，放在嘴里一块，不用嚼就化了。我握着毛泽东的手时，正好有这种糖果的柔软感。

也许是自己握手时太用力的缘故，当时他并没有把我的手握住，或者他也没有正经握手，只是表示一个握手的姿态而已。

拍完纪念照片以后，他向另一个房间走去。我紧随其后，看着他的脊背，感到其肩部像虎背似的高高隆起。

经常有描绘出没于竹林里的老虎的画。虎从半山腰的竹林里走出来，脊背部较前足要高，画家借以画出了虎的全身。就是说，那肩部很突出，前大腿的骨头，紧顶着脊背。

毛泽东是肥胖型身体，不像消瘦的人那样瘦骨嶙峋。但是，从后面看他的脊背，觉得那隆起的肩部，确实像是老虎的脊背一样。现在回想起来，他的脊背实在很宽。

到了另一个房间以后，我们隔着桌子坐下来。桌子上放着叠起来的毛巾。当然，我和其他人都没有使用。此外，还有带盖的茶杯。在日本，茶杯是放在茶托上的。而那里好像没有茶托，茶杯是直接放在桌子上的。桌上铺了绿色的绒布。

入座以后，他对我们的团长说了一两句无关紧要的话，便开始谈话。

他的话几乎持续了一个半小时。因为有翻译在内，我想实际上是讲了三四十分钟。我几乎全部笔录了下来，不过记录的是翻译后的日语。

能够见到毛泽东，听他讲话，真是千载难逢的机会。我很想听他讲的汉语。然而，毛泽东对坐在他身边的翻译耳语般的讲话，声音很低，根本听不清。我并没能听见他说话的声音，觉得很遗憾。

只是有一处，我听出了他的声音：màiguò。

我明白了，他是说“美国”。

若用北京话说，应该是：měiguó。

他的湖南乡音没有改，一直是用湖南口音讲话。说话时口型变化不大。恐怕湖南的方言不是飞快、爆豆般的说话方式，而是相反。

我看过关于新中国成立大典的电影。毛泽东站在麦克风前，宣告中央人民政府成立，那声音很是高昂。

我们几个人隔着桌子，面对毛泽东并排坐着。他没有同我们一一说话，只是边注视着他与我们之间的空间，边讲着话。

谈话的内容是中国近代简史，同时也回顾自己的经历。他一边追忆过去，一边娓娓道来。这样的说话方式，把视线盯住眼前的空间，是很自然的。我想，伟大人物的目光，一般不注视下面的百姓，恐怕自己也不太愿意让别人看见自己的面孔。但是，我还是热心地盯着他的表情。现在回想起来，真是有点失礼了，我觉得非常惭愧。

正如想亲耳聆听他的讲话一样，我也很想把他的表情深刻印在脑海里。

他给我留下深刻印象的一句话，是说他本来想做一名小学教师，不是想成为革命家，是不得已才走上了革命的道路。当时，日本关于他的研究尚未真正进行，我只知道他毕业于长沙的师范学校。因此，这句话记得特别清楚。

上面说过，他和我握手的那只手（手掌），柔软得令人吃惊。而刚进入房子的大门，立即就能看到站在大厅里的毛泽东的身影，那简直像一座山似的耸立在那里。因为是在夜里，由于从天花板上照明的关系，他好像置身于剧场舞台的中央。用汉语的“巍然屹立”来形容，是再贴切不过了。

立刻，我注意到他浑身沉浸在沉静的氛围中。那种沉静的氛围很感染人，好像人被吸进去了似的。据说，宇宙有“黑洞”，而毛

毛泽东一生勤奋读书，直到生命的最后一息。这是毛泽东在中南海丰泽园的书房。

泽东具有的沉静的氛围，就像黑洞一样——巨大的、深不可测的空洞。

我觉得可能在不久之前，他还坐在那所房子深处的某间书房里，沉浸于读书之中。我从自己的印象中得出的结论是：毛泽东“与其说是革命家，毋宁说是一个读书人”。

一直到后来，美国总统尼克松访问北京时，毛泽东在书房会见他的照片公开发表了。书房里成排地摆放着书架，堆放着书籍。看到那张照片时，我再次确信我以上的印象没有错。

我与毛泽东会见是在1960年。四年以后，《毛主席诗词》出版了。北京的朋友寄给了我一本。偶然间，拿给出版社的朋友看，他们建议我翻译出来。而且已得知，拜托了武田泰淳[2]先生与我合译。

恰巧武田先生要去北京，我委托他购买当时出版的革命回忆录《星火燎原》。他给我买了一套。我在翻译诗词原文时，译文力求一听即懂。为了了解毛泽东吟诗填词时置身于怎样的环境，我只能依靠读革命回忆录来汲取资料。于是，我也被毛泽东的诗词引导着，开始追溯起中国革命史来。同时，还参考了军事博物馆发行的红军长征地图。

我们执笔是在 1964 年夏天。那时，关于毛泽东的政治见解，在日本有各种各样的观点。而我决定，主要理解作为文学家的毛泽东，不加政治性的评论。

当时，日本还没有详细记述中国革命艰难困苦的历程的书籍，也没有帮助理解毛泽东创作的诗词的必要注释。1965 年 5 月[3]，这本著作终于出版了。出版社一登出广告，尽管书还没有发行，书店里的预订单就到了。出版后，几乎所有的报纸都刊载了书评。我对日语译文倾注了心血，努力传达出其文学的味道，而不加自己的评论，诗句的注释也尽量详细。我想，这可以引发读者自己的感受，直接进入毛泽东的诗词世界。

许多日本读者由此知晓毛泽东是一位具有深厚文学修养的人物。直到现在，还能见到谈论当时被此书感动的读者。我在写那本书（《毛泽东的诗词与人生》）时，颇感他作为语文教师，是确有非凡才能的。如果不选择革命道路的话，毛泽东作为某所大学的教授也会颇有所成。而且，说不定我还会听到他讲课呢！

现在想来，他在师范学校学习了五年，具备丰富的中国文学、历史方面的知识，并不怎么奇怪。

在那本书出版的第二年，发生了“文化大革命”。这对我来说是带来了一个新的研究领域。不管怎么说，我的那本关于文学家毛泽东的著作能于 1965 年出版，是我的幸运。对于 1960 年在百忙中挤出时间，为我（当然还有别的日本人）谈论革命及其经历的人——毛泽东，如果能在这里表达自己的谢意，那对我来说，无疑意味着一种难得的安慰。

（选自《我与毛泽东的交往》，山西人民出版社，1993 年 1 月）

★我看毛泽东的最大特色

竹内实先生是日本著名的中国问题专家，他以主编多卷本《毛泽东集》享誉国际学术界。我们的谈话是先寄去提纲，他用日文笔答的。这要感谢卢洁女士，来往相寄，翻译成中文，都由她代劳。

——《说不尽的毛泽东》一书编者

访问人：您认为毛泽东的最大特色是什么？

竹内实：这个问题也是我在研究中感兴趣的一个问题。我认为，毛泽东革命的最大特色是与农民相结合——在农民中建立革命的基础，对农民进行宣传，在农民中征集革命的参加者，并且将革命中获得的成果首先返还给农民。换句话说，就是在农村建立革命根据地，并把它扩大，继而包围城市。但是，我所说的“革命根据地”，不是指利用防御阵地来保卫周围的区域，而是指拥有广阔空间的农村。因此，与其说是农村，不如说是农民更为妥当。

访问人：那么，这里所说的“与农民相结合”是指什么呢？

竹内实：它是指采纳了“吃大户”这一传统的农民反抗形式：农民受到地主欺负，到了饥馑而无法生存的时候，他们就冲入地主的宅邸，抢夺粮食、钱财（主要是抢粮）。1910 年 4 月，长沙发生了大规模的暴动，波及了韶山。毛泽东的父亲的大米也被抢走了，这给毛泽东留下了非常深刻的印象。他接近农民（他在孩童时代就干农活），不蔑视农民，但当时他家成了农民“造反”的对象。1927 年上井冈山以后，他一直开展游击战，当时采取的措施就是袭击地主的宅邸，没收其粮食、钱财，以供工农红军活动的需要，同时也分给那片土地上的农民。

1927年9月湘赣边秋收起义后，毛泽东率领起义的工农革命军向井冈山进军（油画）。何孔德　陈玉先　高虹　高泉　作

与农民相结合的方法是“吃大户”，但不只限于没收粮食、钱财，还没收土地并进行重新分配，于是，更进一步加强了与农民的结合。中国的革命可以说是与“土地革命”相结合后，才获得了胜利入场券。然而，以莫斯科为中心的共产国际的方针是组织城市的工人进行罢工，推翻政权。毛泽东完全没有接受共产国际这一方针。反对共产国际，对于当时的共产党员来说是做梦都不敢想的事情。反对共产国际的共产党员，会被戴上“反革命”的帽子。因此可以说，毛泽东由于走上了“反革命”的道路，才把革命引向胜利。

但是，需要说明的是，并不是说任何人只要走上“反革命”道路，就可以把革命引向胜利，必须要看其动机和结果。调查也是必要的。毛泽东反复不断地强调调查活动的重要性，这是理所当然的。

访问人：他的这些特色，在中国现代史上起了怎样的作用？

竹内实：在回答第一问时，我提出了“与农民相结合”。如果把它与中国现代史相联系的话，那么，仅仅提出“与农民相结合”是不够的。然而，中国革命却没有因此而受到挫折，而是胜利了。因此，最重要的还是“与农民相结合”，而且，革命取得了胜利。在这里，如果将中华人民共和国成立后看成是“现代”的话，可以说革命胜利以后的历史是呈现安全局面的历史。

共和国成立，无非是要完善国家体制。这个国家把现代化作为目标。现代化无非是工业化。肩负工业化重任的是科技人员和工厂的工人。农民在提供工业原料的同时，还必须提供工业化的资金。于是，为了把革命引向胜利而“与农民相结合”的毛泽东的革命路线，在革命胜利后，为了使现代化成功也必须进一步加强。但“与农民相结合”的方法不能不说变得复杂了。其方法之一就是成立了“人民公社”。但这是有限度的，被否定了。我所说的“不能不说变得复杂”即为此。

进而，我想提出这样一个问题，即在“与农民相结合”的革命中受到锻炼的领导者，在推进现代化的工业建设过程中是否能发挥其领导能力。如果说能够发挥的话，继而又应该提出它将在怎样的领域里发挥的问题。而且，如果“与农民相结合”是正确的话，那么这次也许需要“与科技人员、工厂工人相结合”。如果说必要的话，又产生怎样结合的新问题，因为舞台由农村转到了城市。然而，这不是说因此可以无视农村了。

既然现代史仍在继续进行，因此对于这个问题无法回答，但在现代历史进程中，如果人们认为可以继续“沿用使革命胜利的方法去做”的话，那么毛泽东的革命特色，在这里就将起到“负”的作用；相反，如果人们学习他的睿智、热情、努力，特别是从调查出发的冷静的头脑，并加以创造，则会起到“正”的作用。

提问用了“起了”这一过去时态，而我认为现代历史大潮仍在进行中，因此才脱离了提问的范围，请原谅。

访问人：他的成功与失败和上述特色有什么关系？

竹内实：中国有“更上一层楼”的诗句。提问进入了第三问，好像也到了更微妙的阶段。

提问用了“他的”，指毛泽东个人。然而，到哪儿为止是属于他个人的，从哪儿开始又是属于官方的、社会的，这很难区分开来。在前面的回答中，我使用了“复杂”一词，也是考虑到了“他的”个人因素。

“他”作为湖南一位农民的孩子出生，乳名叫石三伢子。由此看来，可以说不能把毛泽东和“与农民相结合”的思想分离开来。这种断言也许太极端了，而且“相结合”的内容不一定只是一个。但是，这种极端的判断，是出于人人都能看得见的事实。

我以为，和他的成功与失败有关的另一个因素，就是他是诗人。他的诗词几乎都很优秀，当然其中也有平庸之作，可既然是在革命中创作的，就很难舍弃。尽管任何人都无法知道革命是否能胜利，但我认为他的乐观态度源于作诗的兴趣。此外，正如虚幻的思想常表现于诗词中那样，他能陷于深深的思考，也是因为是诗人的缘故。他在剖析自我时，称自己具有“虎气”和“猴气”。若叫我说，他是诗人，是具有诗人气质的人。

新中国成立以后，关于国家建设的规划，更要集中大众的智慧。关于政策的制定与修正，也要建立分析研究来自下层意见的制度（相当于通信机械的“回路”）。然而，并没有迹象表明，他考虑过有必要建立这种制度。那么，为什么没有考虑？——因为他的诗人气质是自始至终的。

毛泽东的诗词应该作为诗人的作品来读。但是，既然他的诗词是在革命中咏唱，又是在国家建立中咏唱的，因而读者不能不联想到他的政治上的业绩。他没有发表不符合“主席”身份的作品。如果能弄清他丢弃的作品、他不允许发表的作品的话，诗人毛泽东的地位就会更加清晰。作为国家主席的毛泽东，被诗人毛泽东压倒了，这也关系到他的成功与失败，特别是与新中国成立后的失败有关。这便是我的回答。然而，如果他仅仅是国家主席，仅仅是党的主席，我们也会因此而失去一本诗集。我的心境很复杂。

1993年12月5日　于京都

［选自《说不尽的毛泽东》（下），
辽宁人民出版社、中央文献出版社，1995年5月］

京都学派与毛泽东

长期以来，已很少有人提及所谓“京都学派”了。但在我们入大学的时候，这个学派的影响是相当普遍的。当“战后”已过去很久，开始有人说“已不再是战后”的时候，我却突然想起了京都学派和现代中国研究之间的联系。按照我的理解，根据文献来说话，离不开文献，便是“京都学派”。

从京都大学毕业以后，我到了东京。那时人们还不说“现代中国”，而称为“新中国”。东京的新中国研究很活跃，我被那气氛裹挟着。当《毛泽东选集》第一、二卷出版时，我也将其买到了手。由恩师仓石武四郎[1]先生安排，我进了东京大学文学部的研究生院，领取育英会[2]的奖学金。那书就是用奖学金买来的。

我翻着字典，按照发音反复阅读里边那些文章。其中有些段落真称得上是“名文”，我竟禁不住读出了声。

人民日报
RENMIN RIBAO
18
巨雷轰开钢铁高产周
一个县一天等于全自治区一百年
环江铁军勇冠全国
山西 钢铁双双跨过万吨关
广东 踏进生铁万吨省行列
一天等于一百年

报刊上不断出现“高产卫星”。

我还担任仓石先生主持的中国语讲习会的教师，需要编写讲义。那是一个誊写印刷的时代，得在锉板上铺的蜡纸（涂着蜡的透明纸）上，一笔一笔地刻字。

虽说是研究新中国，然而资料仅止于《人民日报》，此外还有一些单行本。我们不外乎从小说等作品中，去推测中国社会的实际状况，因为当时日中之间的来往还不能像现在这样简单。

后来，“文化大革命”开始了。它不只是震撼了中国，也震动了全世界。在追踪其动向的过程中，我觉得其现实与外界的评说似乎并不一致。于是，想调查一下过去的主要文献，即毛泽东的文章在最初发表时，到底是什么样子。

第一手文献是过去的杂志以及小册子之类。它们是在国共内战时期，由国民党军队押送到台北的，后又转卖到了美国，再由东京的东洋文库买来微缩胶卷收藏着。它们可以被任意阅览。斯图尔特·施拉姆和陈志让[3]写过调查这些第一手资料的论文。我们以此为线索，在微缩胶卷中寻找那些杂志和小册子，一个字一个字地抄写。这些工作都是由东京都立大学的学生们主动担任的。

不过，誊写版印刷的杂志和小册子字迹模糊，很难看清楚。辨别的工作主要由我来承担。我记得，有时候在脑海里会浮现出已抄过（或印刷过）的文章，一看到那黑色的文字，便会读出句子来。这是我以前朗读毛泽东论文的体验起了作用。他的文章有一种格调，形成了独特的文体。虽说都是马克思主义者，可他的文风与日本的讲座派[4]、工农派[5]诸先生不同，与苏联学者也不太一样。当然，其中也有错乱不清的地方。

通过调查，我发现收入《毛泽东选集》中的文章经过了不少修改和订补。注意那些修改与订补的地方，可以看到他原来的思想。于是，在重新刊行时，我们在那些修改、订补的地方都加了标注。

感到失礼的是，重新刊行毛泽东的这些文章，并没能征求原作者的意见。不过我们觉得，他的著作已属于公共财产。不必说政治言论，连文学作品也难讲只归作者个人私有。此外，我们并非想编得像选集一样，而是试图通过自己的搜寻和解读，编出另外一套书来。况且，按最初的动机，编这套书只是为了提供给搞研究的学者们。

等这套书出版后，产生了意外的反响。尤其是国内的订数多于国外，真是超出预料。这使人觉得，汉语似乎已成了国际性语言。后来又经过修订，工作才告一段落。开始由北望社（已解散），再由苍苍社出版。书名为《毛泽东集》，共有20册。

其实，这套出版物是犯忌的。此事在当时的中国属于禁区。我（我们）显然迈入了禁止涉足的领域。那时还健在的周恩来总理，曾经提到某位学者的评论以及出版《毛泽东集》的事，将它们看做在日本的不好倾向的例子。在周总理接见的代表团中有认识我的人，他回国后立即来找我，劝告我停止出版。这劝告当然是出于好意，但我反复思考，并没有停下来。这是在快要发行第一册时候的事情。

后来，周恩来总理和毛泽东先后去世，《毛泽东集》也没能再版。我的书全都赠给了福冈市综合图书馆，手边已经没有了。记得好像京都大学人文科学研究所书库里还有一套。

可能因为自己曾在京都大学学习，耳濡目染而成了“京都学派”，于是决心以其作为自己的研究方法。后来，我进了京都大学人文科学研究所，又在京都生活了不短的时间。在此期间，我组织了共同研究班即现代中国研究会[6]，直到目前它仍在活动。参加的人是日本各大学里的正式教员，有的研究者还是中国留学生。另外，也有人觉得东京缺乏这样的学术气氛，而从那里跑来参加。这种有特色的活动，大概确是京都才会有。

我在人文科学研究所时，曾作为京都大学校长西岛[7]先生的翻译，陪同过来访的中国代表团。这使我有机会接触到先生的思想和人品，并得以自我反省。另外，我也先后受到人文科学研究所所长桑原[8]、林屋[9]先生的熏陶。我认为，先辈理应帮助后辈。“京都学派”并非学阀，学派中人都有共同的追求。而这种追求，将会永存。

（译自《京都大学百年》，紫翠会，1997年6月18日）

注　释

上篇　毛泽东的诗词与人生

[1] 埃德加·斯诺：《西行漫记》，1版，上海复社，1938；宇佐美诚次郎译，日本，筑摩书房，1952。

[2] 周佛海：《往矣集》，古今出版社，1943。

[3]《太平广记》，小说总集，北宋李昉等编撰。因成书于宋太宗太平兴国年间，故名。500卷，另目录10卷。按性质分92大类。采录自汉至宋初的小说、笔记、稗史等四百多种，保存了大量的古小说资料。见《辞海》，1687页，上海辞书出版社，1989。——译注

[4] 应为《新民报晚刊》。——译注

[5] 罗伯特·佩恩：《毛泽东》，田边和一译，日本，东和社，1953。

[6] 艾格尼丝·史沫特莱：《中国的战歌》，高杉一郎译，日本，美玲书房，1961。

[7] 萧三：《毛泽东同志的青少年时代》，北京，人民出版社，1950。

[8] 1958年9月，文物出版社刻印大字本《毛主席诗词十九首》。见臧克家主编：《毛泽东诗词鉴赏》，石家庄，河北人民出版社，1991。——译注

[9] 艾格尼丝·史沫特莱：《中国的战歌》。

[10] 冈崎俊夫：《毛泽东与词》，1957年发表。收入《天上人间》，日本，同文集刊行会，1961。

[11] 小川环树：《苏轼》，见《中国诗人选集》，日本，岩波书

店，1962。

[12] 应为许克祥在 1927 年 5 月 21 日发动的“马日事变”。——译注

[13] 李锐：《毛泽东同志的初期革命活动》，北京，中国青年出版社，1957。

[14] 游国恩等：《中国文学史》，北京，人民文学出版社，1964。

[15] 游国恩等：《中国文学史大纲》，北京，人民文学出版社，1962。

[16] 李锐：《毛泽东同志的初期革命活动》。

[17] 宇野哲人：《支那文明记》，日本，大同馆，1912。（广州至韶关间通车，似应为 1916 年。由于写作年代及可获得文献资料等所限，书中存在一些讹误，虽尽可能查证订正，但仍不免遗漏，特此说明。还请读者不吝指正。——译注）

[18] 德富苏峰：《七十八天游记》，日本，民友社，1906。

[19] 宇野哲人：《支那文明记》，日本，大同馆，1912。

[20] 芥川龙之介：《支那游记》，日本，改造社，1925。

[21] 李锐：《毛泽东同志的初期革命活动》。

[22] 尼姆·威尔斯：《红尘》，陆井三郎译，日本，新评论社，1953。

[23] 毛泽东：《论持久战》，见《毛泽东选集》，2 版，第 2 卷，北京，人民出版社，1991。（毛泽东的著作除必要处，均以 1991 年版本文字为准。——译注）

[24] 1934 年中央红军主力长征后，何叔衡留在根据地坚持斗争，1935 年 2 月 24 日，在福建长汀县水口镇附近的牛子仁山下，被国民党保安团包围，在突围中壮烈牺牲。见王朝美等主编：《中国革命史教学必备》，乌鲁木齐，新疆人民出版社，1989，113 页。——译注

[25] 李锐：《毛泽东同志的初期革命活动》。

[26] 埃德加·斯诺：《西行漫记》。

[27] 周世钊：《湘江怒吼》，见《光辉的五四》，北京，中国青

年出版社，1959。

［28］同上。

［29］埃德加·斯诺：《西行漫记》。

［30］同上。

［31］竹内实：《毛泽东》，载日本《中央公论》，1951年4月号。贝塚茂树：《毛泽东》，日本，岩波书店，1956。

［32］周世钊：《湘江怒吼》。

［33］诸桥辙次：《游支杂笔》，日本，目黑书店，1938。

［34］丁守和等：《从五四启蒙运动到马克思主义的传播》，北京，三联书店，1963。

［35］石川忠雄：《中国共产党史研究》，日本，庆应通信，1959。

［36］宇野哲人：《支那文明记》。

［37］同上。

［38］德富苏峰：《七十八天游记》。

［39］一海知义：《陶渊明》，见《中国诗人选集》，日本，岩波书店，1962。

［40］青木正儿：《楚辞新译》。

［41］蒋骥：《山带阁注楚辞》，1913。

［42］竹内实：《同毛泽东主席会见一个半小时》，见《毛泽东笔记》，日本，新泉社，1971。

［43］击水：毛泽东1958年12月21日在文物出版社同年9月出版的大字本《毛主席诗词十九首》的书眉上批注道："击水：游泳。那时初学，盛夏水涨，几死者数。一群人终于坚持，直到隆冬，犹在江中。当时有一篇诗，都忘记了，只记得两句：自信人生二百年，会当水击三千里。"见王臻中等编：《毛泽东诗词鉴赏》，南京，江苏古籍出版社，1990。——译注

［44］邵燕祥：《毛主席〈沁园春·长沙〉结构试解》，载《文学评论》，1962年第6期。

［45］毛远耀：《得到毛主席教育的韶山农民》，见《中南地区中国共产党革命斗争历史资料》，长沙，湖南人民出版社，1954。

［46］黎少岑：《武汉今昔谈》，载《新观察》，1956 年第 14、15、18 期。

［47］日本江户时代流行翻印中国书籍，以独特的读法便可以明白并欣赏原诗、原文的意思与风格。这种独特的读法叫“训读”。——竹内实补注

［48］前野直彬：《唐诗选》，1962；目加田诚：《唐诗选》，1964。

［49］藤田元春：《北支中支风物》，日本，博多成象堂，1938。

［50］小田岳夫、武田泰淳：《扬子江文学风土记》，日本，龙吟社，1941。

［51］王力：《汉语诗律学》，上海，上海教育出版社，1962。

［52］毛泽东 1959 年 12 月 29 日致钟学坤的信中说：“九派，湘、鄂、赣三省的九条大河。究竟哪九条，其说不一，不必深究。”见王臻中等编：《毛泽东诗词鉴赏》。——译注

［53］陈友琴：《读毛主席〈黄鹤楼〉词》，载《文学知识》，1959 年 3 月号。

［54］李伟：《井冈山》，上海，新知识出版社，1956。

［55］朱良才：《这座山，它革命！》，见《星火燎原》，第 1 集，北京，解放军出版社，1958。

［56］韩伟：《回忆井冈山》，载《人民日报》，1950 年 8 月 1 日。

［57］李伟：《井冈山》。

［58］王冶秋：《大地新游》，北京，作家出版社，1962。

［59］兰宇：《常青树》，载《人民文学》，1964 年 7 月号。

［60］郭沫若：《流沙》，1948 年 7 月执笔，收入《沫若文集》第 8 卷。

［61］石川忠雄：《中国共产党史研究》。

［62］胡华主编：《中国革命史讲义》，北京，人民文学出版社，1962。（这段关于八七会议的记述有误。事实上张国焘没有出席会议，毛泽东也没有被免除中央候补委员职务。后来，毛泽东受党中央委托，以中央特派员身份到湖南传达八七会议精神。——译注）

[63] 谢觉哉：《浏阳遇险》，载《星火燎原》，第1集。

[64] 同上。

[65] 赖毅：《毛委员在连队建党》，同上书。

[66] 陈士榘：《三大纪律，八项注意》，同上书。

[67] 罗荣桓：《秋收起义与我军初创时期》，同上书。

[68] 杜宣：《井冈山散记》，载《人民文学》，1961年第7、8期合刊。

[69] 旌旗，应指山下的部分红军和井冈山一带的赤卫队、暴动队等地方武装。这里用旌旗是为了增加诗的鲜明的形象感。作者说，其实没有飘扬的旗子，都是卷起的。见臧克家主编：《毛泽东诗词鉴赏》。——译注

[70] 毛泽东：《关心群众生活，注意工作方法》，见《毛泽东选集》，2版，第1卷，北京，人民出版社，1991。

[71] 赖毅：《毛委员教我们发动群众》，见《星火燎原》，第1集。

[72] 李伟：《井冈山》。

[73] 毛泽东：《中国的红色政权为什么能够存在?》，见《毛泽东选集》，2版，第1卷。

[74] 张际春：《向赣南、闽西进军》，见《星火燎原》，第1集。

[75] 毕占云：《三战闽西》。

[76] 邓子恢、张鼎丞：《闽西暴动与红十二军》，同上书。

[77] 张际春：《向赣南、闽西进军》。

[78] 毕占云：《三战闽西》。

[79] 艾格尼丝·史沫特莱：《伟大的道路》。

[80] 荒井健：《李贺》，见《中国诗人选集》。

[81] 何其芳：《诗歌欣赏》，北京，作家出版社，1962。

[82] 村上哲见：《李煜》，见《中国诗人选集》。

[83] 吕叔湘：《中国文法要略》，1944。

[84] 邓子恢、张鼎丞：《闽西暴动与红十二军》。

[85] 毛泽东：《星星之火，可以燎原》，见《毛泽东选集》，2版，第1卷。

[86] 毛泽东:《井冈山的斗争》,同上书。

[87] 陈奇涵:《兴国的初期革命斗争》,见《星火燎原》,第1集。

[88] 情更迫,指心情更加急迫。见王臻中等编:《毛泽东诗词鉴赏》。——译注

[89] 艾格妮丝·史沫特莱:《伟大的道路》。

[90] 邓子恢、张鼎丞:《闽西暴动与红十二军》。

[91] 艾格妮丝·史沫特莱:《伟大的道路》。

[92] 同上。

[93] 何长工:《开辟鄂东南》,见《星火燎原》,第1集。

[94] 毛泽东:《中国革命战争的战略问题》,见《毛泽东选集》,2版,第1卷。

[95] 刘贤权:《诱敌深入》,见《星火燎原》,第2集,北京,解放军出版社,1958。

[96] 刘亚楼:《伟大的第一步》,同上书。

[97] 同上。

[98] 李志民:《奇兵制胜》,同上书。

[99] 郭沫若:《喜读毛主席的〈词六首〉》,载《人民文学》,1962年5月号。

[100] 同上。

[101] 同上。

[102] 当时,毛泽东还没有进驻延安。——竹内实补注

[103] 埃德加·斯诺:《西行漫记》。

[104] 胡华主编:《中国革命史讲义》。

[105] 方强:《真理的光辉》,见《星火燎原》,第2集。

[106] 王力:《汉语诗律学》。

[107] 词作者自注:"一九三四年,形势危急,准备长征,心情又是郁闷的。这一首《清平乐》,如前面那首《菩萨蛮》一样,表露了同一的心境。"见《毛泽东诗词选》,北京,人民文学出版社,1986,43页。——译注

[108] 宛敏灏:《读毛主席词五首》,载《语文教学》,1959年

10月号。

[109] 胡华主编:《中国革命史讲义》。

[110] 刘伯承:《回顾长征》,见《星火燎原》,第3集,北京,解放军出版社,1959。

[111] 石川忠雄:《中国共产党史研究》。

[112] 罗伯特·佩恩:《毛泽东》,田边和一译,日本,东和社,1953。

[113] 深田悠藏:《支那共产党军队之现势》,日本,改造社,1939。

[114] 张南生:《遵义会议的光芒》,见《星火燎原》,第3集。

[115] 李天佑:《把敌人挡在湘江面前》,同上书。

[116] 刘伯承:《回顾长征》,同上书。

[117] 胡乔木:《中国共产党的三十年》,北京,人民出版社,1951。

[118] 在遵义会议上,毛泽东当选为中央政治局常委。中央革命军事委员会主要负责人是周恩来和朱德。——译注

[119] 韦杰:《右翼梯队的战斗》,见《星火燎原》,第4集,北京,解放军出版社,1961。

[120] 楚黄:《中国共产党简要历史》,学习杂志社,1956。

[121] 艾格妮丝·史沫特莱:《伟大的道路》。

[122] 宋之的:《沿着红军战士的脚印》,北京,中国青年出版社,1956。

[123] 戴镜元:《长征回忆》,北京,北京出版社,1960。

[124] 张爱萍:《从遵义到大渡河》,见《星火燎原》,第3集。

[125] 同上。

[126] 词作者自注:"万里长征,千回百折,顺利少于困难不知有多少倍,心情是沉郁的。过了岷山,豁然开朗,转化到了反面,柳暗花明又一村了。以下诸篇,反映了这一种心情。"见《毛泽东诗词选》,49~50页。——译注

[127] 郭沫若:《喜读毛主席的〈词六首〉》。

[128] 据作者说,"苍山如海,残阳如血"两句是在战争中积

累多年的对景物的感受，遇到娄山关这种战争胜利与自然景物的突然遇合，便形成了作者认为颇为成功的这两句话。见《毛泽东诗词选》，50 页。——译注

［129］词作者原注民谣：“上有骷髅山，下有八宝山，离天三尺三。人过要低头，马过要下鞍。”——译注

［130］佛雏：《读毛主席〈十六字令〉》，载《文学知识》，1959 年 11 月号。

［131］宛敏灏：《读毛主席词五首》。

［132］刘伯承：《回顾长征》，见《星火燎原》，第 3 集。

［133］李长傅：《二万五千里长征地理琐记》，见《第二次国内革命战争时期史实论丛》，北京，三联书店，1956。

［134］同上。

［135］同上。

［136］肖应棠：《巧渡金沙江》，见《星火燎原》，第 3 集。

［137］李长傅：《二万五千里长征地理琐记》。

［138］张爱萍：《从遵义到大渡河》。

［139］宋之的：《沿着红军战士的脚印》。

［140］同上。

［141］孙继先：《强渡大渡河》，见《星火燎原》，第 3 集。

［142］杨成武：《飞夺泸定桥》，同上书。

［143］江耀辉：《红军鞋》，同上书。

［144］杨成武：《翻赴夹金山，意外会亲人》，同上书。

［145］艾格妮丝·史沫特莱：《伟大的道路》。

［146］中西功、西里龙夫：《中国共产党与民族统一战线》，日本，大雅堂，1946。

［147］杨南桂：《新疆狱中斗争记》，见《红旗飘飘》，第 10 集，北京，中国青年出版社，1958。

［148］杨成武：《毛主席指示我们过草地》，见《星火燎原》，第 3 集。

［149］杨定华：《从甘肃到陕北》，见周振甫：《毛主席诗词十八首讲解》，北京，中国青年出版社，1957。

[150] 陈昌奉：《跟随毛主席长征》，见《星火燎原》，第3集。

[151] 游好扬：《毛主席扶我们上担架》，见《星火燎原》，第4集。

[152] 刘亚楼：《渡乌江》，见《回忆井冈山上的斗争》，北京，工人出版社，1955。

[153] 此处解释不对。"走泥丸"是形容很简单，不费力。——竹内实补注

[154] 此处推测不对。"走泥丸"并非比喻"群山起伏"。——竹内实补注

[155] 佛雏：《读毛主席〈长征〉诗》。

[156] 此处的解释不对。应改为：像走在泥丸上一样轻便，很容易就踏破了。——竹内实补注

[157] 词作者自注："前人所谓'战罢玉龙三百万，败鳞残甲满天飞'，说的是飞雪。这里借用一句，说的是雪山。夏日登岷山远望，群山飞舞，一片皆白。老百姓说，当年孙行者过此，都是火焰山，就是他借了芭蕉扇灭了火，所以变白了。"——译注

[158] 王力：《汉语诗律学》。

[159] 词作者自注："昆仑：主题思想是反对帝国主义，不是别的。"见《毛泽东诗词选》。——译注

[160] 毛泽东：《论人民民主专政》，见《毛泽东选集》，2版，第4卷。

[161] 陈昌奉：《跟随毛主席长征》，见《星火燎原》，第3集。

[162] 黄玉昆：《友谊》，载《新观察》，1957年3月1日。

[163] 毛泽东：《论反对日本帝国主义的策略》，见《毛泽东选集》，2版，第1卷。

[164] 肖华：《渡河东征》，见《星火燎原》，第4集。

[165] 曾思玉：《踏雪访黄河》，同上书。

[166] 埃德加·斯诺：《西行漫记》。

[167] 同上。

[168] 深田悠藏：《支那共产军之现势》，日本，改造社，1939。

[169] 黄厚：《风雪大青山》，见《星火燎原》，第6集，北京，

解放军出版社，1961。

［170］应为《新民报晚刊》。——译注

［171］罗伯特·佩恩：《毛泽东》。

［172］词作者原注：“原指高原，即秦晋高原。”——译注

［173］词作者自注：“雪，反对封建主义，批判二千年封建主义的一个反动侧面。文采、风骚、大雕，只能如是，须知这是写诗啊！难道可以谩骂这一些人们吗？别的解释是错的。末三句，是指无产阶级。”见《毛泽东诗词选》。——译注

［174］周振甫：《毛主席诗词十八首讲解》。

［175］武田泰淳：《司马迁》，2版，1959。

［176］朝襄：《在大兴安岭》，载《新观察》，1958年1月16日。

［177］刘占江：《保卫瓦窑堡》，见《星火燎原》，第4集。

［178］莫文骅：《红军大学生活日记》，同上书。

［179］尼姆·威尔斯：《红尘》，陆井三郎译，日本，新评论社，1953。

［180］日本《中苏情况》杂志，1960年5月30日。

［181］肖华：《红旗漫卷西风》，见《星火燎原》，第4集。

［182］《毛泽东选集》，2版，第1卷。

［183］戴克林：《回到党的怀抱》，见《星火燎原》，第4集。

［184］邓子恢：《新四军的发展壮大与两条路线的斗争》，见《星火燎原》，第6集。

［185］埃德加·斯诺：《西行漫记》。

［186］日本《东京新闻》，1963年9月6日。

［187］印度的甘地曾号召人民以手纺车来抵制对英国纺织品的百年依赖，反对殖民主义侵略。——译注

［188］苏斯洛夫在苏共中央全会上的报告，1964年2月14日。

［189］叶蠖生：《中国人民解放战争中的历史故事》，上海，华东人民出版社，1954。

［190］廖盖隆：《新中国是怎样诞生和成长的》，上海，上海人民出版社，1955。

[191] 吴玉章：《美蒋和平阴谋的破产》，见《毛主席在重庆》，北京，解放军文艺社出版，1961。

[192] 龙飞虎：《毛主席在重庆》，同上书。

[193] 毛泽东、朱德：《向全国进军的命令》，见《毛泽东选集》，2版，第4卷。

[194] 廖盖隆：《新中国是怎样诞生和成长的》。

[195] 桥本关雪（1883—1945），日本现代著名文人、画家。——译注

[196] 北一辉：《支那革命外史》，1916。

[197] 宇野哲人：《支那文明记》，日本，大同馆，1912。

[198] 郭沫若：《百万雄师过大江》，载《红旗》，1964年1月号。

[199] 赵朴初：《读毛主席诗词十首》，载《诗刊》，1964年5月号。

[200] 同上。

[201] 米内山庸夫：《支那风土记》，日本，改造社，1939。

[202] 作者原注："分湖为吴越间巨浸，元季杨铁崖曾游其地，因以得名。余家世居分湖之北，名大胜村。第宅为倭寇所毁。先德旧畴，思之凄绝。"——译注

[203] 戈扬：《新疆二十年》，载《新观察》1950年7月号。

[204] 杨南桂：《新疆狱中斗争记》，见《红旗飘飘》，第10卷，北京，中国青年出版社，1959。

[205] 郭沫若：《一唱雄鸡天下白》，载《文艺报》，1958年6月11日。

[206] 词作者原注："新疆哈萨克族民间歌舞有《圆月》一歌云。"——译注

[207] 翟作军：《在毛主席身边》，载《新观察》，1959年4月16日—5月16日。

[208] 埃德加·斯诺：《今日中国》。

[209] 毛岸英为杨开慧之子。——译注

[210] 阎涛：《毛主席在西柏坡的时候》，载《新观察》，1958

年5月1日。

[211] 解放军报记者:《毛主府关心警卫战士学文化》,载《新观察》,1960年6月16日。

[212] 李锐:《毛泽东同志的初期革命活动》。

[213] 毛泽东1958年批注道:"民谣:常德德山山有德,长沙沙水水无沙。所谓长沙水,地在长沙城东,有一个有名的'白沙井'。"见王臻中等:《毛泽东诗词鉴赏》。——译注

[214] 文井正太郎:《湖南》。

[215] 宇野哲人:《支那文明记》。

[216] 毛泽东1957年2月11日致黄炎培信中说:"游长江二小时飘三十多里才达彼岸,可见水流之急。都是仰游侧游,故用'极目楚天舒'为宜。"见王臻中等:《毛泽东诗词鉴赏》。

[217] 林大椿:《词式》,北京,商务印书馆,1934。

[218] 王蒙:《组织部新来的青年人》,载《人民文学》,1956年9月号。

[219] 日本《中苏情况》杂志,1960年5月23日。

[220]《人民日报》编辑部、《红旗》杂志编辑部:《关于赫鲁晓夫的假共产主义及其在世界历史上的教训》,北京,人民出版社,1964。

[221] 毛泽东:《丢掉幻想,准备斗争》,见《毛泽东选集》,2版,第4卷。

[222] 张光年:《致郭沫若同志的信》,载《文艺学习》,1958年第2期。

[223] 郭沫若:《回信》,同上。

[224] 何劲人供稿,载《文艺报》,1958年第11期。

[225] 郭沫若:《讨论〈蝶恋花〉》,载《文艺报》,1958年第7期。

[226] 谢思洁:《再谈关于毛主席的词〈蝶恋花〉的解释》,载《文艺报》,1959年第6期。

[227]《第一面红旗——记江西余江县根本消灭血吸虫病的经过》,载《人民日报》,1958年6月30日。

［228］红雨：《病魔巢穴变乐园》，日文版《人民中国》，1960年11月号。

［229］汉代把河东、河内、河南三郡称为“三河之地”（《史记·货殖列传》），原指今晋西南和河南省西部黄河两侧的一部分地方。这里泛指北方。见臧克家主编：《毛泽东诗词鉴赏》。——译注

［230］《反复斗争，消灭血吸虫病》，载《人民日报》，载1958年6月30日。

［231］见《人民日报》，1959年8月27日。

［232］郭沫若：《敢教日月换新天》，载《人民日报》，1964年2月8日。

［233］郭沫若：《桃花源里可耕田》，载《人民日报》，1964年2月2日。

［234］《庐山》，上海，新知识出版社，1957。

［235］赵朴初：《读毛主席诗词十首》，载《诗刊》，1966年5月号。

［236］斋伯守：《长江的自然与文化》，日本，讲谈社，1942。

［237］《苏共领导同我们分歧的由来和发展》，载《人民日报》，1963年9月6日。

［238］《苏共领导是当代最大的分裂主义者》，载《人民日报》，1964年2月4日。

［239］《苏共领导同我们分歧的由来和发展》。

［240］中国研究所：《新中国年鉴》，日本，远东书店，1964。

［241］埃德加·斯诺：《今日中国》。

［242］中国研究所：《新中国年鉴》。

［243］庐鋈：《关于旱涝的周期性问题》，载《人民日报》，1961年4月9日。

［244］日本《朝日新闻》，1961年12月26日。

［245］《东京新闻》，1962年11月12日。

［246］《人民日报》，1962年11月15日。

［247］郭沫若：《不爱红装爱武装》，载《人民日报》，1964年4月25日。

［248］友人即周世钊。1961年12月26日，毛泽东在给周世钊的信中，在引用其“秋风万里芙蓉国，暮雨千家薜荔村”和“西南云气来衡岳，日夜江声下洞庭”两联诗后说：“同志，你处在这样的环境中，岂不妙哉?”见《毛泽东书信选》。——译注

［249］安井正太郎：《湖南》，日本，博文馆，1905。

［250］德富苏峰：《七十八天游记》，日本，民友社，1906。

［251］诸桥辙次：《游支杂笔》，日本，目黑书店，1938。

［252］郭沫若：《芙蓉国里尽朝晖》，载《人民日报》，1964年5月16日。

［253］《日本经济新闻》，1973年5月8日。

［254］郭沫若：《玉宇澄清万里埃》，载《人民日报》，1964年5月30日。

［255］郭沫若：《待到山花烂漫时》，载《人民日报》，1964年3月15日。

［256］《苏共领导同我们分歧的由来和发展》。

［257］同上。

［258］同上。

［259］《人民日报》编辑部、《红旗》杂志编辑部：《关于斯大林问题》，1963年9月13日。

［260］同上。

［261］埃德加·斯诺：《西行漫记》。

［262］《中共中央一九六四年二月二十九日致苏共中央的信》，载《人民日报》，1964年5月9日。

［263］《朝日年鉴》，1964。当时人民币1元约等于150日元。

［264］《毛泽东和赫鲁晓夫会谈公报》，载《人民日报》，1958年8月4日。

［265］日本《东京新闻》，1959年2月21日。

［266］中共中央办公厅编，北京，人民出版社，1956。

［267］《列宁主义万岁》，载《人民日报》，1960年4月20日。

［268］《陶里亚蒂同志同我们的分歧》，载《人民日报》，1962年12月31日。

［269］《人民日报》编辑部、《红旗》杂志编辑部：《在战争与和平问题上的两条路线》，1963年11月19日。

［270］《人民日报》，1961年12月29日。

［271］毛泽东：《呼吁世界人民联合起来反对美国帝国主义的种族歧视，支持美国黑人反对种族歧视的斗争的声明》，载《人民日报》，1963年8月9日。

［272］斋藤玄：《访问北越》，日本《每日新闻》，1964年9月11日。

［273］同上。

［274］《毛泽东同志论帝国主义和一切反动派都是纸老虎》，载《人民日报》，1958年10月31日。

中篇　毛泽东

［1］即国庆节天安门前游行队伍的口号声。——竹内实补注

［2］日本式房间里铺的草垫，一张约为180厘米×85厘米。——译注

［3］西乡隆盛（1828—1877），日本明治维新时代的代表人物之一，军人、政治家。——译注

［4］月照（1813—1858），日本江户末期志士，京都清水寺住持，后被幕府追究，投海自杀。

［5］指太平天国洪秀全、杨秀清。——译注

［6］1912年，吴稚晖与李石曾发起留法俭学会，1921年任法国里昂中法大学校长，1924年任国民党中央监察委员。——竹内实补注

［7］以上关于汉译“赫鲁晓夫”写法的解释牵强附会，因为中国在称“赫鲁晓夫”为“修正主义者”以前便是这种译法。——竹内实补注

［8］此回忆录是刘平平的《怀念我的爸爸刘少奇》，当时刊登在什么杂志上已经不记得了，后来收录于李新芝等著：《刘少奇珍闻》，北京，中央文献出版社，2009。——竹内实补注

[9] 他在政府机关里面甚至没有办公桌。——竹内实补注

[10] 北京机场改建后，那面墙已不见了。——竹内实补注

下篇 毛泽东研究文选

“牛鬼蛇神”及其他

[1] 莫拉维亚（1907—1990），意大利作家，生于罗马，在第二次世界大战期间坚持反法西斯立场。其作品以中产阶级生活为背景，主要著作有《罗马的女人》等。

[2] 霍华德·法斯特（1914—2003），美国作家，20 世纪 30 年代在文坛上成名，其早期倾向于共产主义，曾获得斯大林文学奖，后来脱离了美国共产党。

[3] 罗曼·罗兰（1866—1944），法国作家、思想家，以小说《约翰·克利斯朵夫》成名，除文学作品外，还著有哲学和音乐研究著作。

[4] 1961 年 8 月，竹内实曾在安部公房、野间宏等 28 人起草的声明《告日本共产党员书》上签字，后被日本共产党除名。

[5] 按毛泽东该词原注，“飞起玉龙三百万”一句，是借用《诗人玉屑》里宋人张元的诗句“战罢玉龙三百万”。

[6] 竹内实：《胡风批判的意义》，载日本《亚洲经济旬报》，第 257 号，1955 年 7 月 10 日。

关于《矛盾论》的原型

[1] 竹内实先生所说的初版，可能是人民出版社 1952 年 7 月起陆续出版的《毛泽东选集》“第 1 版重排本”所依据的版本。翻译和编校时由于找不到“初版”，只能以“第 1 版重排本”为依据。这个版本中《矛盾论》收入第一卷。经对照，这两个版本除页码外，文字基本没有差别，出版时间也仅相差数月，因此可勉强作为“初版”文字。特此说明和致歉。——译注

[2] 陈志让：《毛泽东著作系年》(以下略称为《系年》)，拙译载《东亚季刊》，第4辑，1968年8月。

[3] 张如心的论文作为理解毛泽东思想路线、思想方法论的文献之一，曾提到《讲授提纲》，尤其是该书第二章第11节“实践论”(张如心：《学习和掌握毛泽东的理论和策略》，载《解放日报》，1942年2月18、19日)。所以指定其为必读文献，可能与当时陆续开始的整风运动有关系。不过，在当年4月，经过两次修订确定的22条“整风文献”里，提到的仍旧是《讲授提纲》，并没有增加《实践论》与《矛盾论》。在张如心的论文中也看不到“矛盾论”的叫法。从必读文献提到“全部《讲授提纲》”可以知道，《实践论》和《矛盾论》并非是将《讲授提纲》拆解之后编成的。(张如心提到的《讲授提纲》由八路军杂志社出版，但没有说明出版年月。)

[4]《系年》，88页。

[5] 中华书局，1959年1月，19页插图。

[6] 收入《毛泽东选集》第二卷，题目为《抗日游击战争的战略问题》(1936年5月)。无疑，改动题目中的“的”字并非是大问题。

[7] 收入《毛泽东选集》第一卷，题目为《论反对日本帝国主义的策略》(1935年12月27日)。

[8]《系年》，90页。

[9]《出版大事年表(现代部分)》，见《中国现代出版史料》(补编)，591页。

[10] 埃德加·斯诺：《北京·华盛顿·河内》，松冈洋子译，日本，朝日新闻社，86页。1965年，斯诺曾向毛泽东提过这一问题并得到过明确的答复。斯诺是在一次名为“谈文化大革命”的座谈会上介绍毛泽东的明确答案的，出席该座谈会的有中岛岭雄、村松祐次、白神勤。在那个座谈会上，村松猜测《矛盾论》可能是在1937年以后出版的(86页)，但不知道其意味着在抗日军政大学的讲演并非是目前《矛盾论》的样子，还是当时根本就没有所谓的《矛盾论》。

[11]《系年》，89页。

［12］张静庐《中国现代出版史料》（补编）收录的《马克思恩格斯中译文年表》和《列宁著作中译文年表》。另外，《八路军军政杂志》新中国成立后曾经影印过（四卷），其发行时间为1939年1月至1942年3月。可参看文琪：《抗日战争时期中国共产党党报和主要进步刊行物介绍》，载《历史教学》，1958年10月；见《中国现代出版史料》丁编，上册，296页。

［13］埃德加·斯诺：《北京·华盛顿·河内》，87页。

［14］我是从霍尔布尼钦的《毛泽东的唯物辩证法》（敏之译，载《明报月刊》，1967年12月，1968年1、2月）一文中了解到毛泽东写有《辩证法唯物论》的。其后，承陈志让教授好意，惠赠《辩证法唯物论》原文与威特福格尔的论文。威特福格尔的论文如下：Karl A. Wittfogel，"Some remarks on Mao's handling of concepts and problems of dialectics in Soviet Thought"，Ⅲ，4，Dec. 1963。该文也曾单页印刷过。本文所说《辩证法唯物论》有关章节的中文原文为：第一章"唯心论与唯物论"：（一）哲学中的两军对战；（二）唯心论与唯物论的区别；（三）唯心论发生与发展的根源；（四）唯物论发生与发展的根源。

［15］此书日译本有广岛定吉译：《苏联百科大辞典版·辩证法唯物论》，新兴出版社，1946年7月。

［16］此书日译本有广岛定吉译，苏联科学院哲学研究所共著，米定监修，《辩证法唯物论》，科学社，1934年10月初版，1935年5月再版，同年12月普及版。因此，就米定原著来说，广岛定吉译本与艾思奇译本属姊妹关系。但艾思奇译本有若干省略。另外，山口一郎先生曾很快允诺将收藏的本书借给我阅览，记于此以示感谢。还要感谢大井正与鹤田三千夫把这两本书借给我参阅。

［17］这11册书名是：《苏联共产党史》（特别是第四章第2节）、《从空想到科学》、《费尔巴哈论》、《左派幼稚病》、《辩证法唯物论教程》、《新哲学大纲》、《反杜林论》、《资本论》（至少是第一卷第一篇）、《论持久战》、《论新阶段》、《论游击战》。

也就是说，上述书籍都是翻译或公开发行的。

此外，在1938年，延安曾经成立过"新哲学会"，发起人为艾思奇、何思敬、任白戈、张琴秋、陈伯达、张如心、吴理屏、高士其、周扬、刘芝明、柯伯年、王学文、杨松、焦敏之、成仿吾、徐懋庸、王思华、郭化若。

上述消息见于《新哲学会缘起》(《解放》,第53期,1938年9月30日)。另外,艾思奇(1905—1966)除《矛盾与统一规律》(《解放》,第87、88期,1939年10月)之外,还在整风运动中发表过两三篇文章,新中国成立后成为中国哲学界的重要人物。

[18] 广告中提到三本毛泽东著作:《毛泽东救国言论选集》、《论持久战》、《论新阶段》。此外,令人瞩目的书名有胡绳《辩证法唯物论入门》、王剑秋译米定《辩证法唯物论》、艾思奇《哲学选辑》。

[19] 参见本文注13,威特福格尔论文,253页。

[20] 中岛岭雄:《现代中国论》,青木书店,1964年11月。其中指出,毛泽东曾利用过《辩证法唯物论教程》,并举了四个例子加以比较(51~54页)。

[21] 我觉得主要应该思考的是,毛泽东的根本观念即毛泽东思想的核心究竟是什么。在我看来,一言以蔽之,毛泽东的根本思想是所谓"主观能动性"。我的观点是,毛泽东以这一根本观念强化了通过艾思奇传来的苏联哲学家的马克思主义哲学,即辩证法唯物论,同时又注意到不使这一根本观念失去特有的色彩。见拙文《毛泽东——关于他的主观能动性》,载《现代中国的思想》,大安书店,1967年7月。

[22] 像下面这样的文体无疑是毛泽东的风格,因此,也反映了他的思想:"例如,只了解中国一方、不了解日本一方,只了解共产党一方、不了解国民党一方,只了解无产阶级一方、不了解资产阶级一方,只了解农民一方、不了解地主一方,只了解顺利情形一方、不了解困难情形一方,只了解过去一方、不了解将来一方,只了解个体一方、不了解总体一方,只了解缺点一方、不了解成绩一方,只了解原告一方、不了解被告一方,只了解革命的秘密工作一方、不了解革命的公开工作一方,如此等等。"(《毛泽东选集》,312页;日译本,50~51页)

这种举例方法，是将两个侧面等量齐观。这些事例与下面注文中提到的《矛盾论》原型的逻辑有关系。如果由此来猜测《矛盾论》原型的逻辑方式，那么如下面注文所说的那样，其与目前《矛盾论》的有关部分应该是大体对应的。

[23] 如果把《矛盾论》与《研究提纲》不一致的地方视为《矛盾论》的特点的话，首先在于像这里提到的《矛盾论》在理解矛盾时包括有“非……”的内容。也就是说，在提及某个侧面或某个矛盾的时候，与之相对的并非是“反……”，而是“非……”。除了“非主要矛盾”、“矛盾的非主要方面”等说法之外，在后面（《矛盾论》五）还有“非敌对的矛盾”等等。在谈及研究各种矛盾与矛盾的各方面的重要性时，它们也被罗列其中而受到同样的重视。这样说的特点在于：第一，在论述时强调应该重视“非……”（反对容易对其轻视的先入之见）；第二，则是对“各种矛盾”、“矛盾的各方面”大体上同等重视，它们没有好坏之分，而从这两点可以明白，不必把所谓“非……”看成是“正—反”关系中的“反”——第三，因此，这不意味着一个事物在自我发展的过程中一定会否定自己；第四，当现实与具体地（即其在时间过程中的自身变迁或变化）考虑对立物这种转化的时候，不应当以第三中提到的“正—反”关系去看待它。

我们可以把以上这些特点看做是《矛盾论》原本具有的逻辑特色。坚持这种逻辑的毛泽东，曾多次引用《孙子》里“知己知彼，百战不殆”的话。

[24] 霍尔布尼钦：《毛泽东的唯物辩证法》，载《明报月刊》，1968 年 1 月。

[25] 着重号为与在《解放》杂志上发表时不同的地方。《解放》上这一节没有号码，从下一节开始编号，因此，其与《毛泽东选集》中本文的号码错后一位，即《毛泽东选集》本第 15 节，杂志上并没有发表。

[26] 斯诺曾经这样描写过当时（1936 年 6—12 月在延安）的毛泽东：“毛泽东是个热心研究哲学的人。我有一阵子每天晚上都去见他，向他采访共产党的党史。有一次，一个客人带了几本哲学

新书来给他，于是毛泽东就要求我改期再谈。他花了三四夜的工夫专心读了这几本书。在这期间，他似乎什么都不管了。他读书的范围不仅限于马克思主义的哲学家，而且也读过一些古希腊的哲学家和斯宾诺莎、康德、歌德、黑格尔、卢梭等人的著作。”（《西行漫记》，67～68 页，北京，三联书店，1979）

[27]《哲学选辑》，1 页。

[28] 广岛定吉、直井武夫译，白扬社，1932 年 4 月初版，同年 6 月第 2 版。为此书曾询问过两三位朋友，都没有遇到收藏者。后偶然在已故久保荣先生的书架上看到，并承久保夫人好意，得以翻阅。

[29] 本句里的“××”疑为“革命”二字。——译注

[30] 同本文注 23。在这一注文中，霍尔布尼钦认为毛泽东思考“非敌对的矛盾”的概念要早于斯大林。不过，在希罗科夫等人的《辩证法唯物论教程》里，曾经引用过列宁的话：“对抗和矛盾断然不同。在社会主义下，对抗消灭了，矛盾存在着。”《矛盾论》中也引用过这句话。《列宁选集》收录了名为《关于布哈林〈过渡时期经济学〉的评注》一文，此卷的中译本分为上、下两册，曾分别于 1942、1945 年在延安出版。另外，从张静庐的《列宁著作中译文年表》知道，《列宁选集》第 8 卷中的《苏联外国工人出版社》，1931 年也曾出版过中译本。张静庐的《年表》是在延安再版的，推断在其初版时，苏联还没有出版《列宁选集》第 11 卷。然而，这一《辩证法唯物论教程》中译本的广告却在 1939 年 8 月的杂志上看到过。因此，借助于《教程》的中译本，毛泽东可能已经知道了有这一概念。但据霍尔布尼钦说，斯大林并没有这个概念。关于这一概念，可以联想到 1957 年《关于正确处理人民内部矛盾问题》中所说的在社会主义国家存在着“非对抗性矛盾”的话。我们可以确认，这一“非对抗性矛盾”概念中“非”的说法，与原《矛盾论》的特点有些关系。当然，也应该承认，在当时（1937 年），毛泽东还没有严格区别“敌对矛盾”与“非敌对矛盾”的不同使用方法。

[31] 该文如果确为毛泽东所写，那么从 1964 年 5 月开始的对中共中央高级党校校长杨献珍的批判，其推动者和批判者应该就是

毛泽东。杨献珍曾自1961年11月开始提出“合二为一”的观点。(参见抽著《中国——同时代的知识分子》，110页，合同出版，1967年5月）由此推论，毛泽东的论文应当写在这前后。

[32] A君说，书名中并没有“讲授”二字。

[33] 据A君讲，这里的两个“·”写法相同，不知道是指1937年7、8月，还是1937年7月8日。实际上应该是前者，后者是抄写人的猜测。

[34] 读者当会想起，张如心的论文曾指出，“第二章第十一节”为“实践论”。

[35] 上文所说张如心的论文并没有解释第三章为何没有使用“矛盾论”的题目。

[36] 下面一段话的中文原文为A君所记。

[37] 据A君说，这里的“略”字不知来自何处，也许是抄写笔记的红卫兵所写。如果不是如此省略，我们怀有浓厚兴趣的问题（原来《矛盾论》各章的结构是什么样子）也许应该能够得到解答。

谈毛泽东思想

[1] 关于这一点，已有西顺藏《毛泽东——〈实践论〉及其人的观念》一文（1966年4月，后收入《中国思想论集》，筑摩书房，1969年5月出版）。

文中谈到，《实践论》是毛泽东认识论的概括，而“认识问题根本上关系到革命组织中的人或个人的创造性”，其“特征在于，‘认识运动’中”“包括改造世界的实践这一阶段”，“它是‘认识的能动作用的’发展过程。但又要看到，这一认识运动全过程的实现，也要依靠‘反映客观过程与主观能动性来发挥作用’。‘主观’当然是反映客观的，然而，这种反映只有靠‘主观能动性’这一能动的作用才能够实现。这种能动性及其个人，与人的实践性、现实能动性的作用是根本一致的，是以人为实践的媒介”(444～445页)。

另外，山本秀夫在《中国农业开发与毛泽东哲学》(《农业综合研究》，第20卷3号）中曾这样说：“‘主观能动性’……显然是马克思着眼于人的能动本质，通过批判费尔巴哈开始明确指出的人的特点。应该看到，毛泽东把这一马克思主义的人性观置于其认识论的基础上，使之成了其实践论的根本特征。也就是说，正是由于毛泽东把人看作是主观能动的，其才能够立足于实践的观点。因此，必须注意的是，仅仅将其融于'主体性'的概念之中，并不能够正确理解主观能动性的观点。"（158 页）

以上两文作为我认为"自觉的能动性"是"毛泽东思想的基础"的佐证，与我的观点是一致的。不过，此二文的思路并不相同，而我的思路与以上两文也不太一样。

[2] 上一注文中提到的两篇文章都以《实践论》为例。而我所以在这里提及《论持久战》，是因为将其新、旧两种文本加以对比，比较便于展开自己的论述。《实践论》与《矛盾论》一样，开始时是作为独立的论文，并以同样题目收录进《毛泽东选集》中。但在成为独立论文之前，也曾以《辩证法唯物论讲授提纲》为名，作为延安抗日军政大学的讲义问世。目前，这一讲义按照能够看到的全文，以中文收入了毛泽东文献资料研究会编《毛泽东集（六）》（北望社，1970 年 9 月）中，其第二章（11）的题目便是"实践论"。此讲义的这一部分也许就是《实践论》的旧版本，但遗憾的是原文已经遗失了。

下面再说《矛盾论》。在前面所说的讲义中，并没有同一题目的章节。不过，其中有"以下分述辩证法的几个法则"（原文为"以上"，大约为误记）的字样，接着又说："略。全文见《矛盾论》。"这也意味着其原文部分已经遗失。在上述讲义的其他版本中，有马克思主义哲学家艾思奇编译的《哲学选辑》（上海辰光书店，1939 年 3 月初版，同年 10 月再版）的附录《研究提纲》，其中特别署名为"艾思奇拟"。在我看来，那大约就是《矛盾论》的旧版。（关于其中的关系，见拙文《关于〈矛盾论〉的原型》，载《思想》，1969 年 4 月，收入《毛泽东笔记》一书，新泉社。）

[3] 由译报图书部 University Press 发行，所在地为上海，1939 年 4 月版为第 6 版。

[4] 恩格斯曾这样说道："从前的一切唯物主义（包括费尔巴哈

的唯物主义）的主要缺点是：对对象、现实、感性，只是从**客体**的**或者直观**的形式去理解，而不是把它们当作**感性的人的活动**，当作**实践**去理解，不是从主体方面去理解。”（《关于费尔巴哈的提纲》）

将恩格斯以上论断与《实践论》联系起来的想法（即想将二者联系起来）无疑是必要的，不必怀疑其是否正确。不过，如果基于二者的局部观点有相同之处，便断定彼此在总体上也一致，却有悖于“事实”。因为恩格斯上面这段话是就《提纲》中“人的思维是否具有客观真理性”的问题来说的，而毛泽东关于这一问题的回答则是强调“自觉的能动性”。《实践论》是与恩格斯所说的问题相对应的，至于《论持久战》，却并非与之对应。因此，在我看来，毛泽东的哲学观念并非总是着眼于“是否具有客观真理性”的问题。

［5］在《学习和时局》（1944 年 4 月）中，有“放下包袱，开动机器”的说法，其虽然强调思考与思索的重要性，但没有特意以“革命的”来加以限定。（见《毛泽东选集》，1 版，891～904 页，第三卷，北京，人民出版社，1953 年 5 月）

［6］在这里，我并非指“马克思主义者以前”就一定比“马克思主义者”的水平低，只是为了便于描述毛泽东的思想发展的阶段，才使用了这两个概念来加以区分。

［7］正如《介绍一个合作社》（1958 年 4 月执笔，收入《毛泽东著作选读·甲种本》）中所说：“除了别的特点之外，中国六亿人口的显著特点是一穷二白。这些看起来是坏事，其实是好事。穷则思变，要干，要革命。”在毛泽东的头脑中，“自觉的能动性”的观念一直存在着。这里所谈的，只是作为毛泽东的一种思想观念在其形成过程中某个阶段的状况。而在上面引用的这篇文章里，为了防止社会与政策的偏激，作为“能动性”的对立面，又强调起“客观”来。施向东的《客观规律性与主观能动性》（《红旗》，1959 年 8 月 16 日）便是如此。不过，其中主要着眼于政策问题与贯彻政策的口号问题（即口号化的思想），因此还有从其他角度加以探讨的必要。显然，由于施向东的论文强调“客观规律性”，其认为脱离客观的“自觉的能动性”与“主观能动性”是先验的。

另外，在 1956 年，还可以看到“人民大众的主动精神与积极作用”之类的用语，如《人民日报》编辑部的《论无产阶级专政的历史经验》一文。

[8] 李锐：《毛泽东同志的早期革命活动》，北京，中国青年出版社，1957；松井博光、玉川信明译，至诚堂出版，26页。《毛泽东的诗词与人生》曾引用其译文，文艺春秋社，1965，32页。

[9] 唐明邦：《王船山史迹访问记》（1962年2月执笔），收入湖南省、湖北省哲学社会科学联合会合编：《王船山学术讨论集》，下册，北京，中华书局，1965年8月，589～590页。据唐明邦说，在船山学社前身，曾有思贤社在光绪年间活动过。思贤社同样以普及王船山的学说为目的。

[10] 我只见过《船山学报》第1～5期。据唐明邦说，船山学社发动过大规模的反袁运动，每期在封里都以整页篇幅刊登一条标语口号（只有创刊号不一样，占据一整页的文字）：“请毋忘五月九日国耻。”其中“国耻”二字特别大，而且外加了白框线。

[11] 《船山学报》在讲演栏的后面，有关于《易》与《正蒙》的解释。其中触及了当时思想界的问题，这里暂不涉及。

[12] 毛泽东曾说：“有三本书特别深地铭刻在我的心中。”这三本书是《共产党宣言》、考茨基的《阶级斗争》和柯卡普的《社会主义史》中译本。经请日比谷图书馆服务处接待科调查，考茨基的《阶级斗争》是由《爱尔福特纲领》的一章独立而成。

[13] 在上注的三书的中译本里，我只看到了《社会主义史》一书（通过日比谷图书馆服务处接待科的查阅，在“社会文库”中看到了收藏的此书）。此译本扉页上印有“新青年丛书第一种/英国克卡朴原著/英国闢司增订/李季翻译/蔡元培序/社会主义史”的字样。蔡元培序写于民国九年（1920）7月23日，李季的序文记有同年7月1日的日期。

蔡元培的序写得相当好。其首先写道：“我们中国本有一种社会主义的学说……”并引用孔子的言论，即对内均贫富而对外不取黩武主义和殖民政策。他引用《礼记·礼运》，认为其中有“各尽所能，各取所需”的意思以及男女平等主义。又引用《孟子》里的话，意思是“泛劳动”主义。接着，还引用了《周礼》、《孟子》和

《汉书·食货志》，证明“中国又本有一种社会政策”。接着还说，“西洋社会主义”是20年前输入中国的，其路径是间接依靠留学日本的学生，而直接则依靠留学法国的学生。下面又介绍原著与原作者、增补者。“……都是英国人，自然是稳健派……读的人一定有嫌他们不彻底的。但是他们所叙述的，给我们的教训已经很多。”后面则附带介绍了书中的主要内容及其感想。它们反映了蔡元培阅读这本书的态度。大体说来，他认为：(1) 历史是连续的，社会主义并非仅仅是一种宣传；(2) 应该以比利时工人的恶劣生产条件以及他们发动的强有力的工人运动为教训，视之为我们工界的缩影；(3) 中国也有必要关注法国工团主义的起源与理念；(4) 在人类的发展中，头脑的发达与合群（合作）原则的发达有很大的作用，其中有工人教育、学者的帮助、特别设施与媒体等等。对此，我们似乎都应该学习。……

这本书的总体内容，从介绍法国社会主义开始，展望了包括俄国革命在内的各国运动，最终以一般社会主义理论为结论。在附录中则有资料便于了解社会主义运动的实际情况。从蔡元培这篇序言里，能够窥见当时中国的读者是如何看待这本书的。

《毛泽东语录》译后记

[1] 中文原名应为《毛主席语录》。——译注

[2] 这段话中文原为：“一个人做点好事并不难，难的是一辈子做好事，不做坏事，一贯的有益于广大群众，一贯的有益于青年，一贯的有益于革命，艰苦奋斗几十年如一日，这才是最难最难的呵！”——译注

《毛泽东谈文化大革命》编者后记

[1] 竹内实编译：《毛泽东谈文化大革命》，现代评论社，1974年12月5日。——译注

[2] 据本书“凡例”称，作者所见中文版《毛泽东思想万岁》

一书有甲、乙、丙、丁共四种版本。本书主要依据丁本，内收毛泽东在1949—1968年的130篇文章，出版于1969年8月，共716页，原编者不明。日本的现代评论社于1974年出版过该书影印本。

[3] 斯图尔特·施拉姆（1924— ），生于美国，伦敦大学亚非学院教授。1966年出版著作《毛泽东》，有日语译本。——译注

[4] 竹内实：《日本语首译〈毛泽东最新讲话〉四篇》，载《现代之眼》，15卷9号，1974年9月1日。——译注

[5] 清水寺是日本京都著名的寺庙与游览地，其大殿前的“舞台”高耸，从上面跳下等于自杀。——译注

[6] 即收入本书的《“牛鬼蛇神”及其他》一文。——编校注

[7]《毛主席文选》收入毛泽东1939—1967年间的著作58篇，另收录林彪的文章4篇。编辑者与出版时间不明。日本的小仓编辑企划社于1974年出版过该书影印本。——译注

[8] 正式标题为《毛主席关于制止武斗问题的指示精神要点》，见《中共党史教学参考资料》（“文化大革命”时期），北京，中国人民解放军国防大学出版社，26页，1988。——译注

[9] 作者原注。——译注

[10]《建国以来毛泽东文稿》，第12册，北京，中央文献出版社，87页，1998。——译注

[11] 作者原注。——译注

[12]《建国以来毛泽东文稿》，第12册，71页。——译注

《关于〈矛盾论〉的原型》的补充说明

[1] 根据这份材料校定后的《讲授提纲》收录于《毛泽东集》第6卷，毛泽东文献资料研究会编（负责人藤本幸三、市川宏），本人监修，北望社，1970年。

[2] 删除的部分已收入注1所说的《毛泽东集》第6卷中，以“后注”的形式全部补充了进去，可以看得很清楚。

[3] 埃德加·斯诺：《北京·华盛顿·河内》，86页。

[4] 承藤本幸三先生指教才知道张如心的这篇文章，但由于当

时只接触到毛泽东文章的一部分，尚未有什么疑问。

[5] 在文琪《抗日战争时期中国共产党机关报和主要进步杂志简介》（载《历史教学》，1958年10月号，收入张静庐：《中国现代出版史料》丁编，上册，北京，中华书局，1959年11月）和杨瑾琤《抗日战争时期上海的革命新闻杂志与进步新闻杂志》（同上书）两文中均未谈及《抗战大学》杂志。

[6] 据说在1937年11月上海陷落以后，原本在上海发行的杂志几乎全部停刊了，众多"文化人"离开了上海转向内地（武汉、广州等）。不过，又据杨瑾琤说，从1938年初开始，也曾利用上海的外国租界以外国人的名义来发行报纸，出版的杂志和丛书还相当多。不难想象，《抗战大学》可能就是其中之一。但据斯图尔特·施拉姆说，《抗战大学》是在广州发行的。见 Stuart R. Schram, *The Political Thought of Mao Tse-tung*，180页注。

[7] 该书曾以《哲学讲话》为题，在《读书生活》杂志上连载一年多，尝试以通俗的事例来概述唯物辩证法，如为第24节起的标题是"猫是为吃老鼠而生的——目的性可能性和现实"。其序言中说："辩证法的法则，在新哲学者看来，不但是方法论，同时也是世界观，甚至也是认识论。"本书内容为：第一章"绪论"，第二章"唯心论、二元论与唯物论"，第三章"新唯物论的认识论"，第四章"唯物辩证法诸法则"。这本著作在当时是畅销书，大大刺激了人们对"新哲学"的关注，并为其普及做出了贡献。

[8] 详情不明。

[9] 本书内容为：第一篇"唯物辩证法"，第二篇"当作科学看的历史唯物论"，第三篇"社会的经济构造"，第四篇"社会的政治建筑"，第五篇"社会的意识形态"。第一篇的内容为：第一章"当作人类认识史的综合看的唯物辩证法"，第二章"当作哲学的科学看的唯物辩证法"，第三章"唯物辩证法的诸法则"，第四章"当作认识论和论理学看的唯物辩证法"。

据高田求说，本书主要依据苏联百科大辞典版《辩证法唯物论》、米定监修的苏联科学院哲学研究所编《辩证法唯物论》、希罗科夫监修的苏联科学院列宁格勒分院哲学研究所编《辩证法唯物论教程》。其中的历史唯物论部分曾作为1947年“新中国大学丛书”之一，以《新社会大纲》为书名出版过，初版大约是在1937年。我觉得，本书文体与《讲授提纲》最为接近。如已经指出的那样，日译本的文体保留了其文风。我曾向尾崎庄太郎先生借阅过该书。

[10] 详情不明。

[11] 详情不明。

[12] 可能是希罗科夫监修的同名书中译本，内容与艾思奇编译的《哲学选辑》相同。

[13] 为艾思奇编译的《哲学选辑》的附录，有博古译本，可能为同一本书。

[14] 为苏联大百科辞典版《辩证法唯物论》译本。

[15] 探讨这一问题的文章有高田求的《关于“毛泽东思想”的原型》，收入芝田进午编：《现代革命与马克思主义》，下册，青木书店，1970年11月。其中谈到拙著《关于〈矛盾论〉的原型》，并进而阐述了自己的创见。类似的还有尾崎庄太郎：《关于毛泽东哲学的源流》（《前卫》，1970年3月）。借助于高田求的论文，我知道在自己探讨之前，已经有过以下三篇文章：高田求：《关于〈实践论〉、〈矛盾论〉的片断》（《东京唯物论研究会报》，1967年1月）、尾崎庄太郎：《〈实践论〉、〈矛盾论〉入门》（“青木新书”，青木书店，1963年）、坂本贤三：《现代中国哲学批判》（《现代理论》，1964年3月）。施拉姆的《毛泽东》（日译本，纪伊国屋书店）也曾说到这一问题。不过，以上论文似乎均未谈到艾思奇《研究提纲》与毛泽东《矛盾论》之间的关系。据高田求讲，我说到的《研究提纲》第四、五部分，主要依据希罗科夫的《辩证法唯物论教程》第二章“作为认识论的辩证法唯物论”和第三章“辩证法的基本法则”（高著，217页）写成。高田求还指出，在张如心名为《毛泽东思想方法论》（原野出版社，1948年）的小册子里收录的第二篇论文《毛泽东的科学方法》第一节“毛泽东的理论与实践统一观”，曾相当忠实地转述过现行《实践论》的原型，并进行了详细的对比。关于其原型，作者曾特别反复强调目前已从《实践论》中删除的“认识是实践的反映”的观点。另外，作者还说，在《实践论》

收入《毛泽东选集》时，这一看法可能被推敲过。这从下面的例子能够看得出来：《毛泽东选集》出版委员会曾就《中国革命战争的战略问题》里的“军事的规律，和其他事物的规律一样，是客观实际对于我们头脑中的反映”一句话中加着重号的部分写过下面这样的注文：“‘实际’这一个概念，按照中国文字，有两种含义：一种是指真实的情况，一种是指人们的行动（也即一般人所说的实践）。毛泽东同志在他的著作中，应用这一个概念，时常是双关的。”并认为，所谓“认识是实践的反映”，“确实称得上是毛泽东的独特思想”（高著，238页）。关于高田求的这一结论，与其说与我不同，毋宁更促使我今后更加关注这一问题。当然，对此我也曾注意到有关的资料，将在下一节中谈到。

[16] 例如，《实践论》中有下面这样的话：“社会的人们投身于变革在某一发展阶段内的某一客观过程的实践中（不论是关于变革某一自然过程的实践，或变革某一社会过程的实践），由于客观过程的反映和主观能动性的作用，使得人们的认识由感性的推移到了理性的，造成了大体上相应于该客观过程的法则性的思想、理论、计划或方案，然后再应用这种思想、理论、计划或方案于该同一客观过程的实践，如果能够实现预想的目的……”（《毛泽东选集》，270页；日译本，23～24页）

[17]《哲学选辑》中转录的米定这段话，在广岛定吉译《辩证法唯物论》里是这样的：“同时列宁指出，认识的过程和从感觉到思想的认识运动是飞跃着进行的。在这一点上，他关于辩证与唯物地解释认识中的经验元素与理性元素的相互关系又具有非常准确的特点。很多人不理解认识运动中从感觉到思想、从表象到概念发生的飞跃。理解这一过程是飞跃的以及运动所引起的矛盾，理解感觉与思维的统一是辩证的统一——这就是表明列宁的反映论的本质的极重要元素。”（177页）

[18] 不过，米定的议论缘于引用列宁下面一段话而发，似乎有些令人难以理解。米定引用的列宁的话与自己的议论并不吻合。就米定自身议论的逻辑而言，他本来应该引用我在本文中引用的那节文字。

米定引用的列宁的话如下："认识是人对自然的反映。然而，其并非是单纯、直接和单一的过程，而是一系列抽象、公式、概念与规律等等形成的过程。"（广岛定吉译：《辩证法唯物论》，177 页）

在这段话之后，紧接着是米定的以"列宁……"开始的解释。但米定解释的是自己的文字，而并非列宁的话。

承鹤田三千夫先生指教，我在列宁的各种文献中没有发现"从感觉到思维的认识过程是飞跃的行为"的说法，类似的只有《哲学笔记》中的一段话（我在本文中已经引用过）。因此，我们的一致看法是：可能是《讲授提纲》的作者因误解而推测米定是引用了列宁的话。

[19] 当然，恐怕米定的介绍者艾思奇未必赞成这种"能动性即飞跃"也就是"主观能动性"的引申观点。他也许认为，以如此简单而实用的态度来归纳人们的实践经验，倒是有风险的。

新中国成立以后，艾思奇在所著书名与《讲授提纲》差不多一样的《辩证唯物主义讲课提纲》一书中曾警告说："辩证唯物主义充分估计到人的主观意识对于客观存在的能动作用，但不能说，任何人的一种意识都能够起积极的能动作用。"（1957，初版，77 页）。如果拥有巨大权力的政治领导人坚持这种危险的观念，究竟会出现什么情况呢？"政治"通常无非是一种"实验"。艾思奇著作后来的版本，进一步强调联系群众的路线，认为知识分子仅仅有正确的科学理论并不能够改造世界，广大群众的主观能动性必须表现为掌握正确的意识。（1960 年 1 月，91 页。蒙欠端实先生借阅艾思奇《讲课提纲的记述》一文。）

关于这种应该控制主观能动性的意见，在 1958 年"大跃进"之后也曾经出现过。（见本人与武田泰淳合著：《毛泽东的诗词与人生》，文艺春秋社，1965。）

还有必要继续考察政治领域的"主观能动性"问题。

我与毛泽东

[1] 竹内实随日本文学家代表团于 1960 年 6 月访问中国，曾受到毛泽东接见。——译注

［2］武田泰淳（1912—1976），日本作家，东京大学中国文学科肄业，著有《司马迁——史记的世界》、《毛泽东的诗词与人生》（与竹内实合著）、《武田泰淳中国小说集》等。——译注

［3］《毛泽东的诗词与人生》，1965 年 4 月 20 日由日本文艺春秋社出版。——译注

京都学派与毛泽东

［1］仓石武四郎（1891—1975），日本中国语学、文学研究家，1921 年东京大学中国文学科毕业，后接受京都大学研究生院狩野直喜的指导，1927 年任京都大学副教授，1928—1930 年在中国留学，1931 年兼任东方文化学院京都研究所研究员，1939 年任京都大学教授，自 1940 年兼任东京大学教授，1949—1958 年任东京大学专任教授。日本的京都支那研究学派著名代表人物，重视现代中国语的教学与研究；著有《支那语教育的理论与实践》、《汉字的命运》、《中国文学讲话》、《中国语五十年》、《仓石武四郎著作集》等。——译注

［2］育英会是日本历史较久的教育基金会之一，主要资助学生读书时的费用。——译注

［3］分别是美国与加拿大的中国研究者。——译注

［4］日本的马克思主义流派之一。以学者野吕荣太郎在 1932 年前后发表的《日本资本主义发展史讲座》为标志。与“工农派”的观点不同，强调日本社会还有封建主义残余。——译注

［5］日本的马克思主义流派之一。由围绕 1927 年创刊的《工农》杂志的社会活动家、学者和作家等组成，他们认为日本是典型的资本主义社会。——译注

［6］竹内实 1975 年 4 月在京都大学人文科学研究所创立现代中国共同研究班，1987 年 3 月改为现代中国研究会。——译注

［7］指西岛安则。——译注

［8］指桑原武夫。——译注

［9］指林屋辰三郎。——译注

书名：毛泽东的诗词、人生和思想
作者：竹内实

图书在版编目（CIP）数据

毛泽东的诗词、人生和思想/（日）竹内实著；张会才，程麻，卢洁译．—北京：中国人民大学出版社，2011.12

（国外毛泽东研究译丛．第二辑）

ISBN 978-7-300-14778-9

Ⅰ.①毛…　Ⅱ.①竹…②张…③程…④卢…　Ⅲ.①毛主席诗词-研究②毛泽东思想研究　Ⅳ.①A8414②A84

中国版本图书馆 CIP 数据核字（2011）第 249953 号

国外毛泽东研究译丛（第二辑）

主编　石仲泉　萧延中

毛泽东的诗词、人生和思想

[日] 竹内实　著

张会才　程麻　卢洁　译

程麻　编校

Maozedong de Shici、Rensheng he Sixiang

出版发行	中国人民大学出版社		
社　　址	北京中关村大街 31 号	**邮政编码**	100080
电　　话	010－62511242（总编室）		010－62511770（质管部）
	010－82501766（邮购部）		010－62514148（门市部）
	010－62515195（发行公司）		010－62515275（盗版举报）
网　　址	http://www.crup.com.cn		
经　　销	新华书店		
印　　刷	涿州市星河印刷有限公司		
规　　格	170 mm×240 mm　16 开本	**版　　次**	2012 年 1 月第 1 版
印　　张	35 插页 2	**印　　次**	2025 年 3 月第 10 次印刷
字　　数	497 000	**定　　价**	89.00 元